编委会

全国普通高等院校旅游管理专业类"十三五"规划教材
教育部旅游管理专业综合改革试点项目配套规划教材

总主编

马　勇　教育部高等学校旅游管理类专业教学指导委员会副主任
　　　　中国旅游协会教育分会副会长
　　　　中组部国家"万人计划"教学名师
　　　　湖北大学旅游发展研究院院长，教授、博士生导师

编　委（排名不分先后）

田　里　教育部高等学校旅游管理类专业教学指导委员会主任
　　　　云南大学工商管理与旅游管理学院原院长，教授、博士生导师
高　峻　教育部高等学校旅游管理类专业教学指导委员会副主任
　　　　上海师范大学环境与地理学院院长，教授、博士生导师
韩玉灵　全国旅游职业教育教学指导委员会秘书长
　　　　北京第二外国语学院旅游管理学院教授
罗兹柏　中国旅游未来研究会副会长，重庆旅游发展研究中心主任，教授
郑耀星　中国旅游协会理事，福建师范大学旅游学院教授、博士生导师
董观志　暨南大学旅游规划设计研究院副院长，教授、博士生导师
薛兵旺　武汉商学院旅游与酒店管理学院院长，教授
姜　红　上海商学院酒店管理学院院长，教授
舒伯阳　中南财经政法大学工商管理学院教授、博士生导师
朱运海　湖北文理学院资源环境与旅游学院副院长
罗伊玲　昆明学院旅游管理专业副教授
杨振之　四川大学中国休闲与旅游研究中心主任，四川大学旅游学院教授、博士生导师
黄安民　华侨大学城市建设与经济发展研究院常务副院长，教授
张胜男　首都师范大学资源环境与旅游学院教授
魏　卫　华南理工大学经济与贸易学院教授、博士生导师
毕斗斗　华南理工大学经济与贸易学院副教授
史万震　常熟理工学院商学院营销与旅游系副教授
黄光文　南昌大学旅游学院副教授
窦志萍　昆明学院旅游学院教授，《旅游研究》杂志主编
李　玺　澳门城市大学国际旅游与管理学院院长，教授、博士生导师
王春雷　上海对外经贸大学会展与旅游学院院长，教授
朱　伟　天津农学院人文学院副教授
邓爱民　中南财经政法大学旅游发展研究院院长，教授、博士生导师
程丛喜　武汉轻工大学旅游管理系主任，教授
周　霄　武汉轻工大学旅游研究中心主任，副教授
黄其新　江汉大学商学院副院长，副教授
何　彪　海南大学旅游学院副院长，副教授

全国普通高等院校旅游管理专业类"十三五"规划教材
教育部旅游管理专业综合改革试点项目配套规划教材
云南省教育厅2019年度云南省普通高等学校优秀教材

总主编 ◎ 马 勇

节事活动策划与管理
Festival & Event Planning and Management

主　编 ◎ 罗伊玲
副主编 ◎ 刘亚彬　张　欣
参　编 ◎ 刘艳萍　董丹晔　环绍军　周明洁
　　　　　王国才　杨　芬　和　旭　杨　扬　龚　捷

华中科技大学出版社
http://www.hustp.com
中国·武汉

图书在版编目(CIP)数据

节事活动策划与管理/罗伊玲主编. —武汉：华中科技大学出版社，2016.8(2022.1重印)
全国高等院校旅游管理专业类"十三五"规划教材
ISBN 978-7-5680-1791-6

Ⅰ.①节… Ⅱ.①罗… Ⅲ.①活动-组织管理学-高等学校-教材 Ⅳ.①C936

中国版本图书馆 CIP 数据核字(2016)第 103123 号

节事活动策划与管理

罗伊玲　主编

Jieshi Huodong Cehua yu Guanli

策划编辑：李　欢
责任编辑：刘　烨
封面设计：原色设计
责任校对：刘　烨
责任监印：周治超

出版发行：华中科技大学出版社(中国·武汉)　　电话：(027)81321913
　　　　　武汉市东湖新技术开发区华工科技园　　邮编：430223
录　　排：华中科技大学惠友文印中心
印　　刷：武汉科源印刷设计有限公司
开　　本：787mm×1092mm　1/16
印　　张：19.5　插页：2
字　　数：473 千字
版　　次：2022 年 1 月第 1 版第 8 次印刷
定　　价：58.00 元

本书若有印装质量问题，请向出版社营销中心调换
全国免费服务热线：400-6679-118　竭诚为您服务
版权所有　侵权必究

Abstract

在信息时代,节事旅游是由于旅游和节事的相互关联而产生的一门新兴边缘学科。作为一本旅游管理专业本科生的教材,本书的主要目的在于为节事活动和节事旅游的相关理论和实践教学及研究建立一个简明的理论基础,并在此基础上介绍节事活动和旅游的基本实操程序和原理。

纵观全书,以下两个特点是值得强调的:第一个特点是将节事活动的理论和实操环节分为不同的篇章进行编排,让读者能够更清晰地建立起理论构架,并更好地将理论构架运用到实际操作当中。第二个特点是按照节事活动的流程和步骤编排相应篇章的内容,便于读者按照章节内容进行节事活动的策划、组织与管理,更利于读者理清思路。

In the information age, due to the connection of tourism and event, event tourism is an emerging interdisciplinary subject. As a textbook of majoring in tourism management, the main purpose of this book is to establish a simple theoretical basis for event activities and related theories and practical teaching and research on event tourism; to introduce the basic principle and practical operation of event activities and tourism.

Throughout the book, the following two features are worth highlighting: On the one hand, the principle and practical operation of the event activities are divided into different chapters, allowing the readers to establish a theoretical framework, which applies to practical operation. On the other hand, followed by the contents of the process and procedures, readers can get further information on planning, organization and management.

Introduction 总 序

旅游业在现代服务业大发展的机遇背景下,对全球经济贡献巨大,成为世界经济发展的亮点。国务院已明确提出,将旅游产业确立为国民经济战略性的支柱产业和人民群众满意的现代服务业。由此可见,旅游产业已发展成为拉动经济的重要引擎。中国的旅游产业未来的发展受到国家高度重视,旅游产业强劲的发展势头、巨大的产业带动性必将会对中国经济的转型升级和可持续发展产生良好的推动作用。伴随着中国旅游产业发展规模的不断扩大,未来旅游产业发展对各类中高级旅游人才的需求将十分旺盛,这也将有力地推动中国高等旅游教育的发展步入快车道,以更好地适应旅游产业快速发展对人才需求的大趋势。

教育部2012年颁布的《普通高等学校本科专业目录(2012年)》中,将旅游管理专业上升为与工商管理学科平行的一级大类专业,同时下辖旅游管理、酒店管理和会展经济与管理三个二级专业。这意味着,新的专业目录调整为全国高校旅游管理学科与专业的发展提供了良好的发展平台与契机,更为培养21世纪旅游行业优秀旅游人才奠定了良好的发展基础。正是在这种旅游经济繁荣发展和对旅游人才需求急剧增长的背景下,积极把握改革转型发展机遇,整合旅游教育资源,为我国旅游业的发展提供强有力的人才保证和智力支持,让旅游教育发展进入更加系统、全方位发展阶段,出版高品质和高水准的"全国普通高等院校旅游管理专业类'十三五'规划教材"则成为旅游教育发展的迫切需要。

基于此,在教育部高等学校旅游管理类专业教学指导委员会的大力支持和指导下,华中科技大学出版社汇聚了国内一大批高水平的旅游院校国家教学名师、资深教授及中青年旅游学科带头人,对"十三五"规划教材做出积极探索,率先组织编撰出版"全国普通高等院校旅游管理专业类'十三五'规划教材"。该套教材着重于优化专业设置和课程体系,致力于提升旅游人才的培养规格和育人质量,并纳入教育部旅游管理本科综合改革项目配套规划教材的编写和出版,以更好地适应教育部新一轮学科专业目录调整后旅游管理大类高等教育发展和学科专业建设的需要。该套教材特邀教育部高等学校旅游管理类专业教学指导委员会副主任、中国旅游协会教育分会副会长、中组部国家"万人计划"教学名师、湖北大学旅游发展研究院院长马勇教授担任总主编。同时邀请了全国近百所开设旅游管理本科专业的高等学校知名教授、学科带头人和一线骨干专业教师,以及旅游行业专家、海外专业师资等加盟编撰。

该套教材从选题策划到成稿出版,从编写团队到出版团队,从内容组建到内容创新,均展现出极大的创新和突破。选题方面,首批主要编写旅游管理专业类核心课程教材、旅游管理专业类特色课程教材,产品设计形式灵活,融合互联网高新技术,以多元化、更具趣味性的形式引导学生学习,同时辅以形式多样、内容丰富且极具特色的图片案例、视频案例,为配套数字出版提供技术

支持。编写团队均是旅游学界具有代表性的权威学者,出版团队为华中科技大学出版社专门建立的旅游项目精英团队。在编写内容上,结合大数据时代背景,不断更新旅游理论知识,以知识导读、知识链接和知识活页等板块为读者提供全新的阅读体验。

  在旅游教育发展改革的新形势、新背景下,旅游本科教材需要匹配旅游本科教育需求。因此,编写一套高质量的旅游教材是一项重要的工程,更是承担着一项重要的责任。我们需要旅游专家学者、旅游企业领袖和出版社的共同支持与合作。在本套教材的组织策划及编写出版过程中,得到了旅游业内专家学者和业界精英的大力支持,在此一并致谢!希望这套教材能够为旅游学界、业界和各位对旅游知识充满渴望的学子们带来真正的养分,为中国旅游教育教材建设贡献力量。

丛书编委会
2015 年 7 月

Preface 前言

近年来,随着国内外各类节事旅游的频繁举行,节事旅游逐渐成为国内外市场及学界的研究热点。举办节事活动对举办地具有优化旅游资源配制、完善旅游环境、塑造旅游整体形象、提升地方知名度、弥补淡季需求不足、弘扬传统文化、推进精神文明建设、带动旅游相关消费、推进招商引资、促进相关产业发展和创造就业机会等作用。节事产业的兴盛也推动了相关的学术研究,围绕节事活动及节事旅游产生了策划、管理、金融、营销、人力资源、实际操作等相关领域的研究和讨论。尽管市场已有大量相关人才的支持,仍不能满足这个新兴产业逐渐增长的人才需要,为了适应市场需要,我们反复斟酌了教材的编写版块和相应的知识要点,以提供相应的人才培养支持。

本书认为,节事活动和节事旅游的策划管理是实际操作性很强的专业领域,故本书的编者在章节的编排上更加着重于实际运用,本书共分为四个篇章十五章。

第一篇章是基础理论篇,由节事概述、节事旅游概论、节事旅游的旅游者和旅游产品及旅游产业、节事研究与发展四个章节构成。有助于读者从了解节事的相关理论界定,明确节事活动不同于其他活动的特点,了解节事旅游者身份的双重性及国内外节事旅游产业发展的趋势等内容,并从宏观上分析中外的节事研究及其发展趋势。

第二篇章是活动策划篇,由节事活动策划的基本流程、节事活动的可行性分析、节事活动的形象策划、节事活动的营销策划及节事活动策划案的编写五个章节构成。这部分是节事活动及节事旅游的前期策划阶段的相关理论介绍和实际操作指导。

第三篇章是节事旅游的活动管理篇,侧重于旅游活动中的组织与管理,由节事活动的组织结构策划、节事活动的进度管理与时间节点控制、节事活动的财务管理与成本控制三个章节构成。任何类型的节事活动,不管是否有严密的可行性研究,是否拥有雄厚的资金保证或其他物质基础,最终都需要由具有主观能动性的人来组织实施。所以组建合理的组织结构是非常重要的。本篇意在帮助读者了解如何有效地进行一次节事活动的组织与管理,将有限的资金运用到实际活动当中。

第四篇章是节事旅游的活动专章,是将以上篇章当中的理论知识同实际运营相结合的篇章,是将理论运用到实际当中的现代节事活动的案例汇编及分析,由西方传统节事活动、中国传统节事活动、现代节事活动三个章节构成。西方和中国的传统节事活动是对西方及中国节事活动的历史渊源及由来的介绍,并对传统的节事活动结合理论进行分析。由古至今,中外节事活动都有各自演变与发展的过程,每个时代的节事有其丰富的内容和特征,同时也反映了当时的社会观念,并对社会的整合有着不可小觑的重要意义,对今天的节事活动和节事旅游的研究有极大的借鉴价值。

如上所述,由于节事活动具有跨学科、多领域和综合性的特点,因此本书涉及的内容和知识点较多,建议在使用中对前三篇进行深入教学,对第四篇可根据各学校、专业的特点或学生的兴趣适当选择并调整内容。此外,书中还涉及社会学、人类学等其他学科的一些理论知识,对于没有学习过相关课程的学生来说,这些学科的知识有一定的难度,建议有重点地对相关的文献和参考书进行学习指导,以便对节事旅游有较浓厚兴趣的学生掌握一定的基础理论知识。

纵观全书,以下三个特点值得强调:

其一,本书将节事活动的理论和实际操作环节分为不同的篇章进行编排,让读者能够更清晰地建立起理论构架,并更好地将理论构架运用到实际操作当中。

其二,本书按照节事旅游活动的流程和步骤编排相应篇章的章节内容,便于读者按照章节内容进行节事活动的策划、组织与管理,更利于读者理清思路。

其三,本书每个章节末尾都配有国内外节事旅游经典案例,便于启发学生深入思考,活学活用。

本书汇聚了主编、副主编及编委们多年从事节事旅游研究和教学的经验,各编委研究方向涉及会展管理、财务管理、营销策划、景区策划及国际文化等方面,可谓取众家之长。本书可以作为旅游管理专业学生的学习用书以及节事旅游相关从业人员的业务读本。

本书由昆明学院旅游学院的罗伊玲副教授负责编写,全书的写作分工为:罗伊玲副教授承担主编工作,罗伊玲副教授和张欣老师负责设计教材整体框架,刘亚彬副教授负责全书的统稿及各章的沟通协调工作,杨扬负责全书统稿及校稿工作。具体分工如下:罗伊玲、张欣、杨扬、龚捷负责第一章;张欣负责第二章、第四章;王国才(昆明学院旅游学院)负责第三章、第五章;刘艳萍(昆明学院旅游学院)负责第六章、第八章;罗伊玲、刘亚彬负责第七章、第十一章;周明洁(昆明学院旅游学院)负责第九章、第十章;环绍军(昆明学院旅游学院)负责第十二章;董丹晔(昆明学院外语学院)负责第十三章;杨芬、和旭(昆明学院外语学院)负责第十四章、第十五章。

在教材的编写过程中,编者参阅了国内外众多专家、学者们的著作和观点,因数量较多,不便一一列举,在此一并表示感谢!另外,还要特别感谢出版社领导和编辑对本书的大力支持,使本书得以在计划时间内顺利出版。

由于编者水平有限,书中的不足之处在所难免,敬请广大读者多提宝贵意见,以便再版时加以修改与订正。

编　者
2016 年 3 月 10 日

Contents 目 录

基础理论篇
Basic Theory Page

3 第一章 节事概述
Chapter 1 The Generality of the Festival & Special Event

第一节 节事的概念 /4
❶ The concept of the Festival & Special Event

第二节 节事的特点和内涵 /6
❷ Characteristics and connotation of the Festival & Special Event

第三节 节事的类型 /11
❸ The types of the Event

20 第二章 节事旅游概论
Chapter 2 The introduction of the FSE

第一节 节事旅游的基本概念和特点 /21
❶ The basic concept of FSE

第二节 节事旅游的作用 /22
❷ The functions of FSE

第三节 节事旅游的类型及开发原则 /24
❸ The types and development of the FSE

29 第三章 节事旅游的旅游者、旅游产品及旅游产业
Chapter 3 Tourists, Tourism Products and Tourism Industry of Event Tourism

第一节 节事旅游的旅游者 /30
❶ Tourists of Event Tourism

第二节 节事旅游的旅游产品 /33
❷ Tourism Products of Event Tourism

第三节 节事旅游的旅游产业 /38
❸ Tourism Industry of Event Tourism

47 第四章 节事研究与发展
Chapter 4　The research and development of FSE

第一节 节事研究 /48
❶ The research of FSE

第二节 国外节事研究及其发展 /50
❷ The research and development of FSE in foreign country

第三节 国内节事研究及其发展 /54
❸ The research and development of FSE in our country

活动策划篇
Activity Planning

63 第五章 节事活动策划的基本流程
Chapter 5　Basic Process of Event Planning

第一节 节事活动策划概述 /64
❶ Overview of Event Planning

第二节 节事活动策划的内容、流程、方法 /67
❷ Content, Process and Method of Event Planning

第三节 节事活动策划的作用、特点、理念及原则 /73
❸ Function, Characteristics and Principles of Event Planning

82 第六章 节事活动策划的可行性分析
Chapter 6　The feasibility analysis for the festival activities planning

第一节 可行性分析的概述 /83
❶ An overview of the feasibility analysis

第二节 节事活动可行性研究的流程与内容 /85
❷ Festival activities in the process of feasibility study and content

第三节 节事活动的可行性市场分析 /88
❸ The feasibility of the festival activities market analysis

95 第七章 节事活动的形象策划
Chapter 7　Festival and Events Tourism Image Planning

第一节 节事旅游主题形象策划 /96

① Festival and Events Tourism Theme Image Planning

第二节　节事旅游品牌管理 /106
② Festival Tourism Brand Management

124 第八章　节事活动的营销策划
Chapter 8　Festival activities of marketing planning

第一节　市场营销策划概述 /125
① Marketing planning overview

第二节　目标市场分析 /129
② Targeted Marketing Analysis target market analysis

第三节　营销策划方案的设计 /131
③ The design of the marketing planning scheme

第四节　公共关系策划和宣传推广 /137
④ Public relation planning and marketing

148 第九章　节事活动策划案的编写
Chapter 9　Documents Writing of Events

第一节　节事策划案的作用与种类 /149
① Function and type of Event Planning Scheme

第二节　节事策划案的基本范式与内容 /150
② Structure and Content of Event Planning Scheme

第三节　节事策划案的撰写 /152
③ Writing of Event Planning Scheme

活动管理篇
Activity Management

165 第十章　节事活动的组织结构策划
Chapter 10　Organization Structure of Event

第一节　节事活动的组织结构设计 /166
① Organization Structure Planning of Event

第二节　节事活动项目团队建设 /170
② Project Team of Event

第三节　节事活动组织沟通和冲突管理 /176
③ Communication and Conflict Management of Event

190 第十一章　节事旅游的项目进度管理与时间节点控制
Chapter 11　The Project Schedule Management and Time Nodes Control of Festival and Events Tourism

第一节　节事旅游的项目进度管理　　　　　　　　　　　　　/191
❶　The Project Schedule Management of Festival and Events Tourism

第二节　节事项目活动的时间节点控制　　　　　　　　　　　/204
❷　The Time Nodes Control of Festival and Events Tourism

212 第十二章　节事活动的财务管理与成本控制
Chapter 12　Financial management and cost control of Events

第一节　节事活动的财务管理概述　　　　　　　　　　　　　/213
❶　An overview of the financial management of Events

第二节　节事活动的财务成本控制　　　　　　　　　　　　　/215
❷　Financial cost control of Events

第三节　节事活动的财务评估　　　　　　　　　　　　　　　/222
❸　Financial evaluation of Events

节事活动篇
Festival & Event

235 第十三章　西方传统节事活动
Chapter 13　Traditional Event Activities

第一节　西方传统节事活动　　　　　　　　　　　　　　　　/236
❶　Western Traditional Event Activities

第二节　近代节事活动　　　　　　　　　　　　　　　　　　/243
❷　Event Activities in Modern Times

第三节　涉外节事活动常用语　　　　　　　　　　　　　　　/247
❸　Useful Expressions of Event Activities in Foreign Affairs

251 第十四章　中国传统节事活动
Chapter 14　Chinese traditional festival activities

第一节　中国古代节俗活动　　　　　　　　　　　　　　　　/252
❶　The Festival activities in ancient China

第二节　中国近现代节事活动　　　　　　　　　　　　　　　/257
❷　The Festival activities in modern China

264 第十五章　现代节事活动
Chapter 15　Modern festival activities

- 第一节　体育类节事活动 /265
  ❶ Sports Festival activities
- 第二节　艺术类节事活动 /271
  ❷ Arts Festival activities
- 第三节　展览类节事活动 /275
  ❸ Exhibition Festival activities
- 第四节　民俗类节事活动 /280
  ❹ Folk Custom Festival activities
- 第五节　其他节事活动 /284
  ❺ The other Festival activities

293 本课程阅读推荐
Reading Recommendation

295 主要参考文献
References

基础理论篇
Basic Theory Page

第一章

节事概述

学习导引

在现代旅游活动中,节事活动成为一种非常重要的旅游形式,并逐步发展成为旅游活动中重要的组成部分。什么叫节事?节事的特点如何?节事活动包含哪些?通过本章的学习,让我们去寻找答案。

学习重点

通过本章学习,重点掌握以下知识要点:
1. 节事的概念;
2. 节事的特点和内涵;
3. 节事的种类。

第一节 节事的概念

近年来,随着国内各种节事活动的频频举行,节事旅游逐渐成为国内学界的研究热点。举办节事活动对举办地来说,具有优化旅游资源配制、完善旅游环境、塑造旅游整体形象、提升地方知名度、弥补淡季需求不足、弘扬传统文化、推进精神文明建设、带动旅游相关消费、推进招商引资、促进相关产业发展和创造就业机会等作用。

和其他学科的研究一样,节事旅游的理论也包括一系列相互关联的概念,并形成了一个相对独立的完整的理论体系。

节事旅游之所以备受各方的关注,关键在于节事旅游所带来的经济收益和城市形象塑造功能。澳大利亚凭借举办"美洲杯"帆船赛这个特殊的节事活动一跃成为世界最著名的旅游地之一;我国青岛通过"啤酒节"、"海洋节"将自己独具特色的"海洋文化"传播出去,成功塑造了作为海洋城市的特色形象;昆明则借助世博会将"万绿之宗,彩云之南"的口号传遍世界各地。可见,节事的举办,特别是大型节事的举办,往往会成为媒体关注的焦点。节事旅游为城市提供了展示自己形象的舞台,任何一则广告、任何一次营销活动所取得的成效都难以与其相媲美。所以说,节事旅游的影响是广泛而深远的,它不仅为旅游目的地的经济繁荣带来机会,而且也在很大程度上改变了旅游目的地的社会文化和生态环境。在经济发展和社会发展两者相互促进、相得益彰、协调发展的基础上达到举办地自然、人文、社会的高度统一,共同构建和谐社会。

1. 节事的定义

节事(Festival & Special Event,FSE)是一个外来的组合概念,是节庆和特殊事件的统称。节庆通常是指有主题的公共庆典,特殊事件可以用来形容精心策划和举办的某个特定的仪式、演讲、表演或庆典,可以包括国庆日、庆典、重大的市民活动、独特的文化演出、重要的体育比赛、社团活动、贸易促销和产品推介等。因为英文中的"event"有时会被翻译为"活动",所以"Festival & Special Event"经常会作为"节事活动"这样的定义出现在人们的视线当中。

节庆的出现较早,在各个国家、各个时期、各个文化中都会有节庆的存在,比如节日、庆典、仪式、礼仪等这些现象都存在于人类社会发展历史上。例如在我国西周时期的《周礼》当中就有关于"五礼"的节事礼仪的相关描述和规定,以祭祀之事为吉礼,丧葬之事为凶礼,军旅之事为军礼,宾客之事为宾礼,冠婚之事为嘉礼,合称"五礼"。这些节事现象的出现是和人们的生产生活当中出现的自然现象、原始信仰、宗教仪式、家族传统、地域文化等密不可分的。

知识活页 《周礼》及"五礼"

《周礼》:儒家经典,十三经之一。世传为周公旦所著,但实际上可能是战国时期的人所归纳创作而成。书中记载先秦时期汉族社会政治、经济、文化、风俗、礼法诸制,多有史料可采。所涉及之内容极为丰富。大至天下九州,天文历象;小至沟洫道路,草木虫鱼。凡邦国建制,政法文教,礼乐兵刑,赋税度支,膳食衣饰,寝庙车马,农商医卜,工艺制作,各种名物、典章、制度,无所不包。堪称汉族文化史之宝库。

《周礼》中《春官》篇里提到了古代进行一些汉族礼仪的节事活动的分类、流程及规定,这些规定就是"五礼","以祭祀之事为吉礼,丧葬之事为凶礼,军旅之事为军礼,宾客之事为宾礼,冠婚之事为嘉礼,合称五礼"。

吉礼:吉礼是五礼之冠,主要是对天神、地祇、人鬼的祭祀典礼。主要内容有:①祀天神:昊天上帝;祀日月星辰;祀司中、司命、雨师。②祭地祇:祭社稷、五帝、五岳;祭山林川泽;祭四方百物,即诸小神。③祭人鬼:禘祭先王、先祖;春祠、秋尝、享祭先王、先祖。

嘉礼:嘉礼是和合人际关系、沟通、联络感情的礼仪。嘉礼主要内容有:饮食之礼,婚、冠之礼,宾射之礼,飨燕之礼,脤膰之礼,贺庆之礼。

宾礼:宾礼是接待宾客之礼。

军礼:军礼是师旅操演、征伐之礼。

凶礼:凶礼是哀悯吊唁忧患之礼。凶礼的内容有:以丧礼哀死亡,以荒礼哀凶札,以吊礼哀祸灾,以禬礼哀围败,以恤礼哀寇乱。

特殊事件的出现是和节庆有所不同的,特殊事件这一概念的出现较晚,而且和商业化经营与管理的概念角度有所关联,特殊事件也是现代节事活动当中非常重要的一个组成部分。现代的节庆和特殊事件并没有非常明显的界限,在很多时候,特殊事件和节庆相互重叠并彼此补充。

所以,结合中外学者对节事旅游的阐述,本书认为节事是指在特定的时间、地点和情形下,发生的休闲、社交或文化等超出日常的体验和经历的活动。

2. 节事的相关定义

和其他学科的研究一样,节事的理论也包括一系列相互关联的概念,并形成了一个相对独立的、完整的理论体系,这一体系包括以下一些基本的概念。

1) 事件

事件是短时发生的一系列活动项目的总和,同时,事件也是其发生时间内环境设施、管理和人员的独特组合。

2) 特殊事件

特殊事件有两个方面的含义:一方面,与事件的赞助者或主办者的例行事务不同,特殊事件是发生在赞助主体或举办主体日常进行的项目或活动之外的事件,具有一次性或者非经常性的特点;另一方面,与消费者或顾客的日常俗事不同,特殊事件是发生在人们日常生活体验或日常选择范围之外的事件,它为事件的顾客提供了休闲、社交或文化体验的机会(Detz,1997)。"特殊事件经过事先策划,往往能够激发起人们强烈的庆贺期待"(高布拉特,1990)。

3) 标志性事件

这是一种重复举办的事件,对于举办地来说,标志性事件具有传统、吸引力、形象或名声等方面的重要性。标志性事件可为举办事件的场所、社区和目的地赢得市场竞争优势。随着时间的消逝,标志性事件将与目的地融为一体(Detz,1997)。例如,河南洛阳的牡丹节已经成为其旅游主题;成都的春季糖酒会也因其特殊的表现,在市场竞争中获得了优势。

4) 重大事件

从规模和重要性来看,重大事件是指能够使事件主办社区和目的地产生较高的旅游和媒体覆盖率、赢得良好名声或产生经济影响的事件(Detz,1997)。在实际运作中,重大事件一般称为"大型活动"。

5) 事件(或节事)旅游

事件旅游专指以各种节日、盛事的庆祝和举办为核心吸引力的一种特殊旅游形式。也有学者称其为节事旅游或节庆事件旅游。若旅游者去一个地方旅游,主要是或仅仅是因为这一地方发生着什么事情,这种吸引就是"事件吸引"。这种由事件引起的旅游即称为事件旅游,而作为吸引物的事件则称为旅游事件。1984年,雷奇首次给出了节事旅游的定义,即从长远或短期目的出发,一次性或重复举办的、延续时间较短、主要目的在于加强外界对于旅游目的地的认同、增强其吸引力、提高其经济收入的活动。蒋三庚在其《旅游策划》一书中指出,节事旅游是指具有特定主题、规模不一、在特定时间和特定区域内定期或不定期举办的、能吸引区域内外大量游客参与的集会活动。对旅游者来说,节事旅游是一种让游客参与体验地域文化、认知社会特点、感受娱乐真谛的机会,也是一种公共的、具有明确主题和娱乐内涵的活动。

第二节 节事的特点和内涵

节事活动作为现代旅游的一个重要部分,除了具有会展活动的一般性以外,还具有自身的一些特性。

一、节事的特点

1. 文化性

节事从出现至今,一直就作为一种文化现象的表现,在人类发展历史中延续着。作为以节事旅游为依托的节事活动,虽然是现代性的表述,却一直将文化作为重要载体,在它的发展过程中布满了文化的印记,不断地表现着历史和文化的特性。节事活动举办的成功与否,也与挖掘当地文化特色的深入与否有密切的关联,文化对节事活动的渗透程度越深,那么该节事活动的生命力、吸引力及影响力就越大。也正是由于它所具有的这种文化属性,旅游者才会把内心的情怀寄托于一项看似简单、休闲的旅游活动。所以说,文化性构成了节事活动的根本特性。节事活动本身就是文化活动,这些以民族文化、地域文化、节日文化和体育文化等为主导的节事活动往往具有极浓的文化气息。

2. 时间性

节事活动对节事旅游的依托性决定了节事旅游的开展和节事活动的举行是同时间的。而节事活动作为一种地方形象和传统文化的表现手段,一般举行时间是相对固定的,由此就使得节事活动的进行也必须在此时间段内。一般而言,节事活动是一年举办一次或者是两年或者四年举办一次,是具有相对固定的周期性的。在节事活动举办期间,怀有节事情怀的旅游者,在节事举办地才可以充分体味节事的魅力,完成其内心对于节事的诉求。一旦节事活动结束,参与者就无法参与节事,也不能感受节事的魅力,由此节事旅游就无法开展。所以说,节事旅游是具有很强的时间性的。

3. 地域和资源的依托性

节事作为历史的产物,存在地域性的差异。不同地区由于风俗习惯及资源条件的差别,会形成不同的节事活动。对于现代性节事这种表现更为明显,只有依托于地方特色,节事活动才具有旺盛的生命力和魅力。因为在目前,节事活动被普遍作为地区形象的塑造者,如此就使节事要更能体现地方和资源的特色。换句话说,就是节事活动必须依托地域和资源的特色。只有这样,节事旅游才可以产生较强的吸引力。相对于南宁来说,武汉举办国际民歌艺术节的效果就会大打折扣,同样在北京举办荆楚文化旅游节也是不现实的。

4. 规模性

节事活动都具有相应的大小规模,不同的节事活动会有不同的举办规模,节事活动受到举办规模的影响。一般而言,具有相当规模的节事活动才能形成并促成一定的节事旅游,相对较小规模的活动并不能形成节事旅游所能依托的活动。另外,但凡想要举办节事活动的主办方都是希望能将节事活动发展壮大,并能带来相应的旅游效益,所有能形成成熟节事旅游产业的节事活动必定会有相当的规模才能达成。节事活动作为地方标志性活动,反映了节事举办地独一无二的城市特征,一般具有较大的规模,会带来大规模的旅游客流。

5. 双重性

这里的双重性主要指的是旅游者的身份在参加节事旅游过程中具有双重性。节事旅游者的第一角色一般是某个主题节事的参加者。比如,观看世界杯足球赛事的球迷,首先以球迷的角色出现在这个节事活动之中,在时间充足的前提下会做出旅游的选择,至于是赛前还是赛后就难确定了。再比如,参加经贸洽谈会的商人,首先是以生意人的角色展示其身份的,只是在旅游活动之中才转换他们的角色。所以,节事旅游者的双重性指的既是旅游活动的旅游者,又是节事活动的参与者。

二、节事的内涵和构成要素

在节事活动日益蓬勃发展的形势下,国内各个地方也在努力打造并宣传属于本地区的有特色的节事活动,并期望其成为推动当地经济发展的重要手段和宣传当地的重要名片。但是在这样的大形势下,有些地区盲目地打造多种节事活动,不仅没有通过节事活动的举办收到预期的经济效益,甚至成为一种劳民伤财的负担,没有使节事成为推动节事旅游的有力推手,还在社会上产生了消极的负面效应。所以,节事活动和节事旅游的开发应当遵循一定的原则,只有遵循一定原则的节事活动,才能符合经济和社会发展的规律,才能长足发展并具备蓬勃生命力。

人类进入21世纪后,随着"闲暇"的增多,物质消费已不再是最终目的,温饱也不是生活的主要问题,人们开始着眼于工作时间以外的休闲活动,此时经济本身出现了"休闲化"倾向,节事活动在休闲时代具有特殊的内涵:节事活动既是一种历史现象,也是一种当今的普遍现象;既是一种文化现象,也是一种经济现象;它的生存和发展,是一种历史的趋势。

1. 文化内涵

节事活动是民俗文化的重要组成部分,每一节事活动的形成都展示这一个地区或一个民族的灿烂的文化、悠久的历史和独特的风貌,也就是说,节事活动是文化现象的载体,离开了文化内涵,节事活动不复存在,从中国的春节、西方的圣诞节乃至世界范围内的狂欢节,到突尼斯的沙漠节、中国哈尔滨的冰雪节,无不渗透着深刻的文化意义,要繁荣社会主义文化,必然要有一定的形式,而节事活动是民族文化、民俗文化和商业文化的综合体现。在节事活动中,通过展演、展播、展览、巡游等形式,丰富节事活动内容,使人民群众得到艺术享受,使中外来宾感受中华民族文化的魅力,这既弘扬了中华民族优秀文化又促进了中外文化交流,从而为我国文化事业的繁荣和发展提供了良好的机遇和良好的条件。

2. 经济内涵

任何节事活动的举行,都需要人力、物力、财力的投入,故节事活动中的经济现象也就随之形成了,为了抓住机遇,加快发展,加强各地同外面的交往,吸引国内外客商来本地考察、洽谈贸易、旅游观光。这种交往,除了依靠日常工作以外,都会依托规模巨大的节事活动,集中邀请一批国内外客商来参加活动,并洽谈贸易,为当地经济发展作出贡献;同时,节事活动期间,举办各种产品展销会、交易会、拍卖会等,直接收到了很好的经济效益,促进了经济发展,可以说,节事活动是经济发展的载体,也是经济发展的舞台,节事活动这种经济现象,实际上是一种"节庆经济",各地为了加快发展的步伐,需要举办更多的节事活动,以满足经济发展的需要。

3. 历史内涵

节事活动是一种历史现象,它的发展源远流长。一个节事活动的产生必然有它的历史背景和特定目的,无论是国内还是国外概莫能外,从我国的情况看,传统的、民族的节事活动的产生,有的是为了对某个风俗习惯的传承;有的是为了对某个事件或人物的纪念;有的是为了对某个农时节庆的欢庆;有的是为了对某处迷人风光的宣扬;有的是为了对某个神话传说的延续;有的是为了对某种宗教信仰的演绎……因此,传统的、民族的节事活动是时代的产物,所以,它得以延续,而且经久不衰,现代节事活动也是适应我国新时期两个文明建设发展的需要,为了推动现代化建设的进一步发展,为了推动改革开放的进一步扩大,而产生和发展起来的。因此,它也是时代的产物,是社会主义现代化建设的产物,是改革开放的产物,历史和现实的发展需要节事活动,这种节庆现象将与时俱进,随着时代的发展,随着改革开放的不断深入,各种节事活动的数量必然更多,规模必然更大,效果也必然更好。

三、休闲时代节事活动的构成要素

1. 民族性要素

节事活动是一种社会现象,总带有强烈的民族色彩。按照节事活动的族属,可以将节事活动分为单一民族的节事活动和跨民族的节事活动两种类型。单一民族的节庆项目是一些民族所独有的活动,如藏族特有的沐浴节,而跨民族的节庆项目体现为数个民族共有的活动,比如春节,除汉族以外,还有二十多个民族都过春节,是我国跨民族数量最多的传统节庆,但具体形式和内容有差异。按照节事活动的主题分类,有农事类(如高山族的丰年节)、宗教祭祀类(如伊斯兰教的开斋节、盖得尔夜等)、历史事件或人物纪念类(如侗族的林王节)、文化娱乐类(如蒙古族的"那达慕大会")、庆贺类(如各民族的年节)、商贸类(如纳西族的骡马会)和生活社交类(如朝鲜族的梳头节)等。这些节事活动带有很强的民族色彩。

2. 事件性要素

节事活动是一种历史现象,总影射着某个历史事件或历史人物,节事活动的渊源可以分为历史事件(例如国庆节)、历史人物(端午节)、宗教故事(狂欢节)和神话传说(泼水节)等几类。节事活动分为两大类:历代传承至今的传统民俗节庆和后来新兴的现代节庆,比如春节逛庙会,端午划龙舟、吃粽子,中秋的赏月、吃月饼,重阳的登高、赏菊等习俗古已有之,至今仍盛行不衰,是我国传统的民俗节事活动,具有很强的事件性特征。而像哈尔滨冰雪节、上海桂花节、大连槐花节、江苏宜兴陶瓷节、广西民歌节、拉萨藏族服饰节、安徽砀山梨花节、洛阳牡丹节等都是新兴节事活动的典型代表,是随着人们的需求和时代的发展,城市或者地区为了发展当地经济而制造的节庆,这是各地发展节庆产业的一种趋势。各地在挖掘和打造节事活动的时候,要注重对事件性要素的发掘,充分丰富节事活动的文化内涵,促进节事活动的可持续性。

3. 文化性要素

一个节事活动之所以能长久延续和传承,是因为它是长期发展、积淀、演变和发展而来的,是根植于人民大众的民族感情、民族信仰和生活习俗之中的,是某个地区因时、因事、因物或因名人等创造出来的一种庆祝活动,或者说是一种展示地方文化的形式,这也是一种聚集人气的方法。这类节事活动,有的定位比较准确,能同当地的民情和文化相融合,有可参与性,也有吸引力,经济上能做到良性循环,不给政府和百姓造成负担,它就能够持续存在并发展下去。节庆文化包括传统文化、时代文化和外来文化。传统文化就是节庆文化本身具备的体现地区本土风情的文化,是节事活动的基石;时代文化是随着时代的发展,节庆文化与时俱进,在传统文化的基础上增加的创新元素;外来文化是节事活动在举办的过程中,随着当地居民的观点逐渐发生变化,吸收外来游客带来的文化的产物。节事活动文化是这三种文化的综合体。

4. 演绎性要素

节事活动是历史和现实的共同发展需求,包括大量的时代演绎活动,节事活动通过演绎文化、演绎故事、演绎人物,时间是土壤,物质、财富、文化、精神是养料,我们现在所看到的大量节事活动是经历了无数时代演绎进化以后的结果。例如"嘉年华"是起源于欧洲的一种民间狂欢活动,最早可以追溯到1294年的威尼斯,多年以来,"嘉年华"逐渐从一个传统的节日,到今天成为包括大型游乐设施在内,辅以各种文化艺术活动形式的公众娱乐盛会,全世界各地有着花样繁多的嘉年华盛会,并成为很多城市的标志。比如著名的巴西圣保罗狂欢节、威尼斯狂欢节、牙买加狂欢节,从它们的英文表述可以看出,都是嘉年华演绎的。

所以,节事活动在策划原则上也要注意以下几个重点:

1）主题鲜明

不管举办什么节事活动，必须要有一个明确的主题。主题是节事活动的主旋律，反映了节事活动的理念，也是其形成竞争优势并保持长久生命力的有力工具，它在整个策划过程中，起到了凝聚、方向指导作用，直接关系节事活动的成功与否。一般来讲主题的选择要有利于主题形象的形成，有利于后期的宣传推广，有利于吸引有效的客源市场，所以在主题选择上尽量做到特色与创新相结合，创造独特的项目主题。主题的选择需要挖掘旅游节庆自身的本地要素，结合当地的地脉、文脉、人脉等特征，运用各种方法和技巧进行充分论证、反复推敲和归纳总结，在合理确定节庆主题的基础上，以节庆中的项目来烘托加强主题。一般节庆主题的确定应该遵循民族与时尚相结合，既可以挖掘本地的民族特色，也可以通过移植中国乃至世界各地不同的风土人情，表现多彩的民族特色，形成另外一种时尚，满足时尚人群广泛的、普及性的需求。

2）特色突出

当前各地政府新办节会的一个最大问题在于数量过多过滥、水准参差不齐，没有形成自己的地方特色和民族特色。特色是节事活动的灵魂，因此，在活动中要注意挖掘各民族的深刻文化内涵，突出展示其独特的个性色彩。无论何种性质或类型的节事活动，若要产生广泛的影响，就必须着眼独特的优势，找准与区域特色相符合或相融合的结合点，来塑造独树一帜又并非无所根基的节事活动形象，把节事活动与当地的历史文化、民俗风情、产业特征和自然风光结合起来，张扬个性、追求特色，并善于把特色与个性附着于一定的客观载体，突出节事活动的民族特色、地域特色、文化特色和时代特色。

3）群众参与

任何节事活动，都是一种大型的、群众性的活动，必须在群众参与上大做文章，才能把活动搞得生动活泼、有声有色，产生影响，达到目的。因此，在策划过程中要大力宣传节事活动，增强广大群众的兴趣，吸引他们积极参加，同时举办大量的参与式项目组织群众参与。节事活动要大众化，办大众化的节，办富裕百姓、快乐百姓的节，形式要开放，参与度要加大，使游客和市民都能从亲身参与中感受到节日的美好和快乐，这样才能集聚人气，渲染气氛，使活动有"气势"，有"声势"，从而产生节日的热烈感觉。具体到对节庆的主题、内容、形式的探讨上，对节庆的广告语、会徽、吉祥物、纪念品的确定上等等，都需要积极发动当地群众和文化界知识界的学者专家文人献计献策，只有事先经过深入的市场调研，有着广泛的群众基础并深得人心的节事活动，才能唤起群众对它的参加热情。

4）国际接轨

节事活动要体现出国际性，这既是节事活动档次的表现，也是节事活动效益的需要。要打造国际化节庆，就要做到对外宣传国际化、人员参与国际化和活动组织国际化。首先，对外宣传国际化就要求宣传的方式、语言、范围、宣传工具的选择都应做到国际化；其次，人员参与国际化，在节庆的策划、开展、参与过程中，尽量邀请目的地市场的知名人士一起参与，实现人员参与国际化；再次，活动组织的国际化，就是活动组织的水平和方式与国际接轨，在保持本土化的基础上做到国际化。西班牙的潘普罗那奔牛节（西班牙原文为圣菲尔明节San Fermín，圣菲尔为潘普罗那市人的守护神，所以也叫潘普罗那奔牛节），本来也是一个区域性节日，后来经过诺贝尔文学奖获得者海明威在他英文版小说《太阳同样升起》中大肆渲染,在全世界影响不断扩大,再加上奔牛、斗牛的惊险和引人入胜,拉开序幕的"冲天响"和全球电视台播放的《我好可怜》的结束曲,很快变成了一个国际性节日,年年相传,至今已有400多年。

5) 市场运作

经过近20多年的实践,各地都在探索按市场化机制举办节事活动,对节事活动的有形资产和无形资产进行全面开发,由政府操作走向市场运作,节事活动市场化运作已成大势所趋。目前,我国有各类民族传统节日和现代节事活动5000多个,但节事活动仍带有浓重的政府色彩,真正的市场化运行机制没有形成,经济效益成为节事活动成功与否的唯一标准。要实现市场化运作,首先,节庆组织要以企业为主体,企业在市场中运作,具有自主性,有利于节事活动的灵活发展;其次,节庆项目的策划要以市场为导向,节事活动的策划应该建立在市场分析的基础上,才会是面向大众的节庆;再次,节事活动的筹资方式要以多元化为目标,要实行公司化运作。

6) 整体规划

旅游节庆产品的开发是一系统工程,涉及当地社会经济生活的方方面面,需要政府、众多的企事业单位和当地民众的协作配合,忽视任何一方都将直接影响到旅游节庆产品的整体功效。从产品自身来看,旅游节庆产品是在一个较短时间内,以市场为导向,围绕某一主题,通过整合当地资源、经济、产业、文化等要素,向游客加以集中展示的旅游产品,它同时要求有广泛的民众参与以烘托节日气氛,它带给旅游者的是从旅游项目本身到当地人文环境气氛的整体感受,因此它的成功推出对诸要素的整合性要求较高。就产品开发的目的来看,由于旅游节庆举办的主要目的在于推动当地旅游业的发展和促进经贸交流,旅游节庆产品和当地众多的产业之间必然有着更为密切的利益关系,同时,作为当地政府从多角度向外界推介区域整体形象、扩大地方影响的重要手段,也需要强调整体性。

节事活动在区域旅游发展中承担着越来越重要的功能和作用,对节事活动的运作理念、开发策略、效益提升等问题我们应给予持续关注。

第三节 节事的类型

目前对我国节事活动的类型划分,尚无统一标准,不同学者采用不同的分类方法,对节事活动进行了分类。在划分节事活动时,划分的依据不同,就会形成不同的分类系统。事件的种类繁多,分类标准也可以从不同角度和目的来确定。以下将系统介绍有代表性的重要节事(旅游)活动的分类。

一、按照节事的内容性质分类

一些国内学者对节事活动的功能、性质进行了探索。从他们的研究看,节事活动具有文化现象与经济内容的双重载体功能,具有经济性、社会性、文化性、地方性、参与性、季节性、联动性、群众性、创新性、休闲性、可持续性和综合性等特征。国内外学者大多将节事活动按照其内容性质进行分类:

（1）赵睿（2001）依据主题性质将节事活动分为商业类、文化类、体育类、政治类/科教类。

（2）张彬彬（2003）在界定事件旅游的基础上，把旅游事件按内容划分为博览展会型、节事活动型、文体赛事型和商务会议型。

（3）蔡晓梅（2003）将城市的节事活动分为传统节庆型、商务型、博览型和体育型。

（4）石玉凤、单博诚（2001）按照文化特征将节事活动分为政治类节事活动、传统民俗节事活动、传统的地方民族节事文化活动、地方特色节事文化活动以及专业性节事活动。

（5）国外也有学者将发展地方文化、展示地方价值、强化地方认同感、增强地方凝聚力作为举办节事活动的目标，并从这个角度进行文化节庆的类型学分析，将其归为五类：原生型、进化的原生型、商业化型、非本社区单一文化型、多元文化型。（Wilson J. & L. Udall, 1982）

原生型活动源自特定文化的庆典，节事活动完全面向文化自身并由其内部成员控制。

进化的原生型和原生型类似，二者都源于特定的文化并受控且主要服务于其内部成员，二者不同之处在于进化的原生型试图让外部成员适应自己的文化，这就使得这类节庆文化体现出一些并非原有的审美意趣，或对节事活动及文化本身加入一些商业化处理。

商业化型对民间庆典的商业化推销将使节事活动开始融入流行文化，但它还继续从民间文化中获得支持。

非本社区单一文化型的节事活动往往由外部人员加以组织，他们并不需要原文化群体的支持，也没有让原文化群体成为活动观众的意图。

多元文化型的节事活动展示各种不同文化的特色，而观众几乎毫无例外地来自其他的文化群体；组织者往往由学者或热情的民间艺术爱好者来担任，活动本身通常是非营利性质的。

（6）马聪玲（2003）在收集国内 306 个节事活动案例的基础上，按照节事活动内容属性的不同，将国内的节事活动分为历史民俗类、衣食物产类、文化艺术类、自然生态类、体育休闲类、其他综合类等六大类。

（7）吉文桥（2003）则以"命名物"这一形象载体将节事活动分为工业性产品节、物产节、自然景观节、人文景观节、历史文化节、生产经营活动节、休闲娱乐活动节等七类。

（8）Getz D.（2000）认为：对于旅游发展来说，事先经过策划的事件是研究的重点。Getz 把事先经过策划的事件分为八大类：文化庆典（包括节日、狂欢节、宗教事件、大型展演、历史纪念活动），文艺娱乐事件（音乐会、其他表演、文艺展览、授奖仪式），商贸及会展（展览会、展销会、博览会、会议、广告促销、募捐筹资活动），体育赛事（职业比赛、业余竞赛），教育科学事件（研讨班、专题学术会议、学术讨论会、学术大会、教科发布会），休闲事件（游戏和趣味体育、娱乐事件），政治、政府事件（就职典礼、授职 授勋仪式、贵宾 VIP 观礼、群众集会），私人事件（个人庆典，如周年纪念、家庭假日、宗教礼拜；社交事件，如舞会、节庆、同学及亲友联欢会），在 Getz 的分类中，展览会、展销会、博览会、会议等商贸及会展事件是会展业最主要的组成部分。

（9）吴必虎（2001）建议完全按照内容属性来划分，将中国城市节事活动分为自然景观型、历史文化型、民俗风情型、物产餐饮型、博览会展型、运动休闲型、娱乐游憩型、综合型等八大类。

自然景观型，即以当地自然地理景观（独特气象、地质地貌、植被，特殊地理风貌、典型地理标志地、地理位置）为依托，综合展示城市旅游资源、风土人情、社会风貌等的节事活动。如中国哈尔滨国际冰雪节、张家界国际森林节、中国吉林雾凇冰雪节。

历史文化型，即依托当地文脉和历史传承的景观、独特的地域文化、宗教活动等而开展的节事活动。如杭州运河文化节、天水伏羲文化节、曲阜国际孔子文化节。

民俗风情型，即以各民族独特的民俗风情和生活方式为主题（民族艺术、风情习俗、康体运动等）的节事活动。如南宁国际民歌艺术节、中国潍坊国际风筝节、傣族泼水节。

物产餐饮型，即以地方特产和特色商品及本地餐饮文化为主题，辅以其他相关的参观、表演等而开展的节事活动。如大连国际服装节、菏泽国际牡丹节、中国青岛国际啤酒节。

博览会展型，即依托城市优越的经济地理条件，以博（展）览会、交易会为形式，辅以其他相关的参观、研讨和表演等而开展的节事活动。如昆明世界园艺博览会、杭州西湖博览会、中国国内旅游交易会。

运动休闲型，即以各种大型的体育赛事、竞技活动为形式，辅以其他相关的参观、表演等而开展的节事活动。如奥运会、亚运会、全运会、中国银川国际摩托旅游节。

娱乐游憩型，即以现代娱乐文化和休闲游憩活动为形式，辅以其他相关的参观、表演等而开展的节事活动。如上海环球嘉年华、上海欢乐节、广东欢乐节。

综合型，即多种主题组合，一般节期较长、内容综合、规模较大、投入较多、效益较好。如上海旅游节、北京国际旅游文化节、中国昆明国际旅游节。

由于大多数学者选择内容性质作为节事分类标准，所以为了便于学生掌握各分类的依据及内容，本书将以上内容按分类系统级数进行了归类（见表1-1）。

表1-1 节事活动内容性质分类系统

分类系统名称	分类依据	分类结果	提出学者
四类系统	主题性质	商业类	赵睿(2001)
		文化类	
		体育类	
		政治类/科教类	
	旅游事件的界定	博览展会型	张彬彬(2003)
		节事活动型	
		文体赛事型	
		商务会议型	
	城市的节事活动内容	传统节庆型	蔡晓梅(2003)
		商务型	
		博览型	
		体育型	

续表

分类系统名称	分类依据	分类结果	提出学者
五类系统	文化特征	政治类节事活动	石玉凤、单博诚(2001)
		传统民俗节事活动	
		传统的地方民族节事文化活动	
		地方特色节事文化活动	
		专业性节事活动	
	地方文化	原生型	Wilson J. & L. Udall (1982)
		进化的原生型	
		非本社区单一文化型	
		商业化型	
		多元文化型	
六类系统	节事活动内容属性	历史民俗类	马聪玲(2003)
		衣食物产类	
		文化艺术类	
		自然生态类	
		体育休闲类	
		其他综合类	
七类系统	"命名物"形象载体	工业性产品节	吉文桥(2003)
		物产节	
		自然景观节	
		人文景观节	
		历史文化节	
		生产经营活动节	
		休闲娱乐活动节	
八类系统	策划内容	文化庆典	Getz D.(2000)
		文艺娱乐事件	
		商贸及会展	
		体育赛事	
		教育科学事件	
		休闲事件	
		政治、政府事件	
		私人事件	

续表

分类系统名称	分类依据	分类结果	提出学者
八类系统	中国城市节事活动内容属性	自然景观型	吴必虎(2001)
		历史文化型	
		民俗风情型	
		物产餐饮型	
		博览会展型	
		运动休闲型	
		娱乐游憩型	
		综合型	

二、按照节事运作模式分类

我国城市节事活动的运作也已呈现出多样化、市场化的趋势,市场规律正在发挥着越来越强的作用,目前节事运作模式主要为四种类型:

1. 一级政府(市政府)主办模式

这种模式的特点是节事活动由政府运作,主要内容由政府决定,活动场地、时间由政府选择,参加单位由政府行政指派。

2. 政府某行政部门(如旅游局)主办模式

这种模式是目前专题城市节事活动采用较多的模式,它具有政府主办模式的一些特点,但也在不断地加入市场化运作的一些成分。

3. 政府引导、企业承办、市场运作模式

政府引导作用主要体现在定节事活动的主题及名称,并以政府名义进行召集和对外的宣传。企业承办是企业负责节事活动的组织。而市场运作则是节事活动的举办过程,其余交给市场来运作。

4. 完全市场运作模式

节事活动完全按照市场机制来运作,这是节事活动走向市场化的最终极模式。

三、按照节事规模分类

Roche 从研究事件的现代性角度出发,综合事件的规模、目标观众及市场、媒体类型覆盖面等标准,把事件划分为重大事件、特殊事件、标志性事件和社区事件等四类(见表1-2)。Roche 认为,重大事件是现代社会的大型"狂欢秀"。在定义上,Roche 提出:重大事件是指具有戏剧特点、可以反映大众流行诉求和有着国际重大意义的大规模的文化、商业和体育事件。重大事件一般由国家政府不同的部门联合起来并与非官方的国际组织共同组办。因此,重大事件可以说是"官方"版本大众文化(the "official" version of public culture)的重要部分。在现代社会中,无论是在国家层次上,还是在国际层次上,重大事件都有着丰富大众文化、强化文化身份以及实现文化包容的意义和作用。在《重大事件与现代性》

（Mega-events and Modernity）的专著中，Roche 主要从社会学的角度，以奥运会和世界博览会这两个重大事件为例，以不断发展的全球文化为背景，广泛而深入地研究了重大事件与现代性的关系（2000）。

国际节日和事件联合会（International Festivals & Events Association，也译为国际节日与活动协会，简称 IFEA）把节日和事件分为大型事件、小型事件、艺术节日、体育事件、展览会、与公园和游憩相关的事件、城市组织的事件以及会议与观光局组织的事件（CVB）。

表 1-2　节事的类型和规模

节事类型	综合事件的规模	媒体类型	实例
重大节事	全球	全球电视台/报纸杂志	世界博览会
			奥运会
			世界杯足球赛
特殊节事	世界/国内	国际/国内电视台	F1 大赛
			泛美运动会
标志性节事	区域	本地电视台	大城市体育赛事/节日
	国内	国家电视台	澳大利亚运动会
社区节事	区域/地方	本地电视台/报刊	乡镇地方节事活动
	地方	本地报刊	本地社区节事活动

节事活动也可按举办目标来进行分类，可以划分为公益性节事、营利性节事等。主办者的身份与节事活动的举办目标有一定关系，但也不能简单地认为公共部门（如政府和非营利性质的协会、社团）举办的就一定是公益性的节事，私人部门（主要指企业）举办的就一定是营利性的节事。政府出于公共财政的目的也可能通过举办一些富有吸引力的节事活动来筹集建设与发展资金，而回馈社会、提高企业美誉度的节事活动也正成为很多企业的选择。

本章小结

（1）综合不同的定义，同时兼顾节事的特性，将节事的概念界定为：在特定的时间、地点和情形下，发生的休闲、社交或文化等超出日常的体验和经历的活动。

（2）由节事的概念出发，从文化性、时间性、地域和资源的依托性、规模性、双重性几个方面介绍了节事活动的特点。

（3）文化、经济、历史三方面构成了节事活动在休闲时代具有的特殊内涵；民族性要素、事件性要素、文化性要素和演绎性要素是形成休闲时代节事活动的四大要素。

（4）基于形式、运作模式和规模等不同的分类方法，可将节事划分为多种类型。

第一章
节事概述

 核心关键词

event	事件
special event	特殊事件
Festival & Special Event	节事活动
characteristics	特征
types	类型

 思考与练习

1. 简述节事与节事旅游的概念。
2. 试述节事的特点和内涵。
3. 试述休闲时代下节事旅游的构成要素。
4. 试述不同分类方法下的节事的类型。

17

 案例分析

慕尼黑啤酒节

慕尼黑啤酒节之所以闻名，不仅因为它是全世界闻名民间的狂欢节，也是因为它完整地保留了巴伐利亚的民间风采和生活习俗。人们用华丽的马车运送啤酒，在巨大的啤酒帐篷里开怀畅饮，欣赏巴伐利亚铜管乐队演奏的民歌乐曲和令人陶醉的情歌雅调。人们在啤酒节上品尝美味佳肴的同时，还举行一系列丰富多彩的娱乐活动，如赛马、射击、杂耍、各种游艺活动及戏剧演出、民族音乐会等。人们在为节日增添喜庆欢乐气氛的同时，也充分表现出自己民族的热情、豪放、充满活力的性格。

节日的第一天上午，来自巴伐利亚州、德国其他州以及奥地利、瑞士、法国的游行队伍聚集在一起，人们身穿艳丽多彩的民族服装及传统古装，在慕尼黑市长及酒厂老板乘坐的富丽堂皇、花团锦簇的马车引领下，浩浩荡荡、威武雄壮地涌向黛丽丝草场。中午12时，随着礼炮12响，顿时鼓乐齐奏、彩旗飞扬、人声沸腾。市长在做简短致辞后，打开第一桶啤酒，啤酒节便在沸腾的欢呼声中拉开帷幕。这时身穿传统服装的啤酒女郎用单耳大酒杯将新鲜啤酒不断地送到迫不及待的饮客面前。许多身穿鹿皮短裤、背心等民族服装的巴伐利亚人手举啤酒杯穿行在大街上，他们逢人便高喊"干杯"，气氛十分热闹，充分体现出当地的民族精神。

慕尼黑啤酒节上只能出售慕尼黑本地生产的啤酒,所以啤酒节的主角一直是当地的几家大型的啤酒屋,如宝莱纳、皇家、欧菲和狮王等几家著名的酒屋。其中最富有传奇色彩的啤酒是以啤酒节命名的 Oktoberfest 啤酒(中文音译为:欧菲啤酒),由于该啤酒在每年的三月份酿制,所以在当地又称为 Marzen,(德文:三月的意思)。经过六个月的低温窖藏,每到九月底的啤酒节上再由慕尼黑的市长亲自敲开第一桶欧菲啤酒,宣布啤酒节开幕。此时酒花四溅,香浓美味,开坛十里香。所以,欧菲啤酒(Oktoberfest)成为慕尼黑啤酒节上最富有代表性、销量最大的啤酒。

10月初的慕尼黑已有微微的秋凉,整个街道被五光十色的灯光装饰得五彩缤纷。节日的广场,数百顶各种各样的大小帐篷鳞次栉比。这里出售的商品琳琅满目,叫卖声此起彼伏。人们背靠背坐在一起,开怀畅饮,并在乐曲的伴奏下,即兴地歌唱跳舞,甚至跳上桌子相互祝贺。

节日期间,规定每晚啤酒供应到10时30分,10时45分乐队演奏流行乐曲,催促人们离去。这时,万千酒兴未尽的游客会齐声抗议,清洁女工不得不把椅子倒置在桌上,对那些久久不肯离去的游客,保安人员也不得不把他们推向出口,强行让其离开。

平日,德国人给人的印象是工作态度认真、严谨,服从命令,遵守纪律和原则性强,但似乎缺乏幽默和热情。然而,在慕尼黑啤酒节上,人们可以发现德国人生气勃勃、热情洋溢的另一面。尤其是巴伐利亚人对于自身的文化和传统所表现出的执着与自豪感,给来自世界各地的人们留下深刻印象。

这场啤酒节被誉为全球最大的节事活动之一,每年都会吸引超过700万名的观光客,足足喝掉600万升以上的啤酒!大家印象中一板一眼的德国人,其实也有如此热情好客的一面。连续16天的啤酒节,每年在泰瑞莎广场上架起可容纳数万个座位的大帐篷,提供游客啤酒、德国美食;帐篷外则竖立着摩天轮之类的游乐设施,会场中不时穿插身着民族服装的游行与民俗活动。

世界上再也找不到比德国人更热爱啤酒的民族,他们狂饮的程度,光从数据上就令人吃惊。这场全球最大的节庆活动,根据慕尼黑观光事务当局的统计,平均吃掉20万条香肠、60万只烤鸡,并喝掉足足600万升的啤酒。2003年约有600万人挤进约31公顷大草地上搭建的14座帐篷里,饮尽约570万升的德国啤酒。而在泰瑞莎广场上的所有的啤酒大棚都是临时搭建的,都有独立的舞台和啤酒销售柜台。人们坐在传统的长板凳上及长木桌前,享受着举世闻名的德国啤酒和具有当地特色的烤猪腿,除了喝酒之外,街头张灯结彩,市内7家大酒厂组成的游行队伍也纷纷上街载歌载舞。还有许多民俗活动,如音乐会、马戏团表演,也有许多贩卖站与游乐设施,如旋转木马与摩天轮等。啤酒一直供应到晚上10点半,这时乐队齐奏催促人们回家的曲子,在泰瑞莎广场上的活动则在晚上11时结束,可是不少游客却还是意犹未尽,流连忘返,许多人仍会转战至通宵开放的酒馆续摊。

分析要点:

在慕尼黑啤酒节上能充分地感觉到当地人民对自己传统文化的保护和热爱,并一直用节日的方式结合现代需要进行传承和宣扬。近些年来,啤酒节上新增了传统服饰游行，很多游客都穿上传统的皮裤和紧身连衣裙盛装加入到游行队伍。慕尼黑啤酒节除因第一次世界大战停办5年，第二次世界大战停办7年以外，自1946年以来节日规模越办越大，真正成了一个盛大的民间节日。参加慕尼黑啤酒节不需要购买门票，但每个游乐节目都要买入场券。而啤酒价格也逐年上涨，但游客数量每年在增加。1981年有游客620万，共喝掉420万升啤酒。1984年游客增加到700万，喝掉了500万升啤酒。当前每年的数量维持在600万左右。其中很多游客都来自国外，主要来自意大利、美国、日本和澳大利亚等。啤酒节对于这座城市具有重要的经济意义，其收益大约为十亿欧元，而基于这个节庆的形象价值却也是巨大的、无法衡量的。啤酒节对于游客的吸引力和在出口项上的卓越表现为全世界所认同。

问题：
1. 慕尼黑啤酒节如何依托传统文化并与时代性相结合的？
2. 慕尼黑啤酒节给当地的旅游市场带来了怎样的影响？
3. 按照节事活动的分类，分析慕尼黑啤酒节属于哪类节事活动？

第二章

节事旅游概论

学习导引

中国各地区都有独特的地方文化,这正是开展旅游节事活动、促进区域经济发展的优势和依托。目前,具有民族传统和区域特色的各类旅游节事活动,在继承和发扬传统文化的同时,被注入了深刻的市场经济的思想和内涵,以一种新兴产业的形式融入现代经济社会生活当中。什么叫做节事旅游?节事旅游的特点是什么?节事旅游拥有哪些作用和类型?通过本章的学习,让我们去寻找答案。

学习重点

通过本章学习,重点掌握以下知识要点:
1. 节事旅游的基本概念和特点;
2. 节事旅游的作用;
3. 节事旅游的类型及开发原则。

第一节 节事旅游的基本概念和特点

近年来,种类繁多、内容丰富、影响面广、参与者众多的大型节事活动的数量在全国各地急速增加。举凡节日庆典、大型集会、博览会、运动会、大型文艺演出、大型交易会、展销会、庙会、旅游节等等,都属于此范畴。各类大型节事活动日益成为区域旅游发展中的重要吸引因素,因此而衍生的节事旅游也逐渐成为旅游活动中的重要组成部分,节事旅游从质和量上也逐年增高,节事旅游也受到高度重视。

一、节事旅游的基本概念

在节事旅游的研究中,常常把节日和特殊事件结合在一起作为一个整体来进行探讨,在英文中简称 FSE(Festival & Special Event),中文译为"节日和特殊事件",简称"节事"。

节事旅游专指以各种节日、盛事的庆祝和举办为核心吸引力的一种特殊旅游形式。1984年,Ritchie首次给出了节事旅游的定义:从长远或短期目的出发,一次性或重复举办的、延续时间较短、主要目的在于加强外界对于旅游目的地的认同、增强其吸引力、提高其经济收入的活动。蒋三庚在其《旅游策划》一书中指出,"节事旅游是指具有特定主题、规模不一、在特定时间和特定区域内定期或不定期举办的、能吸引区域内外大量游客参与的集会活动"。

从西方学者的研究成果看,关于节事旅游有两种说法,一为 Event Tourism,中文译为"事件旅游";另一为 FSE Tourism,中文译为"节事旅游"。前者泛指因所有类型的节庆而引发的旅游活动,后者更强调节日和特殊事件分别引发的旅游活动。

综上所述,节事旅游的概念本书表述为:非定居者出于参加节庆和特殊事件的目的而引发的旅游活动。它属于旅游活动中的专项或特种旅游活动。这种旅游活动能提供给游客参与体验地域文化、认知社会特点、感受娱乐真谛的机会,也是一种公共的、具有明确主题和娱乐内涵的活动。

二、节事旅游的特点

节事从出现至今,一直就作为一种文化现象的表现,在人类发展历史中延续着。作为以节事活动为依托的节事旅游来说,虽然是现代性的表述,却是历史性的载体,在它的发展过程中布满了文化的印记,不断地表现着历史和文化的特性。也正是由于它所具有的这种文化属性,旅游者才会把内心的情怀寄托于一项看似简单、休闲的旅游活动。所以说,文化性构成了节事旅游的根本特性。

节事旅游对节事的依托性决定了节事旅游的开展是和节事活动的举行是同步的。而节事活动作为一种地方形象和传统文化的表现手段,一般举行时间是相对固定的,由此就使得节事旅游的进行也必须在此时间段内。在节事活动举办期间,怀有节事情怀的旅游者,在节事举办地才可以充分地体味节事的魅力,完成其内心对于节事的诉求。一旦节事活动结束,旅游者就无法参与节事,也不能感受节事的魅力,由此节事旅游就无法开展。所以说,节事

旅游是具有很强的时间性的。

节事作为历史的产物,存在地域性的差异。不同地区由于风俗习惯及资源条件的差别会形成不同的节事活动,对于现代性节事这种表现更为明显。因为在目前,节事活动被普遍作为地区形象的塑造者,如此就使节事要更能体现地方和资源的特色。换句话说,就是节事活动必须依托地域和资源的特色,只有这样,节事旅游才可以产生较强的吸引力。

节事旅游的规模性根源于节事活动的规模性。节事活动作为地方标志性活动,反映了节事举办地独一无二的城市特征,一般具有较大的规模,会带来大规模的旅游流。

旅游者的身份在参加节事旅游过程中具有双重性。节事旅游者的第一角色一般是某个主题节事的参加者。

第二节　节事旅游的作用

节事旅游被人们称作"有主题的公众庆典"、"平民参与的节日",它是一种特殊的旅游产品,是人们创造出来的旅游吸引物。旅游节事活动创造的经济效益和社会效益非常可观,越来越散发出其独特的魅力,越来越受到人们的关注,已经成为许多城市发展旅游的重要抓手。

在国外,西方一些国家的复活节,美国的南瓜节,巴西、墨西哥的狂欢节,西班牙的斗牛节,法国的葡萄节,德国的啤酒节等,举办期间无不吸引世界各地大批商贾和旅游观光游客的光临和参与,宾馆、酒店客满,餐馆人头攒动,市场异常红火,所带来的经济效益不言而喻。

在国内,为了发展经济,近年来,各地也纷纷举办自己的节事活动,如大连的时装节、青岛的啤酒节、广东的广交会、南宁的民歌艺术节等已成为我国知名的节事活动。事实上,我国各地都有其独有的地方文化,这正是开展旅游节事活动、促进区域经济发展的优势和依托。目前,具有民族传统和区域特色的各类旅游节事活动,在继承和发扬传统文化的同时,被注入了深刻的市场经济的思想和内涵,以一种新兴产业的形式融入现代经济社会生活当中。

所以,节事旅游的作用不仅仅在于吸引旅游者、投资者、赞助者等,成功的节事旅游活动可以带来多方面的牵动效应。

1. 节事旅游活动不仅本身具有旅游吸引力,更重要的是它还起到旅游市场营销的作用

在一定程度上,旅游节事活动对举办地的营销功能要大于其自身的旅游功能。活动举办前夕,举办者会对当地的历史、文化、工业、农业等资源进行整合,扬长避短,发挥优势,提高当地旅游竞争力,对旅游景点景区、线路进行研究,完善旅游设施,积极宣传促销。节事发生期间,高强度、多方位、大规模的宣传活动以及所引起的广泛关注,形成巨大的轰动效应,使更大范围的人通过各种媒介或实地游览对城市留下深刻的印象,从而在短期内强化了城市旅游形象。

大连市依据其区位优越、环境优美、气候宜人的特点,实施"城市环境名牌"战略。经过多年的努力,大连欧式建筑与现代建筑交相辉映,城市广场星罗棋布,女骑警的风采、足球城的美誉、服装节都迅速提升了大连的知名度和美誉度,吸引了大量的国内外游客前往游览。

湖北省九宫山避暑节从 2000 年开始举办,每届活动前夕都以各种各样的方式大力宣传

九宫山的历史文化、道教圣地、青山绿水、自然生态、风景名胜。这些宣传使避暑节的知名度越来越高,形象越来越好,吸引了众多国内外游客来休闲度假、消夏避暑,促进了当地旅游业的发展。

成功的节事活动的主题还能够成为城市形象的代名词,正如人们一提到斗牛就想到西班牙,一提到民歌节就想到南宁,一提到风筝节就会想到山东潍坊,一提到啤酒节就会想到青岛。这些成功的案例都说明,节事活动与举办地已经形成了很强的对应关系,能够迅速提升举办地的知名度。海南省博鳌原本是个贫穷乡村,就是因为博鳌亚洲论坛使得博鳌乃至整个海南省知名度得以大大提升。

2. 节事活动可以均衡旅游的淡季

旅游业受季节变化的影响产生淡旺季之分。

旺季时,游人如潮,淡季时,资源闲置。多样化的旅游节事活动为游客提供更多的选择机会,因而也使得目的地旅游资源在不超过承载力的前提下获得最大限度的利用。比如在哈尔滨国际冰雪节期间,有逾百万的游客来旅游,市内各大宾馆、酒店的入住率比以往同期普遍提高了30%~50%。在旅游景区的淡季,举办人们喜闻乐见的节事活动也会吸引大量的旅游者。

3. 节事旅游可以优化组合举办地单一的旅游活动

节事旅游是个综合性很强的旅游活动,通过举办节事活动,可使举办地的旅游资源获得最佳的优化组合,这对改变举办地旅游活动的单一性有着极大的推动作用。节事旅游属于典型的专项旅游项目,其市场运作的复杂性高于普通旅游市场的运作。因此,就要求旅游经营者对这一市场在策划、主题、选择、旅游推广等方面下工夫。

4. 节事旅游的内容包罗万象,可满足不同层次人群需要

节事旅游涉及服饰、建筑、宗教、礼仪、时令、歌舞、戏剧、饮食等诸多方面。游客可以通过参加各种各样的节事活动,使身心得到放松,同时又可以领略当地的文化历史。

武汉国际旅游节通过节事活动充分展示湖北楚文化、三国文化、宗教文化、水文化、武汉近现代文化以及市民文化等。旅游者在文化氛围的陶冶中,既可以游览东湖、长江等,又可以参与到花车巡游、焰火晚会等大型的娱乐活动中。游客不管男女老少,都能在节事活动中找到自己所好,满足其体验的要求。

5. 完善举办地的基础设施和旅游服务设施

良好的基础设施和旅游服务设施是旅游业发展强有力的依托和必不可少的条件。举办旅游节事,可以使举办地的基础设施,如交通、环境状况、宾馆、体育运动场所、休闲场地等得到改善,从而进一步提高和完善举办地的旅游综合接待能力。

在旅游节事举办之前,举办者会对旅游地的景点、道路、桥梁、房屋、绿地、宾馆、饭店、游乐场所、车站、码头、供应设施等集中进行整治,拆除违章建筑、清理占道物资、疏通道路、维修景点等,使举办地更加清洁、美观。旅游节事举办期间还会加大管理力度,建立健全规章制度,完善服务功能。

如昆明世博会,为保证前来参加世博会的众多游客的旅游质量,昆明除了对各个景区进行整治和宾馆的翻修以外,还投资10多亿元进行了18项重点配套设施建设工程。包括道

路拓宽、绿化、立交桥建造、15条道路大修、城区水体治污等。同时购置了1000多辆出租车和近300辆公交车,完成了世博园及市区通信设施及旅游信息网络的建设,城市的基础设施得到了极大改观。这一切不但保障了世博会期间的交通、通信、咨询服务能力,而且将为昆明市居民的日常出行带来长期效益。

6. 节事活动能将参与性和娱乐性融合

节事活动以其特殊的形式和丰富的内容吸引着众多的参与者,以节事活动为主题而设计的节事旅游,就成为大型活动旅游中具有参与性和娱乐性融合的项目。比如,从经验数据判断,奥运会举办中的一段时期内,举办地旅游者的数量会出现更大的增长趋势。2000年悉尼奥运会为澳大利亚带来了34.2万的旅游者,其中直接带来的就有11.1万人,而且据预测,这一活动前后可以持续9年的效应,总体将带来162万的旅游者。

7. 节事活动可以带动整个地区的旅游业发展

旅游使节事活动焕发出新的活力,并促进新兴节事活动的开展和推广。特别是一些大型企业团体的赞助以及参与,都从很大的程度上促进了节事活动的影响力。

所以不管是个人旅游、或者是团体会议旅游都与节事活动相辅相成,相互促进。

第三节　节事旅游的类型及开发原则

一、节事旅游的类型

节事旅游的历史源远流长。一个城市的节事活动差不多伴随着城市的产生而产生,不仅中国有,世界各国也有。城市节事活动的产生、形成和发展,与各地的自然环境、人文环境、经济环境和发展需求有着密切的关系。目前,我国城市节事活动可分成以下几大类:

一是以"商品产品和物产特产"为主题的节事活动。如大连国际服装节、中国青岛啤酒节、北京西单购物节、重庆国际茶文化节、景德镇国际陶瓷节等。

二是以"文化"为主题的节事活动。这类活动一般与当地特色文化的物质载体相结合,开展丰富多彩的观光、文化活动,对游客具有极大的吸引力,如中国淄博国际聊斋文化节、杭州运河文化节、福建湄州妈祖文化旅游节等。

三是以"自然景观"为主题的节事活动。这类活动除了突出自然景观的主体地位之外,还有很多其他的相关活动为陪衬,如中国哈尔滨国际冰雪节、张家界国际森林节、中国吉林雾凇冰雪节、北京香山红叶节、桂林山水旅游节等。

四是以"民俗风情"为主题的节事活动。这类活动以独特的民族风情为主题,涉及书法、民歌、风情、风筝、杂技等内容,如南宁国际民歌节、海南三亚国际婚庆节、山东潍坊风筝节、中国吴桥杂技节、傣族泼水节等。

五是以"宗教"为主题的节事活动。这类活动是基于宗教对于游客的吸引力而创办的,各类庙会、开光节、寺庙奠基典礼就属于这一类,如五台山国际旅游节、九华山庙会、中国黄梅佛教文化节等。

六是综合性节事活动。这种活动一般持续时间较长,内容丰富,规模较大,投入较多,取得的效益也比较好,如北京国际旅游节、上海国际艺术节等。

二、节事旅游的开发原则

节事旅游在我国城市经济社会发展中扮演着重要的角色。中国的城市从来没有像现在这样充满活力,各个城市的节事活动层出不穷。这些城市节事活动,既张扬了城市的个性,也为繁荣城市经济、文化发挥了重要作用。但我们也应该看到,目前我国城市节事活动尚处于不成熟阶段,需要进一步总结和提高,应当在进一步掌握节事旅游的开发原则的基础之上才能更好地把握节事旅游的开发分寸和节奏,让节事旅游更好地为城市发展做贡献。

1. 坚持大众化原则,强调民间性

这是节事旅游生命力的源泉。节事活动应以大众为核心,涉及范围要广泛,深入寻常百姓家,开展丰富多彩的地方性活动。不仅舞台要与观众融为一体,形式也应以露天、欢快、热烈为原则。真正让游客和群众融入其中,带给大家欢乐和轻松。使当地居民及外地游客充分感受到特殊的节庆气息和过节氛围,获得独特的游憩享受。

2. 坚持市场化原则,精心培育区域节事旅游产品

这是节事旅游持续发展的基本保证。节事旅游产品的开发必须依据市场化的管理运作体系,广泛动员和整合各方资源,摆脱政府办节的狭隘模式,走上依托市场办节庆的良性循环轨道。应基于市场化的原则,精心策划和培育主题鲜明、富有感召力的区域节事旅游产品。这是城市节庆旅游能够持续发展的基本保证。

3. 确立个性化原则,打造节事旅游品牌

这是节事旅游的魅力所在。目前全国各地各类名目繁多的节事旅游活动令人眼花缭乱,但令人遗憾的是,有相当多的节事活动要么昙花一现、无疾而终,要么苦苦支撑、亏本运营。这就要求相关部门必须要对节事活动的举办及品牌打造进行精心设计和培育,在形式上、内容上、规模上、组织上不断探索新思路,拿出新举措,创出新特点,使节事旅游的内涵不断丰富,形象不断巩固,努力成为品牌节庆,永葆节事旅游活动的魅力。

所以说,掌握好节事旅游的开发原则,可以使节事旅游的影响更加广泛而深远,它不仅为旅游目的地的经济繁荣带来机会,而且也在很大程度上改变了旅游目的地的社会文化和生态环境。在经济发展和社会发展两者相互促进、相得益彰、协调发展的基础上达到举办地自然、人文、社会的高度统一。

本章小结

(1)综合不同的观点,节事旅游的概念表述为:非定居者出于参加节庆和特殊事件的目的而引发的旅游活动。它属于旅游活动中的专项或特种旅游活动。

(2)文化性、规模性、地域性、双重性及时间性是节事旅游的五大特点。

(3)旅游节事活动创造的经济效益和社会效益非常可观,节事旅游的作用不仅仅在于吸引旅游者、投资者、赞助者等参与者,成功的节事旅游活动可以带来多方面的牵动效应。

（4）掌握好节事旅游的开发原则，可以使节事旅游的影响更加广泛而深远，它不仅为旅游目的地的经济繁荣带来机会，而且也在很大程度上改变了旅游目的地的社会文化和生态环境。

核心关键词

FSE	节事活动
basic concept	基本概念
functions	功能
types	类型
development	发展

思考与练习

1. 简述节事旅游的两种说法。
2. 试述节事旅游的特点。
3. 试述节事旅游的作用和优势。
4. 试述节事旅游开发的基本原则。

案例分析

中国节事旅游的发展

与中国现代旅游研究发展的30年历史相比较，中国节事旅游研究的历史相对较短。虽然春节、中秋节等民族传统节庆有着几千年的悠久历史，而且节事活动在中国现代旅游的起步阶段就成为重要的吸引物，但是现代意义上的节事旅游在中国可以说直到1995年才正式登台。这一年，国家旅游局推出了以"中国——56个民族的家"、"众多的民族·各异的风情"、"探访中华民族风情·难忘神奇经历"为主题口号的"民俗风情游年"活动。在这个活动的推动下，节事旅游开始得到全国各地政府、旅游企业的重视。随后，1999年昆明世界园艺博览会、2001年第一届海南博鳌亚洲论坛、广东2001年花卉博览会、2006年杭州世界休闲大会和沈阳世园会、2008年北京奥运会、2010年上海世博会等重大节事活动（mega-event）的举办，对于推动举办地旅游的发展、塑造举办地的旅游形象、推进举办地旅游基础设施建设等方面，都起到了巨大的作用，产生了深远的影响。这些节事活动，可以说是中国现代节事旅游活动具有代表性的案例。全国各地"节事热"和"节庆热"也渐成气候,据不完全统计,目前全国每年举办的各级各类节事旅游活动大概在6000个(次)左右。

随着节事旅游的大发展,有关节事的行业机构也在国内开始建立,如国际节事协会(IFEA)中国分支(北京节庆文化发展中心)、亚洲会展节事财富论坛(上海)、国际展览与节事(项目)协会(IAEE)中国分会(苏州)、复旦大学中国节事文化研究中心、北京大学中国节庆研究中心。有关省份也建立了节事的研究机构,如湖北、江苏、陕西均建立了省一级的节事研究会、协会或节事文化促进会。同时,国内先后举办过多次较大规模的与节事有关的学术研讨会和产学交流会,如2000年上海"21世纪旅游节事发展战略研讨会"、2002年南宁"'节事文化与城市经济发展'国际主题会"、2003年贵州·铜仁"中国城市节事研讨会"、2005年北京首届"中国节事活动国际论坛"、2005年中国会展财富论坛(CCEFF,上海)与国际节事研究中心(香港)举办的首届"中国节事活动与城市经济发展高峰会"(舟山)、2008年3月上海第五届"中国会展节事财富论坛"暨首届"中国会展节事产业博览会"、2008年11月"会展节事与都市旅游"国际旅游学会第二届双年会(上海,华东师范大学)和"第三届全球节事大会暨第三届中国会展教育年会"(广州,中山大学)、2009年3月第六届"中国会展节事财富论坛"(CCEFF 2009)。

总体来看,我国各地节事旅游活动的蓬勃发展,有力地推动了区域旅游业的发展,并成为区域社会、经济、文化发展的助推剂。与此同时,国内的节事旅游活动也存在特色不鲜明、影响不显著、活动策划主观性强、强调政治功能而忽视经济效用等问题。"人造节"、"官办节庆"过多过滥,以至于中纪委牵头四部委于2010年6月发布《关于对党政机关举办庆典、研讨会、论坛活动开展清理摸底的通知》,要求各地区各部门按照"谁主管谁负责"的原则,开展清理摸底工作,减少过多过滥的庆典、研讨会、论坛活动。

(资料来源 戴光全:《旅游规划与设计——节事·城市·旅游》)

分析要点:

任何事物必有其正反效应,节事旅游对举办地也会存在着一些消极的影响,如短时间内大规模旅游流的涌入会产生"蜂聚效应",将在交通、噪声、废弃物等方面对当地居民的正常生活产生负面影响,如2000年悉尼奥运会期间第一次出现了"反旅游"的问题,即大量的居民为躲避大规模人流,纷纷逃离自己所居住的城市。同时也会造成城市物价的大幅上涨,游客和居民的经济负担加重。

当今城市举办节事活动,已成"时尚",在各种节庆活动层出不穷、愈演愈烈的时候,不难看到其中的泥沙俱下以及鱼龙混杂的状况。综合分析,存在的问题主要有:

(1) 改革开放以来,"文化搭台,经贸唱戏"成为一句时髦的口号,各地对举办节会更有趋之若鹜之势。目前,节日文化的最大问题在于数量过多过滥、水准参差不齐。几个城市同时办一种节,主题活动不外乎文艺晚会、经贸洽谈会、研讨会。办节的雷同化趋势,不能加深民众对节会的印象和认同感,难以实现预期的目标。有打响品牌、脱颖而出者,有轮番上阵、屡战屡败者,也有过眼烟云、昙花一现者。

（2）大多数旅游节事活动仍沿袭政府投入的"官办"模式，而"官办"模式很难对市场需求做出及时准确的判断，往往容易搞成"形象工程"或"自娱自乐"活动。另外，大规模的政府投资往往很难把握和注意资金的使用效率，从而造成资金浪费。邀请一大批"贵宾"，隆重的接待，吃、住、行、游、购、娱一条龙免费服务，效果却很难测量。只有一个完全市场化运作的节事活动，才能给企业带来更大的诱惑力和推动力，才能提高经济效益和社会效益，才能丰富区域经济的内容，带动区域经济的全面发展。一些新办节日之所以难以为继，一个重要原因就在于单靠政府的支撑。设计、策划、组织、运作，人力、物力、财力大都由政府负责或承担，而政府又以种种方式，将任务或负担分解给企业和个人，没有赢得民间资源特别是民间人才和民间资金的主动投入和聚集。在市场经济条件下，由政府承担经营节事产业，与其职能不相适宜。更多的职能应分解给文化经营企业、旅游经营企业、旅游文化市场和社会，这样才能凝聚节事产业创新人才、解决庞大的办节资金投入问题。

（3）由于一些城市节事活动缺乏个性与特色，在诸如主题选择、操作方式、活动内容、管理模式等方面还存在问题，这类节事活动影响力小、效果差，有的甚至还带来一些负面效应。

（4）主题选择撞车现象较多，特色节庆活动较少。城市节事活动要做好，市场要做大，靠的就是独特的主题。而现在我国的节事活动在主题选择上雷同现象较多，比如光是以茶文化为主题的节事活动，就有几十个。

（5）节事活动与当地文化结合不够，文化内涵有待于挖掘。城市节事活动与当地传统文化相结合是其生命力所在。现在，许多节事活动，在追求经济效益的同时往往忽略了文化内涵的挖掘，不管什么主题的节庆活动，大多有一个隆重的开幕式，再加一些模特大赛、明星演唱会、健美赛等与主题相关性不大的活动。这样的活动虽然热闹，也能够吸引一些人，但是文化内涵和特色都不足，效果必定有限。

问题：

我国节事旅游在蓬勃发展的同时也存在一些问题，在只注重节事旅游的蓬勃发展而忽略节事旅游的控制和原则的情况下，我国节事旅游可能面临哪些发展误区？

第三章

节事旅游的旅游者、旅游产品及旅游产业

学习导引

节事旅游者的身份具有两重性,他们可以是节事活动的参与者,又是旅游者,节事旅游者出游的动机很多,但是真正体现其与众不同的还是节事体验,节事旅游活动实际上出售的就是一种体验,满足节事体验就是提炼节事旅游吸引物、设计节事旅游产品。体验性决定了节事活动的举办最高追求,是节事活动的本质属性。因此,本章主要介绍节事旅游者的概念、动机,节事体验的特性,节事旅游产品的概念及构成,国内外节事旅游产业发展的趋势等内容。

学习重点

通过本章学习,重点掌握以下知识要点:
1. 节事旅游者的概念;
2. 节事旅游者的动机;
3. 节事体验的特性;
4. 节事旅游产品的概念及构成;
5. 节事旅游产品的特点;
6. 国内外节事旅游产业发展的趋势。

第一节 节事旅游的旅游者

一、节事旅游者的界定

节事旅游是一种旅游活动。旅游活动是指旅游者离开自己的居住地进行的旅行或短暂的逗留活动。节事旅游作为旅游的一种特定形式,也具备旅游活动的基本特征。因此,节事举办地的非居住者,即来自异地的旅游者在节事举办期间的活动才是节事旅游;如果没有来自异地的旅游者参加,就只是节事举办地的居住者参与,这样就与旅游活动无关,也就不是节事旅游。节事旅游是以节事活动为主要吸引物的旅游形式。节事旅游的发生在于节事旅游目的地所具有节事旅游者在其居住地无法体验到的各种类型的节事活动,这些节事活动就组成了激发节事旅游者动机的因素,并对人们前往旅游目的地开展与之相关的旅游活动具有强烈的吸引力。

节事旅游者的旅游需求是节事旅游产生的根源,这种需求的推动,才使得节事活动与旅游联系在一起。那么,哪些人算旅游者?例如,一个人离开居住地到异地观光,并且停留时间超过了24小时,这种情况算是旅游者。另一种解释,即临时观光者,到一个国家至少停留24小时,以娱乐、保健、学习、宗教信仰或体育运动等为目的。不过我们这里要讨论的不是旅游者,而重点是节事旅游者。

节事旅游者是节事旅游中能动性最强的部分。节事旅游者的旅游喜好及选择,制约着节事旅游的发展方向、节事旅游者的旅游行为,影响着节事举办地的政治、经济、社会、环境等,并且推动着节事举办地的社会的变迁。节事旅游者在推动节事举办地旅游发展的同时,也通过自身的旅游消费,增加节事举办地的经济收入、增加举办地居民个人收入、促进节事举办地旅游产业及经济贸易的发展。所以说,节事旅游者的存在,推进了节事活动、节事旅游企业及节事旅游保障之间的合作,形成了完整意义上的新型旅游形式,即节事旅游。

节事旅游者是参加节事旅游活动的旅游者,并按照节事旅游者和非节事旅游者对其进行了分类。一类是本身怀有节事情怀,并将以参加节事旅游活动为主要旅游目的的旅游者称为节事旅游者。另一类是来旅游时,恰巧遇上节事活动举办,就顺便参与了节事旅游活动的旅游者,但是这种旅游者来旅游的主要目的不是来参加节事活动的。所以在节事旅游者与非节事旅游者中,节事旅游者是推动节事旅游发展的重要因素,是对节事活动的需求把旅游与节事活动联系在一起。Getz(1991)对节事旅游者的基本需求归纳为物质需求、社会需求、人际关系需求及个人需求。但无论是哪一种需求都是主观和个人的,对节事旅游的发展都起到了积极的推动作用,并对节事举办地的经济、社会、文化及生态产生重要影响。本书对节事旅游者的界定为:出于参观或参与节事旅游活动的目的的旅行和逗留的非定居者。

二、节事旅游者的动机分析

从心理学的角度分析,动机是产生行为的最直接原因,而促进动机产生的原因有内部驱力和外部诱因。内部驱力是当人处在一种生理或者心理匮乏状态时产生的维持和恢复心理或生理平衡的一种倾向。当这种倾向成为人的意识时，就变成了需要，就表现出人对客观事物或某种目标的渴望。外部诱因就是外来的刺激。当我们所处的外部条件不变时，内在的需要就成为一个人产生动机的原因。所以，由旅游需求所催发的、受社会观念和行为规范所影响、直接规定具体旅游行为的内在动力源泉就是旅游动机。旅游动机是影响旅游行为的内在因素，是促使人产生旅游行为的直接推动力量。旅游动机与旅游内驱力、旅游需求及旅游行为之间的关系，如图 3-1 所示。

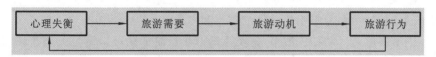

图 3-1　旅游产生的心理模式
（资料来源　谢彦君：《基础旅游学》，中国旅游出版社，2004 年版）

由上图可以看出，旅游需求是旅游动机的基础，旅游动机是影响旅游行为的重要内在因素，是促使人们产生旅游行为的直接推动力。美国心理学家亚伯拉罕·马斯洛提出了生理需求、安全需求、社交需求、尊重需求和自我实现需求。李天元(1991)指出，单靠马斯洛的需求层次理论难以完全了解人们外出旅游是出于何种需求的问题，通过回顾旅游发展的历史，他指出旅游者还有探新求异和逃避紧张现实这两种需求。当人们意识到需求时便会以动机的形式表现出来。

亚伯拉罕·马斯洛是美国人本主义心理学家主要发起者，也是美国社会心理学家、人格理论家和比较心理学家，以需求层次理论（Need-hierarchy theory）最为人熟悉，广受尊称为"人本主义心理学之父"。

国外对有关节事旅游者动机的研究，基本上采用聚类分析方法。Tea 以 1998 年的世界文化博览会的旅游者为研究对象，用聚类分析方法对旅游者动机进行分析，对不同类型旅游者参加节事旅游活动的动机进行研究；Nicholson 和 Pearce 以新西兰的 4 个节事旅游活动为例，对不同类型的节事旅游者的出游动机进行了研究，发现不同节事旅游者的出游动机存在明显差异，说明没有统一的节事旅游动机；Formica 以意大利的 Spoleto 节为例，从节事旅游者的动机、行为、人口特征等方面研究旅游者的文化旅游动机与社区、乡村节事旅游的旅游动机之间的差异。

国内学者对不同类型节事活动的动机研究多采用定性分析方法。以都市节事旅游者为例，这一群体是现在旅游市场上比较活跃的旅游消费者，都市节事旅游者的行为特征在于：团队规模比较大，受活动举办时间因素的影响比较强，受季节性影响较小，活动的即兴性和即时性特点明显，缺少规律性，对活动质量、服务质量、组织形式等比较挑剔。李萌对都市节事旅游者的旅游动机进行了总结，主要体现在以下几个方面：

（一）对新颖、独特的旅游景观的渴望

追新猎奇是所有旅游者都有的心理，都市节事旅游者在这一点上表现得尤为突出。固定的物化旅游景观如山岳、建筑、遗址等难以经常改变，能够做较大创新的只能是节事旅游

活动。通过为旅游者提供暂时的狂欢、刺激、另类等非常不同于日常生活的旅游体验，满足其求新求异的动机。

（二）对充满动感、活力、激情旅游体验的追求

都市节事旅游者是对动感、活力、激情体验有着强烈要求的群体，要求参与、刺激，在参与各类活动中展现生命活力，狂欢活动尤其受欢迎。

（三）对有鲜明主题的特殊兴趣的满足

节事旅游活动的主题是吸引旅游者的核心和本质。

综合型的节事旅游活动如旅游节，这类型的节事旅游活动可以满足大众口味；为满足自己对特殊兴趣需要的运动休闲型节事旅游活动，如体育赛事。

（四）对丰富性、多样性旅游体验的追求

都市节事活动项目是由展现、烘托活动主题的一系列活动项目所组成，提供了多层次、多类型、多方式的旅游体验机会，很好地满足了节事旅游者对丰富性、多样性旅游体验的需求。

（五）对特殊氛围、有特殊感染力的环境的追求

都市节事活动本身的内容未必都是亮点，如果把它放在特殊环境中就会触动旅游者的情绪，对节事旅游者就会具有极大吸引力，由于特殊环境给节事旅游活动带来的氛围和感染力。所以，国内外都市节事旅游活动的举办大多选择在比较特殊的环境中，使活动与举办地的环境共同形成特殊氛围，以此来吸引旅游者。

三、节事体验的特性

随着体验经济时代的到来，人们消费产品或服务时不仅仅重视产品与服务本身，而且越来越重视体验的过程。人们在购买产品或服务时起着核心作用的体验理念是一个现代社会产品和服务选择的关键特性。可将体验特性分为以下几个方面：

（一）阶段性

从整个消费过程来看，即消费前体验、购买体验、核心消费体验及记忆消费体验四个阶段。

（二）情感性

人们在消费产品或服务的过程中所经历的情感变化，把体验理解为对某标的物的领悟或心理产生的情绪。

（三）主观性

体验包含个人主观判断、情绪感受等因素，是基于个人经验、习惯及阅历，内心深处产生的一系列主观感觉的评价，同时还受到个人主观变化的强烈影响。综上所述，无论处在体验的哪个阶段，都是建立在消费者与产品或者服务互动的基础上。每个消费事件都会涉及主体与客体以及他们之间的互动。对于消费体验来说，主体是消费者或客户，客体是产品、服务、事件、地方或其他的事物。而对节事体验的主体或客体进行分析，节事活动为客体，节事旅游者为主体。节事旅游者接触节事活动，形成自我的体验结果。而这个体验的结果是主

体和客体共同作用形成的。

Pine & Gilmore(1998)从体验目的的角度将体验划分为了四个维度,包括:审美体验、教育体验、娱乐体验、逃避体验四个维度(简称 4E)。这四种体验中的最佳体验满足了客人的情感需求,因此成为四种体验的交点。如图 3-2 所示。

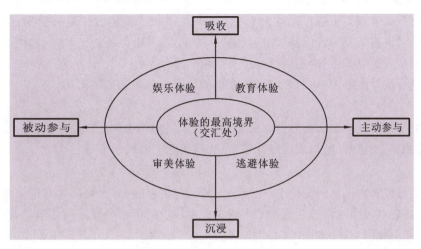

图 3-2　体验的 4E 范畴示意图

Pine & Gilmore 用象限图在更细微的层面上表达了体验的差异,他们在区分这种差异产生的过程中阐述了体验的四个维度。节事旅游在特定的地域空间,具有特定的主题、依托举办地的旅游设施、时间周期性和集中性以及创造独特的体验为核心等因素完全符合体验的核心追求。节事旅游本身就是追求体验而存在的即销售的就是这种特定的"体验产品"。从节事旅游的角度来解读图 3-2 所示的内容,横轴是旅游者在节事活动体验中的参与,主动参与是指参与者可以施加个人影响(如狂欢节),而被动参与是指参与者无法对节事旅游体验活动进行干预(如艺术展);纵轴对应旅游者与节事背景环境的关联程度,吸收是指旅游者在节事活动中获得的精神体验(如音乐节),沉浸则是指体验者近距离或完全融入到节事旅游体验活动当中成为体验活动的一部分(如运动竞赛)。

节事旅游活动实际上出售的就是一种体验,体验性决定了节事活动举办的最高追求,是节事活动的本质属性。人们通过参加节事旅游活动获得自身体验,这能给他们留下很多美好的回忆,并将其带入日常的生活中,等到节事下一次举办时这些美好回忆就能引导着他们再次成为节事的参与者。

第二节　节事旅游的旅游产品

一、节事旅游产品概念及构成

(一)节事旅游产品的概念

节事旅游产品是开发者在了解节事旅游市场动机和需求、掌握节事产业竞争态势和产品开发状况的情况下,以节事活动为核心和灵魂,深度开发的旅游活动。它是节事活动和各种非节事旅游吸引物、旅游设施、旅游服务等在与节事活动相关的一个主题下的整合,是有形产品和无形服务的组合。

(二)节事旅游产品构成

一个完整的节事类旅游产品主要包括:节事类和非节事类的旅游吸引物、旅游基础设施、旅游服务(设施)、旅游者以及旅游者体验。可见,在节事类旅游产品中,旅游者不仅具有生产者与消费者的双重身份,还是产品的有机组成部分。

从节事活动与旅游的相关程度来看,节事旅游产品分为三个层次:

1. 内层

内层主要是指纯粹以增强旅游目的地吸引力、塑造鲜明旅游形象为目标的节事类旅游产品。例如上海旅游节、哈尔滨国际冰雪节、北京国际艺术旅游节等。

2. 中层

中层是指以丰富人民的文化生活、促进区域的经济发展、树立地区良好形象等为主要目标,并且自身带有较强的旅游功能的节事活动为主构成的旅游产品。例如奥运会、世界博览会、晋唐宋元书画国宝展、上海国际艺术节等。

3. 外层

外层指以本身不具备明显的旅游功能,但是经过开发后能够形成特定的旅游吸引力的事件为主构成的旅游产品。例如借助各种专业会展、APEC会议、"神舟五号"航天飞船升空等事件开发的旅游产品。

二、节事旅游产品的类型

节事旅游产品种类繁多,数量庞大。为了深入认识与研究节事旅游产品,以便更好地予以开发利用,最大限度地满足旅游者的需求和取得良好的效益,有必要对节事旅游产品类型进行划分。依据不同的标准,形成不同的节事旅游产品体系。

(一)按产品规模划分

根据节事旅游产品的规模等级和影响力,节事旅游产品分为世界级节事旅游产品、国家级节事旅游产品、省级节事旅游产品和市县级节事旅游产品等四类。

(二)按产品内容划分

根据节事旅游产品的活动内容可以将其分为民俗型节事旅游产品、商务型节事旅游产品、博览型节事旅游产品和体育型节事旅游产品。

(三)按产品运作模式分类

按照节事旅游产品的运作模式,即在节事旅游产品运作管理过程中,按照政府、市场所发挥的作用,可以将节事旅游产品划分为四种:政府包办模式,多方联合举办模式,完全市场化运作模式,政府主导、社会参与、市场运作相结合的模式。

(四)按产品主题分类

成功的节事旅游产品都有一个明确的主题,只有这种主题在举办区域具有独特性和垄断性才能够充分反映举办地的特色。根据节事旅游产品选取的主题来划分,节事旅游产品可分为民族型、文化型、物产型、自然景观型等七种类型。

1. 以民族风情为主题的节事旅游产品

此类节事旅游产品主要以举办地独特的民俗风情为主题,一般在少数民族地区举行,涉及民歌、风情、杂技等,例如傣族泼水节、苗族"三月三"、纳西族东巴文化节、台湾高山族的"背篓会"、吴桥的杂技节等。

2. 以宗教为主题的节事旅游产品

以宗教为主题的节事旅游举办地大多属于区域宗教文化中心,大多具有悠久的宗教历史文化。在综合性的节事旅游产品中,与宗教有关的节事旅游活动比较常见。例如,河南嵩山国际武术节、陕西法门寺佛祖文化节、西藏地区的晒佛节等系列活动中,都有一些佛教和道教的文化和艺术参与其中。中国普陀山南海观音文化节则是纯粹意义上的宗教文化旅游节。如第三届中国普陀山南海观音文化节以"自在人生慈悲情怀"为主题,由舟山市普陀山管理局和普陀山佛教协会联合举办,其用意是为了体现观音文化深远的影响,进一步与世界宗教文化发展态势相融合。

3. 以自然景观为主题的节事旅游产品

此类节事旅游产品主要是以区域自然景观特色为载体。一般情况下,旅游节期间的节事活动以自然观光为主,如吉林雾凇节、北京香山红叶节等。由于每到农历八月中旬,数万人涌向钱塘江,感受"滔天浊浪排空来,翻江倒海山可摧"之势的钱塘大潮,中国国际(萧山)钱塘观潮节便由此产生。

4. 以历史文化为主题的节事旅游产品

这类节事旅游产品主要以当地历史人物、事件、文化等为载体。例如山西运城的关帝节、安阳殷商旅游节、曲阜国际孔子文化节、丝绸之路文化节等。此类节事带有很强的纪念性。

5. 以特有物产为主题的节事旅游产品

此类节事旅游产品主要是利用当地土特产或区域文化特色,其目的是通过展示地方资源特色、物产文化,以此带来经济、社会和文化效应。例如青岛国际啤酒节、绍兴黄酒节、吐鲁番葡萄节、武昌鱼国际文化旅游节、景德镇陶瓷节、大连国际服装节、苏州中国丝绸旅游节等。产品展示、推销和招商引资是此类节事所关注的重点。

6. 以运动休闲为主题的节事旅游产品

此类旅游文化节事主要以某种武术艺术、健身娱乐活动等为载体,其宗旨为了让旅游者在尽情地精神享受的同时,身体素质也得到提高,例如泰山国际登山节、湖南岳阳国际武术节、武汉渡江节、北京国际马拉松赛等。

7. 以综合为主题的节事旅游产品

此类节事旅游产品主要依托多个主题进行综合展示产品。我国许多城市的节事旅游活动都是多个会与展的组合,形成节会并举的节事文化现象。

(五)根据节事旅游产品产生的时间分类

按照节事旅游产品产生的时间可以将其分为传统的节事旅游产品和现代节事旅游产品

两种类型。

1. 传统的节事旅游产品

传统的节事旅游产品主要是指在那些历史悠久、广为大众所知的节事的基础上产生的节事旅游产品。这些节日例如春节、元宵灯会、端午赛龙舟、重阳节等,以及圣诞节、复活节、狂欢节等。

2. 现代节事旅游产品

现代的节事旅游产品主要是指那些原来并不存在,随着社会经济的发展、人们旅游需求提高的条件下产生的现代节事旅游产品。如上海国际旅游节、广东国际美食节、慕尼黑啤酒节、潍坊国际风筝节等。

三、节事旅游产品的特点

节事旅游产品作为旅游产品的一种,除了具有旅游产品的共同特征之外,还具有自己的特点。

(一) 综合性

节事旅游产品是节事活动和各种非节事旅游吸引物、旅游基础设施、旅游上层设施、旅游服务等与节事活动相关的主题融合形成的整合产品,是有形产品和无形服务的组合。这一旅游产品的提供涉及旅游目的地中的食、住、行、游、购、娱等诸多方面,大多数旅游者在做出决定前都不只考虑一项服务或某一单项产品,而是将多项服务或产品综合起来进行权衡。节事活动包含许多活动项目,涵盖了经济、社会、文化、科技等各个领域,包括各种形式的展览、论坛、音乐会、文艺演出、游乐性活动等,节事旅游活动的参与者来自不同领域,节事旅游产品的多重性也就决定了节事旅游活动的综合性。

对于组织者来说,涵盖多个领域的活动项目同时举办,可以取得综合效益,对于参与者来说,这种综合性的节事旅游活动可以使他们获得丰富的自身经历。旅游产品需要各个国家、各个领域的人员共同参与,在组织与管理过程中涉及很多部门。因此,活动举办地在进行节事旅游产品生产时必须全面考虑,通盘策划。

(二) 生产与消费的同一性

节事旅游产品的大部分内容表现为旅游服务,节事旅游产品的生产过程就是旅游服务的提供过程。而节事旅游产品一般都是以旅游者的到来为前提,旅游者来到活动的生产地,才给予生产并交付其使用权的。节事活动的完成需要由生产者和消费者双方共同参与完成。在这个意义上,节事旅游产品的生产与消费是同时发生的,并且在同一地点同时发生的。在同一时间内,旅游者消费节事旅游产品的过程,就是旅游企业生产和交付节事旅游产品的过程。

(三) 参与性

参与性也是节事旅游产品的显著特性之一。活动离不开人,近年来,旅游者越来越重视活动的参与性,而节事旅游活动恰恰是一种参与性极强的旅游活动,它摒弃了传统旅游中把人排斥在旅游吸引物之外的做法,而是让参与者融入其中,节事活动的参与者对节事活动举办地和内容都有很强的好奇心,希望像举办地居民一样,亲身体验各项活动。节事中的游行、狂欢等活动也需要大量参与者来制造节事气氛,各种比赛和展览也需要相关人员和商家的参与,否则这些活动就无法开展。

节事参与者来自各个地域及不同的领域,既有举办地居民,也有旅游者,众多的参与者给节事带来了活力,节事旅游活动的举办方想方设法地拉近与参与者的距离,使其参与进来,给举办地带来了经济收入。因此,一个成功的节事旅游产品一定要有旅游者的参与,这样才会有旺盛的生命力。

（四）地方性

节事旅游产品本质上是旅游产品的一种,地方性是其开发和策划的根本。特别是具有地方垄断地位的自然、经济、文化、历史特色,不同的节事旅游产品分布在与各自相适应的环境中,往往都带有浓烈的地方色彩,它是主办地文化的折射,离开了必要的环境条件,其个性化的特殊吸引就消失了。相对于南宁来说,武汉举办国际民歌艺术节的效果就会大打折扣。地方性是节事旅游产品的魅力所在,如帆船节展现了青岛作为海滨城市的热情与大气,充分体现了城市形象的地方性。能否最大限度地展现地方精神的独特性是节事成败的关键,也是节事旅游产品策划应首先考虑的问题。

（五）主题鲜明性

主题是整个节事旅游产品的灵魂,在主题策划上要突出个性化,同时不能脱离地方区域的具体特征,在传统的基础上要适度创新,突出节事旅游产品的特点,策划时就要注意主题鲜明,主题鲜明也是节事旅游产品的核心、魅力所在,对于节事旅游产品,这就是最需要举办方深入挖掘的地方。

四、节事旅游产品的开发原则

随着大众旅游的到来,旅游消费的大众化也是题中应有之义。国内旅游在旅游人数和收入上已经超过国际入境旅游。节事旅游已成为旅游发展的新趋势。开发节事旅游产品应遵循以下原则:

（一）创新原则

节事旅游产品的开发必须清晰地体现出节事旅游活动的与众不同之处,否则就难以引起参与者的兴趣,创新就是要塑造独特的节事旅游产品形象。新开发的节事旅游产品要在市场上立足并长久地发展,就必须能体现出创新性。节事旅游产品的活动内容要不断创新,要结合时代热点不断发展,这样才能让节事旅游活动保持永久的生命力。

（二）效益性原则

节事旅游产品作为拉动一个地区经济、社会、文化的盛事,节事旅游产品的开发必须能为节事旅游活动的主办者创造价值和效益。这里所说的"效益"是广义的概念,既要考虑经济效益,同时又要兼顾社会效益、环境效益、生态效益等,全面考虑环境、社会、经济效益的协调,强调总体效益最优。遵从旅游产品的开发规律与环境的自然承载范围,要求近期效益与远期效益的统一,要求举办者追求微观效益与宏观效益的统一。

（三）可行性原则

可行性原则是指节事旅游产品开发的方案是否达到并符合切实可行的开发目标和效

果。主要包括开发方案可行、方案经济性可行和方案有效性可行。可行性原则就是要求节事旅游产品的开发行为应时时刻刻地为项目的科学性、可行性着想,避免出现不必要的差错。

(四)优势互补原则

传统的节事旅游产品一般具有稳定性、群众性、民族性和传承性特征及优势,现代节事旅游产品具有政府倡导的政治优势,企业参与支持的财力优势。如果传统与现代相结合,则可以优势互补,相得益彰。现代节事最好能在时间安排上与传统节事接近,内容上除保持原有节事内容,还可辅之以创新设计的时代性项目。优势互补原则的关键是要发现节事旅游产品的长处和亮点,通过事先的策划,可以突出这些亮点,并将其发扬光大。

(五)可持续发展原则

节事旅游的举办对举办地经济、社会文化和环境都有着正面和负面的影响,举办者的目的是最大限度地发挥其积极影响,减小其消极影响,追求节事旅游经济、社会、文化和环境的综合效益,促使节事旅游可持续发展。而且节事旅游产品的生命周期也决定了一个节事旅游产品要想长久、持续地发展下去,必须要考虑其可持续发展性。

(六)市场化原则

节事旅游产品的开发要适合市场发展趋势,引导市场新的消费需求,只有这样才能拥有源源不断的旅游者。旅游者是节事旅游的主体,旅游者的需求是节事旅游产品开发的生命力。随着旅游业的快速发展,旅游者的需求日趋多样化与自主化,因此,节事旅游产品的开发必须以满足旅游者的需求为中心,以增强节事旅游产品市场竞争力与实现产品的价值为最终目标,根据旅游者的需求和旅游市场的空缺开发节事旅游产品。

第三节 节事旅游的旅游产业

一、国内节事旅游产业现状

我国现代节事旅游开始于20世纪80年代左右,当时我国正处于入境旅游飞速发展的黄金时期,为了凸显地方特色、吸引旅游者、提升区域综合竞争力,各地方政府主导举办节庆、节事活动,如哈尔滨国际冰雪节、大连国际服装节、北京香山红叶节、上海国际旅游节等。到了90年代初期,节事活动进一步发展,如青岛啤酒节、南京国际梅花节、南宁国际民歌节、北京国际旅游文化节等节事活动,已经成为具有国际影响力的节事活动。进入21世纪,我国的节事活动的主题更加广泛,运作方式更加市场化,节事活动对目的地营销和地方品牌化经营方面的贡献更受重视,如沈阳的冰雪节、沈阳的清文化节等。

我国正在由"经济唱戏"单一的节事旅游状况,转向发展具有社会、经济、文化等综合价值的节事旅游。节事活动内容从单一化向多样化发展,节事旅游者从最初的观赏者变成了实际的体验者,节事活动的组织从政府主导走向多元主体共同承担。

我国节事活动的发展出现了地域差异,我国东南部地区组织的节事旅游活动多、涉及内容广、开展的规模大、质量较高、产生的经济效益显著。但中西部地区的节事旅游活动无论从规模、类型、强度、效益等方面来看,相对于东南部地区都处于弱势地位,并在举办初期就存在先天不足,中西部地区的节事旅游活动少、涉及内容窄、开展的规模小、质量较低、产生的经济效益差,并在空间上分布上也不均衡。

我国节事旅游产业目前存在的问题主要表现在以下几个方面:

(一)节事产业不成熟、专业化分工足

节事旅游产业不成熟、专业分工不足导致节事旅游活动缺乏创意,对旅游者或参与者吸引力有限,也没有把旅游者与参与者的需求放在首位,节事旅游活动的专业策划运作能力很弱。

(二)节事活动多而不精,走向国际化的节事活动少

我国各地方都有节事活动,而且举办的数量和次数还在继续增加,这就说明了人们已认识到举办节事活动能够带来综合效益。但是,我国目前举办的节事活动与西方一些具有长期举办历史的节事活动相比,举办届期不长、品牌知名度低、影响力有限,能持续举办并发展成为国际节事活动则更是凤毛麟角。

(三)节事活动经济、文化结合不紧密,忽略文化内涵的挖掘

节事活动与社会经济发展相结合是其生命力所在。多数节事活动几乎无一例外地以"文化搭台,经济唱戏"为宗旨,但是,我国大多数地方政府以节招商,因此节事活动被过度商业化,节事活动成了投机取巧的捷径,节事以一种传统文化、民族文化的形式提升出来,却被以简单的形式呈现,就丧失了节事活动原有的丰富性,导致节事活动文化含量不足。

(四)节事活动公众参与度不高

由于多数城市节事是由政府主办,当地居民和普通游客的参与程度和积极性不高,有些节事缺乏与传统文化和生活方式的链接,且有些节事本身吸引力不强,诸多原因导致节事参与人数偏少。

(五)政府干预过多,缺乏市场化合作

目前,我国节事活动的运作与市场经济基本规律的要求存在着许多不相符的地方。政府在节事活动中所起的地位过于重要,管理的范围过于宽泛。我国的节事活动往往都是由政府牵着主办,上指下派,按行政方式运作,极少考虑由企业承办的运作方式。由于政府在节事活动的专业策划、运作能力方面存在专业性不足的问题,加之行政干预过多,这样就导致节事活动绩效不够理想。

(六)节事活动选题重复,特色不足

虽然我国节事活动数量多,呈遍地开花之势,但由于缺乏品牌意识,我国许多节事活动不同程度存在着片面效应,如主题选择、活动内容、管理模式等方面相互模仿、重复办节。活动的主题是否具有特色是能否产生吸引力的主要原因。节事活动要做大做响,靠的就是独特的主题。而现在我国的节事类型多样,资源导向型节事较多,选题雷同现象较严重,比如以茶文化为主题的节事活动,就有广州国际茶文化节、重庆国际茶文化节、安溪茶文化节等。

二、国际节事旅游产业发展情况及趋势

根据国际节事协会的调查,全世界节事行业开展的庆祝活动约有100万个,主要包括各种狂欢节、运动会、艺术展、航空展、节日、车展、文化和历史庆祝活动等,很多庆祝活动场面盛大,需要由政府提供安保、消防、停车及环卫等服务。此外,世界上还要举办如千禧年庆典、奥运会、世贸会等的庆祝活动,以及数不胜数的小型庆典和非正式庆典活动。这些活动需要动用巨额资金,几乎影响到世界上的每一个人,其中国际节事联合会成员开展的活动每年就要动用大约250亿美元的资金,参与者约有4.05亿。

(一)国外节事旅游的现状

节事旅游发展是受到地方经济限制的,因此国外尤其是欧美经济强国的节事旅游发展历史比我国悠久,目前国外节事旅游的现状如下:

1. 节事活动公众参与性强

国外许多节事活动比较注重公众的参与性设计的,为旅游者和参与者提供丰富多样的、大大不同于日常生活的旅游体验。国际上有一些狂欢娱乐性质的节事旅游活动享誉全球,如巴西狂欢节、威尼斯狂欢节、西班牙奔牛节、西班牙西红柿节、德国的啤酒节等都是全民参与的节日,活动与环境共同形成的特殊氛围特别吸引游客。以西班牙西红柿节为例,每年"参战"和"观战"的人数达4万之多,已成为当地重要的旅游资源。另外,西班牙奔牛节中,来自世界各地的人们穿上白衣裤、缠上红腰带,被6条经过驯养的公牛追赶,狂奔穿城而过。但奔牛节不光是与牛同跑,还包括民间表演、乡间运动比赛,比如伐木比赛、举大石头比赛等,另外,还特别考虑到孩子们,专门为孩子们准备了表演和活动,充分考虑到了全民参与性。即便是文化艺术类节事,也都不光是表演展示,也注重设计一些公众参与的单元。像有60年悠久历史的爱丁堡艺术节——世界大型综合性艺术节之一,每年吸引世界各地2.5万多名表演者自费前来,在整个艺术节期间的1700多场演出中,外围艺术表演约占了1600场,旅游效应巨大。在慕尼黑啤酒节中,除了痛饮啤酒外,盛装游行也是一大特色。每年啤酒节的第一个周日,来自德国的各个地方的人穿上具有民族特色的盛装,演奏音乐,穿过慕尼黑,最后来到啤酒节现场。这些特色鲜明的、参与程度高的节事活动,提高了参与者和旅游者的旅游质量,也更具有吸引力。

2. 节事旅游活动具有鲜明特色

一些国家近年来更注重于挖掘当地民俗风情文化特色,令观赏者能够体验到当地的文化风俗,使得节事活动极具有民间特色,所以很多知名的节事活动具有悠久的历史,成为每年的盛会,例如比利时,这个欧洲国家一向以民间节日丰富多彩而著称于世界,号称"千节之国"。"和飞龙战斗节"、"巨人节"、"火腿节"、"虾节"、"啤酒节"、"肉馅饼节"、"狂欢节"……简直数不胜数。而同是狂欢节的巴西狂欢节和德国狂欢节也是各具特色,巴西狂欢节最精彩、最热烈的场面是桑巴舞比赛。而德国狂欢节的高潮出现在"玫瑰星期一",人们举行化妆大游行、大型狂欢集会和舞会,狂欢集会和舞会通常要持续到午后。

3. 市场的知名度高

国外许多节事活动的历史发展悠久,具有高度的品牌效益,品牌知名度高,国际影响度

较高,形成文化冲击力和特色震撼力。如西班牙奔牛节举办期已长达4个世纪,节间活动发展到156项,成为最为人所知的西班牙节事活动。世博会是从1851年开始举办,慕尼黑啤酒节开始于1810年。其他具有百年历史的节事活动更是不在少数,很多节事活动的知名度是世界级的,吸引的也是全世界的游客来参加这些活动,这些活动对于旅游业的影响是巨大的。另外一些极具特色的地方性节事活动也做得很精致,着力打造地方节事品牌。在当地认知度很高,对当地及周边地区也很有吸引力。

4. 节事活动市场运作程度高

相对国内节事活动来说,西方一些发达国家立足社区的民间活动完全是自发的,完全的市场化工作。国外的节事活动现在管理制度较为完善,市场机制灵活,政府管理与市场化运行相结合,节事活动数量越来越多,品牌知名度高,国际影响力大。如城市标志性事件,在产生之初就具有强烈的地区营销导向,因为节事活动的市场化运作不需要更多的行政干涉,是根据市场需求设计节事旅游产品的。

(二)国际节事旅游产业发展的趋势

如今,世界很多国家和地区的政府机构都注意到了节事旅游带来的巨大效应,因此各个国家和地区都非常重视节事旅游产业的发展。由于节日和重大活动影响着全世界,许多国家的大城市纷纷争夺重大节事活动,例如奥运会、世博会、世界杯等的举办权。一些企业、非政府组织也纷纷举办各种大型活动,如博览会、节日庆典、庆祝活动、周年纪念、体育赛事、义演等。举办这类活动可以一举两得,既是旅游淡季吸引游客的有力手段,又能为举办地树立形象,提高其知名度。国际节事旅游产业发展呈现出以下趋势:

1. 专业化趋势

人们运用现代化的手段进行节事的促销和管理,促使节事活动逐步走向专业化。从业人员职业化,目前,很多国内外高校开设了会展管理专业随着节事活动为各种目的和议程服务的内涵不断扩充,节事活动行业成为一个新兴行业,能够产生经济效益并不断提供新的就业机会。

2. 综合性和多样化趋势

在当地的节事活动中,把服饰、饮食、游艺竞技、民间工艺等有机结合起来,一方面可以丰富节事活动的内容,另一方面还可以促进当地旅游资源综合开发。既充分利用当地的公共设施,又能促进投资、经济开发、基础设施的改造,使得现有的资源发挥更大的经济等综合效益。

3. 品牌化趋势

节事活动品牌本身就是为旅游者和参与者提供旅游吸引物,一些并不属于节事或旅游范畴的著名企业也因为推出广受欢迎的大型节事活动而吸引到了更多忠诚的顾客。打造品牌节事能够推进城市经济、带动城市发展、提升城市形象和知名度,所以各地政府高度重视,集中打造具有国际影响力的品牌节事,如慕尼黑啤酒节、里约热内卢狂欢节等。

4. 产业化趋势

随着节事旅游的发展,这些公司不仅成为政府、企业、协会推出大型节事活动的服务机构,也成为原本就存在于市场上的礼仪公司、婚庆公司、会议与展览服务公司、传统旅行社和

酒店的活动服务分支机构等的竞争对手或者合作伙伴,这所有行业聚集在一起构成了一条庞大的产业链,为节事活动策划与管理这个更广阔的领域注入了新鲜血液。

5. 市场化趋势

一些国家和地区的政府有了自己的专门部门,节事活动通过市场寻求融资、宣传、促销多方面促进节事旅游的发展。另一方面,对于节事策划与管理机构、节事策划人与经理人的行业认证工作也成为节事旅游实现市场化的重要途径和主要标志,一些相对权威的国际行业协会推出的认证项目逐渐得到全球范围的认可。要将企业运营管理的思路应用到节事组织管理中去,控制成本、提高效益,走市场化发展模式。

三、节事旅游产业的市场化运作

(一)节事旅游产业市场化的动因

节事活动作为一种独立的产品进入市场,必须遵循市场规律,重视成本与利润、投入与产出,建立投资回报机制,形成以节养节的良性循环发展模式。因此,节事旅游产业的市场化运作显得特别重要。目前,我国节事活动的运作模式主要有以下几种:市政府主办,旅游局主办,政府主导、企业承办、市场化运作,完全市场化运作。其中"政府主导、企业承办、市场化运作"这种模式已被越来越多的节事活动举办地所采用。这种模式可实现经济与社会效益的双赢。如中国南宁国际民歌艺术节、青岛啤酒节、哈尔滨国际冰雪节等都采用这种模式,取得了良好的经济和社会效益。

从适应市场经济发展趋势的要求来看,政府主导的节事旅游发展模式不再是主流,这应该是未来中国节事旅游发展的一个重要趋势。一些重大节事如奥运会、世博会都不能整体摆脱政府主导,一些地方性节事旅游活动就更应该大力推进市场化。

(二)市场化运作的手段

从我国实际出发,节事旅游的市场化运作主要从筹资多元化和管理公司化这两个方面进行,目前,我国处在不同阶段、不同类型、不同功能的节事旅游项目同时存在,因此不能全部采用市场化。但可以对相对成熟的节事旅游项目实行市场化动作,其思路为:以政府机构为主办方,推进多方共同参与组织运作;通过产权交易,实现节事旅游活动投资主体的多元化;培育多个市场主体,扩大节事产业发展;通过灵活的商业计划,实现节事产业多渠道筹资。

节事旅游市场化运作的关键涉及无形资产的评估、知识产权的界定及节事赞助商的开发等环节。其中,节事赞助是节事旅游市场化运作的关键所在。目前,我国节事旅游项目吸引力不足,导致其不具有商业赞助价值,政府相关部门的过度干预,更让现实的商业赞助活动变味。因此,政府必须为专业化节事旅游企业的成长提供条件,改变节事旅游脱离市场需求的倾向,提高节事旅游活动的创新能力,促进节事旅游活动的市场销售等。

(三)节事赞助合作

1. 节事赞助概念

赞助是一种平等互惠的利益交换过程。赞助是指赞助者(赞助商)向接受赞助者(受赞方)提供资金、实物、技术和服务等支持,受赞者则给予赞助者冠名、广告、专利和促销等权利作为回报的一种平等合作、互利双赢的商业行为。对于节事活动的组织方来说,是一种行之有效的新型营销沟通手段。

节事赞助是赞助行为在各种节事活动中的应用,节事主办方为在节事活动中亮相的企业和组织提供一系列的赞助机会,如会场演讲、背景板、代表证、会议特刊、网络广告灯等,企业可以利用节事活动这个平台为企业宣传促销,在最大范围内为提高品牌知名度、美誉度创造条件。因此,赞助是节事活动得以顺利进行的重要保障(见图3-3)。

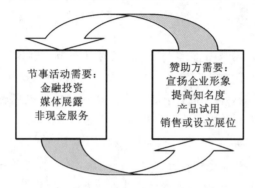

图3-3 节事活动赞助双方的交换关系

2. 节事赞助合作的益处

节事赞助对双方都有明显的好处。从赞助商这个角度来看,节事赞助是整个企业营销战略的重要组成部分,从受赞方的节事活动角度来看,赞助是确保节事顺利进行的主要资金来源和物质基础。节事活动和赞助商之间存在着一种互惠的交换关系:对于节事主办方而言,赞助商为节事活动提供资金、设备、设施、技术及服务等方面的支持,也进一步提高了节事活动的规模、档次,保证了节事活动的顺利举行。

3. 节事赞助的特点

(1) 隐含性。

节事赞助属于广告范畴,是一种软性的间接广告行为。与传统的广告相比,赞助没有明显的商业性,比较含蓄、内敛,但其传播效果绝不比广告差,在不知不觉中起到了广告宣传的作用。

(2) 丰富性。

节事赞助的回报形式种类繁多,因节事项目的不同而丰富多彩。比如主办、协办、指定产品、赞助商、供应商、装备商等,再通过报纸杂志、广播电视、场地广告、海报会刊等各种媒体,以广告的形式回报给赞助商,使得赞助的活动锦上添花,富有感染力和影响力。

(3) 依附性。

广告、促销和公关等传统的营销手段都是企业单方面的意愿和行为,效果好坏完全取决于企业单方面。而赞助则不同,它是企业和中介机构以及媒体的共同行为,需要它们的密切配合。

(4) 领先性。

在赞助、广告、促销、公关等沟通手段中,赞助是排第一位的,任何一个活动都首先要取得赞助权利,有了这个大的平台,然后才有相关的广告、促销等权利。

(5) 风险性。

赞助是一个系统工程,从策划到执行再到完成,历经时间长,涉及人数多,不确定因素多,赞助的任何一个环节出现问题,都会给赞助带来负面影响,甚至影响到整个节事能否顺利举办。

本章小结

(1) 综合旅游活动及节事旅游定义,同时结合节事旅游者的需求将节事旅游者界定为:出于参观或参与节事旅游活动的目的的旅行和逗留的非定居者。

(2) 完整的节事旅游产品节事类和非节事类的旅游吸引物、旅游基础设施、旅游服务(设施)、旅游者以及旅游者体验。

(3) 节事旅游产品作为旅游产品的一种,除了具有旅游产品的共同特征之外,还具有综合性、生产与消费的同一性、参与性、地方性、主题鲜明性等特点。

(4) 节事活动作为一种独立的产品进入市场,必须遵循市场规律,重视成本与利润、投入与产出,建立投资回报机制,形成以节养节的良性循环发展模式。

核心关键词

event tourist	节事旅游者
motive	动机
event experiences	节事体验
event tourism products	节事旅游产品
event tourism industry	节事旅游产业
sponsorship	赞助

思考与练习

1. 试述节事旅游者的动机。
2. 试述节事体验的特性。
3. 试述节事旅游产品的构成。
4. 结合实例,谈谈我国节事旅游产业发展的趋势。

案例分析

青岛国际啤酒节

青岛啤酒节始创于1991年,是中国最早的、以啤酒为媒介的节事活动;也是唯一既具有一定的国际影响力,又为本地居民所认可和喜爱的特色的节事活动,是亚洲最大的啤酒盛会。第一届中国青岛国际啤酒节的吉祥物是名为"翡翠"的海豚,具有青岛的特色。主会场啤酒城搭建在绿荫掩映的青岛中山公园。青岛,古称胶澳,1891年6月14日,清政府在胶澳设防,是青岛建制的开始,1903年,德国人在青岛开设啤酒厂,从此,啤酒这一充满西方文化元素的"液体面包"开始了在古老中国的流行之旅。

从起源和特征来看,青岛国际啤酒节与世界其他国家与地区的啤酒节不同,它基本上是根据本地产业与产品的特色而新创的一项节事活动,并未借助慕尼黑啤酒节的知名度来增强自己的号召力。青岛国际啤酒节是由开幕式、啤酒品饮、文艺晚会、艺术巡游、文体娱乐、饮酒大赛、旅游休闲、经贸展览、闭幕式晚会等活动组成,由国家有关部门与青岛市政府共同主办,是融经贸、旅游、文化为一体的大型国家级活动。

啤酒节期间,青岛的大街小巷装点一新,举城狂欢;占地近500亩、拥有近30项世界先进的大型娱乐设施的国际啤酒城内更是酒香四溢、激情荡漾。节日每年都吸引超过20个世界知名啤酒厂商参加,也引来近300万海内外游客举杯相聚。1994年,坐落在石老人国家旅游度假区的青岛国际啤酒城建成,占地35公顷,总建筑面积47万平方米,成为青岛国际啤酒节的永久性场所。一年一度的啤酒节开幕时间约在每年8月的第二个星期六举行,会期16天。自1997年第七届啤酒节起,改由国家6个部门与青岛市政府共同主办。青岛国际啤酒节与国外展商合作,举办国际啤酒饮料及酿造技术博览会,拓展经贸洽谈与交流功能;将进一步加强与德国、韩国等啤酒厂家及相关企业的合作,引进原汁原味的德国、韩国啤酒及与酒文化相关的艺术表演形式;节日将紧紧围绕"市民节"、"狂欢节"的定位,办成老百姓踊跃参与、国内外游客热烈推崇的东方最大的啤酒盛会。

青岛国际啤酒节从1991到2015年已举办了25届。第一届啤酒节由青岛啤酒厂主办,结果亏损150多万元。从第二届啤酒节开始由政府主办,资金主要靠政府投入。从第六届开始,政府不再提供资金支持,而只是提供政策支持。从第九届开始政府已经实现了零投入。青岛国际啤酒节创办之初,啤酒产量不过20万吨,而如今啤酒节举办了25届,青岛啤酒产量翻了50多番。第二十三届青岛国际啤酒节,半个月时间里,啤酒节共接待海内外游客近400万人次,消费啤酒1200余吨。共有来自18个国家的27个知名品牌、300多种的啤酒参节,除世界十大啤酒品牌外,泰国胜狮、塞尔维亚鹿牌、比利时福佳白等品牌首次亮相,参节国家、参节品牌、参节啤酒产品均创历届之最。在青岛,啤酒节对相关行业特别是旅游、酒店、餐饮、交通等的拉动作用尤其明显。啤酒节期间,酒店的入住率明显提高,几乎达到100%,主要国际、国内旅行

社海内外游客量同比增长30%,餐饮业销售收入同比增长30%左右,商业流通等领域销售收入同比增长30%以上,整个啤酒节旅游总收入相当于两个黄金周。

青岛国际啤酒节已成功举办了25届,经历了尝试、转型、提升、成熟四个阶段,现在已成为中国节庆十大品牌之一,青岛啤酒节期间,来自国内外的嘉宾蜂拥而至,他们在啤酒节开怀畅饮、陶醉于欢乐、浪漫的情调中,在啤酒的催化作用下,交朋友、谈生意。

问题:
1. 青岛国际啤酒节旅游开发对当地旅游业发展有何作用?
2. 探讨当地啤酒节节事旅游开发的思路和对策。

第四章

节事研究与发展

学习导引

随着中国经济的发展,旅游在人们的日常生活中已经占有非常重要的地位。人们对于旅游的品质要求也在不断提高,单纯的游玩活动已经不能满足游玩者的要求。节事旅游,正因为其特色鲜明,文化参与性强等特点越来越受到大家的喜爱。本章节将对于中国节事旅游的发展做综合性的阐述,侧重从宏观上分析中外的节事研究及其发展趋势。

学习重点

通过本章学习,重点掌握以下知识要点:
1. 节事研究;
2. 国外节事研究及其发展;
3. 国内节事研究及其发展。

第一节 节事研究

改革开放以来,中国的旅游业已经发展到了前所未有的高度,对于旅游者和旅游管理者,传统意义上的自然风景观光型的旅游已远远不能满足大家的需求。人们对于由一次出行而期望得到的旅游体验已呈现多元化的发展趋势。节事旅游的发展和研究正是以这种消费需求为指导,在政府和社会支持为基础上发展而来的。中国自20世纪80年代以来,从小地方节事的举办到今天世界级的奥运会和世博会的举办,为中国的节事旅游发展提供了良好的契机。

一、节事研究的发展简况

事件是旅游发展的重要动力,也是大多数旅游目的地营销的重要手段,同时对提高旅游目的地的竞争力有很大作用。然而,"节事和事件旅游"出现在旅游业及其研究领域只是近几十年的事,但之后事件旅游的相关研究出现了"井喷"。随着旅游逐渐成为人们生活中不可缺少的一个部分,西方各国包括节日、会展、体育、休闲在内的各类事件日益发展,学术界对各类事件的研究也逐渐深入。总之,西方对节事和事件旅游的研究可以说是形成了一个"节事和事件旅游热",其文献之多和涉及面之广是近年来旅游研究各个领域中少见的。但尽管已经有很多的研究成果问世,事件及事件旅游研究仍然是一个"年轻的学术领域"。

美国历史学家Boorstin在《Image》一书中提出了出了宣传和政治目的的"伪事件"概念,并从包括旅游在内的社会、经济、文化、政治等几个方面分析了这类事件的形象影响。J. R. B. Ritchie 和 Beliveau 于1974年在《旅游研究纪事》上发表了题为"How 'hallmark events' could combat seasonality of tourism demand"的文章,这是第一篇专门研究事件旅游的文献。在研究节事和事件旅游的概念上,Getz 认为,事件旅游要对事件市场进行细分,包括分析和确定什么人将进行事件旅行、哪些人可能会离开家而被吸引前来参与事件。事件的种类繁多,分类标准也可以从不同角度和目的来确定。Roche 从研究事件的现代性角度出发,综合事件的规模、目标观众及市场、媒体类型覆盖面等标准把事件划分为重大事件、特殊事件、标志性事件和社区事件等四类。

虽然关于节事和事件旅游的文章很多,但是学者们所阐述的概念在内涵和外延上各持己见。我国学者保继刚早在1993年就提出了"事件吸引"、"旅游事件"和"事件旅游"等概念。很早以前吴必虎也对节庆旅游、体育旅游和会展旅游的概念以及包含的类型做过一些探讨。罗秋菊认为,事件旅游专指以各种节日、盛事的庆祝和举办为核心吸引力的一种特殊旅游形式,也有学者称其为"节事旅游"或"节庆旅游"。杨强在对几个有代表性的概念进行辨析的基础上提出事件旅游的概念。Ritchie 和 Getz 分别从大型节事旅游目的的角度和从大型节事旅游的影响角度提出了大型节事旅游的概念,杨兴柱和陆林结合国外学者对大型节事旅游的阐述,提出了大型节事旅游的主题突出、公众参与、综合效益明显、旅游形象鲜明和外部环境敏感等基本特征。吴书锋等人提出了"大型事件旅游"的概念,给出了如下定义:"大型事件旅游是指以大型事件为依托的,针对大型事件的参与者及观赏者提供的旅游相关服务形式,提供外围相关服务是大型事件旅游的实质"。

通过对这些有关事件旅游文献的梳理和分析,对近些年来国内事件旅游的研究进展进行进一步的重点研究内容做分析和归纳,目前国内研究主要集中在基础理论、策划和运作、事件效应三个方面。

二、节事研究的基本概念

在国外,节事研究是随着节事旅游和节事管理的行业发展、专业教育而兴起的。按照 Getz 的定义,节事研究是对有计划的节事进行研究并创造相关知识和理论的学术领域;节事研究的核心现象是有计划的节事体验及其意义;节事研究的主要依托是社会科学、管理学、艺术及节事相关职业领域。根据 Getz 的看法,节事研究的基本框架可以用图 4-1 来进行表示。

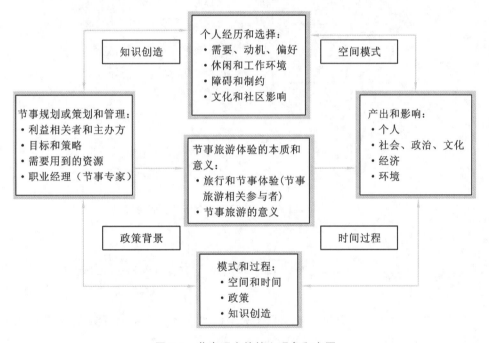

图 4-1 节事研究的核心现象和主题

(资料来源 Getz,D. :《Event Studies:Theory,Research and Policy for Planned Events》,2007)

三、节事研究的相关学科领域

节事研究是涉及社会经济领域各个方面的一个非常具有综合性的研究学科,包含管理、评估和影响、发展影响等三个层次的研究。从第一层次的节事管理角度来看,节事研究可以涉及组织机构管理、项目和服务管理、人力资源管理、收益管理、金融和风险管理等方面学科,这些学科从项目与战略规划及管理的效率与有效性角度出发,构成了节事研究的核心部分。基于节事管理的第一层核心学科的研究出发,产生了节事管理的第二层次研究角度,即节事研究的评估和影响评价,从微观经济学的需求与供给衍生涉及策划与规划、市场营销、消费行为学以及市场研究等学科,这往往需要运用社会学、社会心理学、文化人类学的知识。

第三层次角度的研究主要是影响研究,探索的是节事活动及旅游的发展趋势和因素分析,这也是旅游研究领域的传统主题,既要对目前影响类型、范围、规模进行评估,也要对节事旅游和节事管理的发展趋势加以分析,并且反过来关注宏观经济发展、政治体制改革、社会文化变迁以及自然环境的变化等问题,同时对节事活动的内容、属性、规模、目标等方面,从经济学、地理学、社会学等学科角度进行有效的分析和研究。(见图 4-2)

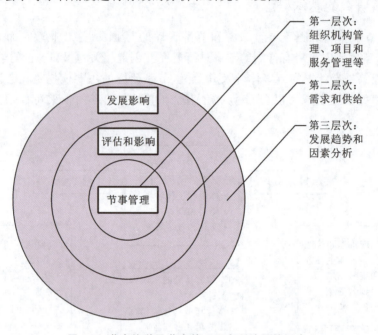

图 4-2　节事旅游及节事管理研究所涉及的层次

第二节　国外节事研究及其发展

国外节事旅游发展历史比较悠久,不管从理论研究还是从具体活动的举办都较成熟。很多节庆、大型事件的举办已经为其城市及国家带来了巨大的收益。

研究节事活动的著名学者 Getz 认为,对于促进旅游发展来说,事先策划好的事件本身的研究也是非常重要的。Getz 把事先经过策划的事件分为八个大类:文化庆典、文艺娱乐事件、商贸及会展、体育赛事、教育科学事件、休闲事件、政治或政府事件、私人事件。也就是说节事活动举办的好坏,以及能产生多大的旅游影响力,和事件本身的策划质量有相当大的联系。根据以上的分类方法,一些具有国际知名度和影响力的节事活动如下表 4-1 所列。

表 4-1　事先经过策划的节事活动的类型

类　　型	表　现　形　式
文化庆典(cultural celebration)	节日(festivals)、狂欢节(carnival)、宗教事件(religious events)、大型展演(parades)、历史纪念活动(heritage commemoration)

续表

类　　型	表　现　形　式	
文艺或娱乐事件 （art or entertainment）	音乐会（concert）、其他表演（other performances）、文艺展览（exhibits）、授奖仪式（award ceremonies）	
商贸及会展（business or trade）	展览会或展销会（fairs markets sales）、交易会（consumer and trade shows）、博览会（expositions）、会议（meetings and conventions）、广告促销（publicity events）、募捐或筹资活动（fund-raiser events）	
体育赛事（sport competitions）	职业比赛（professional）、业余竞赛（amateur）	
教育科学事件 （educational and science）	研讨班、专题学术会议、学术讨论会（seminars, workshops, clinics）、学术大会（congresses）、科教发布（interpretive events）	
休闲事件（recreational）	游戏和趣味体育（games and sports for fun）、娱乐事件（amusement events）	
政治或政府事件（political or state）	就职典礼（inauguration）、授职或授勋仪式（investitures）、贵宾观礼（VIP visits）	
私人事件（private events）	个人庆典 （personal celebrations）	周年纪念（anniversary）、家庭聚会（family holidays）、宗教礼拜（rites de passage）
	社交事件（social events）	舞会、节庆（parties, galas）、亲友联欢会（reunions）

一、国外节事研究的特点

在Getz的研究基础上，通过对国外节事活动的分类研究，可以将国外节事研究的特点归纳为以下几点：

1. 研究举办国际性节事活动，从经济学角度来探索节事旅游使地方获得巨大收益的经济效益探索

纵观目前具有全球影响力的节事活动，每一项活动的举办，都为城市本身带来了巨大的经济与社会效应。悉尼举办2000年奥运会，极大地刺激了旅游业和相关部门的发展。成功的媒体运作创造了额外宣传价值，包括奥运赞助商的联合宣传，吸引大量海外游客之外还创造广告收入。并且举办主题年活动，邀请世界最有影响的人士到访，提高其旅游管理机构在国际上的知名度。总而言之，奥运会为澳大利亚创造了数额巨大的直接和间接收益，大大提高了澳大利亚的国际知名度。再以1985年日本举办的筑波世博会为例，一共有46个国家和37个国际组织参加展出，日本各大公司组织了28个馆参展，展出期间接待观众2000万人次。对日本GDP的贡献量为6670亿日元，占当年日本GDP的0.2%，带动了日本全国经济的增长。学者Roche提出，此类国际性的重大节事活动可以视为"官方"版本的大众文化的重要组成部分。在现代社会中，无论是在国家层次上，还是国际层次上，重大节事活动都有着丰富大众文化、强化文化身份以及实现文化包容或排斥的意义和作用，以此角度出发，可以广泛而深入地研究重大事件和现代性的关系。

2. 选择研究有鲜明特色的节事活动

结合霍夫斯坦德的文化维度理论,以社会学为基础,西方学者发现很多为旅游者提供丰富的节事活动旅游体验,都不是走马观花式的参观,不是简单的"看看吃吃,拍屁股走人"这样的理念。比如世界著名的西班牙奔牛节和德国慕尼黑啤酒节,都是需要全民参与的节日活动。在奔牛节中,来自世界各地的人们穿上白衣裤,缠上红腰带,被6条经过驯养的公牛追赶,穿城而过。但奔牛节不光是与牛同跑,还有民间表演、乡间运动比赛。他们还考虑到了孩子们,专门为他们准备了表演和活动。在慕尼黑啤酒节中,除了在大广场畅快痛饮啤酒之外,盛装游行也是一大特点。每年啤酒节的第一个周日,来自全德国各州的人穿上富有特色的民族服装,演奏音乐,浩浩荡荡穿过慕尼黑,最后来到啤酒节的现场。这些特色鲜明的、参与程度高的节事项目,大大提高了旅游者的旅游质量,也更具吸引力,同时做到了对地方文化的传播。从这个角度来看,可以深入研究节事活动和地区的文化传承与推广的关系。

3. 通过对举办节事活动历史悠久以及知名的节事活动的有效推广,形成了品牌基础上的文化冲击力和特色震撼力

奥运会的举办始于1896年,世博会则是从1851年开始举办,慕尼黑啤酒节开始于1810年,而西班牙奔牛节更可以追溯到1591年。其他具有百年历史的节事活动更是不在少数。试想一下,举办地拥有上百年举办活动的经验,累计了上百年的宣传影响力,很多节事活动的知名度是世界级的,吸引的是全世界的游客慕名而来参加这些活动,这些活动对于旅游业的正面影响是多么的巨大。由此出发,更多的国外学者立足于市场营销角度,研究节事活动对于地方品牌的营销及推广的积极作用和相互之间的关系问题。

尽管国外的节事研究已经拥有以上的特点及基础,然而目前的节事国际化仍缺乏相关理论,也欠缺专门研究。虽然还有传统国际贸易理论提供了理论线索,但其主要研究的是实物商品和服务,很少关注体验型产品,难以全面指导节事国际化研究。即便一些旅游研究文献探讨节事国际化,也仅是考察国际游客的服务等有限话题,缺乏对节事国际化成长的考察。

二、创新性研究带来的启示

直到最近,才有学者具体考察节事国际化的演进与成长,如迪克兰、佛迪兰和威廉姆斯等。这些研究的共同之处在于:均以传统国际贸易理论为基础,采取过程视角考察具体节事案例。不同之处是节事所属范畴的界定:迪克兰视其为传统商品和服务,佛迪兰和威廉姆斯则视其为文化体验商品。因而前者只需遵循传统国际贸易理论,后者则不局限于此,还广泛应用了文化产业理论,如文化商品价值链、文化产业集群等,更借助社会学的行动者网络理论,从体验产品网络的形成和发展角度来考察节事国际化。这些创新性研究带来如下深刻启示:

(一)节事国际化表现为内向和外向两个层面

节事国际化表现为内向和外向两个层面,即"引进来"的内向国际化,以及"走出去"的外向国际化。前者以商品服务进口、技术转让、人才引进等方式吸引产品、服务、资金、技术和

人才等要素；后者以出口、技术转让、投资等方式，将生产要素延伸到国际市场，如吸引国外游客促进节事出口。内向国际化着重丰富节事元素及形成创意，外向国际化着重市场开拓和文化推广。

无论内向还是外向，如果从体验生产系统的角度来看，它们都只是节事国际化的外在表现。内在表现则是各项节事元素嵌入节事核心产品之中，使消费体验的主体和内容实现国际化的过程。这一过程包括主办者、表演者、观众、赞助商、广告商，以及节目、展台、服饰、物流、技术等多方面的国际化。

（二）节事国际化成长可能为渐进式，也可能是跳跃式

渐进式主要体现在地理空间上由近及远的连续性扩张。这一成长方式具有可预期性，如迪克兰发现芬兰室内音乐节的国际化成长经历了本地化、区域化、早期国际化和成熟国际化四个阶段。每个阶段的表演者、观众、展览活动和媒体赞助在空间上都有扩张，在量上都有增长。无论哪个阶段，组办者的国际视野，拥有的资源、技术和能力，以及与表演者和赞助商的关系，都决定了国际化成长的速度。

跳跃式成长主要表现为在地理空间上的蛙跳式扩展。这种扩展在方向上难以预期，可能由近及远，也可能由远及近，如特立尼达和多巴哥狂欢节先漂洋过海，在英国、荷兰和美加等国发展成为知名节事之后，加勒比海的邻近国家，如牙买加、巴巴多斯和阿鲁巴，才开始引进和举办该类狂欢节。该方式还可能体现为单个节事元素的扩张，如优秀节目受邀参加其他国家的节事，以及在海外举办节事论坛等。

（三）将重点构建节事体验生产网络

一般而言，国际化的本质是借助全球的生产要素，如市场、技术、文化和原料等，通过全球化生产与销售，达到资源最佳配置的效果。节事国际化的成功也表现在各类元素的优化配置上，如佛迪兰和威廉姆斯发现，特立尼达和多巴哥狂欢节国际化之所以成功，是因为构建了高效的节事体验生产和配销网络。借助该网络，狂欢节从单一地方性节事，发展为本国艺术家、企业家和海外侨民，以及他国居民和商业人士之间拥有密切联系网络的系列性节事。网络中的居民、侨民，以及前往举办地的国外艺术与商务人士协同工作，令节事体验在新地点成功实现再次创造和共享。

体验生产网络的形成，就是节事国际化和本土化相结合，实现全球本地化的过程。全球本地化指节事到国外举办时，不断融入举办地文化，逐步实现本地化发展。经典案例就是特立尼达和多巴哥狂欢节，它起源于中世纪法国巡游艺术和非洲土著文化，经移民该国的居民多年融合创造而成。20世纪60年代狂欢节出口到英美等国后，又融合当地文化，如在纽约的狂欢节引入美国黑人音乐元素，实现新的本土化发展。全球本地化的实现，需要组织者从单个节事的运作管理，转变到行动者网络的构建方面，着力于体验生产网络的管理、维持和提升。

总之，国外学者针对节事活动的研究，目前而言更加注重的是在这个更小、更平的世界，旅游节事迎来国际化发展新机遇。国际化成长过程中，可以采用"全球化思想，本土化运作"的方式，从文化、市场和创意三个方面，坚持特色与拿来主义相结合，构建行动者网络，并有效管理，最终实现政治、经济、文化、人才、技术等各类节事资源要素的优化配置。

第三节 国内节事研究及其发展

经过对国外节事研究的分析,结合国内外学者关于节事旅游的定义,以及中国发展特点,中国节事旅游在发展开发过程中也遇到一些问题,我国也有相当多的学者对此展开了深入的研究和探索。

一、中国节事旅游发展历程

我国节事旅游的发展历史不过短短几十年,而且和中国的经济发展程度以及改革开放的进程息息相关。主要来说,分为以下几个阶段:

(一) 始于20世纪80年代

我国最早的节事活动诞生于20世纪80年代,比如洛阳的牡丹节、潍坊的风筝节、哈尔滨的冰雪节等,并且这些比较成功的活动到现在都在延续。在首先经历了改革开放政策后,当地人民的生活水平得到了极大的改善,所以人们需要一种精神文化方式来表达他们富起来之后的喜悦心情,立足当地文化传统的群体型活动成为首要的表现形式。比如说潍坊的风筝节以"发扬民族传统技艺,提供民众文化娱乐机会"为主要口号,在风筝制造的古老技艺得以传承发扬的基础上,为大家提供一个娱乐休闲的机会。这个阶段节事活动的主题主要来源于人们的日常生活,并且与农业活动或多或少有联系。

(二) 推广于20世纪90年代

20世纪80年代末90年代初期,国内工业化进程加快,城市改革的推动再次提升了人民的生活水平,节事活动的主题开始向多元化的商贸活动和城市形象的宣传转移,开始与会展、旅游等方面结合起来,综合发展。主题更加丰富的节事活动诞生,如大连国际服装节、青岛啤酒节、上海国际电影节等。在1995年国家旅游局推出了以"中国-56个民族的家"和"众多的民族·各异的风情"等为主题口号的"民俗风情游年"活动。在这个活动的推动下,节事旅游开始得到各地政府和旅游企业的重视,从各个方面开始大力推广节事活动。随着沿海各地区经济联系的紧密,地方政府招商引资的要求逐渐显现,各种交流活动的出现,使提高城市知名度、确立宣传城市形象成为迫切的需要。节事活动的举办能在很短的时间内调动媒体,从而低成本又高度集中的把城市形象高度放大,聚拢人气,提升形象。这个阶段最具影响力的要算是1999年昆明世界园艺博览会的举办,把中国节事活动的举办提升到了国际化的等级,为21世纪中国节事活动的蓬勃发展打下良好基础。

(三) 发展于21世纪

进入21世纪,我国节事活动的举办开始向大规模、国际化的方向发展。2001年第一届海南博鳌亚洲论坛、广东2001年花卉博览会、2001年上海的APEC年会、2001年世界大学生运动会、2005年上海F1方程式赛车、2006年杭州世界休闲大会和沈阳世园会、2008年北京奥运会、2010年上海世博会等重大节事活动的举办,对于推动举办地旅游的发展、塑造旅游形象、推进旅游基础设施建设等方面,起到了巨大作用,产生了深远的影响。这些节事活动反映了我国一些国际化大都市的发展水平,也展现了改革开放以来我国经济发展的巨大成就,同时也在世界上提升了我国的国际形象。另外,随着节事旅游的发展,有关节事旅游的学术研究开始诞生,有关的行业机构也在国内建立,如国际节事协会(IFEA)中国分支(北京节庆文化发展中心)、亚洲会展节事财富论坛(上海)、国际展览与节事(项目)协会(IAEE)中国分会(苏州)等。

二、中国节事旅游研究现状

(一)针对节事旅游的策划与设计研究

国内关于事件旅游的研究是随着节事和旅游事件的实践而不断增多的。我国节庆活动经过近20年的实践,目前的发展状况如火如荼,各个地区争先恐后举办节事活动,因此,针对各个地区节庆、事件的策划和研究的文献也不断涌现。戴光全和保继刚曾对大型事件活动(会展)场馆性质的转变问题进行理论探讨,认为大型事件活动(会展)场馆性质的转变只有融入其所在地方的旅游发展大潮,成为当地出色的景区,才能获得可持续的发展;将项目管理理论引入到旅游节事管理中,并提出了建立合适的旅游节事项目主体系统,以及实施有效的营销管理、财务管理、风险管理和物流管理的基本方法。黄伟钊、许丹莉认为,广东举办大型旅游节事活动在时间布局上可以考虑与久负盛名的广交会结合或与已有的节日相结合;空间布局上采用"一城主办,众星捧月"的形式;主题布局上强调主题的新鲜;具体活动布局上关注活动的效益。

近年来,各个地方举办各种文化节、艺术节、美食节、体育节等名目繁多的节事活动的热情空前高涨,这些节事活动也引起了我国学者的极大关注。吕莉认为,旅游节事的开发和组织应遵循文化性、创新性、体验性、民众性和个性化等原则,且旅游节事的策划应明确主题,采用市场化运作机制,并挖掘本地文化,借鉴外来文化,运用多种形式激发游客的参与热情来扩大和宣传旅游目的地的市场形象。也有学者指出,传统节事应该在挖掘传统文化与地方特色的基础上,在举办方式、居民参与形式、营销宣传等方面进行改革和创新,以提高节事的举办质量和居民的满意度。

(二)针对节事旅游的运作与管理研究

我国目前大多数节事都还处于政府包办阶段,活动从最初的策划到最终的运作和落实都是由政府一方包办,往往容易陷入政府形象工程或一成不变的怪圈,运作模式亟待改革。节事运作与管理是一项复杂的系统工程,我国学者在节事运作模式和机制方面做了大量摸索和研究。王晨光强调节事旅游与传统意义的节庆、会议活动,尤其是与一些地方追求短期效应的政绩工程存在着本质区别,并强调节事旅游发展要尊崇旅游产业基本的运行规律。郭胜认为,政府部门应该给予节事活动足够的重视,充分发挥节事活动对经济社会发展的促进作用,切实做好节事活动的旅游公共服务。戴光全以99中国丽江国际东巴文化艺术节为案例,认为发挥节事长期效应的基本策略包括节事规模的等级化、节事类型的多样化、节事时间的持续化等三个方面。张晓鸣等从事件旅游角度出发,把SARS疫情当做一种突发性的旅游事件,在全面研究其旅游影响机制的基础上,重点对其进行"后危机管理手段"的研究,应当尽早进入政府、企业、学者的视野,以弥补旅游业由于自身的脆弱性而遭受更大的损失,寻求一种健康、稳定的发展。

在节事和旅游事件的实践的推动下,国内学者对事件的策划与运作的研究不断增多,纵观近年来的相关文献,我国学者大多是结合具体案例,提出实际解决办法。但是,理论方法跟不上实践步伐,这些研究多数为案例的经验探讨,缺乏理论指导和研究规范。

三、中国节事旅游研究发展

(一) 从研究深度上,国内学者重点关注的几大领域分析研究还不够深入

(1) 节事和事件旅游的理论研究仍处于初期阶段,多数只注重概念研究,缺乏拓展延伸。因此,应加强节事和事件旅游的概念、内涵、外延及其形成、演进规律的研究,构建规范的节事和事件旅游理论体系。

(2) 在节事和事件策划和运作的研究上,多数为案例的经验探讨,缺乏理论指导和研究规范。国内近期研究强调政府引导、市场化运作,而国外学者更加关注各利益相关者的分工协作。

(3) 国内研究对节事及事件的经济、社会文化影响关注很多,但很少重视环境影响,同时对事件的消极影响关注也不够。

(二) 在研究方法上,国内大多数的研究只是论述性的,研究方法单一

相比之下,国外很多学者将休闲研究方法诸如人类学、解释学、现象学以及经验采样等引入节事和事件旅游研究中。国内研究应该重视吸收国际上先进的研究方法并不断进行方法创新,同时也不妨借鉴其他学科的研究方法,运用多学科的方法,为国内事件旅游提供科学规范的方法论基础。

总之,对于节事和事件旅游的研究,我国目前还处于初级阶段,远远滞后于国外研究,理论研究跟不上实践的需要,许多问题还有待深入研究。

本章小结

(1) 节事旅游的发展和研究是以消费需求为指导,政府和社会支持为基础发展而来的。

(2) 节事研究是对有计划的节事进行研究并创造相关知识和理论的学术领域;节事研究的核心现象是有计划的节事体验及其意义;节事研究的主要依托是社会科学、管理学、艺术及节事相关职业领域。

(3) 国外学者针对节事活动的研究,将休闲研究方法诸如人类学、解释学、现象学以及经验采样等引入节事和事件旅游研究中,目前而言更加注重的是如何使旅游节事迎来并适应国际化发展新机遇。

(4) 国内学者对事件的策划与运作的研究不断增多,纵观近年来的相关文献,我国学者大多是结合具体案例,提出实际解决办法,运用多学科的方法,为国内事件旅游提供科学规范的方法论基础。

核心关键词

research	研究
development	发展
FSE	节事旅游
science	科学
actuality	现状

思考与练习

1. 简述节事研究的基本概念和研究现状。
2. 试述国外节事研究的特点。
3. 试述国内节事研究的历程和现状。

案例分析

节事旅游视角下的迪士尼乐园经营策略

一、迪士尼乐园的成功

迪士尼乐园是家喻户晓的主题公园,自1955年以来,华特迪士尼公司已经在美国加利福尼亚州、美国佛罗里达州、法国巴黎、日本东京和中国香港先后建成并投入运营了5座迪士尼乐园,按照规划,上海不久将建成全球第6座迪士尼乐园。不同地区的迪士尼乐园尽管面积大小不一,娱乐项目有多有少,经营状况良莠不齐,但是不管怎样,从总体上说,迪士尼乐园无疑是当今世界成功的主题公园之一。相关资料显示,在已经投入运营的5家迪士尼乐园中,目前每年入园游客累计接近7000万人次,2012财年中,除法国巴黎外,美国、日本和中国香港的4家迪士尼乐园均已实现赢利。巴黎迪士尼乐园虽然在经历了短暂的赢利后又陷入了亏损,但其在法国旅游业中的影响力仍不可小觑。资料显示,2011年巴黎迪士尼乐园有1560万人次的游客,是埃菲尔铁塔游客的两倍,其年营业收入占法国旅游局总收入的6.2%,迪士尼乐园的影响力由此可见一斑。

二、节事活动在迪士尼乐园中的地位

毋庸置疑,迪士尼乐园的成功受多种因素的影响,既有特色明显的美国文化和价值观的因素,又有迪士尼传媒通过电影电视节目在全球的传播与营销,此外,迪士尼乐园整体设计的考究与精致也是重要因素之一。尽管不同的学者会把迪士尼乐园的成功归纳为不同的因素,但是从节事活动的视角看,迪士尼乐园层出不穷、不断翻新的节事活动同样是促成其成功运营的重要因素。雷蒙德·温斯坦在《迪士尼乐园与Coney Island:现代游乐园发展演进研究》一文指出,区别于纯机械的游乐城,迪士尼乐园创新之处在于情境化的主题演绎、多样化的娱乐设施和演艺活动、老少皆宜的游乐项目设置;艾伦·布里曼的《迪士尼风暴:商业的迪士尼化》一书则总结了迪士尼乐园商业模式的原理和特征,认为"有浓重的表演色彩"是迪士尼文化内涵演绎和传播的重要方式之一。国内有的学者提出安全、礼貌、表演与效率是迪士尼乐园进行顾客体验管理的基本理念;有的学者认为,主题、消费、商品和表演构成了迪士尼乐园经营的特色。从这些前期研究可以看出,尽管国内外学者在总结迪士尼乐园成功经验的时候侧重点有所不同,但是"以表演为主体的节事活动"无疑是观点的一个"交集"。

三、迪士尼乐园中节事活动的特点

节事活动作为人们休闲娱乐、文化传承和经济贸易的重要平台之一,通常情况下具有多样化的主题和丰富多彩的表现形式。那么,与传统概念中的节事活动相比,迪士尼乐园内的节事活动有哪些特点呢?我认为集中表现在三个方面:

(一)紧扣主题,与公园的形象定位、建筑风格、公众印象等高度吻合

例如,在奥兰多的迪士尼乐园中,能够看到《海底总动员》等全球热播儿童剧的现场演播,对那些浸泡在小丑鱼、米老鼠、唐老鸭等儿童剧中成长起来的孩子而言,到了迪士尼乐园简直就像回到了自己梦幻中的家,因为一切人和事物都是那么熟悉,而且不再是冷冰冰的电视屏幕,这些剧中的人物可以对你微笑,可以与你合影,孩子们怎能不为此而兴奋?相反,如果公园引进的是与主题无关的节事活动,即使活动本身非常精彩,通常情况下也很难满足孩子们的期待。

(二)节事活动具有表演性和互动性,与主题公园的旅游娱乐功能相协调

迪士尼乐园的很多活动将表演性与互动性有机结合,游客不再是局外人,很多情况下也成了活动中的角色。例如,在香港迪士尼乐园举行的最具迪士尼特色的卡通人物行进表演的等候期间,一些员工会穿上米老鼠、唐老鸭等卡通人物的艳丽服装与焦急等待演出的孩子们合影逗乐,而且在演出开始后,同样有很多儿童共同拉着一条绳子,将游客与行进表演的队伍隔开。在这里,孩子们不仅仅是行进表演的观众,同时也成了维护表演秩序的小主人。

(三)在国际化的框架下进行本地化的改造,尽力与当地文化融合

迪士尼乐园在美国本土的成功是有目共睹的,但是在对外扩张的过程中曾经遇到不少意想不到的困难。很多研究显示,巴黎迪士尼乐园的坎坷经历,在很大程度上与其遭到了法国文化的抵触有关。所以,近年来迪士尼乐园在举办节事活动的时候,尽管体现的故事情节在不同的乐园基本是一致的,但大都根据本地的社会文化特征进行了适度的本土化改造。很多节事活动不仅雇佣本地演员,在服装、场景等方面也体现了一定的本土特色。例如,在香港迪士尼乐园里,不仅首次出现了中国传统建筑,而且还在春节期间让主角米奇和米妮换上了具有中国特色的红色服装,目的是要让这个典型的美国主题公园显得更具中国特色。

(资料来源　刘大可:《节事旅游视角下的迪士尼乐园经营策略》)

分析要点:主题公园不仅在世界旅游业发展中具有重要地位,近年来在中国同样得到了长足的发展。但是,总体来看中国主题公园的经营情况不容乐观。2009年1月,《中国经济时报》曾经以"为何中国主题公园经营惨淡"为题,指出中国2500个主题公园中,70%处于亏损状态,20%持平,只有10%左右赢利。诚然,这些主题公园之所以经营状况不理想,肯定与主题不明显、缺乏文化内涵、赢利模式落后、服务质量差等方面的因素有关,但是,缺乏能够体现主题的节事活动是其中不可忽视的重要因素。节事活动是人与人的交流,有了节事活动,公园就有了情感和互动;相反,如果主题公园中缺乏了节事活动,游客面对的只能是冷冰冰的机械和钢筋水泥构成的建筑,这些设施无论多么华丽和现代,给人带来的乐趣都是十分有限的。凭借中国目前的经济实力和硬件设施的建设能力,我相信很多城市会有能力打造与迪士尼一样的梦幻城堡,都有能力引进一流的娱乐设备,但是如果不能引进迪士尼乐园的节事经营理念,这些城堡最终可能成为"空城",这些设施可能最终面临闲置浪费。

迪士尼乐园的成功经验可以给出三点重要启示:

(1)主题公园的建设需要选择一个健康的、概念清晰的、有影响力的主题,而且从建筑设计、公园布局、活动策划、员工形象等多方面来阐释和演绎这个主题。

(2)要围绕主题策划大量丰富多彩的节事活动,以活动为载体,再现活生生的主题,实现游客从了解主题到融入主题的转变。需要注意的是,主题公园里的活动绝不是多种娱乐节目的简单汇集,这些活动需要与公园的主题息息相关,举办这些活动不仅仅是为了吸引游客,活动本身就应该成为体现公园主题的重要组成部分。

(3)要大力引进和培育善于策划和从事节事活动的专业人才。节事活动之所以成为大多数主题公园的薄弱环节,在很大程度上与公园的管理者和员工对节事活动知识和技能的缺失有关。很多主题公园仅仅是自然景观、人文建筑景观以及机械娱乐设施的堆积,员工的主要职能一方面是营销这些景观和设施,另一方面是维护设施的正常运转。如果员工只是公园的守护者、游客的服务者和他人娱乐的旁观者,那么整个公园的娱乐氛围将大打折扣,对游客的吸引力也将因此而减弱。只有员工理解节事活动,善于策划和组织节事活动,工作中融入节事活动,主题公园最终才能成为一个充满活力的"活"公园。

问题:

迪士尼的经验对中国主题公园的启示是什么?

活动策划篇
Activity Planning

第五章

节事活动策划的基本流程

学习导引

在人的一生当中,我们每个人都会经历或参加各种各样的节事活动,每天都会有很多活动发生在我们周围。节事活动策划是把各种现有资源与潜在资源结合在一起,采用科学的方法、技术和手段对其进行合理的开发和利用,对节事活动进行深入分析、整合、创意设计的一个过程,按照目标设计活动方案。策划是节事活动的起点,是节事活动中最为重要的环节,也是学习节事策划的重要基础之一,因此,本章主要介绍策划概念及节事活动策划的内涵、方法、流程、原则等内容。

学习重点

通过本章学习,重点掌握以下知识要点:
1. 策划的概念、节事活动策划的内涵;
2. 节事活动策划的内容、流程、方法;
3. 节事活动策划的作用、特点、原则。

第一节 节事活动策划概述

节事策划是节事活动的起点,说起"策划",我们每个人都会很熟悉,它在我们生活中出现的频率太高了。比如,一场大型文艺活动,里面首先有总策划,然后又有如灯光、服务等分策划;展览主题的策划是展会成功的前提与基础,展会主题的策划要运用多种思维方式、发掘展会举办者的自身优势、注重资源的整合,策划出新颖独特的展会;如果你要参与一个活动,里面就有活动策划。所以,日常生活工作中的每一件成功的事件后面都有一个精心的策划。策划是一种安排、设计、选择,也是一种决定,它并不如你想象的那样困难,也不是你以为的那样复杂。在节事活动中,策划是其关键和核心,对举办地的经济效益、社会、文化、生态等方面的效益有着不可或缺的作用。那么究竟什么是策划?又该如何对节事活动进行策划?

一、策划的概念

策划在整个节事活动流程中处于指导地位,贯穿于节事活动管理的各个阶段,节事活动策划不是单一的物质产品,而是资源的科学整合。在激烈竞争的市场环境下,节事活动的举办者如何利用市场来准确抓住商机并能赢得旅游者青睐成为节事活动策划的关键。

(一)策划的定义

"策划"一词出现得比较晚,在《辞源》中作策书、筹谋、计划、谋略解。古代以"策"、"谋"、"筹"、"算"、"划"等单个字来表达策划之意。要理解什么是策划,还得从"策"、"划"的单个字意开始。策划在不同的国家分别被称作"企画"、"企划"、"plan"。那么到底什么是策划?现代学者对策划有过较为全面系统的研究,但由于对策划的内涵和外延的理解角度不同,标准不统一,因而给出了纷纭复杂的定义。归纳起来,其主要的含义有这么几种:我国相关学者认为策划就是出谋划策、筹划和谋划;日本策划大师星野匡认为策划就是从虚构出发,然后创造事实,加上正当的理由,正大光明去做;美国管理学专家卡内基与梅隆大学西蒙教授认为"管理就是决策",而决策是通过策划之后做出的,因此可以把策划看成是管理手段或决策手段;哈罗德·库兹和希瑞·奥多纳认为:"策划是管理者从各种方案中选择目标、政策、程序及事业计划的机能。因此,策划也就是左右将来行动路线的决策;《组织与管理技术》一书认为:策划即是在事前决定做何事。

上述关于策划的定义都有各自的特色,但也有不足之处,对各种定义加以总结,对策划做出如下几层含义:

(1)策划围绕创意、构想,确定既定的目标和方针,使各项工作从无序变为有序,使人们对事物发展变化的趋势及可能带来的后果能够正确把握。最终确定实现目标和需要解决的问题。

(2)策划可以对方案进行比较和选择,围绕某一目标可以确定多个策划方案,并对确定

知识关联

日本策划大师星野匡是企业策划的典型代表,他著有《策划力》等书。

的策划方案进行比较,最后选择科学、合理的一种。策划还要根据环境的变化对其进行调整,以此来保证策划对环境的适应。

(3)策划按照一定的程序进行运作的系统工程,策划为了保持方案的成功率,不可避免地经历了策划前的调查和所处环境的分析,策划目标的确定和调整,拟定策划创意方案,策划方案评价、筛选,最后策划方案的调整、修正这一系列程序。最后,保证形成一个合理的策划。

现实生活中,策划无处不在。无论是企业经营、社会活动还是个人发展都需要精心策划,上面对策划的含义从不同方面进行了描述,我们可以加以总结,对策划做出如下定义:策划者为了达到特定目的,在调查、分析资料的基础上,为了未来要发生的事物而预先进行的一种谋划活动,按照科学的流程,对未来工作或事件进行系统、全面的构思、谋划和部署的一种创造性思维活动。

(二)策划的特征

1. 创新性

策划注重创新性,即概念和理念的创新,这是策划的本质特征,策划的关键是利用资源整合产生新绩效和创新,否则就不是策划,就变成了实施计划,策划就是创新的资源整合过程,这是策划与计划的最根本区别,策划注重通过资源整合对即将要发生的活动、工作或事物进行创新,这也是策划的精髓所在。

2. 资源整合性

资源可能是政府资源、物质资源、文化资源或关系资源,策划过程中是必须要使用各种资源的,这是策划的物质基础。因此,这些资源一定是具有整合性和使用性的,不能使用的资源整合在一起,本身就是不可能的,也是一种空想、想象,这是策划的必备条件。

3. 预期性

策划就应该有目的性,无论做什么事都要有方向、有目标,策划是一个行为过程,它不仅是人的行为过程,也是资源配置的行为过程,因此,达到一定预期目标,是策划的目的,一个人、一个企业、一个国家在做一件事情时,都是有目的性的,目的性在一定程度上的量化过程,就成为目标。因此,达到预期目标是策划的目的。

二、节事活动策划的内涵

我们周围每天都有很多活动发生,这些活动可以丰富我们的日常生活。但是,只有经过策划的节事活动才能对目的地的营销发挥真正的作用。

(一)节事活动策划的概念

节事活动策划是一项立足现实,面向未来的、极其复杂的创造性活动。节事活动策划与其他类型的策划一样,都是策划者为达到一定的目标,经过调查、分析与研究,依据现实的各种信息和形势,判断事物变化和趋势,识别并创造需求,运用科学、系统的方法、手段和技术,对节事活动的主题、内容、举办形式进行整体战略和策略统筹谋划的过程。

(二)节事活动策划的必要性

为什么要进行节事策划?节事活动的策划也具有一定的必要性,它是由节事产品开发

依赖所在地的资源条件和资源特性所决定的,具体体现在以下几个方面:

1. 节事活动需要的资源具有潜在性

节事活动是一个地方的精神、资源和人文特色的最具体、最集中的表现,可以说是一种依据所在地的文化资源而定的特殊的产品,这种文化资源平时是处于潜在状态的,因此必须经过深入细致的节事策划开发,才能把潜在的文化资源转变为可以销售的产品状态。

2. 节事活动的灵魂——创新性和独特性

当今社会环境下千事一面已成为一种社会普遍现象,需要有创意有特点、能从众多节事活动中脱颖而出的少之又少,在类似的社会、文化和经济条件下,只有敏锐的分析和大胆的创新,才能提炼出节事活动的独特卖点和新颖的节事活动运作模式。

3. 节事活动策划影响的双重性

节事作为一种社会文化的仪式化表达,在实际运作过程中,好的节事活动策划可能会带来大量的经济、社会和环境效益,若节事策划或者运作不当,也可能会引起较大的负面效应,造成不好的社会影响,浪费大量的人力、物力和财力,所以需要节事策划对资源加以取舍并因势利导扩大正面效应,消除负面效应。

4. 安全和顺畅的保证

节事活动的筹办、策划、运作和管理是一个复杂的系统性的工程,节事活动前期需要周密、漫长的准备过程,以保证节事活动各利益相关者的诉求得到满足,同时也保证节事举办的顺畅和安全。

(三) 节事策划的要素

节事策划是一项立足于现状、面向未来的非常复杂的创造性活动,一个成功的节事策划主要包含了以下几个要素:

1. 明确的主题目标

节事策划如果没有明确的主题和目标,就成了一些漫无目的的想法的拼凑,就没有成功的可言,更不要说解决实际问题了。

2. 崭新的创意

节事策划的内容及手段必须清晰地体现出该活动的与众不同之处,否则就难以引起参与者和目标受众的兴趣,因此,节事策划一定要有新颖的创意和手段。

3. 实现的可能性

节事活动在策划过程中必须依据财务、人员、物力及政策,但也要充分考虑在当时市场环境和竞争者的情况下,策划案有无实现的可能,否则,再好的节事活动策划也是空谈。

4. 节事活动策划的重点

1) 怎样树立良好品牌

品牌是能使一个节事与其他节事相区别的某种特定的标志,是具有一定规模、能代表和反映该地区的发展动态和发展趋势,能对该地区具有较强的指导意义和较强影响力的节事活动。品牌发展是一个从无到有的长期过程,要经历市场调研、活动策划、宣传推广及组织实施等多方面的手段才能完成,因此加快培育有品牌效应的节事活动和有专业水准、有竞争力的活动策划公司是非常重要的。培养品牌节事活动,首先必须树立品牌意识,并从节事活动内容、形式和配套服务等方面来实施,即做到节事活动内容主题化、节事活动多样化、节事活动形式特色化、配套服务专业化,以此来增强节事活动的吸引力。

2)怎样体现特色文化

品牌的背后是文化。策划最关键的部分是对每一个地方文化板块,对文化神韵的把握。

当人们提到慕尼黑,就会联想到啤酒节;提到戛纳,就会联想到电影节;提到奥斯卡,就会联想起美国的洛杉矶;提到奔牛节,就会联想到西班牙,可见,节庆文化已经与一个国家、一个城市的品牌紧密联系在一起了。节庆文化极大地影响了一个国家和地区的整体形象,同时节庆文化提高了公众关注度,促进了一个国家和一个地区的经济进步。

以西方的圣诞节为例,这个节日的设计很有讲究。首先,它把基督的出生"混"入传统的冬至节中,使其具有广泛的宗教色彩,并成为传播西方宗教和价值观的手段。其次,它设计出一个圣诞老人的故事,承担着"送温暖"的使命,即亲切、神秘又避免了接受别人赐予的尴尬。最后,它的圣诞树也很有情趣,父母给子女的节日礼物变成了神树上的宝贝,而且要由小孩子自己动手去取。

3)怎样满足消费者心理需求

心理学家马斯洛提出人有五大需要,从低到高依次为生理需要、安全需要、爱与归属的需要、尊重的需要、自我实现的需要。在节事活动策划中应尽量满足不同人群的不同心理需要。因为心理反应是一个复杂过程,并且公众有很大的主动性和选择性,节事活动策划者就要处理好信息与情感的关系。在策划中,要注意运用心理因素,动之以情。情感在人的生活和实践活动中起着重要的作用。参与者的任何购买活动,都是在一定的情感推动下完成的。因此,节事活动内容只有与参与者有了情感沟通,才能诱发参与者的购买行为。

第二节 节事活动策划的内容、流程、方法

节事活动策划是经过周密、理性思考后形成的综合性的总结,因此制定一份内容详尽的策划方案对节事活动的实施具有重要的指导作用。

一、节事活动策划的内容

(一)确定节事活动主题

节事活动是围绕主题展开的,所以确定主题才是节事活动的核心。主题的好坏往往直接影响节事活动的成败。节事活动主题策划的要求和注意的问题有如下几个方面:

1. 市场调查

节事活动需要经过严密的计划和系统的先期准备。调查和收集市场信息是策划节事活动的基础工作,节事活动市场信息的收集是一个系统的、有目的的调查过程,通过市场调查可以判断其是否具有开展节事活动的条件和能力;只有在充分了解市场潜力、市场限制以及市场动态等信息的基础上,才能有的放矢地进行策划。

2. 主题先进、有创意

为了引起参考者和目标受众的兴趣,主题应该具有时代先进性,主题的策划必须突出人

们关注社会和经济发展的热点,并把这些突出的热点问题引入到节事活动中成为卖点,以提高节事活动的竞争力,进而提高节事活动举办地的经济效益。

3. 以人为本

以人为本,就是节事活动的主题应体现人类共同利益的关注和维护,做到人与人之间的和谐;人类是世界上最宝贵的财富,我们强调关注和维护人类的利益,保护生态平衡,做到人与自然的和谐相处。

4. 体现共性

节事活动的主题要体现出人们普遍关注的共性,这样能使人们尽管有不同的立场和利益,但仍然能够使人们从中获取共同的利益以及有益或有用的信息或启迪而加以接受,并乐于参加。

5. 信息发布

节事活动的主题要向社会传达最明确的信息,表明节事活动的核心内容和举办地关注的热点以及需要解决的问题,及时发布信息,让更多的相关者为节事活动出谋划策,提高节事活动的组织工作效率。

(二)内容策划

节事活动确定主题后,就要围绕主题进行有针对性的内容策划。

1. 标识的设计与确定

节事活动围绕主题开展一系列的活动,必然就要有能表现节事活动的标识来反映节事活动的主题内容、气氛等。如吉祥物、纪念品、会徽等。确定、设计并制作主题标识是节事活动策划内容的重要方面。

2. 主题仪式和氛围

节事活动仪式的确定,一定要融合当地民族文化,在活动的开幕及闭幕式上,编排一些国家性、民族性、地方性的仪式;或在活动过程中有意识地安排一些民族文化娱乐项目,表现活动举办地的民族文化风采;突出节事活动的主题,节事活动策划既要符合主题思想,又要具有鲜明的文化特色,能在每次活动中通过演示影响公众文化性的主题仪式。节事活动的文化性表现于活动氛围,通过某种文化理念而营造出来的场面特色,如活动场地的基调、音响和装饰等。为整个节事活动营造一种轻松活跃的氛围。

3. 举办地和时间安排

要让你的活动获得成功,一个最重要的条件是活动时间的安排,在选定活动时间时,除了保证大多数人能够出席之外,还要考虑其他因素。例如,在节事活动举办期间有无其他活动的举行,节事活动举办的具体地点、季节和气候等,节事活动的具体举办地点的选择能突出节事活动的主题。选择具体举办地时,要注意举办场地的容量,基础服务设施能否满足活动的需要;能否承受举办节事活动的成本;是否有相关的历史文化背景等。

4. 节事活动预算

开始节事活动策划时,就要清楚节事活动支出和可能收入的各种费用,它是保证节事活动成功举办的要素,必须进行预算细分。

5. 制定营销方案

举办节事活动可以通过增强节事活动的吸引力和影响力来吸引本地参与者和外来旅游者,要使节事活动塑造鲜明的形象,并形成节事品牌,还需要加强宣传力度。节事活动同其他商品一样,需要在产品、价格、营销策略下,让更多的人了解、接受直到参与。如果没有优秀的营销与传播方案,那么再有吸引力的主题也难以达到节事活动策划的整体效果。节事活动营销要贯穿于整个活动中,一个好的节事活动策划,一定要精心设计营销方案,营销与传播方案的策划是节事活动策划内容的重要组成部分。应该考虑节事活动的定位与类型,根据节事活动和消费者细分市场的不同,来制定有针对性的营销方案。

二、节事活动策划的流程

节事活动策划流程大体上分为前期准备阶段、节事策划的现场实施及节事活动策划的后续评估三个阶段。一个完整的节事活动策划一般经过以下几个细致环节。

（一）策划调查需求

收集有关活动需要的各种资料,包括图像、文字和资料等,对收集的资料进行整理分类、归档,进行调查和可行性研究。国家关于节事活动的政策法规、公众关注的热点,历史上同类活动举办的情况、场地状况和时间的选择,都是需要精心调查的内容。调查是策划的基础,只有建立在调查基础上的策划才会更稳固,才能为策划提供更可靠的依据。

（二）确立策划目标

目标是策划的导向,不同的节事活动有不同的策划方案,要明确节事活动的目标,认真思考为什么要举办本次节事活动。策划方案才能开始。在明确目标的过程,就在基础分析的基础上,首先,选择目标市场,通过市场分析,确定目标市场。其次,确定活动定位,通过对组织者与参与者来分析并确定活动的定位。节事活动涉及人力、物力、财力等诸多因素的投入,重视的是其综合效益,只有明确节事活动的目标,才能有计划、有针对性地进行策划活动。

（三）收集策划信息

信息是策划的起点。成功的策划是创造性思维的结果,策划者将自己的经验和收集到的信息组合到一起激发出新的创意和灵感,是思维碰撞的结果。成功的策划都是融合了策划者大量的信息和经验,并且是经过策划者反复修改而成的,为策划提供大量的依据。

（四）激发创意

创意源于文化底蕴,生于思维的碰撞,精于阅历的积淀。策划总要求要有新的创意,并直接针对市场,创意是对传统的叛逆,是深度情感与理性的思考与实践;是智慧对接;是创造性的系统工程;是投资未来与创造未来的过程。创意是要在传统上有所突破,要注意发挥举办地的传统文化的引力作用。总之,新颖性和创造性的想法就会随着思维的碰撞产生创意,简单的策划就形成了。

（五）策划方案初步拟定

1. 明确主题

主题选择是否准确是决定节事活动成败的关键。主题是节事活动的核心,节事活动的策划都要围绕某一特定的主题来进行。节事主题要与举办地的自然、人文、城市形象匹配，才具有吸引力。因此，要将节事活动与社会热点相结合，策划出有亮点的主题活动，以避免同质化。

2. 明确时间

针对节事活动的举办时间，要考虑可以保证大多数人能够参加，因此，策划时首先要将活动举办日期确定下来，可以使节事活动相关人员提前安排好自己的工作，但在最后确定活动日期之前，一定要考虑主要的节日、宗教庆祝活动、学校假期及旅游淡旺季等诸多因素。

3. 选择地点

活动举办地点的选择至关重要，它可以决定活动的成败。策划者要确保活动地点与活动类型相配，要考虑公众分布情况、活动经费及活动的可行性等诸多因素。

4. 预估人数

通过对以往节事活动的统计分析，估计将参加活动的人数，为后续工作打下基础。

5. 费用预算

开始策划活动时，就要计算好活动的成本和各项费用支出，节事活动的费用开支巨大，故对活动费用要有一个比较宽松的预算。节事活动中有许多不确定的因素，需要在情况变化时对费用支出做出调整，要在有限预算的基础上实现节事活动综合效益的最大化。

6. 筛选策划方案

明确节事活动的目的，根据这个目的确定节事活动的主题、规模、形式和内容，从有创意的策划案中筛选出最合理可行的方案。

7. 修改策划方案

经过严格筛选之后，还要对选定的节事活动策划方案进行修改和补充，根据节事活动举办过程中可能会出现的情况进行再调整，满足节事活动举办的需求。

8. 实施方案

根据已调整、修改好的节事活动策划方案进行具体实施，活动落实要规定具体内容和时间，一个大型节事活动涉及政府众多部门，要做好各部门的协调和互相通气工作，保证节事活动的顺利进行。

9. 后续工作和评估总结

活动结束后，要对整个节事活动进行评价，对后续工作进行补充，对节事活动举办过程的各种情况进行总结，看策划是否成功，举办的效果是否理想。评估主要包括是否提高了举办地的知名度及对当地经济是否起到了促进作用，并为下次节事活动的成功举办提供有利的科学依据。

节事活动策划是一项十分复杂的系统工程，具有很强的创造性，在策划过程中，要不断推陈出新。

三、节事活动策划的方法

节事活动策划方案必须是立足于现实，依据相应的理念与原则而创造性地思考、论证而来的。如果说节事策划的理念和原则是事关活动性质和方向，那么节事活动策划的原理和方法就是要对节事活动的内容和形式进行一系列的推演,节事策划方法是把节事策划理念和原则进一步落到实处。掌握了节事活动策划的方法,策划者才能更好地开展工作。

节事活动策划是一项理性与感性、市场与创意兼有的系统工程,在实际的节事活动策划中,可供使用的方法很多,节事活动以满足个性体验为主,要能提供独特享受,就要求策划者能超常规、打破行业界限,实现技术、内容和理念等方面的创新。因此,节事活动策划需要借助各方面的力量和多种方法达到创新的目的。节事策划的方法很多,下面介绍下些常用的方法。

(一)对比分析法

对于节事活动策划者来说,通过对自己所掌握或熟悉的某个或多个特定的节事活动,进行纵向分析或横向联想比较,并与自己的节事活动进行对比,获得启示。策划者本身都是有经验的专业人员,他们对节事活动的策划方案和运营模式都非常熟悉,这些节事活动既可以是典型的成功的节事活动,也可以是失败的节事活动,从而挖掘和发现新机会。节事活动的好与坏、得与失、成与败、节约与浪费等,都是相对于参照物来说的,比较之后才知道自己策划的活动与别人的区别之处,通过比较后还能发现各有优点。从而更好地发扬其优势,改进其不足之处。节事活动策划者采用对比分析法可以找到自身的这一亮点。如中国青岛传统的"国际啤酒节"、"青岛海洋节",对比这两个活动,发现"国际啤酒节"是感性的、动态的,突出餐饮与娱乐功能;而青岛海洋节则是理性的、动态的,主要突出的是科技与经济的功能。双节的有机结合,提高了青岛作为一个沿海城市的知名度和美誉度。

(二)头脑风暴法

头脑风暴法又称集体思考法、智力激励法或 BS 法等,是由现代创造学的创始人、美国学者阿历·奥斯本于1938年首次提出的,是一种激发性思维的方法。其中心意思是召开专家座谈会,让专家畅谈自己的观点,对所要解决的问题进行分析解读,然后把专家的意见和分析有条理地汇总起来,形成统一的结论,在这个基础上,找出各种问题的症结所在,提出有针对性的节事活动策划创意。

使用该方法时,策划者要充分说明策划的主题,提供必要的相关信息,创造一个自由的空间,让各位专家围绕某一特定主题充分表达自己的想法,以产生更多的创意。因此,通常采用会议形式展开,一般参与人数5~12人比较合适。会议的时间要适中,不宜过长,否则会偏离策划方案的主题,如果时间太短,策划者很难获得充分的信息。

这种方法要求策划者具备很强的组织协调能力,能够抓住活动策划的主题展开讨论,调动各位专家的兴奋点,从而更好地挖掘专家潜在的智慧。通过头脑风暴法可以获取广泛的信息、创意,同时大家互相启发,集思广益,在大脑中掀起思考的风暴,使策划者受到启发,获得新的设想,策划出优秀的方案。但是使用头脑风暴法时也要注意专家人数的限制,专家挑选不当也容易导致策划的失败;邀请的专家也会因为自己在业界的地位和名誉而不愿意当众说出与其他人相异的观点。

(三)专家调查法

专家调查法也称为德尔菲法,是由美国兰德公司在20世纪60年代首创和使用的一种特殊的策划方法。它是指采用网络、电话或问卷等方式反复征询专家小组成员的意见,做出

统计,如果结果不趋向一致,就再次向专家征询,直至得出比较统一的方案为止。

节事活动采用这种方法来设计、验证方案。此种方法可消除成员间互相影响,参加的专家可以互不了解,采用匿名方式反复多次征询专家意见或进行背对背的交流,以充分发挥专家们的智慧和知识,最后汇总成专家一致的看法作为预测结果。

专家调查法的程序一般是:确定调查目的,拟定调查提纲,提供相关资料;选择熟悉本问题的专家,一般20人左右,包括理论和实践等方面的专家;以通信方式向各位选定专家发出调查表,征询意见;对返回的意见进行归纳综合,定量统计分析后再寄给有关专家;经过几轮反复征询、资料统计分析,直到取得一致的意见。

此种方法的优点主要是简便易行,具有一定科学性和实用性,没有权威压力,表达意见自由,结论相对客观。

(四)运筹学方法

"运筹"即是运算筹划、以策略取胜。策划者进行节事活动策划时,要借助运筹学的方法来关注并提高节事活动的质量与效率。在节事活动策划中使用运筹学原理就是要使用分析与预测结合、定量与定性相结合的科学方法,在充分考虑内外的环境和约束条件下,为了更好地完成策划目标而合理配置整个节事活动中的人力、物力、财力等资源,统筹兼顾各环节之间的关系,从而使策划方案能够有效实施,达到利益主体的效益最大化,并体现节事活动可持续发展的长效性。

(五)深入挖掘法

在采用这种方法进行节事活动策划时,应首先分析举办地的各种资源,并对这些资源进行深入挖掘、分析并合理利用。分析举办地的各种节事活动,对各种各样的节事活动资料进行收集、整理和归纳,并重新对各类节事活动进行名称、理念和内容等方面的定位,利用当地现有的人文、历史等资源策划和开发出满足市场需求的节事活动,这样的策划和开发方法既保护了当地传统资源,又注重了节事活动的开发理念,更富有时代意义。避免因深度挖掘不足而导致活动缺乏内涵和市场吸引力,从而引发消费者兴趣低下等问题;还要反对因过度挖掘、开发而产生传统资源被滥用,破坏当地的生态环境。

(六)抽样调查法

抽样调查法是市场调查的重要方法之一,是指从研究对象的全部单位中抽取一部分单位进行考察和分析,并用这部分单位的数量特征去推断总体的数量特征的一种调查方法。被研究对象的全部单位称为总体;从总体中抽取出来实际进行调查研究的那部分对象所构成的群体称为样本。

在抽样调查中,样本数的研究是一个关键问题。抽样的方式,可以分为随机抽样和非随机抽样两大类。常用到的抽样方式有:简单随机抽样、系统抽样、整群抽样、分层抽样及多阶段抽样。

使用抽样可以减少调查的工作量,调查内容可以求多、求全或求专,可以保证调查对象的完整性;可以从数量上以部分推算总体,利用概率论和数理统计原理,以一定的概率保证推算结果的可靠程度,起到全面调查认识总体的功能,可以保证调查的精度;抽样调查可以大大减少调查费用,提高调查工作的效率;收集、整理数据、综合样本的速度快,保证了调查的时效性。基于上述这样优点,抽样调查是目前国际上公认和普遍采用的科学调查方法。

(七)外部借鉴法

外部借鉴法即直接引进或模仿其他国家或地区的节事活动名称、形式和内容,为我所有的一种节事活动策划方法,采用"外部借鉴"策划节事活动应特别注意与该节事举办地的竞争分析,"借鉴"的同时应体现本地的特色。

第三节　节事活动策划的作用、特点、理念及原则

节事活动是一个复杂而系统的工程,细致而周密的策划对节事活动的成功起着至关重要的作用。

一、节事活动策划的作用

对于节事的组织者来说,节事策划是节事活动运作的核心环节;对于参与者来说,节事策划提供的是总体策略和具体计划。节事策划的作用主要以下几点:

(一)战略指导作用

策划是确保对即将发生的活动能有条不紊地按照预定的目标进行,是策划者为策划目标进行决策谋划、设计多种备选方案的过程。节事策划的战略指导作用是为节事活动提供总体的指导思想。节事活动策划在节事规模、节事主题及时间的安排等方面都要事先提供指导,在节事活动策划方案中要事先提出详细的预案。

(二)实施规划作用

实施规划作用是指节事策划能为节事活动提供具体的行动计划。节事活动策划方案通过以后,在具体的实施过程中可以根据实际情况做适当调整,但节事活动运行的总体思路与要求是不会改变的。因此,节事活动策划方案是节事活动实施的主要依据。

(三)进程制约作用

进程制约作用是指节事策划能安排并制约节事活动的进程。大型节事活动因为工作复杂,所以必须严格按照策划所提出的活动方案进行,只有这样才能确保节事活动按照进程顺利进行。

(四)效果控制作用

效果控制作用是指节事策划能对节事活动进行预测,并对节事活动的效果进行监督。节事活动在执行过程中是否能达到之前预期的效果,必须与节事活动策划方案的要求进行比对,这样才能看出能否达到预期的效果。节事活动策划必须对节事活动发展的长远问题、本质问题及节事活动举办的未来环境变化进行超前研究,预测未来,考虑未来发展可能出现的问题,为提高节事活动策划主体适应未来和创造未来的主动性而准备。因此,节事活动策划对节事活动的最终完成效果进行控制,同时也对节事活动策划方案本身的可行性进行检验。

（五）规范运作作用

规范运作作用是指节事策划可以使节事运作更趋于科学化、规范化和合理化。

二、节事活动策划的特点

（一）针对性

节事策划是一项具有针对性的活动，是节事活动的具体运用。在进行节事策划时，应该事先明确节事活动应达到什么目的，它是针对什么问题而举办的节事活动，如果是以特定的群体的参与方式为依据，具有鲜明的主题，这就需要在进行策划时必须围绕主题组织开展节事活动。

（二）系统性

节事策划是对整个节事活动的运筹规划，因此有系统性的特点。系统性主要表现在对节事活动进行策划时要针对节事的各个方面及各个环节进行衡量，通过衡量使目标具有一致性，使其在宣传、推广、服务等方面保持高度统一。系统性可以减少节事策划的随意性和无序性，提高节事活动的效率。

（三）变异性

变异性强调对市场环境的适应性，它是为了更有效地实现既定的目标。面对突如其来的情况，作为节事活动的策划者必须有充分的应对措施，才能适应这个环境的变化。

（四）可行性

可行性是节事策划方案在实际中要切实可行，如果没有可行性的策划方案，就只能是纸上谈兵，完全是空谈。节事策划方案必须经过调查、分析论证后才能具体实施。分析论证策划方案的可行性主要围绕策划的目标进行定位、实施方案以及经济效益等主要方面进行。

三、节事活动策划的理念

不同的节事策划理念可以形成不同的节事活动定位和内容，节事策划理念贯穿于整个节事的主题开发、宗旨和原则中，也贯穿于节事活动的申办、筹办、运作和善后的全过程之中。它体现于节事策划的主题选择、商业模式选择、组织结构设计、内容编排、效果评估等各个环节。因而，策划理念可以使节事成为浑然一体的完整产品。

（一）和谐的理念

中国传统文化讲究"天人合一"、"和为贵"，实际上就是讲了一个和谐的概念，和谐理念体现了中国传统文化的基本价值，这是中国传统文化的核心。中国传统文化中的和谐理念包含着人与自然的和谐、人与人的和谐及人与自身的和谐等。我国提倡和谐理念，培育和谐精神，建设和谐社会。从节日的本意来看，存在和谐的意义。真正的节庆活动、大型活动及赛事活动等各种形式的节事活动，完全是为社会公众服务的参与性活动，许多节事活动的对象就是群体本身，活动提供某些东西供人们分享，使大家团结一致，培养一种群体自豪感。

可见，节事活动本身就是强调了个人同群体、个人同自然、群体同自然的和谐关系。和谐是一切节事活动追求的目标。

（二）人本的理念

"人本"就是"以人为本"，节事活动策划就是要提高人的参与性，人是节事举办过程中最活跃的因素，围绕"人"来进行策划就是好的策划。无论是什么类型的节事活动都是人的聚集活动，由于人的这种聚集引发了节事经济，正是由于对这种经济效益的追求，才使得节事产业逐渐发展成形。从这个意义上来说，要先聚集人气，节事经济才能提高。节事策划的理念形成往往取材于民间，一旦形成节事活动，需要从民间来到民间去，所以，节事活动要以提高人尤其是普通人的参与性为目标，由此，节事才能获得最广泛的支持和认同，实现可持续发展。

四、节事活动策划的原则

策划原则是策划活动过程中必须遵循的指导原理和实施准则。它是策划客观规律的理性表现，是策划实践经验的总结和概括。节事活动按照一定的原则进行策划，有利于在策划过程中少走弯路，保证节事活动策划的可行性，实现节事活动综合效益的最大化。

（一）系统协调性原则

节事活动是一个社会经济、文化、政治和生态环境的系统工程，涉及许多部门和行业，内容也非常丰富和复杂，在进行节事活动的策划时，要系统分析整体与局部之间的相互影响、相互制约的关系，确保节事活动的各个环节符合系统要求，彼此之间协调运作，按照一定的流程有序进行。节事活动集各种资源于一体，它会受到各种因素的干扰，要使节事活动正常工作，策划者必须从整体出发，对系统与系统之间、要素与要素之间、系统与环境之间的联系进行认真分析，从综合效益的角度结合节事活动的主题、举办地的各种情况对节事活动进行精心策划，整个策划过程遵循系统协调性原则，使各要素、各环节和谐统一，相互之间有机配合，形成一个完整的节事活动策划方案。

（二）特色化原则

特色化是节事活动产生吸引力的源泉，是节事活动策划诸因素中最具有魅力的部分，也是节事活动的独特卖点。每一次节事活动策划的对象不同、面临的环境也不同，为了使创造差异化，同时为了引起关注，节事活动策划必须做到与众不同，才能在激烈的市场竞争中获胜。在我国现代节事发展的近20多年中，就是因为过度强调规模和速度而忽略了节事活动策划的特色之处，这就导致了大量节事活动主题相互模仿、重复使用，如"啤酒节"、"服装节"和"美食节"，这些节事活动的主题雷同率最高，这些缺乏特色的节事活动不能引起公众的强烈反应，也不能激起兴趣。因此，节事活动的特色来源于创新，这种创新可以是节事主题创新、理念创新、运营模式创新，节事活动只有做到与众不同、独一无二，不断地寻找节事活动的亮点、热点才能使节事活动保持其特色。

（三）创新性原则

创新是策划的灵魂，节事活动策划的成功一刻也离不开创新。节事活动策划创新的重要表现要看是否有非凡的独创能力和具有首创性及独创性。策划要敢于突破常规，在现代

商业社会,要想有所成功,必须不断创新。创新不是单一的模仿、抄袭。创新性原则要求策划者要有勇于创新的理念,打破原有思维模式,要有丰富的理论知识和实践经验,并不断整理提升。因此,节事活动的策划必须常变常新,不断地寻找节事活动的亮点、热点和卖点,以确保所举办的节事活动始终成为人们关注的焦点。

(四)大众参与性原则

每个节事活动都要追求广泛参与性这一目标,而参与者也希望节事活动能有吸引力的文化、实际体验、参与的机会,所以体验需求是节事活动参与者的一种重要需求。节事活动的参与性主要来自两个方面:一是业内人士的参与;二是举办地大众与外来游客的参与。业内人士的诉求通常可以通过主题活动的策划而得到满足,而举办地大众和外来游客的参与往往被忽略。节事活动举办涉及众多行业和部门的利益,某个部门或企业很难保证节事活动的正常运行。从节事的主题、组织及气氛营造等方面来看,节事的举办都离不开大众的积极参与,大众的参与性是节事活动的生命线。

节事活动本身就是一个大众性的活动。但是,节事活动在举办过程中不可避免地会对举办地产生正面或负面的影响,举办地的居民是这些后果的承担者。因此,节事活动策划的过程中应该积极吸纳当地人参加。节事策划者应充分挖掘本地市场,把本地市场当作最具潜力的市场进行开发,大力吸引当地人参与到节事活动消费中来。开发社区资源、调动参与者的热情、增强举办地居民的荣誉感,应号召举办地的居民作为自愿者参加节事活动的组织与管理。因此,节事策划的过程中应积极吸纳举办地居民参与组织、与策划,广泛征询民众意见。一个连本地人都不愿参加的节事活动怎么能对外来游客产生吸引力,所以,节事活动策划要尽可能吸引当地民众,最大程度地满足当地民众的基本利益,同时也要为游客提供更多的参与机会,只有这样才算是遵循了节事活动策划的大众参与性原则。

(五)可操作性原则

节事活动的策划的本质是使用,是确保节事活动方案的成功实现。因此,节事活动策划一定可以实施并能取得预定的效果,这就要求节事活动策划者从实际情况出发,按照一定的程序,制定出最合理、优化的方案。一个方案是否可行主要看节事活动策划方案带来的利益、效果、风险等指标;考虑策划方案是否以最低的成本得到最大的效益;考察节事活动是否以科学理论为指导;考虑节事活动策划方案是否合法,是否符合当地的民俗文化。节事活动是一项涉及诸多因素的综合性工程,涉及的面非常广泛,因此,在考虑节事活动策划方案时,应尽可能多地掌握节事活动的各种现实情况,并对其进行客观分析,最终开发成可行性强的方案,以取得经济、社会和生态环境的统一。

(六)经营市场化原则

市场化原则是节事活动策划的第一原则。节事活动策划不仅要求主题突出、内容丰富、参与性强,更要注重经济上的可行性。因此,节事活动进入市场化运作必须遵循市场规律,要有"成本与利润"、"投入与产出"的观念,要利润最大化,节事活动就要改变政府大包大揽的办节模式,从策划之初就引入市场化原则,把举办节事活动当成一个产业来经营,以市场需求为导向,建立投资回报机制,吸引企业和媒体参与,资金筹措多元化,突破单一的政府出资模式。目前,我国很多节事活动还谈不上市场化,还是政府出资运作的大包大揽的陈旧模式,这样产生的问题就是节事主题选择、内容编排和可行性均不看市场需求,因而变成举办者自娱自乐的节目,举办效率低下,铺张浪费严重。因此,节事活动策划必须立足于市场,要按照市场化运作的要求来策划节事的组织和管理。

(七) 效益性原则

节事活动策划是一种经济活动,创意好的节事活动策划,能为举办地及相关行业和企业带来丰富的回报,并为其创造较高的经济效益。节事活动策划涉及大量的人力、物力、财力及许多相关社会资本,如果策划不系统,就会导致资源和投入资本的大量浪费,使节事活动举办地的形象受到负面的影响,具有较高的风险。因此,节事活动策划必须坚持效益性原则。在节事活动策划过程中,要明确节事活动所追求的社会效益和经济效益,通过市场导向办节,避免节事运作中的浪费,并为实现效益的最大化合理分配资源。这就要求节事活动的举办单位充分与现实相结合,通过系统的策划,提升举办地的环境和设施,提升举办地的社会形象,使更多的公众参与到节事活动策划中,最大限度地创造效益。

本章小结

(1) 综合策划的定义,同时结合策划的特征,将节事活动策划界为:节事活动策划者为达到一定的目标,经过调查、分析与研究,依据现实的各种信息和形势,判断事物变化和趋势,识别并创造需求,运用科学、系统的方法、手段和技术,对节事活动的主题、内容、举办形式进行整体战略和策略统筹谋划的过程。

(2) 节事活动策划是一项立足于现状、面向未来的非常复杂的创造性活动,一个成功的节事策划主要包含明确的主题目标、崭新的创意、实现的可能性等要素。

(3) 节事活动策划是经过周密、理性思考后形成的综合性的总结,制定一份内容详尽的策划方案对节事活动的实施具有重要的指导作用,因此,节事活动策划要注意内容、流程、方法、作用、理念、原则等。

核心关键词

planning	策划
event planning	节事策划
event planning concept	节事策划理念
event planning principles	节事策划原则

思考与练习

1. 试述节事活动策划的内涵。
2. 试述节事活动策划的要素。
3. 试述节事活动策划的方法。
4. 试述节事活动策划的原则。
5. 结合实例,谈谈如何树立良好品牌。
6. 设计大学校园5·1活动策划书。

案例分析

中国·盱眙国际龙虾节

盱眙,一个默默无闻的江苏苏北穷县,如今已一跃成为全国知名、客商青睐、有发展潜力的投资宝地。正是凭着龙虾节这块"金字招牌",一批批项目纷至沓来,一座座大厦拔地而起。自2008年龙虾节全面国际化以来,全县财政收入翻了一番,外商投资增长了2.5倍,农村居民人均纯收入净增了1400元,在节庆经济的强力助推下,全县各项经济指标快速提升。

中国·盱眙国际龙虾节作为一个地方节庆,短短几年便迅速在全国产生巨大影响并走向国际,成为中国节庆著名品牌,也引起了国内外媒体和节庆专家的巨大关注。

盱眙龙虾学名克氏螯虾,原产于美洲,是一种外来物种。在20世纪初以前,用这种龙虾烹制的菜肴尽管在江淮一带比较流行,但仍是一种草根食品,上不得席面。2000年7月,盱眙县为了发展经济,以本地特色的十三香龙虾为支柱产品,办起了第一届龙虾节,打响了"盱眙龙虾"的品牌,截至2010年已经成功举办了10届。通过10届龙虾节的打造,盱眙形成了"盱眙龙虾"和"中国·盱眙国际龙虾节"两大品牌。这一龙虾节创造了中国现代节庆史上20多项"第一"或"唯一",引起了海内外主流媒体的广泛关注。盱眙成为全国第一个被权威机构批准正式命名的"中国龙虾之都"。龙虾节被国际节庆协会(IFEA)评为"IFEA中国最具发展潜力十大节庆活动",又被中国节庆产业年会评为2005年"中国节庆50强";截至2009年,中国·盱眙国际龙虾节连续5年蝉联"中国十大节庆"称号;2007年,中国·盱眙国际龙虾节被中国节庆产业年会评为"中国十大影响力节庆";2008年,中国·盱眙国际龙虾节被评为"影响中国节庆产业进程30节",并被评为人民网"2008年最受关注的20个地方节庆活动"。中国·盱眙国际龙虾节(中国国际龙虾节)已成为中国现代节庆的著名品牌、江苏现代节庆第一品牌。此外,"盱眙龙虾"继获得中国第一例动物类证明商标、中国十佳农产品后,再添一道巨大光环——全国第一例活体动物类驰名商标。

中国·盱眙国际龙虾节的举办时间虽短,但在国内外的影响非常广泛,它探索出了一套以特色产业为载体、地方政府与国外政府办节的中国独一无二的办节运作模式,其创新实践对于中国现代节庆有积极借鉴意义和典范作用。

中国·盱眙国际龙虾节(中国龙虾节)秉承"办节为媒、推介为主、招商为实、发展为本"的宗旨,以"开放、欢乐、创业、富民"为主题,10届龙虾节共开展了300余项活动,内容涉及政治、经济、文化等领域,包括招商引资、旅游推介、农产品推介、劳务输出、全民创业、民生关爱、文明创建、民俗文化、龙虾产业拓展、品牌打造、国际交流等各个层面。

办节不是最终目的,发展才是根本。十年来,通过龙虾节的举办,盱眙打造了比较完整的龙虾产业链,已从最初的捕捞、餐饮,延伸演变为包括从龙虾养殖、流通到美食烹制、加工出口等多环节、多系列的大产业,形成了养、捕、贩、烧制龙虾以及采集、配制龙虾调料的龙虾产业链,激活了盱眙丰富的旅游资源,实现了从造势到造财的转变与飞跃。一方面,盱眙强化龙虾养殖产业,目前盱眙县的龙虾产业已形成养殖面积超15万亩,年交易额突破15亿元,年交易量10万吨以上,从业人员超10万人的规模。"盱眙龙虾"的品牌价值超过41.3亿元,进入"全国农产品区域公用品牌价值十强"。另一方面,盱眙还努力加强推介,强化下游产业链。盱眙在国内外大力与餐馆合作,推出"盱眙龙虾会员店",加强盱眙龙虾和盱眙龙虾品牌的推广,切实落实"推介为主"的办节理念,目前挂牌的盱眙龙虾会员店、加盟店有1000多家。从难登大雅之堂的"杂菜",到如今风靡大江南北的美食,盱眙龙虾在短短几年内掀起了一股强劲的"餐桌风暴"。在风靡国内的同时,盱眙龙虾先后在瑞典、新西兰等国家开了海外连锁店。新西兰的盱眙龙虾会员店开张时,新西兰总理亲自剪彩,这是中国餐饮界和节庆史上规格最高的一次。如今,小龙虾通过节庆推动已经造就了一座座"金山"。

现在龙虾产业产值连年增加,至少造就了本土200名以上百万身家的"龙虾富翁"。全县餐饮业营业额由节前不足2000万元猛增到如今的6亿元。而长三角地区由盱眙人开办的或挂牌"盱眙龙虾"的饭店多达6 000余家,龙虾的销量和售价更是逐年攀升。

从2001年与扬子晚报社联合举办龙虾节开始,盱眙每年的龙虾节都是与有关部门联合举办。江苏省环境保护厅、江苏卫视、江苏省海洋与渔业局都是龙虾节的举办单位,特别是第八届龙虾节是与澳大利亚维多利亚州政府、新西兰罗托鲁瓦市政府一起主办的。2009年,龙虾节由江苏盱眙县人民政府、扬子晚报社、江苏省海洋与渔业局、江苏省环境保护厅、江苏广播电视总台、澳大利亚维多利亚州政府、新西兰鲁托努瓦市政府、瑞典马尔默市政府联合主办,这是中国7000多个现代节庆中唯一一个与多个外国地方政府联合举办的节庆。联合媒体办节的好处就是可以提升节事活动的影响,与《扬子晚报》、江苏卫视的合作就是如此,同样,与环保厅、渔业局的合作也可以得到这些部门给予的技术等各方面的支持,而与国外政府的合作则为龙虾节的国际化、盱眙龙虾走向世界提供了可靠的支持。

  2001年，盱眙人在自己家里办节；第二年，盱眙人办节办到了南京、上海；之后他们陆续把节办到了浙江金华、浙江宁波；2007年中国龙虾节南下北上，把节庆办到了北京、深圳，六地联办，一时间在全国掀起了盱眙龙虾红色风暴。

  在上海办节，则是为2010年上海世博会进行预演。盱眙人将主动融入世博会这一全球瞩目的盛会，打造一个国际水准的国际龙虾节。深圳作为中国龙虾节的分会场之一，旨在立足深圳、辐射港澳，意在吸引外资。2007年中国龙虾节首次在深圳举办，效果卓著，在盱眙的外资招商项目中，有一半来自深圳。在宁波举办龙虾节，则掀起了宁波人投资盱眙的狂潮。而在南京举办，则是考虑南京是盱眙龙虾的发迹之地，盱眙人深知感恩，而且南京也是盱眙龙虾的主要消费市场，龙虾节期间开通了"龙虾专线"，每天将现场烧制的"十三香龙虾"直供超市。

  盱眙国际龙虾节不但是异地举办，而且还是联动举办。例如，第九届中国盱眙国际龙虾节的突出特色是"四国联动"（中国、瑞典、新西兰、澳大利亚），瑞典、韩国、日本、澳大利亚等国的数十家知名酒店，也在节庆期间挂上"盱眙龙虾会员店"的招牌，并举办与中国龙虾节主会场相呼应的节庆活动。

  要把节庆办得经济，中国龙虾节究竟应该怎么办呢？是政府包办还是市场运作？盱眙人选择了后者，并订立了两条规矩：第一，民间主办，政府帮办；第二，要办得经济，办出经济！为此，龙虾节从诞生之日起便走上了市场运作之路，运用广告宣传、节庆协办、指定产品冠名权等市场化的方式，吸引企业赞助。龙虾节各项活动的赞助商都是在主动宣传和自愿参与的原则下提供赞助的。因为有了创意，龙虾节成了各路商家争相抢夺的广告市场，政府不仅不花一分钱，2006年第六届中国龙虾节还节余了300万元。于是政府用其中的100万元建了盱眙龙虾博物馆，另外的200万元用于2007年北京、深圳新增的龙虾节分会场活动。

  对此，多家品牌企业深有感触。江苏今世缘酒业有限公司董事长周素明说，盱眙·中国龙虾节的文艺演出是务实、创新、别具一格的文化大餐，今世缘不惜以巨资冠名龙虾盛会，实现借商贸平台进一步扩大自身品牌影响之目的。南京大学党委书记、经济学家洪银兴教授说，经济学上有一种提法叫"注意力经济"，也叫"眼球经济"，盱眙创办中国龙虾节就属于这一范畴。盱眙的中国龙虾节办得很成功，产生了很大节庆效应，效果不容忽视。

  经国际节庆协会（IFEA）正式同意，从第八届起，中国龙虾节升格为"中国国际龙虾节"，利用这个契机，龙虾节融入国际节庆文化元素，按国际性节庆规范运作，与澳大利亚、新西兰、瑞典实现"四国联动"，这是中国迄今为止唯一一个由县级人民政府与国外政府联办的国际性节庆。

  澳大利亚维多利亚州州长约翰·邦比在结束了对盱眙的考察回国后，吃惊地看到悉尼已经拥有10家盱眙龙虾会员店，盱眙龙虾的市场号召力令这位州长赞叹，并促成了双方联办龙虾节，并在节庆招商、龙虾养殖技术交流、发展海外会员店等方面进行深度合作。据了解，龙虾节将在著名的悉尼歌剧院举办，创造中国龙虾节进军国际市场的辉煌历史。

瑞典马尔默市的小龙虾节这几年一直与中国龙虾节进行节庆互动,双方建立了良好的合作基础。来自新西兰的客商秦永恒,除了打理其在盱眙兴办的新马外国语学院外,将全力协助盱眙在新西兰罗托鲁瓦市举办一场地地道道的中国龙虾节。

从第一届龙虾节,盱眙人就非常重视节庆文化,重视对历史文化的挖掘,他们从大明文化寻根入手,策划的活动既彰显盱眙历史文化的厚重,又体现与时俱进的时代特质。

龙虾节期间还开展丰富多彩的活动,如"世界文化遗产——明代帝陵一体化保护组织"成立暨首届年会,盱眙民间绝活展演,盱眙龙虾烹饪大赛,盱眙十三香龙虾保健美容专家鉴定报告会,在南京五台山体育馆举办的"中国龙虾节形象大使颁奖文艺晚会暨'千美'龙虾宴",大型航模表演,盱眙女骑警巡游表演,具有浓郁盱眙地方特色的大型群众文化集市及民俗表演,大型焰火晚会等,都具有浓郁的地域文化色彩。

(资料来源　佚名:《中国龙虾节亮起国际招牌》,载《扬子晚报》,略有改动)

分析要点:"中国龙虾节"是江苏省盱眙县人民政府自2000年7月成功举办"中国龙年盱眙龙虾节"后,于2001年正式开始打造的一个节庆品牌,每年7月前后举办一次,每次历时10天左右。2005年,"中国龙虾节"以其独特魅力,从全国5000多个节庆活动中脱颖而出,被国际节庆协会评选为"IFEA中国最具发展潜力的十大节庆活动",成为江苏唯一一个被第三届中国会展(节事)财富论坛评为"中国节庆50强"的节事活动,并雄居前列。"中国龙虾节"秉承"以虾为媒促开放,四地联动办大节,以人为本谋发展,主动融入长三角"的总体办节思路,和"隆重、创新、务实、节俭"的指导方针。除盱眙当地外,还在南京、上海、浙江等地联动举办,各有侧重。盱眙以"开幕式、山地广场文艺演出、万人龙虾宴"为三大主活动,辅以群众性活动;南京以文艺演出和旅游促销为主,辅以其他活动;上海以农副产品和旅游推介为主,辅以招商引资;浙江以招商为主。历届"中国龙虾节"的成功运作,使盱眙龙虾跨过长江、抢滩上海、直逼浙江、挥师北京,掀起一轮又一轮"红色风暴",取之者多,食之者众,惠之者广,令人叹为观止。正是有了政府的推动、主导和引导,小龙虾做成了大文章、形成大产业,小龙虾推动了大旅游、吸引来大老板,实现了办节和招商的双赢,实现了外地客商投资和盱眙招商引资的双赢,将中国龙虾节办成名副其实的旅游节、招商节、发财节、富民节,盱眙人民从中国龙虾节得到实实在在的好处。中国龙虾节在全国范围内越来越有影响、越来越显活力。

问题:
1. 盱眙国际龙虾节旅游开发对当地旅游经济有何影响?
2. 试策划一个事件提升盱眙国际龙虾节的美誉度。

第六章

节事活动策划的可行性分析

学习导引

作为旅游活动的首要前提,旅游投资具有很大的风险性、复杂性和不稳定性。因此,对其进行严谨科学的可行性分析,是旅游投资成功的必要条件,也是降低旅游投资项目风险、提高旅游投资效益的有效方法。节事活动已经作为一种现在旅游活动要素中非常重要的旅游形式存在,即使同一个类型的活动,按照时间、地点、参与者、主办方的不同要求,组织方也可以做出很多的主题,但是这些主题的设计、实施与运行可能会受限制于人员、资金、场地条件的约束而成功或失败,即一种可能性。所谓投资可行性分析,是以市场和发展前景的分析为基础,针对拟建的相关项目在未来建成投产后,通过对其经营上和经济上的利益进行详细分析,从而确定该投资项目的建设在技术上、开发上和经济上的可行性。它是投资项目的工作起点,在投资决策过程占有十分重要的地位,所以在节事策划活动中对其可行性研究分析的学习尤为重要。

学习重点

通过本章学习,重点掌握以下知识要点:
1. 可行性分析的概述;
2. 节事活动可行性研究的流程与内容;
3. 节事活动的可行性的市场分析。

第一节 可行性分析的概述

一、可行性分析概念

可行性研究,是指在调查的基础上,通过市场分析、技术分析、财务分析和国民经济分析,对各种投资项目的技术可行性与经济合理性进行的综合评价。可行性研究的基本任务,是对新建或改建项目的主要问题,从技术经济角度进行全面的分析研究,并对其投产后的经济效果进行预测,在既定的范围内进行方案论证的选择,以便最合理地利用资源,达到预定的社会效益和经济效益。

可行性分析必须从系统总体出发,对技术、经济、财务、商业以至环境保护、法律等多个方面进行分析和论证,以确定建设项目是否可行,为正确进行投资决策提供科学依据。项目的可行性研究是对多因素、多目标系统进行不断的分析研究、评价和决策的过程。它需要有各方面知识的专业人才通力合作才能完成。可行性分析曾经大量应用于科学技术和工业发展的各个阶段和各个方面,随着经济一体化发展,特别在产业转型及对第三产业发展的加强下,也被广泛使用于旅游活动的相关项目建设中,让投资与生产者更加理性地来看待一个项目是否可行。追溯历史可行性研究自20世纪30年代美国开发田纳西河流域时开始采用以后,已逐步形成一套较为完整的理论、程序和方法。

二、可行性分析的必要性

（一）可行性研究是投资项目建设必不可少的工作

可行性分析是投资项目建设必不可少的工作。投资项目建设包括投资前、投资建设和生产经营三阶段,可行性分析属于第一阶段的主要工作内容。为保证投资项目的有效实施,达到投资的基本目标,并且在生产经营过程中实现投资效益的最大化,就必须对相关市场进行研究、竞争环境进行调查,对投资项目的选址及建设和生产经营过程中的各种要素资源的来源、价格进行分析,对生产成本与收益进行估算,以确定投资项目在技术上是否可行、开发上是否可能、经济上是否合理,从而为投资开发者提供决策的科学依据。

（二）可行性分析是评估投资项目的重要依据

可行性分析是投资项目建设中一项十分重要的前期工作,是投资建设得以顺利进行的基础和必要环节。其主要目的就是判断拟建项目能否使投资者获得预期的投资收益。要达到这一目的,必须用科学的研究方法,经过多方案分析和评价,并提供详细的可行性分析报告、作为向该项目上级主管部门或投资者提供对该项目进行审查、评估和决策的依据。

（三）可行性分析为投资项目筹集资金提供便利条件

投资项目多为资金密集型项目,需要注入大量资金。资金来源除自筹和国家预算内拨款外,大部分需要向金融市场融资,包括向银行贷款和吸引其他投资。商业银行为减少风

险,确保资金的按期回收,其他投资者为保证收回本金并获得足够收益,都需要验证该项目的可行性。此时,可行性分析报告就为商业银行和其他投资者的决策提供了依据。

三、可行性分析的主要内容

(一) 传统研究内容

1. 全面深入地进行市场分析、预测

全面深入地进行市场分析、预测包括调查和预测拟建旅游节事项目产品国内、国际市场的供需情况和销售价格;研究产品的目标市场,分析市场占有率;研究确定市场,主要是产品竞争对手和自身竞争力的优势、劣势,以及产品的营销策略,并研究确定主要市场风险和风险程度。

2. 深入研究资源开发项目

对资源开发项目要深入研究,确定资源的可利用量、资源的自然品质、资源的赋存条件和开发利用价值。

3. 深入进行项目建设方案设计

深入进行项目建设方案设计包括项目的建设规模与产品方案、活动选址、工艺技术方案和主要设备方案,节事项目预备过程中需要的主要材料、辅助材料、环境影响问题、节能节水、项目建成投产及生产经营的组织机构与人力资源配置、项目进度计划、所需投资的估算、融资分析、财务分析、国民经济评价、社会评价、项目不确定性分析、风险分析、综合评价等等。

节事项目的可行性研究工作是由浅到深、由粗到细、前后连接、反复优化的一个研究过程。前阶段研究是为后阶段更精确的研究提出问题创造条件。可行性研究要对所有的旅游活动中产生的商务风险、技术风险和利润风险进行准确落实,如果经研究发现项目某个方面的缺陷,就应通过敏感性参数的揭示,找出主要风险原因,从市场营销、产品及规模、工艺技术、原料路线、设备方案以及公用辅助设施方案等方面寻找更好的替代方案,以提高项目的可行性。如果所有方案都经过反复优选,项目仍是不可行的,应在研究文件中说明理由。但应说明,研究结果即使是不可行的,这项研究仍然是有价值的,因为这避免了资金的滥用和浪费。

(二) 专题研究内容

除了以上所讲的项目可行性研究外,在实际工作中还有一种与投资密切相关的研究,称为专题研究分析,主要是为可行性研究(或初步可行性研究)创造条件,研究和解决一些关键性或特定的一些问题,它是可行性研究的前提和辅助。专题研究分类如下:

1. 产品市场研究

产品市场研究包括市场需求及价格的调查分析和预测,产品进入市场的能力以及预期的市场渗透、竞争情况的研究,产品的市场营销战略和竞争对策研究等。

2. 原料及投入物料的研究

原料及投入物料的研究包括基本原材料和投入物的当前及以后的来源和供应情况,以及价格趋势。

3. 试验室和中间试验专题研究

试验室和中间试验专题研究包括需要进行的试验和试验程度,以确定某些原料或产品的适用性及其技术经济指标。

4. 建厂地区和厂址研究

建厂地区和厂址研究包括结合工业布局、区域经济、内外建设条件、生产物资供应条件等。对建厂地区和厂址进行研究选择。

5. 规模经济研究

规模经济研究一般是作为工艺选择研究的组成部分来进行的。当问题仅限于规模的经济性而不涉及复杂的多种工艺时,则此项研究的主要任务是评估工厂规模经济性,在考虑可供选择的工艺技术、投资、成本、价格、效益和市场需求的情况下,选择最佳的生产规模。

6. 工艺选择研究

工艺选择研究是对各种可能的生产技术工艺的先进性、适用性、可靠性及经济性进行分析研究和评价,特别是采用新工艺、新技术时这种研究尤为必要。

7. 设备选择研究

一些建设项目需要很多各类生产设备,并且当供应来源、性能、价格相当悬殊时,需要进行设备研究。因为投资项目的构成和经济性很大程度上取决于设备的类型、价格和生产成本,甚至项目的生产效率也直接随着所选择的设备而变动。

8. 节能研究

按照节约能源的政策法规和规范的要求,提出节约能源的技术措施,对节能情况做出客观评价。

9. 交通影响评价

交通影响评价主要研究项目城市交通带来的需求和影响以及对策。

总体来说,可行性分析研究大体可分为三个大的方面内容:工艺技术、市场需求、财务经济状况。可行性分析的概念就是在项目建议书被批准后,对项目在技术上和经济上包括普通与专题研究是否可行所进行的科学分析和论证的过程。

第二节 节事活动可行性研究的流程与内容

一、节事活动可行性分析的原则

节事活动项目可行性分析是对拟建的旅游投资项目提出建议,并论证其在技术上、开发上和经济上是否可行的重要基础工作。在对旅游投资项目进行可行性分析时,必须坚持以下几个基本原则。

(一)一致性原则

(1)可行性研究报告必须符合国家的总体路线、方针、政策、法律、法规,与国家的宏观经济政策和产业指导政策相一致。

(2) 旅游投资项目的可行性研究报告，要符合本行业、本产业管理部门的有关法规、条例及部门规章。

(3) 可行性研究报告内容还要符合其他一些经济管理部门的法规与规章，必须强调横向联系，求得协调一致，避免矛盾冲突。

(二) 客观性原则

项目可行性分析是供旅游投资者、旅游开发者、旅游经营者和有关部门决策时的重要参考依据，因而可行性分析报告中，对投资项目可行性研究的分析与结论必须坚持实事求是的原则，其依据必须充分具体，论证必须详细全面，并明确提出可靠结论和合理建议，为投资决策者提供客观准确的判断依据，以便其正确合理地进行投资方案选择，提高旅游投资项目的科学决策水平。可行性研究报告的各种基础数据、基础材料，所使用的分析研究方法，必须可靠真实，有据可查，有明确出处。

(三) 科学性原则

在项目可行性分析中，为了保证可行性分析的科学、可靠，必须把定量研究方法和定性研究方法相互结合，并灵活、正确地使用。通过科学的方法和精确可靠的定量计算，使所得数据和结果能强有力地支持定性分析的结论，从而使旅游投资项目可行性分析更具科学性、准确性和可操作性。

(四) 效率性原则

可行性分析必须讲求效率，注重时效。投资项目可行性研究是一项十分复杂的系统分析工作，一般所需时间较长。但在实际操作中，应该在保证质量的前提下，尽可能快速完成，以便把握时机，抢抓机遇，尽快实施项目，取得效益。若拖延、松懈，可行性研究时间过长，则可能丧失良机，使可行性分析结果由于时间的推移，市场的快速变化而与实际相差甚远，成为过时项目。

(五) 公正性原则

项目可行性分析是投资决策的重要依据，也是银行和其他投资者发放贷款的重要依据，因而必须坚持实事求是和公正性。如果经过分析，认为某项目无法取得预期的效益和目标，就应本着实事求是的态度，如实地向投资者报告，从而避免该项目实施后带来的巨大损失。如果认为某项目经重新设计或调整后还可建设，也需要提供修改建议和方案，并再次进行评价。严禁为了达到某种目的，随意编造，盲目估计，偏离现实，否则，势必导致错误的结果，得出不正确的结论，使项目决策失误，造成损失。

二、节事活动可行性研究的流程

宏观上来看，为了防止旅游投资的盲目性和低水平，必须按照投资运行规律，依照一定的科学决策程序进行决策。一般说来，节事活动可行性研究流程至少要经过以下四个阶段。

(一) 提出项目建议书

项目建议书是投资前对项目的基本设想，主要从投资建设的必要性方面来衡量，同时初步分析投资建设的可行性。其主要内容包括：投资项目提出的必要性、依据；拟建规模、选址的初步设想;客源情况、建设条件、协作关系的初步分析;投资估算、资金筹措设想和偿还贷款能力测算;项目的大体进度安排;经济效益、社会效益和生态效益的初步估计等。

（二）完成可行性分析

项目建议书经批准后,就要对项目建设的可行性进行调查研究、分析评价。主要包括对投资项目技术上的可行性,经济基础上的合理性以及建设条件的可能性等方面进行技术经济讨论,进行不同方案的分析比较,并在研究分析效益的基础上,编制计划任务书,据此编写出可行性报告。

（三）投资方案的比较和筛选

投资方案的比较和筛选是将可行性报告提供的若干投资方案进行再次调查、研究、补充、修正,最后确定一个最佳方案。以该方案为依据,编制计划任务书。主要包括:设计依据和指导思想、项目建设规模及所需原材料、燃料、动力的需用量和来源,项目占地面积和土地使用情况,主要的建筑物、公用和辅助设施以及生活区建设、环境保护、人防措施、生产组织、劳动定员及各项经济技术指标、建设程序及期限和项目总概算等。

（四）项目综合评估与审批

编写好的可行性分析报告和计划任务书要由有关技术人员、旅游经济管理专家、贷款银行及有资格的工程资信公司全面仔细地进行审查、计算和核实,根据审核评估的结果,编写项目评估报告。经过上述程序后,决策部门则可对可行性分析报告、计划任务书及评估报告等文件进一步加以审核,并最终决定是否批准。投资项目一经批准或否定,投资决策程序即告结束。如果决策部门对上述报告中某些问题存疑,则提出问题,重新进行上述程序中的某些步骤。

微观上的基本流程:

（1）策划需求调查。

（2）确立策划目标。

① 选择目标市场;

② 确定活动定位。

（3）收集策划信息。

（4）激发策划创意。

（5）拟定初选方案。

① 选择主题;

② 选定日期;

③ 选择地点;

④ 预算规模;

⑤ 预算费用。

（6）筛选策划方案。

（7）策划方案调整与修正。

（8）实施方案。

（9）后续工作和评估总结。

三、节事活动可行性研究的内容

（一）机会研究

机会研究又称为立项建议，它是对投资的方向提出建议，相关旅游企业及基层单位根据生产中发现的问题和市场中的机会，以充分利用自然资源为基础，寻找最有利的投资机会。从企业来看，应根据资金实力的大小、现有技术能力，寻求新的效益较好的投资机会。

（二）初步可行研究

初步可行研究又称为立项审查，它是进行可行性研究的前期活动，是大体收集材料，对投资项目的前景粗略估价的过程。由初步可行性研究，决定是否继续进行可行性研究。

（三）可行性研究

可行性研究是在初步可行研究基础上认为基本可行，而对项目各方面的详细材料进行全面的搜集、掌握，依此对项目的技术和经济诸方面进行综合分析考察，并对项目建成后提供的生产能力、产品质量、成本、费用、价格及收益情况进行科学的预测，为决策提供确切的依据。

（四）形成评价报告

经可行性研究后，要将技术上可行和经济上合理与否的情况形成结论，写成报告，并对重点投资项目进行评定和决策。报告的具体内容包括资产投资项目的预测（就是预测投资项目需要增加那些固定资产，增加多少，何时增加等）；提出投资概算，筹划投资来源；拟定投资方案，测算投资效果。

（五）投资方案的审核和决策

投资效益指标计算出来后，就应对同一项目的不同投资方案的效益进行对比，择优进行决策。

第三节　节事活动的可行性市场分析

一、节事活动可行性市场分析

为了保证节事投资项目可行性分析的准确性和可操作性，必须对旅游范围下的节事活动投资项目进行全面深入的分析和研究。其主要内容有以下几方面。

（一）旅游市场调查

旅游市场运行是一切旅游经济活动的起点，因此对节事旅游投资项目进行可行性分析时，首先要对旅游市场需求和供给进行调查和预测，即调查旅游者的消费特点，预测旅游市场对旅游产品的需求变化和趋势，预测旅游产品的现有能力和增长潜力，并以此为基础估计旅游项目投下后市场发展的前景，从而确定旅游投资项目的建设规模、质量和规格，以及相应的服务方式和水平等。其中，旅游市场需求资料的一个重要来源是旅游主管部门和统计部门,另一个重要来源是直接向旅游者调查;而旅游市场供给资料一般可以从计划、统计部门,旅游主管部门等处搜集,国内现有旅游产品供给能力也可通过对旅游产品销售量的调查了解到。旅游市场调查和预测的主要内容又可以分为以下几个方面。

1. 国内旅游市场调查

国内旅游市场调查主要包括国内旅游需求与国内旅游供给两方面调查。国内旅游需求调查的主要任务是弄清国内旅游市场最近或前一些年度对某旅游产品的需求量情况,以便对未来的旅游需求情况做出预测;国内旅游供给调查是弄清旅游产品的现有能力和增长潜力,以及生产该旅游产品的在建或拟建投资项目的情况,以便预测旅游产品未来的供应能力。

2. 国外旅游市场调查

国外旅游市场调查主要包括国外旅游需求与国外旅游供给两方面。国外旅游需求调查是要了解某一项旅游产品有无进入国际旅游市场的可能,国际旅游市场有无对该项旅游产品的需求;国外旅游供给调查主要通过旅游主管部门、国际性旅游行业协会等,了解国际上某项旅游产品现有和未来的生产能力,国际旅游者人数及重游率等相关数据。

3. 旅游市场研究相关调查

从旅游投资项目评价的要求来看,除需要调查了解国内外旅游市场上旅游产品供需的情况以外,在旅游市场调查中还要搜集获取旅游市场研究所必需的相关资料。主要包括:经济发展趋势(包括国民经济发展战略、经济计划、国民经济发展速度、国民收入增长率、旅游行业发展规划等资料)、旅游人口特征(包括全国和本地区人口增长趋势、构成、数量、年龄、性别、职业、知识构成等)、消费水平特征、旅游产品价格特征等等。

知识活页　　　　市场营销的环境

市场营销环境是泛指一切影响制约企业营销活动最普遍的因素,是指造成环境威胁和市场机会的主要力量和因素。它可分为宏观市场营销环境和微观市场营销环境。对环境的研究是企业营销活动管理的最基本的课题。

市场营销环境主要包括两方面的构成要素:

1. 宏观环境要素

宏观环境要素即影响企业微观环境的巨大社会力量,包括人口、经济、政治、法律、科学技术、社会文化及自然地理等多方面的因素。

2. 微观环境要素

微观环境要素即指与企业紧密相联,直接影响其营销能力的各种参与者,这些参与者包括企业的供应商、营销中间商、顾客、竞争者以及社会公众和影响营销管理决策的企业内部各个部门。

具体也可以分析为:微观市场营销环境是指与企业紧密相连、直接影响企业营销能力和效率的各种力量和因素的总和,主要包括企业自身、供应商、营销中介、消

费者、竞争者及社会公众。由于这些环境因素对企业的营销活动有着直接的影响，所以又称直接营销环境。

宏观市场营销环境是指企业无法直接控制的因素，是通过影响微观环境来影响企业营销能力和效率的一系列巨大的社会力量，它包括人口、经济、政治法律、科学技术、社会文化及自然生态等因素。由于这些环境因素对企业的营销活动起着间接的影响，所以又称间接营销环境。微观市场营销环境和宏观市场营销环境之间不是并列关系，而是主从关系。微观市场营销环境受制于宏观市场营销环境，微观市场营销环境中的所有因素均受到宏观市场营销环境中的各种力量和因素的影响。

(资料来源　栾港、马清梅《市场营销学作》，清华大学出版社，2010年版)

（二）旅游市场预测

旅游市场预测是节事旅游投资项目评价的重要工作。旅游市场调查的根本目的就是为了进行旅游市场预测。只有对未来的旅游市场情况进行正确估计，才能正确地对旅游建设项目的经济效革进行评价。旅游市场预测包括以下两部分：

1. 旅游需求预测

旅游需求预测是在旅游需求调查的基础上进行的，其内容主要包括人口状况预测、经济及政治形势预测、旅游产品价格预测三方面。其中人口状况预测主要包括总人口变动趋势，人口的地理分布趋势，人口的年龄、性别和职业构成变动趋势，家庭人口的状况及其变动趋势，人口受教育程度的发展趋势以及未来人们的思想观念变动趋势。经济及政治形势预测主要是预测未来经济发展速度、产业发展方向、政策支持、旅游法规及其配套的旅游政策措施等；旅游产品价格预测主要预测未来交通费用、服务人员工资、旅游纪念品价格等单项旅游产品价格变动趋势，以及未来客源国与旅游目的地之间货币汇价变动趋势等。

2. 旅游供给预测

旅游供给预测主要是对现有节事旅游产品生产能力的发展变化做出预测，它是在旅游市场调查的基础上进行的。其内容主要包括旅游企业生产发展计划预测、新技术发展及影响预测、旅游产品及替代品供给预测三方面。旅游企业生产发展计划预测是对现有旅游企业生产发展计划做出分析，以确定其生产规模、产品结构和质量等；新技术发展及影响预测要弄清预期内有哪些新的科学技术会应用及其将对提高旅游企业生产能力和旅游产品质量产生的影响；旅游产品及替代品供给预测是综合考虑旅游产品现有供给能力、未来新增能力、替代产品供给能力等因素，从而分析旅游产品未来供给情况。

（三）旅游投资项目的选址分析

节事旅游活动投资项目的选址分析主要指结合旅游投资项目所处地区或邻近地区旅游市场特点和经济情况研究，对旅游投资项目建设的地理位置、地形、地质、水文条件及该地区或邻近地区的社会经济状况进行分析，从而确定合适的投资项目选址方案。具体来讲，节事旅游投资项目选址条件要求根据项目具体情况确定其建设的地理位置、地形、地质、水文条件,同时综合考虑未来能源供应、交通运输、动力、水源、土地成本等外部条件,并符合环保、经济地理位置、安全性等要求。在具体实践操作中可以选择最小运输费用选择法、方案比较选择法、评分优选法等方法。

(四)旅游投资项目工程方案研究

旅游投资项目工程方案研究,主要是从工程设计力量、设备供应、施工力量及工期安排、进展速度、建设标准、建设目标、主要设施布局、主要设备的选型等方面进行分析,并综合考虑旅游投资项目建成后原材料、动力、燃料及低值易耗品的供应渠道、供应价格、使用情况和维修条件等,确定旅游投资项目所提供的旅游产品或服务的规格和要求,以保证项目建成后能够正常运转,确保旅游产品和服务的正常提供。具体来讲,节事旅游投资项目工程建设方案评价主要包括对原材料供应的评价、对燃料及动力供应的评价等方面。

(五)旅游人力资源需求和供给预测

旅游人力资源需求和供给预测主要研究旅游投资项目建设和完成后的劳动力使用、来源、培训补充计划及人事组织结构等方案,包括高中级管理人员、中初级服务人员等,以确保旅游投资项目建成后人力资源的充分利用和正常补充。

(六)旅游投资与融资预测

旅游投资与融资预测主要研究为保证旅游投资项目顺利完成所必需的投资总额、外汇数额、投资结构、固定资产和流动资金的需要量、资金来源结构、资金筹措方式及资金成本等,从而在资金供应方面确保旅游投资项目建设的顺利进行。

二、节事活动可行性市场分析的类型

从投资项目的实际情况出发,按照现行基本建设的要求,投资项目可行性分析可分为三种类型。

(一)投资机会分析

投资机会分析是指在某一旅游地区或企业内,在利用现有旅游资源的基础上所进行的寻找最有利的投资机会的分析。它分为一般机会分析和具体项目机会分析。其主要目的是对投资项目提出建议,在此基础上形成旅游投资项目建议书。在这一阶段包括粗略的市场调查和预测,寻某一地区或某一范围内的投资机会并初步估算投资费用。对可供选择旅游项目的初步评估包括市场需求调查、经营接待能力、投资费用估算、经营费用、管理费用、实施进度时间表、资金来源、财务评价及国民经济评价等。投资机会分析比较粗略,主要是对旅游投资项目的效益可行性进行一些估计,这一阶段的研究工作一般比较粗略,带有意向性的特点,主要是依靠笼统的估计,一般不需要进行详细的计算。通常,投资机会分析对总投资估算的精确度控制在 $-30\% \sim 30\%$。

(二)初步可行性分析

初步可行性分析是在投资机会分析的基础上,进一步较为系统地研究拟建的旅游投资项目的可行性,包括对市场的进一步考察分析等。它主要针对只凭借投资机会分析不能决定其取舍的较复杂的节事投资项目。初步可行性分析的主要内容有：进一步论证投资机会的可能性；进一步研究拟建项目建设可行性中某些关键性问题，如旅游市场分析、项目建设选址等；分析是否有必要开展最终可行性分析。通常的方法是把各种机会罗列出来，通过咨询、开会等方式进行讨论，筛选出最佳机会。然后粗略地审查以下问题：市场需求、经营能力、设备与材料投入、项目选址、合作对象、各项费用、技术方向、进度及规划、财务状况与投资概算等。其精确度一般要求在-20%～20%。

（三）最终可行性分析

最终可行性分析是在拟建的投资项目获得批准立项后，对节事投资项目进行的全面的技术经济论证。最终可行性分析是确定一个投资项目是否可行的最终研究阶段。包括市场近期、远期需求，资源、土地、能源、技术协作落实情况，最佳经营模式、流程及其相应设施设备，项目选择及布置，设计组织系统和人员培训，建设投资费用，资金来源及偿还办法，经营成本，投资效果等。这一阶段对技术、经济数据的精确程度要求比较高，它需要进行多种投资方案的比较，旅游投资项目越大，研究内容就越复杂。最终可行性分析是确定旅游投资项目是否可行的最终依据，也是向有关管理部门和银行提供进一步审查和进行资金借贷的依据。通常其精确度控制在-10%～10%。

本章小结

（1）可行性研究，是指在调查的基础上，通过市场分析、技术分析、财务分析和国民经济分析，对各种投资项目的技术可行性与经济合理性进行的综合评价。

（2）可行性分析的三大必要性：可行性研究是投资项目建设必不可少的工作；可行性分析是评估投资项目的重要依据；可行性分析为投资项目筹集资金提供便利条件。两大可行性分析内容：传统研究内容与专题研究内容。

（3）节事活动可行性分析的原则与流程。

（4）节事活动可行性市场分析及其类型。

核心关键词

feasibility study	可行性研究
feasibility analysis	可行性分析
market research	市场调查
market forecasting	市场预测
investment opportunity	投资机会

第六章
节事活动策划的可行性分析

 思考与练习

1. 试述可行性研究的概念。
2. 试述可行性研究的必要性。
3. 结合实例试述节事活动旅游市场分析的必要性。

 案例分析

"武夷山—中国情人(旅游)节"策划方案

一、策划创意

农历七月初七,是中国神话传说中牛郎、织女在天上银河鹊桥相会的日子,在风景秀丽的武夷山流淌着一条人间银河——九曲溪,九曲溪两岸流传着玉女和大王美丽动人的坚贞爱情故事。为此做出如下创意:把农历七月初七这一天提炼为"中国情人节",每年的农历七月初七在武夷山举办"武夷山—中国情人(旅游)节",围绕"人间银河、武夷九曲"做文章,面向境内外旅游市场,以政府牵头、企业运作的方式组织情侣团到武夷山开展系列精彩有意义的活动,以此促进武夷山旅游市场持续繁荣与发展。

二、活动内容

在武夷山安排为期三天的旅游行程,期间穿插进行四大主题活动:

(1)"鹊桥牵手、情系武夷"活动:在九曲溪畔、玉女峰前搭建概念性鹊桥,举行鹊桥相会仪式,拍摄纪念照。

(2)"天上人间、海誓山盟"活动:在天游峰顶,红豆树下,以月下老人、相思豆、连心锁为题开展活动,并拍摄纪念照。

(3)"知心爱人、浪漫今宵"交谊歌舞联欢晚会:拟请付迪生、任静演唱《知心爱人》,举办大型交谊舞会,穿插安排当地歌舞以及游客客串节目等。

(4)"九曲逍遥、共渡爱河":月光下漂流在"人间银河,武夷九曲"共享天伦之乐。

三、营销计划

(1) 主题口号:七月七,天下有情人相约武夷山。

广告语:新婚燕尔、蜜月之旅;爱人情侣、温馨时光;金婚银婚、山水作证。

(2) 组委会统一宣传造势:

① 会徽、吉祥物、纪念品;

② 媒体炒作;

③ 制作宣传品:招贴画、折页。

(3) 超值服务项目:

① 组委会推荐酒店,夫妻房布置一新;

② 免费拍摄纪念照；
③ 免费赠送活动光盘；
④ 景区门票优惠；
⑤ 赠送吉祥物、纪念品。

（4）媒体宣传。

主打媒体由组委会统一安排：中央电视台、旅游卫视、湖南电视台《玫瑰之约》或东南电视台《银河之星》、中国旅游报、新浪网等。

其他媒体由本市旅行社和客源地旅行社企业化运作。

（5）旅行社网络销售。

动员全市旅行社积极参与，发挥全国各大城市旅行社、营业网点的组团力量，由各客源地旅行社与武夷山旅行社互动组团，按市场化运作，统一报价。

（6）整合当地相关产品（如婚礼用品、纪念品、鲜花等）组织展览销售。

分析要点：七夕节，又名乞巧节、七巧节或七姐诞，发源于中国，是华人地区以及东亚各国的传统节日，该节日来自于牛郎与织女的传说，在农历七月初七庆祝（日本在明治维新后改为阳历7月7日）。因为此日活动的主要参与者是少女，而节日活动的内容又是以乞巧为主，所以人们称这天为"乞巧节"或"少女节"、"女儿节"。2006年5月20日，七夕被中国国务院列入第一批国家非物质文化遗产名录。七夕节以牛郎织女的民间传说为载体，表达的是已婚男女之间不离不弃、白头偕老的情感，恪守的是双方对爱的承诺。随着时间演变，七夕现已成为中国情人节。

问题：

1. "武夷山—中国情人（旅游）节"如何依托传统文化并与时代性相结合的？
2. 谈谈"武夷山—中国情人（旅游）节"在当地旅游节事活动中的可行性。

第七章

节事活动的形象策划

学习导引

节事主题包括节事名称及活动主题,主题策划对旅游节事意义重大,要运用系统论方法,分析内外要素,综合考虑多种条件,以差异化、特色化为目标,最终形成最具本地特色,具有旅游吸引力的鲜明主题。在节事旅游主题策划中,哪些是主题策划前需要注意的重点?哪些是在主题策划中需要执行的原则?通过本章的学习,我们可以掌握节事旅游主题策划的要点及节事旅游品牌管理的精髓,并掌握节事旅游策划过程中的时间管理方法。

学习重点

通过本章学习,重点掌握以下知识要点:
1. 节事旅游主题策划;
2. 节事活动形象定位;
3. 节事活动的品牌管理。

第一节 节事旅游主题形象策划

主题策划对旅游节事意义重大，要运用系统论方法，分析内外要素，综合考虑多种条件，以差异化、特色化为目标，最终形成最具本地特色、最具有旅游吸引力的鲜明主题。

旅游节事活动的主题策划首先要评价旅游地的资源特色、产品与服务质量，分析目标市场的构成及兴趣，比较周边地区及类似旅游地举办的旅游节事活动，寻找具有"唯一性"和"特殊性"的、可以张扬个性、体现特色的旅游节事主题；然后紧扣旅游地形象定位，选择和加工主题，确定主题内涵，务求卓尔不群。这要求旅游节事活动组织者具有敏锐的市场感觉以捕捉潜在的市场机会，并运用娴熟的商业运作经验，组织专业人员对主题进行提炼、包装和设计。

一、节事旅游主题定位

旅游节事一般都需要围绕着某一特定的主题，在某一特定时段展开主题突出的系列活动。主题的选择可以来自许多方面。但必须和当地的人文、物产、城市形象相匹配与吻合，不做"无源之水，无本之木"。这样的主题策划才能保证新颖的内容安排，从而打造强势的旅游节事活动品牌。品牌是节事旅游参与市场竞争的标签，是一笔巨大的无形资产，成功的节事品牌是一个旅游目的地的灵魂，需要突出其"独一无二"的特征。节事活动本应是大众的节日，但目前市场上的确存在许多节事只顾打造高大上的产品，成为精英的节日，而非大众的狂欢，限制了大众参与体验的热情，不利于节事活动的发展和延续。因此，在节事活动的内容定位上，一定要立足于大众，提高民众的参与程度，办真正的全民节事。在具体活动中，可增加大众评选活动、满意度调查、有奖竞赛竞猜等，同时配合媒体宣传，充分调动大众的参与热情，提高公众关注度和美誉度。

节事活动主题是按照节事理念，提炼出所要表达的主题思想，组织好整个旅游节事活动的中心线索。例如2015年第十届中国云南普洱茶国际博览交易会（下称"茶博会"）在昆明开幕，400余家省内外企业齐聚春城共享云茶盛宴。来自广东、山西、山东及缅甸、泰国等地数百位专业客商将与参会企业展开商贸洽谈活动。茶博会以"展高原特色神韵·享彩云之南香茗"为主题，节会期间活动丰富，包括"产销洽谈会"、"2015云茶杯名优茶评比活动"、"互联网＋茶叶"、茶道茶艺表演等丰富多彩的活动。吸引了大量的知名茶叶品牌、茶叶爱好者及旅游者，实现了国际国内的茶文化交流及与云南旅游的交流合作。主题策划对旅游节事意义重大，要运用系统论方法，分析内外要素，综合考虑多种条件，以差异化、特色化为目标，最终形成最具本地特色，具有旅游吸引力的鲜明主题。

二、旅游节事活动主题定位理念

旅游节事策划的灵魂即开发理念定位，对于策划主体来讲，整个节事活动应该有一条内在的主线来贯穿，这条主线就是指导人们进行地方旅游节事开发的纲领及理论基础。节事开发主题理念定位包括两个过程：一个是对该区域文脉地脉进行辨析、概括、凝聚、提升的过程,另一个是节事策划主体根据节事举办目的进行的主观创意过程。最后再由具有地方风格的形象塑造外在表现出来。

（一）文脉地脉辨析

地脉是一个地域的地理背景,即自然地理脉络,包括自然地理生物资源以及区位条件;文脉是指一个地域的社会文化氛围和社会文化脉络,即社会人文脉络,包括人文资源及社会发展状况。地脉与文脉即当地的地域独特性,也称地格(吴必虎,2001)。在旅游规划中,准确地把握、分析一个地域的地脉和文脉,梳理出地脉和文脉的主线,实质上就是寻找地方独有的特色,对"地方精神"进行把握,进而确定开发主题,并对主题进行深化、加工,挑选适当的项目加以组装,使策划的地方旅游节事突出特色内涵,使节事开发理念有"根"可循,是旅游节事开发的一条重要思路。

知识关联

吴必虎,地理学博士,北京大学教授、博士生导师,中国地理学会旅游地理专业委员会副主任。

（二）开发理念

主题与形式不同的地方旅游节事有不同的开发理念,节事开发理念基于能体现"地方精神"的文脉地脉以及组织者对节事内涵的理解、对开发方向的把握,在此基础上升华为地方旅游节事的开发理想、信念。旅游开发主题的构思原则和步骤作为旅游地的开发规划和设计,一般来说,其构思原则和步骤为:首先要进行深入细致的旅游资源普查,以准确把握地脉、文脉,然后在合理分析客源市场的基础上确定旅游开发主题,再根据旅游开发主题筛选相关旅游项目加以组装。在地脉、文脉不够典型时,要以节事客源市场为主要依据,做出突破地脉、文脉的选择,进而确定适合于目标市场需求的主题,以保持其生命力。

（三）节事主题

节事主题包括节事名称及活动主题,其中节事名称来源于节事载体资源,包括既有性民俗及地域节事载体以及创造性节事载体。所选择的节事需体现"地方性",使游客从旅游节事的名称中就能感受到强烈的旅游目的地信息。此外,应改变有些地方旅游节事有不顾及节事本身的影响范围、滥用国际旅游节的错误倾向。节事活动主题是按照节事理念,提炼出所要表达的主题思想,是组织整个旅游节事活动的中心线索。如上文提到的茶博会,选择了地方性特点,放弃打国际会议的品牌,却实实在在吸引了大量的商机和游客。

（四）形象塑造

地方旅游节事的外在形象,是内在的节事开发理念的延伸和表现,是调节外在公众的心理导向。节事活动是标志性的旅游活动,是区域旅游形象整合的途径,旅游目的地可以通过举办地方旅游节事,集中地表现与塑造区域旅游形象。利用节事活动来进行的旅游地形象塑造,关键是将当地的旅游形象要素进行有机的整合。节事旅游形象塑造主要是指节事氛围营造,包括人人感知氛围设计、人地感知形象塑造、节事形象传播等。

节事的形象和品牌实力一起构成活动品牌的基石,是品牌的基础。节事活动在市场中具有竞争力,必须有意识地精心策划,在经营管理中,努力提高该项活动的知名度和美誉度,

形成有特色的品牌,不但让观众、游客等利益相关者了解和认识它,并且让他们喜爱并忠诚于这个品牌。这里讲的形象包括城市旅游形象和节事活动形象。要设计标志性节事,首要问题是明确举办城市旅游形象的定位,没有明确的形象定位,以独一无二的城市特征为灵魂的标志性节事的设计,便无从谈起。定位城市形象一定要紧紧抓住城市的地域特色和文化背景,形成具有地域特色的独特策划。而节事形象的定位和传播也不是独立的,作为城市发展的崭新理念,节事活动与城市的社会群体、市民价值观等不断冲突磨合,与城市发展紧密结合在一起。

现代节事作为一种动态的参与性旅游资源,从本质上说是参与性较强的、体现人与人交往的社会化活动,它往往成为狂欢、热闹、愉悦的代名词。一些世界著名的大城市利用大型节事活动,不仅吸引着当地居民的广泛参与,繁荣了当地经济,还吸引了国内外游客,其知名度和影响力往往会增加该城市的旅游吸引力和凝聚力,体现出城市的综合管理水平和市政设施的完善程度,成为该城市乃至国家旅游发展的推力和先导。通过举办节事活动,可以密切居民与游客的关系,展现多姿的文化色彩,提供大量可游、可娱的活动,从而向旅游客源市场传递出丰富的都市旅游形象。

形象定位三个阶段:

1. 设想阶段

设想阶段目标是消除公众对节事活动的成见和印象,设计有吸引力的形象,给参与者留下深刻的印象。在此阶段,针对不同的情况设定目标:

(1) 形象模糊——设计鲜明的形象。

(2) 形象存在负面效应——消除不利因素。

(3) 形象过时——设计新形象。形象尚可进一步优。

2. 市场分析阶段

形象定位一定要有据可查,需要在定位之前,做详细的市场调查,包括活动的目标群众和利益相关者及他们参与活动的理由、同类活动的竞争者和他们的优势等等。调查后根据社会环境来确定目标市场。

3. 创意设计阶段

实行有效的创意分析,从主题、功效、市场等角度去选择适合城市和节事的定位,并且把有效的资金用在定位和宣传中。

三、旅游节事的主题策划原则

我国旅游节事活动虽尚处于不成熟阶段,但经过对策划方法的不断探讨与研究,已可初步修正并改进策划中存在的一些问题。在节事主题策划中应以地方文化的根植为基础,大胆创新,获取民众的参与和支持。这样既可确保地方文化的原真性,又能避免旅游节事的商业化、庸俗化倾向。使节庆活动在得以可持续发展的同时,成为地方社会、经济、文化发展的催化剂和助推器。

(一) 以地方文化为根基

文化是节事最重要的资源之一,也是吸引旅游者及会展参与者的深层次因素。而根植于地方文化且具有鲜明主题特色的旅游节事,其浓厚的历史文化积淀常释放出非常显著的文化引力作用。因此,在旅游节事会展策划中应充分重视对本土文化的挖掘与利用区域文化内涵,来满足旅游者求新、求异、求奇、求知的需求,如西双版纳泼水节。

知识活页　　泼 水 节

泼水节是傣族以及泰语民族和东南亚地区的传统节日,当日,泰国、老挝、缅甸、柬埔寨等国,以及海外泰国人聚居地的人们清早起来便沐浴礼佛,之后便开始连续几日的庆祝活动。期间,大家用纯净的清水相互泼洒,祈求洗去过去一年的不顺。

西双版纳的泼水节是傣族最隆重的节日,也是云南少数民族中影响面最大、参加人数最多的节日。泼水节是傣族的新年,相当于公历的四月中旬,一般持续3至7天。第一天傣语叫"麦日",与农历的除夕相似;第二天傣语叫"恼日"(空日);第三天是新年,叫"叭网玛",意为岁首,人们把这一天视为最美好、最吉祥的日子。泼水节另一项引人注目的活动是划龙舟,跳象脚鼓舞和孔雀舞。那时是傣族新年的第三天,傣语称之为"麦帕雅晚玛",节日的气氛达到了高潮。穿着节日盛装的群众欢聚在澜沧江畔、瑞丽江边,观看龙舟竞渡。泼水节的活动内容丰富,其他的还有放高升、斗鸡、跳孔雀舞等,人们身着盛装,喜气洋洋,场面极为热闹。

（二）注重策划的创新性

创新力是旅游节事、会展市场竞争中的核心。只有独具创意的节事活动,才能吸引旅游者的目光。因此,旅游节事策划应走向深度开发和组织,根据旅游者心理需求的变化,不断推陈出新。作为一种周期性活动,其每一次策划都应在原有水平上有所进步与创新,使之升华到一个新的高度。这不仅在于内容的丰富性,表达方式和包装手法的多样性,更在于对地方文化内涵的深刻把握与旅游节事活动主题、内容及形式的创新性结合。例如哈尔滨啤酒节历史悠久,知名度极高,但每届策划主题都不断创新。(见表7-1)

表7-1　2010年—2015年哈尔滨啤酒节主题表

时间	主　题	活　动　内　容
2010年	激情啤酒节, 风情盛夏都	开幕式礼花、酒商啤酒日活动、玩转啤酒节活动、"谁是啤酒丽人"的评选、文化长廊展区、房展和车展扮靓啤酒节、马车和白雪公主卡通巡游、腾讯游戏比赛等精彩主题活动
2011年	举杯松花江畔, 醉美冰城夏都	俄罗斯歌舞、湿地欢歌、15分钟的高空礼花、10余座世界知名啤酒大篷、嘉士伯等8个啤酒花园、世界各地的美食应有尽有,品牌的汽车展示,啤酒文化展、3万平方米的娱乐项目"水上嘉年华"

续表

时间	主题	活动内容
2012年	浪漫激情夜，醉美啤酒节	新加项目包括："足球与啤酒"主题的啤酒文化展、老艺术家笔会、"精彩瞬间"啤酒节摄影展、啤酒节纪念品展、行为艺术表演、台湾美食展、啤酒佳丽评选、"我醉幸福"群众卡拉OK大赛、"我醉美"趣味摄影大赛
2013年	浪漫激情夜，醉美啤酒节	新加项目包括：非啤酒企业多家加盟。共有40余家，参加品牌和品种200余个，使今年啤酒节成为各种美食汇聚，"哈尔滨俄罗斯狂欢夜"、车展、啤酒文化展、卡通巡游、啤酒节好声音选拔赛、啤酒王争霸赛、啤酒节摄影大赛
2014年	浪漫激情夜，最美松花江	新加项目包括：顶级啤酒企业30余家前来参节，游客入园时便可欣赏林地、湿地、沙滩、水面等自然环境；水中赏莲、岸边垂钓成为游客参与啤酒节的新形势，哈尔滨国际啤酒节已成为餐饮、娱乐、户外运动为一体的啤酒盛事
2015年	举杯松花江畔，醉美冰城夏都	特色美食、湿地美景、浪漫音乐、民俗展示等文化元素融入其中，啤酒大篷、啤酒文化展、自酿啤酒鉴赏会、草坪弦乐四重奏、民俗文化展、行为艺术展、啤酒节纪念品展销等活动

（资料来源　http://hlj.china.com/focus/pic/11155805/20150626/19906454.html）

（三）提高群众的参与性

由于旅游节事的活动主体是人民大众，因而群众基础与参与热情为其能否成功的关键。为了使游客在游览的同时切身体验到节日氛围，应在节事主题及活动策划中注重听取群众的意见，以便更好地得到社区居民的支持与认可，并通过他们对节事活动的积极参与及全身心投入，带动游客融入节事氛围、深切感受地方文化。如上海旅游节的办节宗旨就是"人民大众的节日"。在旅游节事的筹备及举办过程中，组委会通过征集到的大量市民和旅游者就旅游节活动的各种建议及设想的来信、来电，极大地充实了旅游节的主题及活动策划。再如德国慕尼黑啤酒节，其依托当地酿制啤酒的传统及居民的饮酒习俗，使这座历史悠久的文化重镇与纯正的啤酒一同闻名于世。其啤酒节的成功举办离不开当地群众的热情参与。节事期间，正是成千上万身穿民族服装的群众，手擎大杯啤酒聚集在一起，那边喝边唱边舞的情景，深深地感染了各地游客，使游人感受到了一个民族的独特气息，将参与者与整个节事活动融为一体。

四、节事的主题策划方法

旅游节事活动的主题策划需建立在一定的现实条件下，并非凭空想象就能实现。从目前我国旅游节事的举办状况来看，其主题策划方法基本分为"旧瓶装新酒"、"无中生有"、"拿来主义"和"节外生枝"四种模式。

（一）"旧瓶装新酒"模式

"旧瓶"是指各种各样的传统民俗节事旅游资源以及有一定历史的会议会展，"新酒"是指在其基础上重新定位的节事旅游的名称、理念以及所开发的活动内容。"旧瓶装新酒"是指借助于对传统重新策划与开发以满足客源市场需求的现代旅游节事活动。这种策划模式既能保护传统民俗节事资源,使之留有民族风格与地方色彩;保持传统会展会议又能赋予旅游节事现代商业与文化开发的理念,使之富有时代气息。采取这种策划模式时,应注意"旧瓶"与"新酒"的匹配、主题内涵的协调、经济与文化目的的冲突等。避免节事策划看重经济目的而忽视传统文化习俗的倾向,否则会形成不伦不类的节事产品形象,并严重缩短其生命周期。如西双版纳傣族泼水节等旅游节事产品,都是基于该模式对传统民俗节事的重新策划与开发。

(二)"无中生有"模式

"无中生有"的节事策划模式是指对区域内各种现实的和有潜力的旅游资源进行分类与分析,选择适当的节事、会展会议载体,结合节事旅游开发的目标和功能,以时空为手段加以系统整合,通过赋予其特殊的含义并采取一定的组织形式。"无"不是没有,而是指潜在的节事资源在系统整合之前显得"散乱",没有围绕节事载体这个核心来组织,没有形成节事表现形式。这里的"有"既包含完整的旅游节事,也包含其重要活动内容。

例如中国长春冰雪旅游节从1998年开始创办,到2012年已成功举办十五届。2003年,风靡北欧的瓦萨国际越野滑雪大赛正式落户长春,极大地提升了长春冰雪旅游的知名度。冰雪旅游节将关注民生、惠及市民作为宗旨,在活动安排和产品建设上注重体现市民参与。十五届冰雪节以来,全市累计接待国内外游客超过7987万人次,实现旅游业收入超过742亿元。冰雪旅游节现已成为融文化、体育、旅游、经贸、科技等多领域活动为一体的综合性节事活动,已成为长春走向世界、世界了解长春的桥梁和纽带,成为打造"滑雪之都、消夏名城"的重要载体,在促进旅游产业及全市经济社会发展中发挥着重要作用。云南腾冲火山热海旅游节、大连国际服装节、中国湖北·襄阳诸葛亮文化旅游节等都是"无中生有"的典型案例。

(三)"拿来主义"模式

"拿来主义"模式是指直接引进或模仿其他国家或地区的节事名称、形式和内容为我所用的一种旅游节事策划方法。采用这种策划模式可以大大拓宽本地旅游节事资源的外延。节事名称的"拿来"需要两地有相似的旅游资源,而节事活动内容的"拿来",既可以是相似的旅游产品内容,也可以是异域文化。例如2002年云南省乃至全国历史上的第一个大型户外音乐节——丽江雪山音乐节举办,打造了原生态音乐文化品牌,加强对原生态文化的保护。音乐节的宗旨是推动中国民粹摇滚,发掘原生态最美之声,聆听多元化世界音乐。同时涵盖当代艺术,独立影像,先锋话剧等多种艺术门类的盛大活动。丽江雪山音乐节的成功在于将国际盛行的音乐节模式引入,同时引入了大量时尚元素。采用"拿来主义"模式策划旅游节事时应注重与取材地之间的竞争分析,通过适当改良,体现本地特色。

(四)"节外生枝"模式

"节"是指已经存在并且成功举办的旅游节事;"枝"则指依据已经存在的旅游节事品牌效应,而举办的另一类节事活动。"枝"依附于"节",规模较小,且从开始举办就一直存在,"枝"可能是节的一部分,但是随着它的壮大,可能摆脱"节"的束缚,成为单独的旅游节事、会议会展活动。例如已经成功举办了19届的昆交会。19年来,在各主办方和中国西南周边各

国的共同努力下,昆交会层次和水平不断提高,会期系列活动不断丰富,影响力和知名度不断提升,已发展成为中国与东南亚、南亚以及印度洋沿岸各国开展经贸合作、进行思想交流、深化传统友谊不可或缺的平台和桥梁。昆交会还先后荣获了"中国会展业最佳展览会"、"中国十大知名品牌展会(政府主导型)"、"中国管理水平最佳展览会"等称号。就此大好形势,云南省政府就昆交会会址和人气举办了每年一届的茶博会、石博会、南博会等大型博览会,并已形成规模和品牌。

五、节事活动主题策划的环节

(一)节事旅游活动主题策划的一般范式

节事旅游策划方案是主题策划的成果表达,一般以策划报告书的形式呈现。
策划报告主要包括以下几部分内容:

1. 策划缘起

策划缘起包括目标愿景、时序安排、原则与依据、策划技术方案等基本内容。

2. 环境辨识

环境辨识包括对项目自然、经济、社会、市场以及公共政策目标指向等背景底质的分析与把握,包括机会、问题、挑战等的发现和分析。

3. 主题定位

在环境辨识的基础上,进一步针对节事项目自身依存的地脉文脉、旅游资源要素以及相应竞争格局的分析,寻求资源要素、市场需求与公共政策目标之间的契合,由此筛选出主题线索并最终定位,确定节事的主题。

4. 主题演绎

演绎如同一幕话剧,由三部曲构成:序曲是节事形象定位,幕间是节事旅游活动产品群落策划,终曲是市场营销,三部曲缺一不可,形成策划的主体内容和创新贡献。

5. 方案论证

方案论证包括效益评估,即从技术经济的视角,针对节事活动中的策划内容和方案,对活动项目预期经济、社会、环境效益的综合评估等不确定性进行分析,对方案可能遭遇的经济风险、市场风险、自然风险、安全风险等因素进行分析,并提出规避不确定性的建议。

6. 实施建议

实施建议包括节事旅游主题策划方案的规划与设计延伸以及相关前期研究工作衔接、机制体制保障等基本内容。在节事旅游主题策划方案中,主题的定位与演绎是其核心,直接决定了策划方案的质量、效果及其可操作性,彰显了节事旅游策划的功能和生命力。

(二)节事旅游主题演绎深化的三部曲

1. 序曲:主题形象策划——营造主题氛围

1)主题形象是市场品牌认知的重要手段

研究表明,影响旅游者决策行为的不一定是距离、时间、成本等因素,随着交通方式的变革(特别是高铁的全线开通)和居民消费水平的提高,节事旅游活动的认知度等因素则更为重要。节事主题形象是旅游地对客源市场产生吸引力的关键,是吸引旅游者的关键因素之一,更是形成市场品牌认知的重要手段。在旅游供给越来越丰富、信息传播日益发达的时代,鲜明、个性、富有吸引力的节事旅游形象对有效宣传营销具有重要意义。它通过整合节事旅游活动的形象因子,将主题形象呈现给受众,引起其注意并产生美好的联想,有利于形成庞大的客源市场,从而在激烈的节事旅游市场竞争中立于不败之地。

2) 主题形象整合与传播

地方旅游节事的举办是将区域旅游形象整合的有效方式,节事期间,可以将区域内高质量的旅游产品、服务、人力、经济、民俗等"地方性"因素围绕节事主题组织和整合,利用游客云集的机会和各种大众传播媒体的报道,迅速提升旅游目的地的知名度和美誉度,达到塑造与传播区域旅游形象的目的。利用节事活动塑造区域旅游形象的关键是保证节事期间各旅游形象单体的高质量及其最佳组合方式。另外,应该注意,旅游节事期间塑造的是区域整体旅游形象,而非单纯的节事形象,应避免孤立的节事形象塑造,否则会对区域旅游形象造成一定的屏蔽影响,例如,云南罗平油菜花节是一个成功的地方旅游节事,但是其节事旅游形象的过分强化影响了区域整体的山水旅游形象,从而影响了其他旅游景点的开发,出现明显的旅游淡季。市场营销在节事活动举办过程中可以发挥更大的作用。

3) 主题形象策划的重点

在未亲身感受节事旅游活动之前,旅游者通过媒体的宣传或自身经验对其形成总体认识和评价。在文字上表现为高度凝练的口号,是在节事旅游主题和大众认同的基础上的综合优化,形式上可以是几个词语、几句话,内容上是对旅游地节事活动定位总结和定位特色的精简描述。目前大多数节事活动定位成功的不多,庸俗雷同的不少,不具体也不够形象,虽然给自己定下了发展基调,但是就传播效果而言,不能给人留下深刻的印象,很难成功建立消费者的某种感知。从心理学的角度讲,越是具体的形象的事物给人感觉形象越清晰,越容易记忆。所以,定位的口号在内容上要具体,在内涵上要能够启发联想,富有美感,具有创造性。成功的主题形象定位要素应质朴,口号要鲜明,不应该是一堆形容词叠加的江湖口号,而是综合考虑游客的心理需求和偏好,充分体现目的地脉、文脉的凝练、传承、升华以及市场号召力的一组简明的符号信息系统。如2015年哈尔滨的啤酒节就以"举杯松花江畔,醉美冰城夏都"为主题口号,成功地诠释了节庆的内容、地点和感受。

4) 旅游节事主题氛围的营造

旅游节事活动是依托社会经济、历史文化、风俗民情等社会资源,以吸引大量旅游者的主题性节日盛事。因而旅游节事活动必须有"气势"、有"声势",必须"热闹",让尽可能多的企业和市民参与进来。节事活动的魅力不在于组织者为节事活动安排的活动项目,而在于亲临其境感受满街的人文气氛。根据市场需求进行节事活动项目的精心策划,营造气氛,集聚人气,这是任何一项节事活动成功的前提。只有根据市场需求,设计出群众喜闻乐见的活动,才能吸引当地居民的参与,进而引起其他地区人们的关注。安德鲁·布利比在《对节日进行面向二十一世纪的重新改造》一文中说:"一个非常关键,同样非常重要但同时又常常被忽略的因素,那就是节事要想吸引游客,首先必须得到当地人们的认可、支持和喜爱。如果当地人不喜欢这个节日,那么这种不喜欢的消极态度很快会波及游客身上,这个节日在游客心中就没有价值了"。因而,举办旅游节事活动,必须大力倡导当地居民的参与意识,密切当

地居民与游客的关系,创建良好的节事环境,塑造良好的节日氛围。"造节"是旅游产业的新型运作方式,通过借重老民俗、营造"新民俗"的节事特色来吸引游客,从而带动整个城市的相关产业。苏州南浩街每年四月十四"轧神仙"节事活动的成功,就在于那里浓郁的节日气氛吸引了成千上万的游客蜂拥而至,吸引了几近绝迹的民间艺人、土特产品自发前来登台亮相,提供了就业机遇和休闲机会。而这种气氛是"轧神仙"的传统文化所特有的,因而具有深厚的历史渊源和广博的群众基础,这是凭空造出的那些"节"所无法比拟的。真正成功的旅游节事,应该是一次全民总动员,应该是城市生活里令人兴奋的一部分,因而节事气氛需要全市人民的共同努力和营造。为了营造节日氛围,除了在主要街道、窗口地区(商场、景点)、公交沿线进行宣传,利用传媒进行宣传外,还可以到周边地区开展花车巡游等宣传活动。

因此,旅游节事应能充分反映本地的特色和文化内涵,节事策划解决旅游节事项目的发展定位问题,解决项目应对市场的独特卖点以及支撑这个卖点的形象、产品及市场营销方案,处在旅游旅游节事项目前期研究的上游或前端,资源有效配置、节事的项目主题合理定位及充分演绎的依据。主题策划及围绕主题策划展开的主会场建设风格、节事内容、资金需求等都应以可行性研究的科学内容为决策依据。可行性分析是保证策划方案切实可行的重要环节,在策划过程中应结合实际对策划项目进行可行性分析或预可行性分析,对方案进行政治、经济、社会、环境、技术、文化、伦理等方面的可行性分析,从而使策划方案建立足在现实条件的基础之上,具有可操作性并取得最好的效果。旅游项目关联性强,项目所在地的自然环境尤其是生态环境、深刻的文化底蕴是旅游主题策划应关注的重要逻辑起点。地质、地貌、物种、水体以及其所揭示的自然界信息都是旅游主题策划应挖掘的基础素材。

2. 幕间:旅游产品策划——搭建张扬主题的体验场景

1)节事旅游产品是节事主题形象的重要支撑

主题缺乏、旅游产品体系不完整,难以适应不断变化的节事旅游市场需求和日益激烈的市场竞争环境,近距离节事旅游产品雷同或重复现象是缺乏准确的形象定位或者未围绕节事旅游形象定位构建旅游产品体系。节事旅游产品是主题形象的支撑体,没有支撑,主题形象就会空洞无物,缺乏竞争力。特色的节事旅游产品构成了主题形象鲜明、生动的载体。

2)节事旅游产品策划的重点

节事旅游产品策划的重点主要包括产品格局构建、节事活动策划和时空线路产品安排等内容。构建产品格局,有利于设计不同的空间场景,规范节事活动的空间秩序。节事旅游产品在结构上应形成品牌产品(拳头产品)、重要产品(支撑产品)和配套产品的布局。品牌产品是需具有强劲的市场竞争力,能够展现和强化节事主题。重要产品是节事活动举办地的分会场或是知名景区,其围绕主题形象,与主导产品相得益彰。配套产品市场吸引力不大,却是丰富主题产品内容、实现旅游产品多样化的必要补充。

节事旅游活动产品群落策划,即从旅游者的切身体验出发,围绕主题形象策划出各种活动项目。如马戏节中,有马戏表演、乘坐古色古香的马车、学习骑马的技艺、和动物留影,有儿童玩乐的小动物,有马戏图案的纪念品等。

旅游节赛事活动影响范围大、参与面广、轰动效应强,例如,上海世博会、北京奥运会、广州亚运会、威廉凯特的奢侈婚礼等,主题围绕节赛事的宗旨、灵魂和纲要,通过对市场需求变化趋势的把握,营造独特的节赛事卖点,维系节赛事活动的可持续性。策划好相应的宣传材料,组织专业形象宣传队伍参加相关国内重大旅游节赛事活动,扩大市场影响力,提升竞争力。同时促成形象品牌化。

3) 节事的时空安排

旅游节事活动的安排组织要考虑其整体空间布局与时间安排。空间布局要注意如何划分活动点,标志性节事活动的场所选择及其与其他旅游活动场所如何呼应,要讲究意境,注意节事活动、人文景观与周围环境相协调;另外,还应当通过节事活动带动旅游目的地其他地区的发展,如在周边地方设置分会场。从时间安排看,整个节事产品的举办时间既要考虑旅游目的地的适游时间,又要考虑游客的心理需求特征和出行特征。旅游节事以主题为核心,开展一系列能够体现、升华主题的活动和表演。

4) 构建市场营销矩阵

节事旅游主题形象口号体系和节事旅游产品-市场营销矩阵的构建是推行强势营销的重要手段。形象口号体系以主题形象为统领,以主题形象具体内涵和项目发展目标为根本,针对不同服务细分市场,策划独具吸引力的形象口号以达到激发旅游市场的眼球关注,引爆旅游市场的营销效果。

产品-市场营销矩阵根据发展目标的要求,按照节事旅游产品的市场适应性、目标市场的空间区位指向而构建,有利于确定不同目标市场的营销任务,从而有针对性、有重点地营销产品。如昆明茶博会,目标市场主要为各地各国茶叶经销商、爱茶之人、同期到访的旅游者以及当地居民,节事旅游产品的设计营销就必须有的放矢。

3. 终曲:市场营销策划——推出主题品牌

1) 市场营销是主题策划的落脚点

节事旅游主题策划关键是要解决市场问题,形成市场独特卖点。主题形象一旦定位,伴随着产品群落的设计,就需要建构将其推向市场的策略和路径,这就是旅游市场营销要解决的问题。旅游市场营销策划是节事旅游演绎策划三部曲中的终曲。市场营销是节事活动或旅游企业经营者为满足旅游者的需要并实现自身经营目标,通过市场所进行的变潜在交换为现实交换的一系列有计划、有组织的活动。市场营销采取主题鲜明的、有针对性的营销活动塑造和推广旅游主题形象和旅游产品,有利于激活旅游者的潜在需求,为节事旅游活动提供广阔的市场空间。

节事营销策划是节事的组织者对将要举办的活动进行营销设计,以提供一套系统的有关节事营销的方案,这套方案是围绕组织者实现某一营销目的的具体行动措施。这种策划以对市场环境的分析和充分占有市场竞争的信息为基础,综合考虑节事活动的机会与风险、自身资源条件及优劣势、竞争对手的谋略和市场变化趋势等因素,编制出富有创意的行动方案。

2) 市场营销策划的重点

目标市场是指在市场细分的基础上进行营销活动,所以要满足其需求的消费者群体是在市场细分的基础上,通过挑选部分细分市场作为营销对象的决策过程。目标市场定位有利于节事旅游企业或举办地政府针对不同的消费人群,考虑到旅游者不同的价值取向,有针对性地推出旅游产品。在旅游市场学中,一般将客源旅游市场划分为一级市场、二级市场和机会市场(边缘市场)三个层次。通过市场区位指向的分析有利于有重点、有层次地营销旅

游产品。如茶博会中的三个目标市场,针对茶叶经销商的营销主要是关于展会的影响力、目标、展位价格、展销洽谈的空间场所等等;针对茶叶爱好者的营销主要是茶叶优质、价廉、品类齐全,可观、可感、可尝;针对同期到访的旅游者和当地居民的营销主要关于节会可玩可购的项目以及昆明的风土人情和相关旅游资源。

第二节 节事旅游品牌管理

在现代社会中,品牌越来越显示出其强大的影响力,品牌竞争也涉及社会生活的诸多方面,使现代社会生活呈现出品牌化的特征。作为一种系统性、整体性和综合性的竞争战略,作为市场经济发展到一定阶段、一个时代的总体特征,品牌竞争的战火已由经济领域燃烧到社会文化诸多领域。节事旅游同样需要建立品牌意识,才能在市场上立于不败之地。

青岛国际啤酒节、哈尔滨国际冰雪节、自贡国际恐龙灯会、洛阳牡丹花会等品牌旅游节事活动都以其高品位、规模巨大的节庆旅游资源为基础,通过10年以上的发展与打造,经历了一个品牌化的过程,品牌效应正日益凸显,成为当今中国最具品牌力的旅游节事活动,不仅对当地社会、经济和环境带来了巨大影响,提升了当地整体对外的形象,还对我国旅游节庆的发展起到了良好的示范和带动效应,促进我国其他区域旅游节庆活动的蓬勃开展,进一步丰富了当地旅游产品,促使当地旅游业更好更快发展。

我国几乎每个县市都举办过不同类型的"节事"活动,各类的"节事"数不胜数,在各地掀起了一股节事热。节事市场上产品极大丰富,文化娱乐、旅游服务层出不穷,同时也出现了产品或服务的同质化,特别是从核心功能上差别几乎为零的现象。在这种情况下,节事举办者逐步意识到品牌是节庆活动的灵魂,开始考虑与实施节事品牌的塑造。但是,我国节事活动的品牌意识总体上仍不够强,疏于品牌管理,造成巨大的品牌资源浪费。因此,不仅要塑造节事活动的品牌,还要注意对品牌的管理。

一、节事品牌的内涵

(一) 品牌

1. 品牌的定义

不同的学者从不同的角度对品牌进行了定义。著名市场营销专家菲利普·科特勒博士这样解释品牌:"品牌是一种名称、术语、标记、符号或图案,或是他们的相互组合,用以识别某个消费者或某群消费者的产品或服务,并使之与竞争对手的产品或服务相区别。"品牌是一个复合概念,它由品牌外部标记(包括名称、术语、图案等)、品牌识别、品牌联想、品牌形象等内容构成。美国市场协会(AMA)对品牌的定义为:用以识

菲利普·科特勒博士(Philip Kotler)生于1931年,是现代营销集大成者,被誉为"现代营销学之父",现任西北大学凯洛格管理学院终身教授,麻省理工大学博士、哈佛大学博士后及苏黎世大学等其他8所大学的荣誉博士。

别经营者或经营集团的产品或服务的名称、术语、象征、记号或设计及其组合,以便和其他竞争者的产品或服务区别开来。

2. 品牌四个特征

1) 排他性

品牌排他性是指产品一经企业注册或申请专利等,其他企业不得再用。品牌拥有者经过法律程序的认定,享有品牌的专有权,有权要求其他企业或个人不能仿冒、伪造。

2) 无形性

品牌的价值并不能像物质资产那样用实物的形式表述,但品牌作为无形资产其价值可以有形量化,能使品牌主体的无形资产迅速增大。品牌必须有物质载体,需要通过一系列的物质载体来表现自己。品牌的直接载体主要是文字、图案和符号,间接载体主要有产品的质量、产品服务、知名度、美誉度、市场占有率等。没有物质载体,品牌就无法表现出来,更不可能达到品牌的整体传播效果。

3) 不确定性

品牌创立后,在其成长的过程中,由于市场的不断变化,需求的不断增加,品牌资本可能壮大,也可能缩小,甚至在竞争中退出市场。因此品牌的成长存在一定风险,对其评估也存在难度。品牌的风险,有时是由于产品质量出现意外,有时是由于服务质量不过关,有时则是由于品牌资本盲目扩张,运作不佳,这些都会给品牌的维护带来难度,导致对品牌效益的评估出现不确定性。

4) 扩张性

品牌具有识别功能,代表一种产品、一个企业,品牌拥有者可以凭借品牌的这一优势不断获取利益,还可以利用品牌资本如品牌的市场开拓力、形象扩张力、资本内蓄力等不断进行扩张和发展。

品牌是一个复合的概念,它不仅是产品的标志,更是产品质量、性能、服务等满足消费者使用产品可靠程度的综合体现。一个品牌还凝聚着科学管理、市场信誉、追求完美的企业精神等诸多文化内涵。而且品牌对使用者情感诉求的满足将随品牌进入消费领域占据越来越重要的作用,在经济竞争中也扮演着举足轻重的作用。

(二) 节事品牌

当今社会竞争日趋激烈,全球经济包括节事经济基本都处于买方市场。在目前这种商品极大丰富、差异性不明显的买方市场条件下,节事必须树立自身的特色以区别于竞争对手。国际上有大量的节事品牌,提起洛杉矶就想到奥斯卡;提到慕尼黑就会联想到啤酒节;提到戛纳就会想到电影节。可见,节事已经与一个地区的品牌紧密相连,给举办城市带来巨大的经济连动效益和社会效益,成为经济发展和社会发展的催化剂和助推器。中国也需要打造自己的品牌节事文化,树立独特品牌,塑品牌,创名牌。

节事品牌,是有计划、有目的地设计、塑造,并由社会公众通过体验、认知而确定的标志,是公众对节事的理性认识和感性知识的总和。品牌是节事参与市场竞争的标签,也是一笔巨大的无形资产。节事品牌由品牌知名度、品牌知觉质量(可感知的质量)、品牌联想(关联性)和品牌忠诚度等四个因素构成。成功的节事活动品牌是一个城市的灵魂。为此,必须加

强节事品牌创造,以品牌为中心、为聚焦点,调动节事产品开发、营销等全部力量,配合品牌策略,对游客的购买认知心理与行为进行管理,掌握游客认知规律,创造强势品牌,吸引游客的眼球。

节事品牌是指具有一定规模,拥有较高的市场知名度、美誉度和顾客满意度、忠诚度,并能产生较高的经济和社会效益的旅游节事活动。它是建立在旅游资源或旅游活动的独特性上,整合旅游节事的品质、特色、名称标识、个性形象及市场影响力等要素。它是进一步巩固和拓展旅游市场,增强市场竞争力,提升旅游目的地整体形象,促进旅游目的地旅游健康、快速发展的重要因素。

二、品牌管理及品牌价值分析

(一)品牌管理

1931年,宝洁公司的尼尔·麦克罗伊建立了品牌经理制,品牌管理理论由此产生。品牌日益成为企业竞争力的主要内容,许多专家、学者和机构就对品牌管理进行了大量的研究。对于品牌管理,又有不同的看法。大部分学者均认同广义的品牌管理是一个复杂的、完整的系统体系,它贯穿于品牌的创建、品牌的维护、品牌的发展延伸。而狭义的品牌管理则主要针对品牌建立后的管理,其内涵包含以下几个方面的内容:

(1)品牌的核心及其价值。包括品牌定位、品牌的核心理念、品牌期望等。

(2)品牌战略架构。包括品牌、副品牌,品牌和副品牌的角色、关系,品牌类别和品牌延伸等。

(3)品牌的识别。包括符号、文字、风格、主题等形象因素。

(4)品牌策略。包括品牌整合传播、保护与提升等。

(5)品牌组织架构与流程。主要指品牌管理流程、品牌管理组织架构制定等。

(二)节事品牌价值分析

每个品牌都有一定的价值,品牌价值是对市场营销效果的一个重要参考指标。品牌价值评估提供了让投资者和企业内部都能够明白管理实际效果的量化指标体系。目前世界上对节事品牌的评估取向主要有两大类:第一类着眼于从消费者角度进行自我品牌分析,评估品牌强度,即品牌在消费者心目中处于何种地位。品牌评估的另一种取向则是侧重从城市或财务角度,赋予品牌以某种经济价值与社会价值,评价其对城市经济、社会的影响。

1. 经济价值

一个成功的品牌节事活动,一方面其经济价值体现在可以促进当地旅游业等相关产业发展,现代节事活动作为旅游的吸引物,是构成旅游产品体系的有机组成部分,在旅游业的发展中已发挥着越来越大的作用,促进了相关产业的发展。其包括丰富了旅游产品的结构、吸引更多游客、延长游客的滞留时间、拉长旅游旺季;另一方面,品牌节事活动的经济价值在于可以促进当地商贸洽谈,扩大投资规模,"文化搭台,经贸唱戏"是大部分节事的组织方式。节事已成为许多城市招商引资、提高城市知名度的一个重要手段,它对于促进一个地区的经济发展具有催化剂的作用。通过节事活动所搭建的平台和创造的环境,能够为会展和经贸洽谈、招商引资提供良好的条件。同时品牌节事活动刺激消费,带动就业,举办节事活动无疑会刺激城市的休闲消费,使消费需求结构升级,从而带动产业结构升级。同时节事活动的举办创造了大量的就业机会,能够带动人口就业。德国慕尼黑啤酒节期间,每年蜂拥而至的大量游客会给1.2万名打工者带来绝好的挣钱机会。16天下来,一名端啤酒的招待可以挣到5000—6000欧元。

2. 社会价值

其一,成功的品牌节事活动可以塑造和传播城市形象,城市形象是一笔不可低估的无形资产。举办节事活动就是城市形象的塑造和推广过程,参与者能够通过节事活动的各项内容,全面了解一个城市的自然景观、历史背景、人文景观和城市建设等硬件和软件,较为容易地对城市形象产生感性认识。其二,成功的品牌节事活动推动了城市基础设施建设,旅游业的开展需要相应的基础设施、娱乐设施和福利设施等作为支持。因此举办城市将会加大对基础设施建设的投入,以适应节事发展的需要。这样就带来了交通、通信等设施的扩充和完善,方便了当地居民的生活。其三,成功的品牌节事活动可以丰富市民的生活内容,城市经营的最终目的在于提高人民群众日益增长的物质文化生活水平,丰富人们的节日文化生活。其四,成功的品牌节事活动可以促进市民素质的提高,现代节事是城市树立和展示良好形象的重要契机,从政府到市民,从机关到社团,无不努力改善自身形象,提高自身素质。现代节事的举办可以优化社会环境,陶冶市民情操,提高市民素质,提升文化品位,营造良好的精神道德氛围,还可以促进市民的沟通,增进其相互了解,树立市民的文化认同。

三、节事品牌的管理

节事可以提高城市的知名度、美誉度,拉动本地的经济发展,对于城市社会、文化的发展有很好的推动作用,但是如果不对城市的节庆进行科学的规划,盲目地办节、过分地"造节",只能加重当地的经济负担,造成极大的资源浪费,给当地人民造成严重的利益损失。对节事品牌的管理,应该从宏观和微观两个层面进行。一方面,节事管理部门要对城市的节事进行规划,形成品牌系列;另一方面,对于各个节庆,节事组织者要做好品牌的日常管理,包括对品牌形象、品牌关系等的管理,同时注意品牌的危机预警、保护和延伸,保证品牌的可持续发展。

(一)节事品牌形象管理

1. 品牌形象的概述

品牌形象是消费者头脑中与某个品牌相联系的属性集合和相关联想,是消费者对品牌的主观反映。消费者将接受到的关于品牌的产品、服务、传播方式等信息进行分析,然后组织获得的就是品牌形象。也就是说,品牌形象是消费者对品牌认知的结果。

品牌形象主要由三个方面的因素构成,即认知因素、情感因素和定位因素。认知因素是指通过人体感觉器官可以直接感知的各种因素,如造型、包装、名称、商标等;情感因素是指能够激发人们产生某种情绪或情感体验,具有肯定或否定性质的各种因素,如风格、风度等因素;定位因素是指能够造就独特的价值感,在认知对象的心理上形成独立概念和地位的因素,如产品利益、产品功能、身份象征、价格等因素造就的价值感。良好的品牌形象和这三个方面因素的综合作用密不可分。

2. 节事品牌形象管理的措施

良好品牌形象的确立往往都要经过前期巨大的资金和资源的投入获得。如何使品牌永远保持旺盛的生命力，在激烈的市场竞争中稳定地生存和发展，这对现代节事来讲是又一个挑战性的难题。既然品牌形象存在老化的可能，这就要求节庆组织者要做好对节事品牌形象的维护和更新，使节事始终以良好的品牌形象展现在人们的面前，从而增强节事的吸引力。

1) 把握时代潮流，及时做好品牌形象的更新

随着社会的不断进步以及消费者的观念的不断更新，品牌形象所传达的品牌文化也必须不断地用新的元素、符号和表达方式去演绎。有影响力的品牌形象不仅仅孤立地表现产品，它所表达的文化、价值和理念是同社会文化和价值趋向联系在一起的，因此品牌形象的内涵还应不断延伸，有机融入社会整体发展和进步的潮流，从更高的境界赢得消费者的信任、支持和尊重。节事活动要常办常新，审视自己的品牌形象是否与整个社会的潮流相背离，如果品牌的定位已经与大众需求不符，或者不符合节事的发展要求，则要对品牌进行重新定位，同时塑造新的品牌形象。如果仅仅是品牌形象的视觉元素出现老化的现象，则只需要在现有品牌定位的基础上，对品牌形象进行更新。当然也不能一味地迎合大众的口味，而失去了自己的特色，要在保持自己固有特色的基础上，不断地给品牌形象注入鲜明的时代气息，让品牌始终充满活力，永远保持旺盛的生命力。

2) 做好品牌形象的传播

品牌形象管理的重要条件之一是品牌传播，没有良好的品牌传播是不可能造就独特的品牌体验的。根据传播学的原理，品牌形象传播一定要有连续性和阶段性，要巧妙地把握好节奏，在不同时段如节前、节中、节后的不同阶段，传播的焦点、强度和频率要有所区别，使传播效果最佳。做好关于现代节事的整体传播策划，按照CIS框架，即理念识别(MI)、行为识别(BI)、视觉识别(VI)，请专业人士为节事的品牌形象进行系统设计，并以此为依据展开传播，制定传播规划，抓住重点，按部就班地实施，使节事的品牌形象更加鲜明、定位更加准确，品牌内涵不断累积和增值。最好是在上届节事结束后就对下一届的所有传播工作做好计划，并立付诸实施。

此外，要运用整合营销传播策略。整合传播策略可以突显节事的品牌因素，其策略性的整合传播效果，将大于广告、报道、公关等个别规划及其执行的结果，同时还可避免个别规划传递相互冲突的信息，从而使传播效果达到最大化。

3) 提供优质的产品和服务，确保游客体验

产品本身是品牌资产的核心，也是品牌形象的重要决定因素之一。节事的本质在于为游客提供节事产品(包括服务)，因此，节事产品的质量也就成为节事品牌形象的重要决定因素。运用先进独特的服务理念，是维护现代节事品牌形象持久的有力手段，是形成服务品牌形象的关键所在。每个管理人员及工作人员都是品牌的传播者，必须强化他们的品牌形象意识和服务意识，为游客提供人性化的服务，让每个游客都乘兴而来、满意而归。要将品牌形象维护作为全员的工作重心，强化每一部门和每一名工作人员的品牌意识，让节事组织内部各部门都重视和投入品牌形象管理工作。德国慕尼黑啤酒节从1810年至今200多年的历史，是世界上规模最大、历史最久的啤酒节，也是世界啤酒节事的第一品牌，品牌魅力无

穷,品牌价值惊人。近几届慕尼黑啤酒节的参节人数一直稳定在600万人次—700万人次,其中国外游客约100万人次。

> **知识活页** 　　　**德国慕尼黑啤酒节**
>
> 慕尼黑啤酒节(The Munich Oktoberfest)又称"十月节"(Oktoberfest),起源于1810年10月12日,因在这个节日期间主要的饮料是啤酒,所以人们习惯性地称其为啤酒节。每年九月末到十月初在德国的慕尼黑举行,持续两周,是慕尼黑一年中最盛大的活动。
>
> 慕尼黑啤酒节与英国伦敦啤酒节、美国丹佛啤酒节并称世界最具盛名的三大啤酒节。慕尼黑啤酒节在一个叫Theresienwiese的地方举办,巴伐利亚方言简称为Wiesen,意为牧场。每年的数量维持在600万人次—700万人次。其中很多游客都来自外国,主要来自意大利、美国、日本和澳大利亚。近些年来,啤酒节上新增了传统服饰游行,很多游客都穿上传统的皮裤和紧身连衣裙盛装加入到游行队伍。
>
> (资料来源 http://baike.haosou.com/doc/5390263-5626897.html)

(二)节事品牌关系管理

1. 品牌与游客关系管理

对节事品牌关系的管理,实质就是通过互动和交流,与游客建立一种非交易关系。其目的就是促使游客形成对节事的良好印象和评价,提高节事品牌在市场上的知名度和美誉度,保证品牌的成功。

首先要分析可能的客源市场,积极搜集客源市场的信息,科学地进行节事客源市场细分、目标市场选择与市场定位,并根据其对节事的需求特征采取相应的宣传促销措施和节事活动组织,要不断地把节事信息传递到客源市场,实现潜在参与者向现实参与者的转变,并借助媒体把客源市场的需求状况调查清楚。这种双向沟通的方式可以增强游客参与的积极性,同时及时反馈意见,对节事产品的改进也会起到参考作用。节事结束之后,需对各客源市场的游客数及贡献做出统计,并参考以往资料找出客源市场的变化情况,分析可能的原因以及影响因素并要采取措施消除消极因素,保持重要客源市场的稳定。

2. 品牌与员工关系管理

工作人员处在节事活动一线,工作人员的能力和积极性会直接影响到节事品牌的形象,友善、热情、善解人意、形象良好、彬彬有礼的服务人员能为游客留下深刻的印象。品牌的员工关系管理就是在认识到节事产品特色的基础上,为满足游客的需要,把员工视为内部顾客,确保服务人员在与游客接触时都能让游客感受到品牌的核心价值。品牌的员工关系管理实质上就是品牌的内部营销管理。为了有效地实施员工关系管理,要做好对工作人员的技能培训,牢固树立游客导向的服务观念;充分尊重工作人员的服务性劳动,从物质和精神两个方面做好激励;精心培育节事的服务文化,从根本上激发工作人员对优质服务的追求。

3. 品牌与参节企业的关系管理

随着商贸活动在节庆中地位的不断提高,参节的企业和经营个体也成为节事品牌的重要创建者。需从两个方面管理品牌与参节企业的关系:一是品牌服务于企业,政府应发挥引导和带动作用,承担搞好城市环境整治、改善交通和旅游接待条件、给节事活动搭好舞台等任务,同时加强节事内容的设计、组织协调和整体促销宣传,创造足够的"热点"、"卖点",打造节事品牌,吸引游客,开拓商机。二是企业支持品牌,参节企业为游客提供产品和服务,从一定程度上能体现品牌质量和形象。管理者在为参节企业做好服务的同时,要帮助厂商解决经营过程中的困难;严格按照国家法律法规和节事的各项规定,做好监督检查;进一步完善对参节厂商的业绩考核和资格准入制度,建立参节企业资料库,出现坑害消费者和安全事故的厂商要严惩不贷,取消参节资格,增强参节厂商的诚信意识、竞争意识、自律意识。参节企业应明确自己的主角地位,树立主人翁意识,强化经营理念,全面了解节事的内容、安排、影响力、辐射力以及自己企业、产品可以获取的收益等,尽可能地调动自己的资源,主动支持、参与节事活动。

4. 品牌与社区居民的关系管理

节事活动实际上是一个参与性极强、体现人与人广泛交往的社交文化活动,通过节事这个载体,为社区居民之间、社区居民与游客、游客之间的社会文化交往提供了一个活动空间,无形中促进了社区开发。社区居民与节事在各个方面都有着密切的相互作用。无论从职能作用来分析,还是从利益相关来考虑,社区居民群体对节事活动的发展都起着重要、长远的作用。节事的举办牵扯到方方面面的利益,单独依靠管理和经营部门很难保证节事活动能顺利地进行,社区居民始终是节事活动策划开发的主体,所以节事活动主办地需要通过宣传和提供相应社区福利,来提高社区居民的参与积极性和主人翁意识。

(三)节事品牌危机管理

品牌的危机管理是指在品牌经营过程中针对该品牌可能面临或正在面临的危机,包括危机防范、危机的处理及危机的利用等一系列管理活动的总称。由于品牌危机具有意外性、紧急性和危险性,品牌危机管理具有不确定性、应急性和预防性,所以应对品牌危机主要应从危机预警和危机处理两个方面入手,既要从建立品牌危机预警系统入手,做到未雨绸缪,又要建立快速反应机制,一旦遇到危机,立即化解,将损失减到最小。

1. 节事品牌危机预警

为了能够及时处理现代节事品牌危机,预防、避免危机,需要建立品牌预警管理系统。品牌预警管理的实现能够使节事品牌资产的不安全状态、品牌管理过程中的不安全行为和不安全管理过程以及品牌环境的变动情况处于被监视、解释、诊断和预警的监控之下,保证品牌资产安全以及防止、制止、纠正不安全管理行为和不安全管理过程,规避环境变动的不利影响,进而避免品牌危机的发生,从而实现品牌资产的安全以及品牌管理活动的秩序和效率。现代节事品牌危机预警系统应包括以下几个方面:

1)组织机构

建立健全品牌危机预警的组织机构是品牌预警管理系统功能发挥的基本和必要保证,是对品牌不安全现象进行识别、预警和控制的保障。组建一个具有由较高专业素质和较高领导职位的人组成的品牌危机预警小组,落实责任人。该小组负责建立监测网络及预警措施,制定和审核品牌危机处理方案,清理品牌危机险情,一旦发生品牌危机及时予以遏制,减少危机对品牌的危害。

2) 监测系统

监测系统是用来及时收集相关信息并加以分析、研究和处理,查漏补缺,全面清晰地预测各种节事品牌危机情况,评价安全状态、监测影响品牌安全的外部环境和内部条件以及品牌的不安全现象,并对其进行识别、诊断、评价,及早发现和捕捉品牌危机征兆,为处理潜在品牌危机制定对策方案,尽可能确保品牌危机不发生。

3) 评价指标体系

通过监控品牌的关键指标,及时掌握品牌的现状。评价指标体系作为测评品牌安全状态的手段,能够从不同层面、不同角度进行检查、剖析和评价,找出薄弱环节,及时采取必要措施予以纠正,从根本上减少乃至消除发生品牌危机的诱因,从而支持监测系统,并使该系统高效、客观和科学。

(1) 品牌知名度。

品牌知名度指的是节事品牌在消费者心目中的认知度与突出性,对某些产品来说它就是购买的驱使力。知名度更多的是一个定性的指标,它的评估层面包括品牌认知、回想提及率、品牌独占性、熟悉性等等,是品牌的重要资产之一。

(2) 品牌美誉度。

节事品牌美誉度是指节事获得公众信任、支持和赞许的程度。相对于知名度这个量的指标,品牌美誉度是一个质的指标。节事品牌的美誉度越高,越能产生口碑效应,从而促进节事的发展。美誉度的评估可以通过对游客针对节事品牌形象、服务质量、活动内容的设计、创新性等方面的评价获得。

(3) 品牌忠诚度。

消费者能够持续地购买使用同一品牌,即为品牌忠诚。节事要长足发展,就要使企业和游客通过参节对它产生好感,并坚持重复参与,形成品牌忠诚。对于节事品牌忠诚度的评价可以用游客的重复参节次数、游客的满意度、对价格的敏感度、对其他节事的态度等指标来衡量。通过现场填写调查问卷,以此来监测他们对节事品牌的忠诚程度。

除了建立品牌预警系统,节事组织者还要做好对全体工作人员的培训,预先进行品牌危机培训。节事涉及的面较广,参与的组织和部门较多,此外还有众多社会群体和个人。宣传部门应建立并维护良好的媒体合作平台,定期与媒体进行沟通,获得媒体的信任与支持,注重平时加强与相关方面的联系和沟通,一旦出现危机迹象,能够在第一时间内获取相关信息,及时果断地采取措施;即使已经处于危机之中,也可以通过提高沟通效率,缩短危机时间,减少损失。

2. 节事品牌危机处理

尽管建立了品牌预警系统,但是由于外界环境变化较大,或者预警系统出现疏漏,还是有可能发生品牌危机。这时候,节事管理者要尽快对危机做出反应,及时处理,将危机对品牌的破坏降到最低。

1) 节事品牌危机

（1）品牌形象危机。

品牌形象危机是反宣传事件而引发的突发性品牌危机。反宣传一般有两种：一种是对品牌的不利情况的报道（情况是属实的），如节事的举办污染环境等报道；另一种是对品牌的歪曲失实的报道。对这些传闻和报道如不加以及时处理，对品牌形象十分有害，会导致公众对品牌丧失信心。

（2）品牌质量危机。

品牌质量危机是指由于企业自身的失职、失误，或者内部管理工作中出现缺漏，而造成产品在质量上的问题，从而引发的突发性品牌危机。节事品牌的质量表现在两个方面：产品和服务。节事活动粗制滥造，缺乏创新，会让游客失望而归。另外，许多节事依托一定的资源而举办，如商品产品、物产特产等，若出现质量问题，同样让人扫兴。节事期间人流、物流集中，管理协调困难，加上出现内部管理失误、外部条件限制等因素，可能造成交通拥塞或食物匮乏等现象，造成了游客对服务的不满，引发突发性品牌危机。这类危机的直接后果是公众不信任感增加，品牌美誉度遭受严重打击。

（3）品牌行为危机。

品牌营销理论认为，品牌活动的惯性思维有可能导致品牌行为危机，并影响品牌活动偏离正确的发展方向。我国不少城市的节事属于跟风模仿，缺乏科学的调研和规划，缺乏长期统一的思路；没有立足本地文化和本地资源创办，节事主题和内容雷同，造成了品牌的行为危机。

2) 节事品牌危机管理

（1）成立危机公关小组，控制危机蔓延。

组建危机管理小组，全面、清晰地对各种危机情况进行预测；制定危机管理有关的策略和步骤；监督有关方针和步骤的正确实施；对全面工作进行指导和咨询。品牌危机管理小组的关键作用在于尽可能避免危机的发生。危机管理小组应该由行政人员和沟通专家组成，拥有足够大的权力和尽量小的规模，以保证在危机处理中有最快速的反应。

（2）及时、正确地与媒体进行沟通。

正确地与媒体及公众进行沟通，是品牌危机管理的关键所在。建立统一品牌危机事件处理的发布渠道，必要时请政府相关部门出面，在第一时间以坦诚的态度出现在媒体和公众面前，高姿态地化解各方冲突，以得到媒体的支持，避免出现不利于品牌的猜测，控制危机事件对品牌带来的损失，维护节事品牌形象。

（3）迅速查明真相，控制事态。

节事组织者要迅速查明危机的起因，主动承担责任，表现出对受害方的人文关怀精神，最大限度地减少对游客的伤害。同时，要及时把进展和处理措施公布于众。既要让节事工作人员了解实情，及时改变工作方法或改善服务态度，避免同样的错误发生；又要让公众了解组织者的真诚态度，避免对现代节事品牌产生负面的影响。

（4）化解危机，重塑品牌。

品牌危机得到解决还不是品牌危机管理的结束。只有当节事的良好声誉和美好声望重新建立，节事品牌再度得到社会公众的理解与支持，品牌危机才谈得上真正转危为安。节事组织者一方面要采取有效对策，改变媒体的负面报道在游客心目中的影响，使节事活动顺利进行;另一方面要把握时机重新塑造节事的品牌形象。**重塑节事品牌**,要进一步深化全员危机意识,有效地规范组织行为,并为下一次可能的品牌危机做好准备,同时要对负面报道内容实施重新定位,扭转不利形象,同时加大宣传力度,让游客和公众感知节事品牌的新形象,实现重塑品牌的目的。

(四)节事品牌保护的基本策略

近年有多家展览公司打着"大连国际服装节"、"广州服装展销会""海宁皮草节"等的旗号,在全国部分城市举办服装展览会,给相应的节事品牌安全带来了极大的威胁。品牌是节事的生命,节事组织者应采取一切可能的措施保护节事品牌,使之不受侵犯。对品牌进行保护不仅是依靠法律进行保护,还包括品牌的法律保护、品牌的经营保护、品牌的创新保护及品牌的行政保护等。

1. 获取品牌专有权,采用法律手段

要有效保护品牌,必须引入法制轨道。要进行节事品牌的法律保护,首先要取得品牌专有权。而注册是取得品牌专有权的唯一根据,未注册的品牌不享有专有权,不受法律保护。品牌的核心是商标,商标在传播媒体中展示的频率最高并具有法律效力。节事组织者可以充分利用新《商标法》的规定,采取类别宽、地域广、服务商标与立体商标并举的商标注册策略,并重视商标保护的国际惯例。除了品牌名称、品牌标识和商标外,还有一些要素对节事品牌的形象具有非常重要的意义,如节事的定位主题语等,这些已经成为节事品牌资产的重要组成部分,同样需要加以保护,以维护品牌形象的一致性。

2. 维持品牌个性,坚持不断创新

现代节事品牌的生命力在于创新。唯有创新,才能维持品牌个性,从而提高品牌的资产价值,维系游客对品牌的忠诚度。节事品牌的创新保护策略包括以下几个方面:

1)文化创新

节事品牌文化的创新就是要形成具有节事自身特色的文化,不断丰富品牌的内涵,为其发展不断注入新的活力。节事文化创新,不能仅仅停留在节事表层的物质硬文化,必须在以节事特色为核心的精神文化的推动下进行。

2)服务创新

在品牌竞争日趋激烈的背景下,通过不断增加消费者所看重的服务以突出与对手的差异化,可以在较高程度上满足消费者的欲望,提高顾客满意度与品牌忠诚度。现代节事产品最重要的内容就是服务,节事的品牌经营创新最重要的就是服务创新,主要包括突出节事的特色和开发新的项目。

3)管理创新

传统品牌管理的指导思想在于提供服务,吸引和争取顾客,每次交易价值的最大化以及提升品牌资产,随着经济环境迅速、急剧的变化,传统的品牌管理急需创新。在现在的品牌管理中,节事组织者应该更加重视游客的价值,更加重视品牌与各种利益相关者之间的关系管理。

3. 发挥政府职能,实行行政保护

1)制定政策,实施名牌战略

中央和地方各级政府对品牌的保护,要在政治、规划、纲要上积极提倡鼓励和推动品牌

战略的实施,从而在总体上提供了品牌保护的大环境。

2) 总结推广成功经验

政府可以利用宏观决策和宏观管理的职能优势,总结成功节事品牌的经验,并进行交流和推广,从而推动品牌战略更好地实施。

3) 对创建节事品牌进行具体的扶持和帮助

随着节事的市场化,政府在组织节事活动中"主办者"的地位逐渐改变,但是政府应该给予节事品牌创建一定的支持,如资金、交通、电力能源、基础设施等方面,政府出面进行各方面的协调,解决具体问题和困难,极大地支持节事名牌战略的实施。

4) 加强监督,认真执法

政府不仅要从正面积极引导和推进节事品牌战略,而且要从反面对出现的利用节事品牌造假的行为进行严厉打击。政府各有关职能主管部门应协同配合。

4. 注册域名和网络实名,防范网络侵权

目前,许多节事都有自己的网站,不少节事品牌的域名和网络实名被抢注。域名是一种技术参数,是指互联网上网站的网址。域名抢注就是取用他人的品牌、注册商标号或者盗用知名人物的名字在互联网上注册。由于品牌与注册商标关系到一个节事的生存和发展,所以保护域名在一定程度上就是保护品牌和商标注册。作为一种无形财产,网络域名和实名虽然也受到保护,但不得侵犯他人的在先权利,如商标权、名称权、名誉权等。现在网络上节事活动的宣传特别多,即使注册也难保万无一失,为此必须注重保护自己的实质权利,如名称权、商标权等,形成自己的实体在先权利,才能更好地对抗网络侵权。

(五) 节事品牌的延伸

虽然不少现代节事的品牌知名度越来越高,影响力越来越大,但还需要继续做大做强,向国内一流甚至国际知名的节事品牌的目标迈进。考虑节事品牌的发展也是节事品牌管理的重要内容。节事品牌的延伸与可持续发展能够充分发挥品牌优势,是现代节事管理的重要部分。

1. 节事品牌延伸

1) 品牌延伸

所谓品牌延伸,就是指一个品牌从原有的业务或产品延伸到新的业务或产品上,多项业务或产品共享同一品牌。品牌延伸是多元化经营者面临的最重要的战略问题,企业经营战略的核心和目的就是品牌战略,而品牌延伸是品牌战略的重要内容之一。品牌延伸分为品牌水平延伸与品牌垂直延伸两种方式。品牌水平延伸是指在不同的品牌范围内进行品牌线或产品线的延伸,品牌跨越不同行业,覆盖不同品类的延伸;品牌垂直延伸则是指品牌在既有品牌范围内扩充品牌线,是在本行业间的上下延伸。品牌延伸有一个长度和速度的问题,如果不顾客观实际情况,盲目地、无限度地进行品牌延伸,会使企业跌入品牌延伸的陷阱,从而给企业带来较大的不利影响。

2) 节事品牌延伸的实施要点

当节事品牌逐渐发展成长为一个强势的品牌,具有鲜明的个性、丰富的品牌联想和很高的品牌知名度、品牌美誉度和品牌忠诚度,自然会产生一种"爱屋及乌"的情感效应,这种情感效应成为品牌延伸的有力武器,节事组织者应当不失时机大胆而理性地进行品牌延伸和扩张,迅速而稳健地壮大自己。对现代节事品牌来说,最重要的是形象和个性,而品牌个性的前提是品牌概念的统一性,如果一个节事品牌由于众多活动的差异而导致品牌无法在公众心目中建立起统一概念,那么这种品牌延伸就不可能取得成功。品牌统一的概念来自于风格与形象的接近与相似,来源于品牌核心价值的"神似"而非具体产品形态的"形似"。

(1) 品牌核心价值。

成功的节事品牌都有其独特的核心价值,若这一核心价值与基本识别能包容延伸产品且产品属性不相冲突,就可以大胆地进行品牌延伸。随着旅游者的日益成熟及其需求层次的提高,人们对品牌的信赖越来越表现为对节事文化与理念的认可。

(2) 节事产品的关联性。

节事品牌的成功,说明节事品牌形象在旅游者心目中既成为了节事活动的替代物,又成了节事文化的代表。当进行品牌延伸时,要考虑新节事产品与原有产品之间的关联性以及新节事产品与品牌的兼容性。品牌联想指记忆中与品牌相连的每一件事,品牌联想源于企业的品牌传播、口碑和消费者的品牌体验。美好的、丰富的品牌联想,意味着品牌被消费者接受、认可、喜欢及市场上的差异力和竞争力等,增强了消费者的购买信心,极大地丰富了品牌的价值和品牌资产。品牌通过延伸后,可在一定程度上把品牌联想转移到产品上,创造延伸产品的联想。

(3) 游客需求。

节事品牌的形成过程就是游客对节事的价值、文化等方面认知的趋同化和一致化过程,而社会公众接受品牌的过程实际上是一种情感上的偏爱形成过程。这种偏爱就是产生了品牌与节事活动特点、个性、定位之间的对应关系。现代节事品牌的延伸一定要立足于游客的需求,在充分调查游客需求的基础上进行延伸。世界已进入休闲旅游时代,参节游客的主要目的就是要追求一种独特的休闲氛围。因此,只要有助于营造这种气氛的活动,如文艺演出、艺术巡游、体育竞技、旅游活动、游乐活动等也都可以延伸,以增加节日的娱乐性和感染力,营造市民狂欢节的氛围。

(4) 品牌文化内涵。

节事产业是一个综合性产业,需要有关联行业与之配套服务,所以,不能孤立地办节,要办成一个多功能、产业化的节事,通过发掘内涵和扩大外延,进一步发挥节事的产业带动作用,发挥节事的综合效益。节事期间,可穿插进行各种相关展会,延伸节事产业链,强化节事的积聚效应和宣传效应;可以通过旅游市场的专业化运作,从吃、住、行、游、购、娱等方面与之配套,让游客在参节的同时吃"套餐",配套进行系列旅游活动,促进城市旅游业的发展。

(5) 品牌延伸的时机。

品牌延伸的时机并不是越早越好。在市场发展的早期,品牌延伸相对于新品牌获得的市场份额要小,生存的可能性也弱。这是因为在市场引入期风险较大,如果产品失败,品牌延伸就会损害到母品牌的形象,品牌延伸应适当延后。节事品牌延伸是为了达到节事做大做强的目标。对市场竞争格局的理性认识,可以降低品牌延伸的决策风险,增大延伸成功的机会。一般说,在节事产品的成长期及成熟期的前期,比较适合进行品牌延伸,但如果节事产品已进入成熟后期特别是衰退期,则应该谨慎使用品牌延伸。从品牌资产的角度来说,强势品牌是品牌延伸成功的基础。在进行品牌延伸必须在原有品牌成熟并且在消费者心目中形成了一定的知名度和美誉度之后才能进行,否则,非但不能达到品牌延伸的初衷,还会模糊原有品牌定位,淡化其核心价值,最终导致品牌建设的失败。

总之,品牌延伸像一把双刃剑,运用得当,可以使新产品搭乘老品牌的声誉便车,一荣俱荣;运用不当,则易掉进延伸陷阱,使整个品牌战略一损俱损。因此,只有权衡利弊、审时度势,合理把握延伸界限,才能规避风险、克敌制胜。

(六)节事品牌的可持续发展

节事产业在各地的发展方兴未艾,在推进城市经济发展和全面建设小康社会中的作用越来越凸显出来。但一些地方的节事文化活动呈现浮躁、无序、低效的态势,特别是真正实现节事的产业化还有很长的路要走。一些老牌的节事在长期的经营实践中,取得了骄人的业绩,积累了丰富的经验,并树立了一定的信誉和形象,但其中有相当数量的节事在旅游业飞速发展,竞争日趋激烈的背景下,品牌虽创立已久,却还没有得到应有的发展,有的甚至在创办节事的浪潮中逐渐陨落。以节事品牌为发展方向必然要求在节事经营中,突出一种超前意识,保证节庆品牌战略制定的科学化,逐步实现从节事品牌的可持续发展。

1. 可持续发展理念的内涵

1)可持续发展的含义

世界环境和发展委员会于1987年发表的《我们共同的未来》(Our Common Future)的研究报告中,对可持续发展的定义为:"既满足当代人的需求又不危及后代满足其需求的发展。"可持续发展观强调的是经济、社会和环境的协调发展。

2)可持续发展的目标体系

可持续发展是一个多层次的多元构成的目标体系,主要包括生态环境可持续性、社会可持续性和经济可持续性三个方面。

(1)生态环境可持续性。

生态环境可持续性指在一定限度内维持生态系统的生产力和功能,维护资源和环境基础,保护其自我调节、正常循环的能力,增加生态系统的完整性、稳定性和适应性。

(2)社会可持续发展性。

社会可持续发展性就是利用最小的资源成本和投资获得最大的社会效益,长期满足社会和人类的基本需要,保证资源和收益的公平分配。

(3)经济可持续发展性。

经济可持续发展性指用最小的资源成本和投资获得最大的经济效益,同时保证经济效益的稳定增长,防止任何急功近利的短期行为。

可持续发展三方面的目标,存在着对立统一的关系。生态环境可持续发展是经济可持续性的基础,没有生态环境的可持续性便没有了经济的可持续性;没有经济可持续性,生态环境的可持续性便失去了经济目的和动力;而经济的可持续性和生态环境的可持续性是为了满足社会的需要,社会可持续性的实现有赖于生态环境和经济的可持续性。

2. 节事品牌可持续发展的思考

1) 建立节事保障机制

(1) 节事管理机构。

设立专门的节事管理机构,加强节事品牌的宏观规划。机构负责拟定区域节事发展战略,编制中长期发展规划和年度计划;制定和建立行业规则、节事资质认证制度、节事等级认证制度、节事安全卫生责任制度、节事服务评估制度,节事统计体系等规章制度,规范节庆文化经营企业行为,维护节事市场秩序;组织指导全市节事的整体形象的对外宣传、促销和对外交流与合作;对节事产品质量实施管理、监督和检查,负责各类数据的收集和统计报送工作,作为节事规划管理的依据。

(2) 节事专项资金。

节事管理机构应建立节事专项资金制度,确保现代节事的成长。总体来说,应该在政府的扶持下,开辟多种投融资渠道,形成风险共担、利益并存的多元化格局。基金应来自两个方面:一是政府财政,政府根据每年所需节事费用预算拨款,构成节事基金的基础;二是节事收入预留。目前许多节事都是经济性节事,随着节事的市场化,节事活动的收入越来越多。可以将这些收入按一定比例预留,用作节事基金。另外,要加强基金的管理,坚持节俭办节。建立基金使用管理制度,根据节事性质、参与节事活动人员的规模、经济文化活动的内容等需要,合理拟定费用开支预算,并报管理部门审批。

(3) 后勤保障体系。

节事期间,人群大量聚集,游客参节最基本的是要做到安全,包括交通安全、卫生安全、人身安全、财产安全等。要确保节事活动的顺利进行,必须建立后勤保障体系。后勤保障体系涉及交通运输部门、商业部门、文化部门、环境卫生部门、金融部门、公安部门以及其他服务部门,较为复杂。对后勤保障体系的建立,当地政府要给予人力、物力上的支持。

(4) 人才队伍建设。

节事的组织需要大量综合性人才。随着节事面临激烈的市场竞争,抓好人才队伍建设,稳定人才队伍,调动人才的积极性、创造性,充分发挥人才的作用,是实现节事可持续发展的重要举措。

其一,多渠道选拔高素质的节事人才,在竞争日趋激烈的今天,只有大力引进节事发展所需的各类人才,才能促进节事的发展。与高校、企业、社区组织紧密合作,通过组织学生实习、广泛开展志愿者活动、优秀人才借调或高校推荐等方式,多渠道选拔人才。这样一方面可为节事提供、储备高质量的人力资源,更重要的是能够渲染城市的节事气氛,提高全社会的关注和参与程度,提升市民素质。

其二,建立激励机制,调动人才的积极性和创造性。节事要在竞争中求发展,需要有一支稳定的人才队伍,通过建设有效的激励机制,留住人才,调动人才的积极性和创造性,对节事活动能在激烈竞争的市场下更好地生存和发展,意义尤其重要。管理者应当了解人才的差异性需求,实行个性化激励。

其三,树立服务意识,加强节事人才的培训。节事要求工作人员有较强的服务意识。对现有人员通过淡季业务培训、外派进修等方式,进一步提高他们的业务水平和服务意识。培训要在需求分析的基础上,做到有的放矢,针对不同层次的人才涉及不同的内容,知识与实

务相结合,使他们的专业知识更全面。

2) 建立和完善节事产品开发与创新体系

创新是品牌能够长久延续下去的内在动力。成功的节事活动首先要具备创新性,这样才能保证节事活动的持久生命力。没有人喜欢年复一年地参加同样的活动;其次,成功的节事活动还要让每个人都能从中找到乐趣,这样才会激发人们的兴趣,增强节事活动的吸引力。成功的节事举办需要放眼世界,学习发达国家的先进经验,研究现代节事产业运作已经形成的比较成熟的国际惯例,同时要立足于中国的社会环境,建立适合我国国情的节事产品开发和创新体系。

3) 强化节事品牌的文化内涵

文化认同成为节事成功举办的重要社会基础,也是现代节事得以可持续发展的关键因素。德国慕尼黑啤酒节开幕时,巴伐利亚人身穿民族传统服装,载歌载舞,与世界各国游客狂欢,浓郁的民族性文化内涵已成为它的一个很好的卖点,得到了来自不同地域、不同文化的各国游客的共识。慕尼黑啤酒节是世界公认的规模最大、影响力最深远的节日之一,历经百年的发展仍长盛不衰就是见证。

我国不少节事的经济、文化结合力度不够,文化内涵尚有待挖掘。且不说硬件上缺少民族特色,就软件而言,整体上文化层面的东西还不够。国内外游客不辞辛苦地前来参节,不是为了欣赏并不地道、正宗的异域风情,而是为了感受和体味中华传统文化的源远流长、地方文化的鲜明独特。当前,节事组织者应注重两个方面的节事文化开发:一是针对不同的文化消费需求和文化消费特点着力开发贴近老百姓生活、唤起民族感情的节事文化,使节事文化真正成为"大众的文化"、"民间的文化";二是注重开发市场竞争力较高、效益较好的节事文化形式,并努力增加现代科技含量,抢占世界节事文化产业的制高点。

4) 建立市场化的节事运作模式

从可持续发展的观点看,不考虑投入与产出、成本与利润的节事,其生命力必不长久。节事活动必须遵循市场规律,注意成本与利润、投入与产出的理念,建立"投资-回报"机制,吸引大企业以及媒体的参与,通过出色的市场化运作,形成"以节养节"的良性循环发展模式。

目前,我国大多数节事活动仍属政府行为。这种模式往往很难对市场需求做出及时准确的判断,结果极易搞成"政绩工程"。另外,大规模的政府投资一般也很难把握和注意资金的使用效率,从而导致节事活动成本过高,政府节事财政负担过重。企业被动地接受政府主导,经济利益无法保证甚至根本没有经济利益。企业也会对办节丧失热情和信心。面对现代节事产业发展存在的种种问题,需未雨绸缪,审慎思考,从战略高度和体制选择上尽早制定应对之策。必须改革计划性的节事文化管理体制和运行机制,理顺政府、企业和市场的相互关系,实行以市场化为取向的体制创新。在市场经济条件下,完全由政府承担节事产业的经营,与其职能不符。改变传统办节方式,大胆尝试市场运作,将更多的职能分解给企业、市场和社会,才能赢得民间资源应有的投入和聚集,提高经济效益和社会效益,这是解决庞大的节事资金投入,寻求节事可持续发展的最佳途径。因此,举办节事活动,只有按经济规律办事,自觉引入市场机制,变行政主导为市场主导,由"官办"模式转变为市场运作模式,才能办成开放性的节会,才会有生命力。政府、经营者、市场三者良性互动,发挥各自功能,承担各自职责,推动节事文化向着结构优、特色强、品位高、效益好的方向协调发展。

5)加强节事合作

随着节事市场竞争日益激烈,不少节事活动不再"单打独斗",而是同其他节事或旅游活动合作,做好区域联动,共同吸引客源,实现做大做强的目标。

其一,借鉴国外成功节事的办节经验,不断提高办节水平。

其二,加强与城市其他节事的横向联系,共同做好宣传推介,吸引周边城市和地区的群众参加节事活动,形成优势互补、共同发展的态势。

其三,加强各行业之间、行业内各企业之间、各旅游景点之间的联动,共同打造节事品牌。

如上海旅游节从1990年起举办,至今已二十余载。活动从每年九月的一个周六开始,历时二十余天,涵盖了观光、休闲、娱乐、文体、会展、美食、购物等几个大类近四十多个项目,每年吸引游客超800万人次。同期活动还包括旅游节开幕大巡游、花车巡游暨评比大奖赛、上海旅游节摄影大赛、玫瑰婚典"乐游金秋上海 畅享多重优惠"活动、浦江彩船大巡游、上海邮轮旅游节、国际音乐烟花节暨上海旅游节闭幕式等大型综合节事活动。多达61家各类景区(点)集中推出折扣优惠活动,满足游客的消费需求。实现了各个产业的联动,扩大了品牌的辐射范围和品牌地位。

本章小结

(1)旅游节事需要围绕着某一特定的主题,在某一特定时段展开主题突出的系列活动。主题的选择必须和当地的、人文、物产、城市形象相匹配与吻合,不做"无源之水,无本之木"。这样的主题策划才能保证新颖的内容安排,从而打造强势的旅游节事活动品牌。

(2)节事的主题策划方法包括"旧瓶装新酒"模式、"无中生有"模式、"拿来主义"模式以及"节外生枝"模式。

(3)对节事品牌的管理,应该从宏观和微观两个层面进行。一方面,节事管理部门要对城市的节事进行规划,形成品牌系列;另一方面,对于各个节庆,节事组织者要做好品牌的日常管理,包括对品牌形象、品牌关系等的管理,同时注意品牌的危机预警、保护和延伸,保证品牌的可持续发展。

核心关键词

festival tourism theme location	节事旅游主题定位
context and geographical position	文脉地脉
festival brand	节事品牌
crisis management	危机管理
sustainable development	可持续发展

思考与练习

1. 试述节事的主题策划方法。
2. 试述旅游节事活动主题定位理念。
3. 试述节事活动主题策划的环节。
4. 结合实例,谈谈我国节事旅游国际化品牌的道路该如何走。
5. 结合一个国内节事品牌,讨论其可持续发展的成功经验。

案例分析

2010年云南丽江雪山音乐节

为了打造原生态音乐文化品牌,加强对原生态文化的保护,作为云南省乃至全国历史上的第一个大型户外音乐节——雪山音乐节始终都把原生态音乐、世界音乐作为其自身的品牌运作核心。始于2002年的丽江雪山音乐节,是中国最早的大型户外音乐节。直至该届,音乐节已经成功举办了三届,而雪山音乐节这一品牌早已根植在广大乐迷的心中,在国内音乐节市场里拥有不可或缺的地位。2010年雪山音乐节于10月3、4、5日在云南丽江束河古镇举行。

该届音乐节继续推动中国民粹摇滚,发掘原生态最美之声,聆听多元化世界音乐。同时,雪山音乐节2010年扩大成为涵盖当代艺术、独立影像、先锋话剧等多种艺术门类的盛大活动。

2010丽江雪山音乐节是中国首次举办以整个古镇为场地,集中国新生代民谣,即将消失的古老声音,融合多元化世界音乐为主题的音乐节。音乐节期间,束河古镇内同时举办多种观众参与互动的艺术演出、展览、创意集市等等。音乐节致力于推动中国音乐节与观众的亲密交流,让观众在这三天时间内每时每刻都沉浸在音乐艺术氛围和节日狂欢气氛中。音乐节期间,整个束河古镇施行半封闭制,街道、广场、酒吧、咖啡馆等等,都会成为舞台、展厅或剧场。届时的束河古镇各处都在上演着不一样的精彩。

音乐节在今天的中国,已经不再神秘。2002年,当丽江雪山音乐节作为中国第一个大型户外音乐节闪亮登场时,8年后,音乐节在整个中国四处开花,而在四处开花背后,一个新问题出现了:雷同的结构与内容,相似的主题与风貌,久而久之,带给大家的除了短暂的欢乐外,增加了一份因重复引发的审美疲劳。

基于此,2010丽江雪山音乐节本着突围的原则,在充分吸收国内外大型户外音乐节优点,承丽江雪山音乐节特色外,推陈出新,希望通过2010年的音乐节带来大家一个完全不同的感受。音乐方面,该届丽江雪山音乐节有多个露天和室内舞台。四方听音广场——新民谣,茶马迎宾广场——融合音乐,青龙桥边晒谷场——原生态与世界音乐。老狼、小娟和山谷里的居民、林一峰、顶楼的马戏团、李志、二手玫瑰、痛仰、周云山与废墟、苏阳乐队、周云蓬、吴吞、马木尔、张佺、钟立风、旅行者乐队、张玮玮与郭龙、叶尔波利、刘二等几十位音乐人、乐队与国内外几十支原生态音乐家、乐团,在2010年丽江雪山音乐节的多个露天场地等待观众的检阅。

与露天场地的群星闪耀,热闹喧嚣相比,室内舞台则充满了十足的时髦与"冒险"气息。电子音乐节拍舞动束河之夜,著名DJ每日打碟至凌晨;实验音乐部分,则由万晓利、王凡、宋雨哲、梁弈源和李带果等领衔;即兴舞台,则由音乐人们随意组合。在丽江,无论是以工作身份出现在音乐节上的音乐人或媒体人员,还是以消费者身份出现在现场的歌迷、游客,其身份都呈现出不同程度的"错位"。强调音乐家与乐迷的互动性和参与性,也是深夜即兴音乐节,也不是只有音乐。2010丽江雪山音乐节不只有音乐,它是多种艺术形式的融合体。该届雪山音乐节除音乐部分外,特别策划制作了音乐节艺术展,具体艺术门类包括:当代艺术(新生代艺术家以架上、装置、行为和其他新形式表现的艺术作品)、影像(纪录片和视觉艺术片)、舞台(小剧场话剧和现代舞)三大类。当然,还有包括创意市集、LOMO影像、涂鸦墙、音乐超市、户外营地等多项让大家可以亲身参与的活动,更为本已多彩的音乐节生活增添了更多的乐趣与惊喜。

2010年第四届雪山音乐节,一场全新形式的音乐狂欢,一曲万众期待的雪山盛宴,空前绽放在云南丽江的雪山脚下。

问题:

1. 作为中国最早的户外音乐节,雪山音乐节是如何进行主题策划的,其节庆形象应该如何定位。

2. 2010届雪山音乐节是如何打造其品牌形象,同时收集各届雪山音乐节相关资料,试为最新一届音乐节设计主题,并论述其保持品牌可持续发展的思路。

第八章

节事活动的营销策划

学习导引

节事活动营销是指在节庆和特殊事件期间,利用消费者的节事消费心理,综合运用广告、公共关系活动、公演、现场售卖等营销手段,进行产品、品牌推介活动,旨在提高节事产品的销售力,提升和带动节事旅游品牌形象发展。节事活动营销有两层含义:一是节事是一种很好的营销载体,二是节事本身需要推广营销。节事活动本身就是一种十分有效的宣传推广营销方式。

学习重点

通过本章学习,重点掌握以下知识要点:
1. 市场营销策划概述;
2. 目标市场分析;
3. 营销策划方案的设计;
4. 公共关系策划和宣传推广。

第一节 市场营销策划概述

一、市场营销与营销策划的概念

（一）市场营销概念的产生与演变

要了解营销策划，必须先清楚什么是市场营销。市场营销的含义在不同的时期有着不同的表述。在市场营销产生之初，第二次世界大战前的 30 年，"市场营销"同"推销"或"促销"的含义是通用的，并无重大区别。自 20 世纪 50 年代以来，随着市场营销实践的发展和现代市场营销理论的形成，"市场营销"一词有了更加丰富的内涵，同"推销"不再是同义词。1960 年，美国市场营销协会（AMA）给市场营销（活动）下的定义是："市场营销是引导商品和服务从生产者到达消费者或使用者的一切商业活动过程。"但是从近几十年来现代市场营销活动来看，对于这一定义，一般认为范围显得过于狭小，因为它把市场营销限制在产品生产出来以后和产品被消费者或使用者购买之前的商业活动范围之内，不能概括现代市场营销的全部功能。市场营销，除了研究产品生产出来以后到产品销售之前这一过程，还应在产品生产之前就考虑这件产品是否应该生产，以及产品的设计、原材料准备、定价、商标、包装等等，而且在产品到达消费者手中之后，市场营销活动并没结束，还要搞好售后服务，并进行消费者产品使用情况调查，及时进行信息反馈，为下一轮市场营销活动打下基础。

一般人仍然认为市场营销就是推销和广告，针对这一情况，世界市场营销大师菲利普·科特勒指出："市场营销最重要的部分不是推销，推销仅仅是市场营销冰山的顶端，是市场营销几个职能中的一个，并且往往不是最重要的一个。并于 1984 年对市场营销重新下了定义："市场营销是指企业的这种职能，即认识未满足的需要和欲望，估量和确定需求量大小，选择和决定企业能最好地为其服务的目标市场，并决定适当的产品、劳务和计划（或方案），以便为目标市场服务。"因为，如果营销人员做好识别消费者需要的工作，开发适销对路的产品，并做好定价、分销和实行有效的促销，这些货物将会很容易地销售出去。他还引用美国管理学权威彼得·杜拉克的话说："市场营销的目标就是使推销成为多余。"

此外值得一提的是，美国经济学家包尔马苏提出过这样一个定义："市场营销是传递生活标准给社会。"这被认为是一个具有特色、简短有力的定义。哈佛大学的马尔康·麦克纳教授对这一定义表示赞赏，并为它增加了"创造"二字，认为"市场营销是创造与传递生活标准给社会"。也就是说，一个企业成功的市场营销策略，不但要满足消费者的现有需要，而且要与整个社会生活标准及其提高的趋势和速度相适应。总之，市场营销的核心思想就是围绕如何适应消费者的需求来开展市场营销策划活动。从这一定义可以看出，市场营销主要包含以下内容：

（1）市场营销是一种创造性行为。

市场营销是不仅寻找已存在的需要并满足它，而且通过企业的营销行为，影响顾客的需求，创造顾客的需求。

（2）市场营销是一种满足顾客需要的行为。

只有企业能够很好地了解顾客的需要，才能开发出具有较高价值的产品，并能有效地通过定价、分销和促销等行为把产品销售出去。

（3）市场营销是一个系统的管理过程。

它不仅包括生产、经营之前的具体经济活动，如收集市场环境信息、市场调研、分析市场机会、进行市场细分、选择目标市场、设计开发新产品等，而且还包括生产过程完成之后进入销售过程的一系列具体的经济活动，如产品定价、选择分销渠道、开展促销、提供售后服务等。可见市场营销是一个环环相扣的系统管理过程。

随着社会与时代的变迁和消费者需求的变化，2008年美国市场营销协会（AMA）给市场营销（活动）下的定义是：市场营销既是一种行为、一套制度，也是创造、传播、传递和交换对消费者、代理商、合作伙伴和全社会有价值的物品的过程。概念进一步明确了"利益相关者"的内容，最大的变化是强调了对"全社会"的价值。

二、营销策划的含义

营销策划是指企业在对内外环境进行准确分析的基础上，围绕企业发展的特定目标实现，全面构思、设计和选择企业未来一定时间内营销活动的行为方针、战略、阶段目标以及实施方案与具体措施的谋划过程。营销策划是企业对将要发生的营销行为进行超前规划和设计，以提供一套系统的有关企业营销的未来方案，这套方案是围绕企业实现某一营销目标或解决营销活动的具体行动措施。这种策划以对市场环境的分析和充分占有市场竞争的信息为基础，综合考虑外界的机会与威胁、自身的资源条件及优势劣势、竞争对手的谋略和市场变化趋势等因素，编制出规范化、程序化的行动方案，包括从构思、分析、归纳、判断，直到拟定策略、方案实施、跟踪、调整与评估等。

营销策划同样包含创意、目标和可操作性这三个要点。没有独辟蹊径、令人耳目一新的营销谋略，不能称为营销策划；没有具体的营销目标，策划也落不到实处；而不能操作的方案，无论创意多么巧妙杰出，目标多么具体、富有鼓动性，也没有任何实际价值，这种所谓的策划只能是资源浪费的过程。

营销策划是从新的视角，用辩证的、动态的、系统的、发散的思维来整合营销策划对象所占有和可以利用的各类显性资源和隐性资源，在新的排列组合方法指导下，使各种生产要素重组。

营销策划作为创新思维的学科，特别强调将单线性思维转变为复合性思维，将封闭性思维转变为发散性思维，将孤立的、静止的思维转变为辩证的、动态的思维，在整个营销活动中代理商生产经营的投入产出过程中形成最大的经济效益。它主要包括四个方面的内容：创新思维路线的选择，企业经营理念的设计，资源的整合，营销操作过程的监督和管理。在市场经济的思维下，营销策划所要达到的最终目的是通过对企业各类资源的整合，使营销策划的对象以崭新的面貌出现在市场上，并在特定时空条件的市场上具有唯一性、排他性和权威性。只有达到这"三性"才算是一个优秀的营销策划，才能满足市场竞争的创新需要，也才能使营销策划的对象在市场竞争中产生效应，以抢占市场的先机为企业拓展广阔的市场空间和实现效益最大化的目标。

总之，无论什么项目，创新思维都是以营销策划创意为起点，从市场营销的高度对投入生产经营过程的各种生产要素、市场资源和社会资源等进行科学的分析、归纳和综合,使其产生更大的总体功能效应。

营销策划强调对既有资源和可利用资源进行整合。整合是系统论的一个基本范畴和重要原理。系统论是20世纪中期发展起来的一种科学理论,它认为:凡是由相互联系和相互作用的各种因素所组成并具有特定功能的总体都是一个系统。任何系统都不是它的组成因素的简单相加,而是这些因素在特定的联系方式和数量配比下形成的有机总体。总体具有不同于组成因素或子系统的新功能,总体大于各组成成分的孤立属性的简单集合。营销策划就是依据系统论的整合原理,寻求市场营销活动的"1+1>2"的投入产出比。营销策划是一系列点子、谋略的整合,是建立在点子和谋略之上的多种因素、多种资源、多种学科和多个过程整合而成的系统工程。因此,作为理论,营销策划是一门系统科学;作为实践,营销策划是一项系统工程。

三、营销策划的要素

（一）策划者

营销策划者是营销策划活动的主体要素,是营销策划活动任务的承担人,策划工作的实际操作者。策划者既可以表现为策划公司的策划人员,也可以表现为企业或组织内部的商业策划人员;既可以以策划团队的形式出现,也可以以个体的职业策划人员的形式出现。策划活动是人类高智慧的行为,因此对作为每一个代理商个体的策划者来说,要担当起策划主体的重任,就必须具有较高的素质,既要知识丰富、学识渊博,分析问题与解决问题的能力较强,能见微知著,预测事物发展方向,有组织才能,还要求有过人的胆量和勇气,有坚定果敢的性格、有创新精神,有使别人接受自己策划的能力。博学多识是策划者进行策划活动的基础,谨慎细心是策划者成功策划的保证。

（二）策划目标

营销策划目标是营销策划所要达到的预期结果和策划者将要完成的任务。目标引导实践活动,指引人们取得成功。策划目标依据不同的环境条件制定、实施,它是评价和检查任务完成程度的唯一标准。

（三）策划对象

营销策划对象是策划的主体要素。在营销策划活动中,它是策划目标指向的对象。策划对象既可以表现为企业或组织内部的员工群体、个人、决策层以及企业外部的顾客、经销商、代理商以及相关公众等构成的对象要素,也可以是由产品、部门、地区等组织构成的对象要素。策划对象处于不断发展变化的环境中,随环境的变化而变化。这种变化性决定了商业策划中认知策划对象的至关重要性。

（四）策划方案

营销策划方案是策划主体从策划目标出发,创造性地作用于策划对象的产物,是在创造性思维的过程中遵循科学的策划运作程序和步骤设计完成的。营销策划方案是商业策划活动最终的结果,它详细记录了策划的方法以及实施内容。商业策划方案也是商业策划活动成果的唯一标志,它提供策划实施中反馈信息的对比依据。

四、营销策划的功能

营销策划功能就是指营销策划的功效和作用。它是由营销策划的本质决定的,或者说,营销策划的功能是营销策划本质聚集点的放大和扩散。营销策划的功能,可以概括为以下几点:

(一)计划功能

策划很容易被人误解为一种短期计划,事实上,虽然两者存在着一定的联系,但它们的区别也是显而易见的。如果说计划是对未来目标的确认的话,那么营销策划则是制订营销计划和实现营销计划的行动方案。营销策划的计划功能表现在计划制订的具体程序上,营销策划为生成计划提供事先的构思和设计,保证切实可行的计划的产生。

(二)营销管理创新功能

营销策划者遵循科学的策划程序,从寻求营销策划主体的问题或缺陷入手,探索解决营销管理问题的有效途径的过程,就是营销管理创新的过程。处在同一社会环境中,竞争者的生存条件大致相同。竞争者失败的原因主要是没有很好地利用和挖掘现有的社会资源。

(三)营销策划的竞争功能

营销竞争功能就是营销策划者以智谋及其营销策划方案协助营销策划主体赢得政治竞争、经济竞争、技术竞争和形象竞争等方面的主动地位,使其稳操胜券或有所作为。这是人们进行有效的营销策划方案的目的之一。

(四)营销策划的决策保证功能

营销策划者为决策主体的决策谋划、探索、设计多种备选方案。营销决策者以营销策划方案为基础,进行选择和决断,从而保证决策的理智化、程序化和科学化。营销策划是一种理性思维,以确保未来即将进行的活动有序、有条不紊地按照预定的目标进行,这一特性保障了其策划的成功实施。

(五)策划的预测未来功能

预测未来功能就是策划者注意策划主体发展的长远问题或本质问题,针对环境的未来变化发展,进行超前研究。预测发展趋势,思考未来发展问题,提高策划主体适应未来和创造未来的主动性。

以上几个功能是由营销策划的本质派生而来的,是营销策划本质特征理论上的延续,而营销策划的功能在现实的经济环境中表现得更为明显而直观。

五、营销策划的意义

当代首富比尔·盖茨说过:"创意犹如原于裂变一样,只需一盎司就会带来无以数计的商业效益。"的确,在现代社会,绝妙的创意与策划就是"聚宝盆",它会给企业带来滚滚财富。

(一)提高企业的"核心竞争力"

企业面临的环境特别是市场环境在不断变化,例如消费者价值观日趋多样化,商品价格不断下降,商品品种层出不穷。企业要想在竞争中取胜,就必须不断变革,不断调整或重新确定自己的战略与策略。这时,企业就必须针对诸多问题进行企业策划,开展有计划的竞争,市场竞争首先是企划能力的竞争。随着知识经济时代的来临,创意与策划的作用越来越大。发达国家国民生产总值的增长中,知识的成分已由20世纪初的5%上升为20世纪末的30%~90%,而知识经济成分中创意与策划所占的比例相当大。资本的时代已经过去,创意的时代正在来临。创意与策划是提高企业核心竞争力的重要手段。不断创意与策划并获得成功的企业具有领先者的优势,即能在竞争中表现出自己的独特之处,独有吸引力,而这个独特优势不能轻易地被对手所模仿。目前,我国经济整体上呈现出供大于求的状况,不少企业代理商业的生产能力过剩,企业资源利用率低。但是,只要结合企业实际,深入了解市场,大胆创意与策划,提高企业的核心竞争力,就会在激烈的市场竞争中取胜。

(二)延长企业的"生命周期"

营销永远是为了未来,企业策划的目的就是为了能对未来多一点准备和把握。所以,营销工作必须慎重地使用一些合理的假设和前提来推论未来的发展,以免因为信息不完全而导致在错误的企划引导下进行错误的决策。营销一般都具有弹性,保留修订的余地。企业作为宏观经济机体的组成部分,因其所处的行业、产品结构、技术革命的影响、消费需求的变化、政府相关政策的调整等的综合作用,也有自己的生命周期。

(三)追求企业的利润最大化目标

营销策划需要对企业的各种资源进行合理的调配运用。无论是物质、信息、时间都是相对有限的资源,没有任何一种资源能够随意取用。因此,资源的有限性也是为什么需要企划的重要原因之一。现代企业是伴随着工业化进程的现代化大生产的产物。尽管企业作为特定的社会角色要承担诸多的责任和义务,但从企业生存和发展的线索看,其本质仍然是生产出适合社会需要的产品并由此获取适当的利润。企业的利润是通过市场的交换得以实现的,由于工业化大生产不仅提高了人们的生产效率,也提高了生产质量,人们在生产同样的产品时同质性越来越高,这就需要企业在产品投放市场时采取与众不同的方法来吸引消费者。而采取什么样的决策就需要策划的参与和实施。信息交流的快速与敏捷,使企业在采取什么样的策略上,有独创性,有创新。这不仅指产品的全新,还包括外在的包装和与众不同的销售模式。在企业形成决策之前进行创意与策划,就会降低决策失误率,提高决策成功率;在企业管理过程中进行创意与策划,实行策划、计划、预算一体化,就不会出现计划预算与市场供需脱节、背离的情况,就会提高计划预算的成功概率。

第二节 目标市场分析

一、节事活动中的目标市场营销分析

在市场营销体系之下,目标市场营销可以称之为 STP 营销,包括三个要素步骤:一是按照一定的标准将市场分成若干个子市场的过程(segmenting);二是评估并且选择适合企业发展经营的细分市场作为目标的过程(targeting);三是确定符合相关节产品在旅游投资中所筛选的目标市场上的定位过程(positioning)。调查分析顾客需求,细分出合理的节事活动细分市场;根据企业自身资源与条件正确选择节事目标市场;在目标市场上确立丰富的和旅游企业发展的理想产品与品牌,制定符合实际的营销策略。这一系列的分析、选择、确定的过程就是节事活动目标市场营销过程。

(一)市场细分

所谓市场细分,就是旅游企业根据市场需求的多样性和现实性,及潜在顾客购买行为的差异性,把整体客户市场划分为若干个具有某种相似特征的顾客群,譬如商务客人、观光型客人、修学旅游客人、散客。其中一个群就称之为一个细分市场或一个子市场,以便选择确定自己的目标市场,制定合理的营销方案,有针对性地管理与服务。经过市场细分的子市场之间消费者具有较为明显的差异性,而在同一子市场之内的消费者则具有相对的类似性。旅游企业市场细分的意义体现在:有利于挖掘市场机会,开拓新市场,有利于按目标市场的需要推出新产品,有利于针对目标市场制定适当的营销组合,合理配置资源,同时减少竞争的强度,增加获利的可能性。所以,旅游企业市场细分是一个选择为顾客服务方式上的同中求异、异中求同的过程。

(二)目标市场选择

旅游企业进行节事目标市场选择就是为了满足不同细分市场下的顾客需求,即不但满足不同需求的顾客需要,也在了解自身特色和优势的基础上找准最佳运营目标,以最佳资源组合进行经营获利。进行目标市场选择的基础就是对节事细分市场的评估及筛选过程。从现有和潜在客源着手进行特征分析,从同行入手进行竞争对手分析,从营销的外部和内部环境着手进行营销和市场机会分析,根据企业的经营能力,评估出在众多的细分市场中符合发展和经营提升空间大的最佳目标市场,节事目标市场选择可以是单个,也可以是多个。确定的目标市场必须具备可进入性、可衡量性、运行有效性、稳定性。即目标市场的确定要保障充足的客源,并且使节事产品具备市场吸引力,具备一定时期的市场占有率,符合旅游企业发展的目标能力。

(三)目标市场定位

企业在对目标市场的需求和行为特征进行充分调查分析的基础上,以塑造本旅游企业的特色形象为突破,以求在目标顾客的心目中占据一个独特的、形象鲜明的、有价值的位置所进行的一系列的营销行动称为目标市场定位。尽管在研究的过程中,节事产品的细分与产品提供的差异化密不可分,但是也有本质的区别,前者强调的是企业通过自己的产品创立鲜明的个性,来达到对其鲜明市场形象和个性的塑造。所以企业产品市场定位不是在每个节事细分市场上产生不同的节事产品,实行产品差异化,而是塑造个性鲜明的节事产品形象。一个企业产品包括环境、外观、风格、服务、文化体现甚至宗教信仰多个因素的组合,市场定位就是要强大或放大某些企业提供的产品因素,确立其在顾客心目中的独特形象。所以,差异化是实现节事产品市场定位的手段,而不是企业市场定位的全部内容。

目标市场定位的重要性表现在:一是利于建立企业和产品的市场特色,使其成为参与现代节事市场营销竞争的武器,避免不同竞争者生产相同产品时候的降价、降低服务品质的恶性竞争;二是为企业制定市场营销组合策略奠定基础。

二、节事活动中目标市场营销策略的选择

(一) 无差别目标市场策略

企业把整个市场看成一个大目标市场,不进行细分,用一种产品、统一的市场营销组合对待整个市场。关注的焦点是给顾客在需求上的共同点,而不关心他们在需求上的差异性。最大的优点是成本的经济性相对凸显;最大的缺点是顾客的满意度低,适用范围有限。这种策略适合于需求广泛、市场同质性高的节事旅游产品。如传统节庆(元宵、清明、中元节等)。

(二) 差别性目标市场策略

企业把整个市场划分为若干需求与愿望大致相同的细分市场,然后根据企业的资源及营销实力,分别为各个细分市场制定不同的市场营销组合。企业在市场细分的基础上,根据自身的资源及实力选择若干个细分市场作为目标市场,并为此制订不同的市场营销计划。其最大的优点是可以有针对性地满足不同顾客群体的需求,提高产品的竞争能力;能够树立起良好的市场形象,吸引更多的购买者。最大的缺点是市场营销费用大幅度增加。这种策略适合于人力、物力雄厚的并且针对节事产品市场需求差异大,市场需求异质性高,能提供多个细分市场的大型企业。

(三) 集中目标市场策略

企业将整个市场分割为若干细分市场后,只选择其中一个或少数细分市场为目标市场、开发相应的市场营销组合,实行集中营销。企业在市场细分的基础上,根据自身的资源及实力选择某一个细分市场作为目标市场,并为此制订市场营销计划。专业化经营,能满足特定顾客的需求,可集中资源,节省费用,但经营者承担风险较大。节事产品定位适合资源薄弱的企业类型,如时下盛行的单一主题酒店。

第三节 营销策划方案的设计

营销策划方案就是为了完成营销目标,借助科学方法与创新思维,立足于企业现有营销状况,对企业未来的营销发展做出战略性的决策和指导,带有前瞻性、全局性、创新性和系统性的作战计划。营销策划方案适合任何一个产品,包括无形的服务,它要求企业根据市场环境变化和自身资源状况做出相适应的规划,从而提高产品销售,获取利润。

一、制定营销策划方案的必要性

营销策划的核心要点是有机组合策划各要素,最大化提升品牌资产。品牌识别系统、品牌化战略与品牌架构就好像宪法,企业的营销传播活动就像组织与个人日常的政治、经济与社会活动,把营销策略、广告创意、终端陈列与促销当作品牌战略管理的工作,就等于把公众日常的社会活动当作宪法的制定与实施。像全国人大的工作职责一样,企业品牌战略管理部门的职责首先是品牌宪法的制定,然后是执法检查,即对品牌的营销策略、广告公关促销等传播活动的每一个环节就是否有效地体现了品牌宪法进行检查。因此,要通过营销策划

高效创建强势大品牌,关键是围绕实施市场营销策略的主线做好企业的品牌战略规划与管理工作。众多企业不惜重金在追求品牌知名度,众多大型企业不惜花数十亿美金赞助各类大型赛事活动,就是因为品牌竞争力。品牌市场营销领先优势就是企业在同类行业中竞争获得优先权的关键。具体该如何提高企业品牌市场竞争力,制定相应的营销策划对产品进行营销推广是关键。

（一）制订详细的市场营销计划

收集市场营销活动的相关数据,其中包括企业产品详情、企业本身相关内容、企业产品的市场份额、竞争对手数据、市场份额、竞争对手的优势和劣势。

（二）实施市场营销策略

实施营销活动是为了更好地检验之前制订的营销计划,并且根据实际的营销效果来及时地调整营销策略,使得营销效果达到最大化。具体的营销实施主要有以下四条主线策略:

1. 广告策略

广告是企业进行产品和品牌营销最常见的一种方式,广告对于企业开阔新市场提高企业品牌知名度、增加产品销售额来说效果尤为明显。而企业公关是与广告相互配合的企业营销的又一利器。

2. 渠道策略

渠道的选择也是非常重要的,选择什么样的渠道,该怎么选择自己的渠道,对营销效果影响非常大。好的商家都有一条属于自己的进货渠道。

3. 价格策略

好的产品价格策略是决定市场营销活动实施成功与否的关键性因素。如果说产品策略解决了产品的市场需求,那么价格策略就是要解决定价目标以及品牌价格战中的应对等问题。

4. 促销策略

商品销售的多与少,与促销是直接挂钩的。该怎么使自己的产品更有效地深入人心,选择什么样的促销搭配可以使消费者更多地购买产品,这就值得要企业的经营者去认真思考。

二、认识营销策划战略

（一）市场领先者战略

大多数行业都有一个被公认的市场领先者公司,这个公司在相关的产品市场中占有最大的市场份额,该领先者是众多竞争者的目标,某一公司可向它提出挑战、模仿或避免同它竞争。处于统治地位的公司想要继续保持第一位的优势,就要在以下三条战线进行努力:

第一,该公司必须找到扩大总需求的方法;

第二,该公司必须通过好的防御和进攻行动来保护它的现有市场份额;

第三,即使是在市场规模不变的情况下,该公司可以努力进一步扩大它的市场份额。

（二）市场挑战者战略

在行业中占有第二、第三和以后位次的公司可称为居次者或追随者公司,这些居次者公司可以采用两种姿态中的一种：它们可以攻击市场领先者和其他竞争者，以夺取更多的市场份额（市场挑战者）；它们也可以参与竞争但不扰乱市场局面（市场追随者）。

（三）市场追随者战略

市场追随者可以应用产品模仿的战略，产品模仿与产品创新的战略一样可以赢利。虽然追随者未必能超过领先者，但获得的利润比较高，因为无需承担创新和教育市场的费用。

（四）市场补缺者战略

如果不愿意在大市场上做追随者，则可成为在一小块市场上的领先者，或补缺者。这种战略也叫利基战略。小公司经常避免与大公司竞争，它们的目标是小市场或大公司不感兴趣的市场。补缺的主要风险是补缺的市场会逐渐枯竭或受到攻击；由于补缺者往往是弱小者，公司必须连续不断地创造新的补缺市场。

三、营销策划方案设计的要点

营销策划方案设计就是对"现在事、未来事"计划营销。如今正是网络营销的黄金时代，机构品牌营销顾问认为，快速发展的互联网时代让各大中小型企业不再忽视网络互动营销的潜在市场，营销策划也注定离不开网络营销。网络营销时代的营销方法不断创新，事件营销就是其中一种方式。事件营销又被称为"事件炒作"。通过事件营销一夜成名的例子有不少，其背后拥有一支经验丰富的策划团队。事件营销就是经过策划团队的精密策划来为企业或是网站抑或是个人来打造独特卖点，然后通过在网上雇佣大量网络工作者帮其转载传播，最后经过媒体宣传从而达到知名度的迅速提升。

事件营销策划成功也有其最基本的特点是：必须要有争议性，一件事情越有争议性，传播得就越快、越广，所受的关注度也就越高。而其背后的策划团队更要能够很好地把握这种争议性，引导民众舆论的方向，以期达到最好的宣传效果。通过事件营销这样的手段，可以让企业、网站抑或是个人瞬间做到尽人皆知。但是凡事都有两面性，就是要注意事件营销自身的弊端。事件营销可以在短时间之内会塑造出一个"成功"的品牌，但投资巨大。策划一起事件是需要满足事件营销的基本要点，没有这些要点的支撑，事件营销就很难传播起来。

四、营销策划的主要内容

（一）传统营销策划

1. 新产品上市

市场调研、产品定位、招商策划、市场启动。

2. 营销策划

营销诊断、市场推广、销售提升、促销策划、品牌提升、品牌推广。

3. 广告策划

平面广告创意策划、影视广告创意策划、影视广告拍摄制作。

4. 企业策划

品牌提升、品牌策划、品牌推广。

5. 终端建设

终端手册策划编制、终端促销人员培训、终端形象设计、销售终端维护。

6. 品牌提升

老品牌提升策略、老品牌销售提升、老品牌终端跟进。

7. 销量提升

产品不同周期销量提升、市场诊断，新产品销量提升、市场诊断。

8. 产品代理、销售

新产品区域销售、全国总代理，新产品合作开发。

（二）新营销策划

1. 品牌公关化

品牌公关机制、组织机构建立、品牌公关战略、隐性传播、显性传播、危机管理、危机公关、非传统营销、口碑营销、互动营销、品牌联合。

2. 品牌模式化

企业发展战略规划、品牌模式、产业模式规划、资本策略规划、营利模式规划、项目及产品规划、产业整合规划。

五、营销策划过程与要素

（一）营销策划过程

营销开始于业务计划过程之前，与制造和销售观点不同，该业务过程由价值创造和随后的传递组成，这个过程包括三个阶段。

1. 选择价值

在任何产品产生以前，必须先做营销"作业"。营销工作过程包括细分市场（segmentation）、目标（targeting）、定位（positioning），即STP营销，它是战略营销的精粹。

2. 提供价值

有形产品和服务必须具体明确的，目标价格必须建立，产品必须制造和分销给市场。在第二个阶段，开发特定产品的性能、价格和分销，这也是战术营销（tactical marketing）的内容。

3. 传播价值

此阶段的战术营销在于延伸，组织销售力量、促销、广告和其他推广工作，以使该供应品为市场所知。营销过程应始于产品以前，继续于产品开发之中，在产品销售之后还应延续。

（二）营销策划要素

1. 确定业务目标

业务目标必须明确以下问题：

一是确定目标市场。企业服务的顾客是哪一类、在什么地方，市场规模有多大，顾客有什么需求，这些问题是制定营销策划方案的基础情报。

二是对企业营销效果的确定。这里的效果不仅包括企业的获利能力指标,而且包括其他一些企业追求的目标,如企业知名度、企业信誉、企业产品的归属等。

2. 营销策划方式设计多样性

企业产生的途径是多种多样的。常用的方法有:

1)借鉴经验

在长期的营销活动中,每一个企业都积累了一定的市场营销经验,这是企业无形的财富。借鉴过去营销活动成功的经验,分析当前的营销环境,产生新的营销策划方案。

2)向竞争对手学习

企业的竞争对手特别是市场的领袖企业,它们掌握着大量的市场信息资料,所进行的活动很值得企业研究。认真分析竞争对手的活动,不仅可以发现竞争对手的弱点,还可以利用他们的经验,取他人之长,补自己之短。

3)创新

企业在产品设计、服务方式、价格、销售、促销等各方面采取新措施,使得营销效果更好。如现在的旅游活动在大众旅游的基础之上,旅游者也喜欢求新猎奇,如果在策划出行的过程中,考虑到这一要素,在传统的旅游六要素中改变一个要素的常规化,将会吸引更多的参与者。如云南秘境旅游,可以借助相应的民族节庆特别策划美食活动。

六、营销策划步骤

营销策划包括六个步骤,即情景分析、目标、战略、战术、预算和控制。

(一)情景分析

企业首先要明确所处环境的各种宏观力量(经济、政治/法律、社会/文化、技术)及局内人——企业、竞争者、分销商和供应商。企业可以进行 SWOT 分析(优势 strengths、劣势 weaknesses、机会 opportunities、威胁 threats)。

(二)目标

对于情景分析中确认的那些最好的机会,企业要对其进行排序,然后由此出发,定义目标市场、设立目标和完成时间表。企业还需要为利益相关者、企业的声誉、技术等有关方面设立目标。

(三)战略

任何目标都有许多达成途径,战略的任务就是选择最有效的行动方式来完成目标。

(四)战术

战术即战略充分展开成细节,包括产品、价格、渠道、促销和各部门人员的时间表和任务。

(五)预算

预算即企业为达到其目标所计划的行为和活动需要的成本。

(六)控制

企业必须设立检查时间和措施,及时发现计划完成情况。如果计划进度滞后,企业必须更正目标、战略或者各种行为来纠正这种局面。

知识活页　　　　　SWOT 分析法

所谓 SWOT 分析,即基于营销内外部竞争环境和竞争条件下的态势分析,就是将与研究对象密切相关的各种主要内部优势、劣势和外部的机会、威胁等,通过调查列举出来,并依照矩阵形式排列,然后用系统分析的思想,把各种因素相互匹配起来加以分析,从中得出一系列相应的结论,而结论通常带有一定的决策性。S(strengths)、W(weaknesses)是内部因素,O(opportunities)、T(threats)是外部因素。按照企业竞争战略的完整概念,战略应是一个企业"能够做的"(组织的强项和弱项)和"可能做的"(环境的机会和威胁)之间的有机组合。常常被用于制定集团发展战略和分析竞争对手情况,在战略分析中,它是最常用的方法之一。进行 SWOT 分析时,主要有以下几个方面的内容:

一、分析环境因素

运用各种调查研究方法,分析出企业所处的各种环境因素,即外部环境因素和内部能力因素。外部环境因素包括机会因素和威胁因素,它们是外部环境对企业的发展直接影响的有利和不利因素,属于客观因素;内部环境因素包括优势因素和弱点因素,它们是企业在其发展中自身存在的积极和消极因素,属主动因素。在调查分析这些因素时,不仅要考虑到历史与现状,而且更要考虑未来发展问题。

(一)优势

优势是组织机构的内部因素,具体包括:有利的竞争态势;充足的财政来源;良好的企业形象;技术力量;规模经济;产品质量;市场份额;成本优势;广告攻势等。

(二)劣势

劣势也是组织机构的内部因素,具体包括:设备老化;管理混乱;缺少关键技术;研究开发落后;资金短缺;经营不善;产品积压;竞争力差等。

(三)机会

机会是组织机构的外部因素,具体包括:新产品;新市场;新需求;外国市场壁垒解除;竞争对手失误等。

(四)威胁

威胁也是组织机构的外部因素,具体包括:新的竞争对手;替代产品增多;市场紧缩;行业政策变化;经济衰退;客户偏好改变;突发事件等。

SWOT 方法的优点在于考虑问题全面,是一种系统思维,而且可以把对问题的"诊断"和"开处方"紧密结合在一起,条理清楚,便于检验。

二、构造 SWOT 矩阵

将调查得出的各种因素根据轻重缓急或影响程度等排序方式,构造 SWOT 矩阵。在此过程中,将那些对企业发展有直接的、重要的、大量的、迫切的、久远的影响因素优先排列出来,而将那些间接的、次要的、少许的、不急的、短暂的影响因素排列在后面。

三、制订行动计划

在完成环境因素分析和 SWOT 矩阵的构造后,便可以制订出相应的行动计划。制订计划的基本思路是:发挥优势因素,克服弱点因素,利用机会因素,化解威胁因素;考虑过去,立足当前,着眼未来。运用系统分析的综合分析方法,将排列与考虑的各种环境因素相互匹配起来加以组合,得出一系列企业未来发展的可选择对策。

(资料来源 栾港、马清梅《市场营销学作》,清华大学出版社,2010 年版。)

七、营销策划分析的四要素

(一)市场环境分析

进行市场环境分析的主要目的是了解产品的潜在市场和销售量,以及竞争对手的产品信息。只有掌握了市场需求,才能做到有的放矢,减少失误,从而将风险降到最低。以凉茶为例,凉茶一直以来为南方人所热衷,这其中有气候、饮食上的因素,因此应该将主要的营销力量集中在南方城市,如果进行错误的定位,将力量转移到北方,无论投入多大的人力、财力,都不一定会取得好的营销效果。

(二)消费心理分析

只有在掌握了消费者会因为什么原因、什么目的去购买产品,才能制定出有针对性的营销创意。营销大多是以消费者为导向的,根据消费者的需求来制定产品,但仅仅如此是不够的,对消费能力、消费环境的分析才能使整个营销活动获得成功。脑白金能够畅销数十年正是抓住了消费者的心理。

(三)产品优势分析

这里的产品优势分析包括品牌分析和竞争分析。只有做到知己知彼,才能战无不胜。在营销活动中,产品难免会被拿来与其他产品进行比较,如果无法了解该产品和对比产品各自的优势和劣势,就无法打动消费者。营销的目的就是通过营销手段,让消费者了解到该产品的优势,进而产生购买欲望。

(四)营销方式和平台的选择

营销方式和平台的选择既要根据企业自身情况和战略,同时还要兼顾目标群体的喜好来进行。例如针对全国的儿童产品,就可以根据儿童的特点,在央视的儿童频道以动画短片的形式展现出来,这样不仅符合企业战略,将产品传达给全国儿童,同时能够吸引儿童的目光。

第四节 公共关系策划和宣传推广

一、公共关系策划的概念

公共关系策划是融进了公关思想的策划。伴随着公共关系的发展,公共关系策划得到

了各类组织的广泛认同,从政府公共关系策划到企业公共关系策划,从形象公共关系策划到危机公共关系策划,从品牌发展策划到新产品上市的营销策划等,无不体现了公共关系策划的重要性。公共关系策划推动着组织的进步和发展,展示着组织的风采和特征。

二、公共关系策划的原则

公共关系策划的原则是指社会组织在公共关系策划过程中,必须遵循的指导原理和行为准则。它是公共关系策划活动客观规律的理性表现,也是公共关系策划实践经验的概括和总结。

(一)求实原则

实事求是是公共关系策划的一条基本准则。公共关系策划必须建立在对事实的真实把握基础上,以诚恳的态度向公众如实传递信息,并根据实事的变化来不断调整策划的策略和时机等。同时,公关活动涉及的不可控因素很多,任何人都难以全面把握,留有余地才可进退自如。因此,公关工作必须说真话、办实事、惠于公众、诚实守信,以事实为依据,所说与事实相吻合,内容与形式、真实性与艺术性相吻合,这样才能赢得社会公众的信赖。

应变求实就是在求变时要掌握一定的分寸,即把握好"度"。"度"是事物性质所达到的程度,是事物保持自己本质属性的数量界限,在界限之内变化不管其数量如何增减都不会引起质的变化,不会导致事物面目皆非。公共关系策略要创新求奇,自然要冒风险,社会组织由于管理与技术条件的局限,承受力有一定的限度,一旦出现需求数量过大、速度过快、投资过大等,非但不能促进经济的发展,反而会造成负荷膨胀,引起经营管理紊乱,员工与合作伙伴之间也容易产生种种疑虑和不信任感,危机便不可避免地来临。所以,公关策划谋略,在大胆想象构思时,要掌握界限之内的适度,不要破坏必要的平衡。

(二)尊重公众的原则

伦理道德准则的核心是组织公共关系活动及其策划者的道德观念要日趋加强,这并不是要求完全牺牲自身利益,而是要求在考虑自身利益与公众利益的关系时,始终坚持把公众利益放在首位,更多地为社会作出贡献。所以,公共关系策划时要正确把握公众心理,按公众的心理活动规律,因势利导。

公共关系策划必须遵循尊重公众、尊重组织和尊重自己三位一体的做法,因为尊重是策划的基础,只有互相尊重,才可能保持和谐的关系,特别是当组织策划的关键问题不是技术问题而是"人"的问题时。尊重公众,牢记公众第一,以公众的需求为需求,是策划者应牢记的基本原则。

(三)创新原则

创新原则指公共关系策划必须打破传统,刻意求新,别出心裁,使公关活动生动有趣,从而给公众留下深刻而美好的印象。创新与求异是密切结合的,推出与众不同的策划方案,是组织占领市场的捷径。组织在管理中应不断推出多种多样的策划方案,以适应日新月异的市场,满足公众的需求。创新原则有以下几个方面:

1. 曲折性

一个好的策划案,不应该只是"一锤子买卖",而应该有很强的发展性,能够不断"产生"

新的事件和新的角度,紧紧围绕主题层层推进,以"组合"的方式进行,从而更好地达到策划目标。

2. 求优性

求优即依据整体的目标要求去寻找个体与局部的优化。公关策划谋略的制定,应从社会组织的整体,或某一项目的完整过程出发,去解决局部的、个别的问题。策划谋略往往需要高瞻远瞩,注意整体的规划和系统或系列的设计,但更多的情况下,要解决的是有特殊意义的、局部的、个别的问题。这就是整体为"势",局部为"子",重"势"谋"子"全局和谐通畅。公共关系策划应注重多层次、多角度、多侧面且尽量优化,力求以较少投入,换取较大的效果。所以,公共关系策划谋略,包括从理想目标、方针策略、主题、模式的选定由虚到实,从由书面文字的抽象蓝图到切切实实的实施推进以及各种措施、办法与条件的保证,各种因素和各种功能需要相互作用、取长补短、凝聚合力,进而达到最优的效果。

3. 时机性

时机性是指在策划中必须重视推出的时机。时间变化,社会的大背景就会发生变化,公众的关注点也将发生变化。因此,同样一个事件放在不同的时间——也就是在不同的社会大背景下发生,会产生不同的效应。对于某个具体的事件来说,只有在符合其"发生"的社会大背景存在的那个时间段推出才能产生效果。当这个时间段已经过去,整个社会的关注点已经转移时,如果你再来推出这一"过时"的策划,就没有多大意义了。策划有个基本的要求,就是要有足够的敏感性,以选择最佳的、能产生最大效应的实施时机。

(四) 系统整合原则

系统整合原则指在公关策划中,应将公共关系活动作为一个系统工程来认识,按照系统的观点和方法予以谋划统筹。系统整合原则,是指从系统的整体与部分之间的相互依存、相互制约的关系中,揭示系统的特征及其运动规律,实现整体最优。以较少的公关费用,取得更佳的公关效果,达到组织的公关目标。

整体性即系统的整体统一性,组织系统的各部分必须以一个统一的整体协调运作,其策划内容包括统一的文化、统一的管理模式和统一的人力资源队伍。

(五) 最优化原则

最优化是系统方法的根本目的,指从多种可能途经中选择出系统的最优方案,达到任何传统方法都达不到的最好效果。具体来说,就是根据需要和可能为系统定量地确定最优目标,用最新技术手段和处理方法把系统分成等级,在动态中协调整体与部分的关系,以便达到整体的最优化。

三、公共关系策划的宣传推广

当组织发生了一些具体问题,或发展过程中需要抓住时机开展策划活动时,就形成了公共关系策划的开始阶段。在这一阶段,可能要解决现存的问题,也可能要通过公共关系活动达成目标。一般而言,发现问题是公共关系策划工作的开始。对于问题的发生,我们可以循着以下思路进行思考。

(一)分析公共关系现状

分析公共关系现状应做好以下三项工作:
(1) 审核已收集的公关资料,分析公关现状;
(2) 明确公共关系存在的主要问题及原因;
(3) 了解企业形象的选择和规划。

(二)确定公共关系目标

公共关系目标可分成以下几类:
(1) 全新塑造目标;
(2) 形象矫正目标;
(3) 形象优化目标;
(4) 问题解决与危机公关。

(三)选择和分析目标公众

(四)制定公共关系行动方案

制定公共关系行动方案需解决以下四个基本问题:
(1) 做些什么?这个问题提出了明确公关活动项目的要求。
(2) 怎么做?提出了明确活动策略的要求。
(3) 谁来做?提出了明确活动主体的要求。
(4) 什么时候做?提出了明确活动时机的要求。
尤其要注意公共关系时机选择、重视细节、策动传播、选好公共关系模式等方面。

(五)编制公关预算

编制公关预算主要分两类:
一是基本费用,如人工费用、办公经费、器材费;
二是活动费用,如招待费、庆典活动费用、广告费用、交际应酬费用等。

四、宣传推广策划

(一)宣传推广策划的内容

企划者拟定宣传推广计划的目的,就是要协助实现销售目标。宣传推广计划包括目标、策略、细部计划等三大部分。

1. 目标

企划书必须明确地表示,为了实现整个营销企划案的销售目标,所希望达到的宣传推广活动的目标。

2. 策略

决定宣传推广计划的目标之后,接下来要拟定实现该目标的策略。推广计划的策略包括广告表现策略、媒体运用策略、促销活动策略、公关活动策略等四大项。

1) 广告表现策略

广告表现策略即针对产品定位与目标消费群,决定方针表现的主题。

2）媒体运用策略

媒体的种类很多,包括报纸、杂志、电视、广播、传单、户外广告等。要选择哪些媒体？各占多少比率？广告的视听率与接触率有多少？这是媒体运用策略需要考虑的。

3）促销活动策略

促销活动策略包括促销的对象,促销活动方式的选择,以及采取各种促销活动所希望达成的效果是什么。

4）公共关系活动策略

公共关系活动策略包括公关的对象、公关活动方式的选择,以及举办各种公关活动所希望达到目的是什么。

3. 细部计划

细部计划即详细说明实施每一种策略所进行的细节。

1）广告推广表现计划

广告推广表现计划要考虑报纸与杂志广告稿的设计(标题、文字、图案)、电视广告的创意脚本、广播稿等。

2）媒体推广运用计划

媒体推广运用计划要考虑选择大众化还是专业化的报纸与杂志,还有刊登日期与版面大小等;要考虑电视与广播广告选择的节目时段与次数。另外,也要考虑CRP(总视听率)与CPM(广告信息传达到每千人平均之成本)。

3）促销推广活动计划

促销推广活动计划包括商品购买陈列、展览、示范、抽奖、赠送样品、品尝会、折扣等方面的设定。

4）公共关系推广活动计划

公共关系推广活动计划包括股东会、发布企业消息稿、企业内部刊物、员工联谊会、爱心活动、同传播媒体的联系等方面。

(二）拟定宣传推广策划的注意事项

1. 主题突出

专题活动的实质是一种商业性大众文化,因此应该要有鲜明的主题思想。主题是活动策划灵魂,也是吸引公众的根本。一般来说,策划活动时,可以从以下几个方面进行主题定位：社会主题文化、社会节日文化、人文道德精神文化、时尚文化、品牌文化、商品文化等。例如：南宁国际民歌节,主推少数民族品牌；德国慕尼黑啤酒节,紧紧围绕核心进行横向纵向的拓展。

2. 娱乐的表现形式

策划活动时,应该重视活动娱乐气质的设计,引导公众出于娱乐和好奇而积极参与活动。活动宣传推广策略的成功运用,取决于公众的参与规模。如果商业色彩太浓,公众就会识破其中的促销意图,参与活动者少,自然无法产生轰动效应。相反,如果能根据公众的心理特点,策划出符合其心理需求的活动,娱乐色彩比较强,公众就会踊跃参加,活动就能真正发挥其影响作用。例如蒙牛"城市之间"大型体育互动活动、可口可乐大篷车全国走秀活动、康师傅冰红茶释放活力校园音乐行。

3. 文化厚重

现代公众是高度重视文化享受的,文化性心理需要比较强。公众参与活动的动机并不是购买商品,而是寻找一种感性化、大众化的文化休闲机会。他们要求活动具有一定的文化品位、文化气息。因此,策划活动时,应该讲究文化性,从主题思想、活动形式到现场气氛、赠送礼品设计都应突出文化色彩,借助文化机制来吸引公众。例如宝马中国环保之旅、大益茶马古道文化之旅。

4. 奖励

公众参与社会活动有时存在一定的惰性,需要我们给予刺激,才能激发出参与活动的愿望。刺激公众的途径很多,其中最主要的应是利益刺激。在活动中,可以根据公众的经济动因,设置较有吸引力的奖品、奖金,引导广大公众参与到活动中来,接受宣传影响。例如中国电信"我的e家"有奖征文。

5. 情节设计

活动作为一种程序性项目,应该富有情节性。情节的设计与安排要符合主题思想、活动品位和促销宣传的需要,同时还要有趣味性、高潮性和煽情性,使活动组织井然有序,形式生动活泼,通过欢快的现场气氛和富有感染力的情节稳住到会公众。例如南岳衡山心愿之旅——禅修、生态体验大本营。

6. 情感体验

在活动运营中,公众的参与有两个层次:

第一层次是形式参与,公众到了活动现场,能够感受到现场气氛,但是心理活动还没有到位,没有产生相应的心理思维。

第二层次是心理参与,也就是说,公众不仅到达现场,而且还融入其中。

在活动策划过程中,应该选择容易吸引公众的主题,设计具有新奇色彩的活动项目,以出乎人们意料之外的形式巧妙地推出,有意识地对公众的心理思维过程进行影响,实现心理参与化的目的。例如创维酷开全民音乐挑战赛。

7. 时间

活动的时机选择要恰当,要符合公众的时间性心理规律。一般而言,宣传企业形象、品牌形象和商品形象的专题活动,应安排在节日、假日或者是商品消费的热点期。在节日、假日里,一方面公众有闲暇时间,有空参加活动;另一方面,公众有比较强烈的娱乐、休闲愿望。而在某种商品消费热点期举办相关的活动,如夏天举办啤酒文化节,则可进一步吸引公众的消费愿望,扩大消费公众队伍。但同时也强调保留淡季做品牌、旺季做销售的经典传统。

8. 诉求简单明了

活动的目的是吸引大量公众来认知企业形象、品牌形象和商品形象,谋求的是轰动效应。因此,对公众的要求应该简单化,苛刻的条件设置、对公众过高的要求,会淡化公众的参与欲望,这是不利于扩大企业影响的。例如2009张家界乡村音乐周。

9. 活动的周期性

企业如果能定期举办具有内在联系的公共关系专题活动,活动与活动之间在主题上具有呼应性,在形式上具有配合性色彩,表现出相对稳定性,就可以创造出公共关系活动的规模效应和"名牌效应",从而吸引更多的公众参与到活动之中,利用公众心理的积累效应强化企业的市场辐射力。例如婚纱摄影机构定期定点的咨询与展示活动。

在气氛的营造方面,要运用大手笔艺术表现形式,选用鲜明的色彩,制作、悬挂多种充满欢乐气息的巨幅宣传作品,使活动现场洋溢出祥和、欢快、喜庆的色彩,给公众以愉快的享受。例如2015昆明乐堡音乐节——清凉一夏系列互动。

活动的宣传推广大体可分为三个阶段,即前期造势阶段、活动期宣传阶段、后续影响力报道阶段。一个常态活动本身的执行时间周期不会太长,活动发生过程中,会因本身的主题、影响力、规模吸引到一些媒体的常态报道,但如果放任自流,不加以管理和引导,这些报道就会流于形式,归为社会新闻一类,占据电视报道的一个小时段或报纸版面的一角,这样的宣传如过眼烟云,稍纵即逝。

(三)宣传推广策划的形式

宣传推广的形式主要有以下几种,它们往往在活动的推广宣传中组合运用。

1. 新闻发布会

活动主要以新闻发布的形式与媒体建立起信息互动。活动还需要建立起新闻发言人制度。

2. 专题

活动专题是活动信息的集锦。通常可以采用推出活动官方网站或在大型门户网站设置专题及活动会刊等形式来进行宣传。

3. 路演

路演也是宣传推广的一个重要形式。超级女声的拉票晚会就是一个很好的例证,不但起到了宣传的效应,也实现了与粉丝的互动。

4. 广告

任何一个活动都需要适当地投放广告,以扩大活动的影响力,让更多人了解活动。投放的广告主要包括电视广告、户外广告及DM单、印刷品、平面媒体广告等。

五、宣传推广策划书撰写

(一)撰写流程

1. 构建营销策划书的框架

在书写策划书之前,先用因果关系图(也称树状图)将有关概念和框架汇集于一张纸上,以描述策划整体构想,其目的在于将核心问题、内外环境因素,以及解决问题的思路清晰地展示出来。

2. 整理资料

在汇集资料时,应先对资料加以整理、分类,再按照营销策划书的框架顺序一一列入,绝对不允许将无关紧要的资料硬塞进策划书中。在资料整理前要进行充分的市场调研,把握好市场最新消息,并保证资料的真实性,这样才具说服力。

3. 版面设计

版面设计时应防止刻板老套,应多运用图表、图片、插图、曲线图等,并辅之以文字说明,增加可读性。版面设计尽量做到形象具体,也要有有所创新,有自己的特色。在标题前加上统一的识别符号或图案来作为策划内容的视觉识别自行设计的文字符号将会产生意想不到的效果,应该适当加以应用。

4. 营销策划书书写技巧

前言的撰写最好采用概括力强的方法,如采用流程图或系统图等;在书写之前,先在一张图纸上反映出计划的全貌;巧妙利用各种图表;策划书的体系要井然有序,局部也可以用比较轻松的方式来表述;在策划书的各部分之间要做到承上启下;要注意版面的吸引力。

5. 营销策划书中必备项目

(1) 封面。

封面包括呈报对象,文件种类,策划名称(策划主题副标题)策划者姓名及简介(小组名称、成员名称、单位、职称和姓名等),策划书制作年月日、编号及总页数。

(2) 目录。

(3) 策划目的(前言)。

(4) 内容的简要说明(策划摘要)。

(5) 策划内容的详细说明(策划的背景、动机、环境分析、目标、营销策略等)。

此部分为策划书的正文部分,表现方式应简单明了,一目了然,可以采用文字、图片、表格等形式。

(6) 策划费用预算。

(7) 策划实施时的步骤说明以及计划书(时间、人员、操作等的计划表)。

(8) 策划的预期效果(使用资源、预期效果及风险评估)。

(9) 对本策划问题症结的想法。

(10) 可供参考的策划案、文献、案例等。

(二) 注意事项

一份合格的宣传推广策划书应注意包括以下几方面的内容:

(1) 告诉访客我们是做什么的?方案(产品)要解决的问题是什么?执行方案后要实现多大的价值?

(2) 针对产品/品牌推广的问题在哪里?执行营销方案时,要涉及那些单位或地方?

(3) 为什么要提出这样的策划方案?

(4) 谁负责创意和编制?总执行者是谁?各个实施部分由谁负责?

(5) 时间安排如何进行?营销方案执行过程需要花费多长时间?

(6) 各系列活动如何操作?操作过程中遇到的新问题如何及时处理解决?

本章小结

（1）市场营销是引导商品和服务从生产者到达消费者或使用者的一切商业活动过程。随着社会与时代的变迁和消费者需求的变化，市场营销既是一种行为、一套制度，也是创造、传播、传递和交换对消费者、代理商、合作伙伴和全社会有价值的物品的过程。营销策划是指企业在对内外环境进行准确分析的基础上，围绕企业发展的特定目标实现，全面构思、设计和选择企业未来一定时间内营销活动的行为方针、战略、阶段目标以及实施方案与具体措施的谋划过程。

（2）在市场营销体系之下，目标市场营销称之为STP营销，包括三个要素步骤：一是按照一定的标准将市场分成若干个子市场的过程（segmenting）；二是评估并且选择适合企业发展经营的细分市场作为目标的过程（targeting）；三是确定符合相关节产品在旅游投资中所筛选的目标市场上的定位过程（positioning）。调查分析顾客需求，细分出合理的节事活动细分市场；根据企业自身资源与条件正确选择节事目标市场；在目标市上确立丰富的和旅游企业发展的理想产品与品牌，制定符合实际的营销策略。这一系列的分析、选择、确定的过程就是节事活动目标市场营销过程。

（3）公共关系策划和宣传推广在节事活动中的重要性：伴随着公共关系的发展，公共关系策划得到了各类组织的广泛认同。从政府公共关系策划到企业公共关系策划，从形象公共关系策划到危机公共关系策划，从品牌发展策划到新产品上市的营销策划等，无不体现了公共关系策划的重要性。公共关系策划推动着组织的进步和发展，展示着组织的风采和特征。

核心关键词

marketing management	市场营销
marketing planning	营销策划
target market	目标市场
public relations	公共关系
public relations planning	公共关系策划

思考与练习

1. 试述市场营销与营销策划的概念。
2. 试述节事活动中目标市场营销策略的种类？
3. 如何制定节事活动中的公共关系策划和宣传推广方案？

案例分析

2015国际旅游小姐中国总决赛在重庆铜梁举办

为打造重庆一流、全国知名文化旅游城市的战略决策，充分发挥国际旅游小姐品牌效应，有效提升安居古城旅游产品形象，由国际旅游小姐中国执委会主办单位、重庆安居古城保护开发有限公司承办的2015国际旅游小姐中国总决赛于6月9日至6月21日在重庆铜梁区安居古城举办。中共铜梁区委常委、安居古城旅管委书记欧汉东昨日在重庆市政府召开的新闻发布会上介绍，以"相约安居"为主题，通过国际的、时尚的、美丽的旅游文化元素注入，让自然之美、历史之美、人文之美、旅姐之美有机结合，向世界展现一个美丽、和谐、崛起的中国第四大古城。进一步强化和提升"安居古城"的旅游文化品牌形象，进一步增进外界对安居的认识与了解，进一步增强安居古城核心的竞争力、辐射力、吸引力和影响力，使安居成为一个展示、宣传、推介铜梁旅游资源和铜梁形象的窗口、平台、载体。

活动主要包括2015国际旅游小姐中国总决赛安居入城仪式、"我赞安居"游客主题互动活动、最佳比基尼小姐单项赛、最佳才艺小姐单项赛、东方神韵小姐单项赛、最高贵小姐单项赛、"相约安居"主题摄影秀、2015国际旅游小姐中国总决赛晚会等项目。国际旅游小姐大赛是世界三大选美比赛之一，1949年创办，以促进世界各国的旅游业发展、增强世界各国的文化交流以及国际间的友好关系为宗旨，自2004年起，国际旅游小姐大赛落户中国，作为国际旅游时尚文化界一年一度的重大赛事，在中国12年来取得了非凡成就，是赛事文化活动中唯一被我国认定为"中国知名服务品牌"的文化项目。

据安居镇镇长、大赛组委会执行主任高国民介绍，"国际旅游小姐大赛将向世界展示一个美丽、和谐、崛起的中国第四大古城安居，增强安居古城的吸引力和影响力"。2014年，安居古城荣获了"中国最具文化魅力古城"、"重庆新名片10强"、"重庆最美小城镇"等荣誉。目前，安居古城已成功创建国家4A级旅游景区、安居国家湿地公园，正在全力打造国家5A级旅游景区。因此，这次大赛的活动主题为"相约安居"，是希望通过国际的、时尚的、美丽的旅游文化元素的注入，给"望得见山、看得见水、记得往乡愁的中国第四大古城"安居增添光彩。

据活动安排,全球佳丽从6月9日抵达安居古城。6月12日举行第一届安居古城旅游节开幕式暨入城仪式、国际旅游小姐巡游安居古城、最高贵小姐单项赛;13日举行最佳比基尼小姐单项赛;15日举行最佳才艺小姐单项赛;20日举行最具东方神韵小姐单项赛及21日总决赛。参加国际旅游小姐大赛中国总决赛的选手们通过初赛、复赛层层选拔,个个拥有骄人的身姿和容貌,更有不俗的才艺。她们集青春、激情、个性、阳光、时尚为一体,将在安居古城为大家呈现一场别具风格的视觉盛宴。

国际旅游小姐大赛期间时逢端午佳节,安居古城内开展了县令出巡、武士换岗、川剧变脸、民俗表演、铜梁龙舞、花船表演、包粽子等一系列活动,游客可以免费观看和体验,度过一个热闹而又特别的端午小长假。

为一睹佳丽们的风采,除了可在推出的代理订票点进行购票外,公众已经通过同程网、携程网进行网上订票。最佳比基尼小姐单项赛、东方神韵小姐单项赛、最高贵小姐单项赛门票价格为98元/张;最佳才艺小姐单项赛门票价格为50元/张。总决赛门票分四类,分别为贵宾票、甲票、乙票、丙票,价格分别为贵宾票1180元/张,甲票为580元/张,乙票为280元/张,丙票为98元/张。

问题:

美女经济,又被誉为"眼球"经济,美女赛事总是能吸引社会公众的眼球。因此,利用美女赛事开展慈善晚会活动,既可以提高社会公众的参与程度,又可以激发社会精英人士和人民群众的关怀和爱心。请根据案例资料,按照慈善酒会2000元/人、文艺演出门票600元/人,以及通过晚会广告招商等方式,编写《2015国际旅游小姐中国总决赛慈善晚会方案》。

回答提示:从美女经济、"眼球"经济入手深入分析,提高社会公众尤其社会精英和企业成功人士的参与热情(不少于600字)

第九章

节事活动策划案的编写

学习导引

节事活动策划是围绕节事活动的目标,在充分占有节事活动信息并对之进行全面、深入分析的基础上,运用科学的方法,制定节事活动最佳方案的过程。把此策划过程用文字完整地记录下来就是会展策划文案。在本章中,我们将了解节事策划案的结构和内容,并学习如何撰写节事策划案。

学习重点

通过本章学习,重点掌握以下知识要点:
1. 节事策划案的种类和作用;
2. 节事策划案的基本范式和内容;
3. 节事策划案的撰写要求。

第一节 节事策划案的作用与种类

一、节事策划案的含义

节事是节庆和特殊事件的统称。节庆通常是指有主题的公共庆典;特殊事件是指精心策划和举办的某个特定的仪式、演讲、表演或庆典,可以包括国庆日、庆典、重大的市民活动、独特的文化演出、重要的社团活动、贸易促销和产品推介等。

随着时代的发展,节事活动也日益增多。除了传统意义上的节日、庆典之外,作为非物质文化遗产的重要组成部分,如那达慕大会、彝族火把节、傣族泼水节、黎族三月三、祭孔大典等也成为重要的文化节事活动;随着都市休闲和乡村旅游的发展,产生了如西瓜节、啤酒节、龙虾节等节事活动;文化创意产业发展催生了与此相关的电影、时装、卡通、音乐等节事活动;运动健身类、婚庆类节事也备受青睐,如登山节、马拉松赛、摩托车赛、婚庆节等。据不完全统计,我国每年开展的节日庆典活动有近万个。目前,我国大多数节事以政府主办为主,但随着政府职能的转变,由政府主导、市场运作的组织模式日渐成为主流。这种模式通常是由节事活动举办地的旅游、文化等各相关部门和部分企业共同参与运作。

在节事活动的统筹、规划、协调、组织过程中,从节事活动的主题策划、整体方案、节事活动的可行性研究报告到节事活动的营销实施方案、宣传推广方案、赞助方案、现场管理方案、配套活动方案等,都属于节事活动文案的范畴。

从广义上说,在节事活动中,凡是为节事活动的推进而诉诸文字表达的各种方案、公文以及图表等,都可以称作节事活动文案。

节事策划案是节事活动文案中非常重要的一种文案。为了节事活动的成功举办,必须对节事活动的整体性和未来性策略进行规划。节事策划案就是节事活动的策略规划,包括从构思、分析、归纳、判断,一直到拟定策略方案的实施、事后的追踪与评估过程。

节事活动策划与计划不同,它有为达到目的的各种思想,这些构想和创意是新颖的,与目标保持一致的方向,有实现的可能。把策划过程用文字完整地记录下来就得到了节事活动文案。

广义的节事活动策划案可以涵盖经市场调查而产生的可行性研究报告、项目意向书、项目建议书、广告策划方案、宣传手册等,包括围绕某次节事活动的节前、节中和节后所有的策划方案。

二、节事策划案的种类

按策划案的内容覆盖面分,节事策划案可分为总体、策划案和专项策划案。

1. 总体策划案

总体策划案即针对特定节事活动的主题、形式、时间、地点、营销、接待、宣传等进行全方位的策划而形成的文案。总体策划案的内容表述可粗可细,其中,粗线条表述的部分需要专项策划文案配套。

2. 专项策划文案

专项策划文案即根据总体策划案的基本原则和安排,针对节事活动的某一方面制订的具体工作计划的文案,如接待方案、广告招商方案、会场布置方案等。专项策划案常常作为总体策划案的配套性文案。

三、节事策划案的作用

1. 决策依据作用

节事策划案种类繁多,对于主办方或者承办方来说,节事策划案的撰写是节事活动筹划阶段一项非常重要的工作,它体现了主办方或者承办方对节事活动的整体安排和构想。节事策划案是节事活动文案的一部分,它应该是建立在科学预测、理智分析和大胆创意基础上的,并且经过严谨咨询、论证程序,是节事活动文案人员智慧的结晶,具有建议和提供决策依据的作用。

2. 指导执行作用

节事策划案一旦经决策机构确认,就转化为实施方案,对节事活动的各项筹备工作具有指导作用。各筹备工作部门在工作中应当贯彻、体现策划案的意图。一份全面的节事策划案应该包括从拟定策略到方案实施,再到指导节事活动后的追踪与评价。也有人说,节事策划案就是节事活动实施战略的总指导书。

3. 保障服务作用

节事活动保障与服务是指在节事活动举办过程中,由主办方或者承办方以及其他服务商向与会者、参会者、客商、观众以及记者所提供的各项服务;服务的内容包括策划、信息、接待、翻译、记录、广告、观光、考察、礼仪、布展、撤展、物流、通关等诸多方面。节事策划案则提供各种节事活动保障服务的文本规划,以使参加对象了解有关会展活动的目标、主题、背景、方式、服务项目等重要信息,便于其决定是否参与或者选择自己需要的服务项目。

4. 促进交流作用

节事活动是一种信息密集的交流活动,节事文案则是促进节事参加对象信息交流与沟通的媒介。节事策划案能使信息以最快的速度在参加对象之间相互交流,从而发挥沟通思想、交换意见、弥合分歧、协调关系、宣传品牌、达成交易等作用。

5. 参考借鉴作用

节事策划案反映了节事活动的举办、组织与管理过程,以及相关各方参与活动的情况。一项节事活动完成后,从广义的方面来说,节事活动留下的策划案具有保存价值的那一部分经过立卷、归档便转化为档案,成为节事活动的历史见证,可以供参考、研究和利用,为其后实施节事管理、举办节事活动提供借鉴。

第二节　节事策划案的基本范式与内容

策划案的写法十分灵活,没有固定的写作模式,因此这里只论述节事活动策划书的基本结构和基本要求。

一、标题

节事活动策划书的标题通常由三部分组成,即基本部分(如策划书或方案)、限定部分和行业标识。例如,"重庆市首届国际火锅文化节策划方案",如果按上述三个部分对号入座,则基本部分是"方案",限定部分是"重庆市"、"首届"和"国际",行业标识是"火锅文化节"。

二、文头

在标题下方依次排列下列内容:策划书的名称、策划者的姓名、策划书完成的日期、策划书的目标。

策划书的名称与标题相同,策划者的姓名除了策划者的名字之外,隶属的单位、职位均应写明。还要标注策划书完成日期,也包括修改的日期。另外,策划书的目标写得越明确具体越好。

三、正文

正文有策划书的前言和策划书文本两个部分组成。

1. 前言

前言包括策划的缘起、背景资料、问题点和节事活动创意的关键等。另外,也可以加上序文、目录、宗旨。

序文把策划书所讲的概要加以整理,内容简明扼要,让人一目了然。目录务必要能让人了解策划的全貌。宗旨主要是对策划的必要性、社会性、可能性等问题的具体解说。

2. 策划书文本

这部分包括基本事项、策划设计、宣传及推广、参加对象和观众组织、组织机构、任务分工、进度安排、经费预算、资金来源、总体协调事项、效果评估等。策划书文本的内容是方案最重要的部分,因策划类型的不同而有所变化,但要做到总揽全局、目标清楚、思路清晰、分工明确、综合协调、力求内容具体、可操作性强等。具体如下:

1) 市场背景

分析市场背景是策划节事活动非常重要的任务,也是节事活动迈出的第一步。只有通过周密的调研和分析,才能明确市场机会、市场需求、市场威胁及自身的优劣势,从而为节事活动定位提供决策依据。

2) 目标和指导思想

节事活动的目标是节事活动组织者的期望,也是节事活动相关利益者的共同期盼。节事活动的指导思想是节事活动的方针和原则的集中体现。这两项内容的表述要清晰、明确、有概括性。

3) 主题和形象

最好提出具有创意的节事活动主题和节事活动传播口号,并详细地阐释节事活动主题的内涵。

4）实施计划

人员分工计划、招展计划、招商计划和宣传推广计划是展会的具体实施计划，这四个计划在具体实施时会互相影响。

5）策划进度表

把策划活动的全部过程拟成时间表，标示清楚到什么阶段就应该完成哪些工作，直到节事活动成功举办。节事活动进度计划安排得好，节事活动的各项工作就能有条不紊地进行。

6）经费预算

节事活动的各项费用在根据实际情况进行具体、周密的计算后，用清晰、明了的形式列出。明确筹集经费的渠道和方式。

7）现场规划及执行流程

现场勘探—拍照—画规划图—设定节事活动总规划图—现场布置—资源配置。

8）总体协调事项

内外环境的变化，不可避免地会给方案的执行带来一些不确定因素，因此当环境变化时是否有应变措施、损失的概率是多少、造成的损失有多大、应急措施有哪些等也应在策划中加以说明。

9）效果评估

是否达到节事活动目的，以及主题与产品和目标受众是否一致，对他们是否有足够的吸引力。

第三节 节事策划案的撰写

一、节事策划案的写作流程

1. 需求调查

在进行节事活动策划时，首先，要收集活动相关的各种资料，包括文字、图片以及录像等活动资料。其次，有关节事活动方面的政策和法规、公众关注的热点、历史上同类个案的咨询、场地状况和时间的选择性都是调查的内容。调查是策划案撰写的基础，充分的调查能为策划提供客观、可靠的依据。最后，对收集的资料要分类编排，归档，写成调查报告与可行性研究。

2. 目标文案写作

节事活动的目标必须清晰、明确，它是策划工作所希望达到的预期效果，是策划工作的核心。目标文案写作应围绕核心进行，从节事活动策划工作的特性出发，明确目标的过程应建立在以下的基础上。

（1）选择目标市场。

通过市场分析，选择目标市场。

（2）确定活动定位。

通过对组织者与参加者进行分析来确定活动定位。

3. 拟定初步方案

成功的策划是创造性思维的过程及结果,是策划者在头脑中把多种有效信息组合成的创意和灵感,并包含有策划者对特定信息的思维组合。拟定初步策划方案的要点有以下几个方面:

(1)选定主题。

主题是对活动内容的高度概括,是整个策划的灵魂。策划方案要为广大公众接受,就必须选好主题,并避免重复化、庸俗化。

(2)选定日期。

除了固定的纪念日,节事活动日期的选择一般较为灵活,但策划时要先将日期确定下来,以便做具体的时间安排,并将其列入组织计划中。

(3)选择地点。

在选择地点时,必须考虑公众的分布情况、活动性质、活动经费以及活动的可行性等因素。

(4)估计规模。

估计参与者的人数。

(5)预算费用。

预计活动成本和各项费用支出,使有限的资金发挥最大的作用。

4. 筛选方案

初步方案拟定后,围绕活动的目的与意义,精心设计活动的形式和内容,要有独特的创意,根据节事策划原则,筛选最合理优化的方案,避免落入俗套。

5. 调整与修正方案

在选定策划方案后,还要根据节事活动策划的动态性原则,对策划方案进行调整和修正,以满足节事活动举办的需求。

节事活动是一个十分复杂的系统工程,具有很强的创造性。在策划过程中,要求不断推陈出新,通过新颖别致的创意、周密的计划、精心的安排来达到出奇制胜的效果。

二、策划案的写作要领

1. 言简意赅

力求在有限的篇幅内把需要介绍的内容全部说清楚,一定要注意在写作过程中不要啰唆。

2. 用词准确

要突出节事活动主题及特色,增强吸引力,避免一些不温不火的语言,尤其是节事活动的创新之处要讲清楚。

3. 实事求是

在介绍节事活动情况时,切忌过分夸张,言过其实,应多例举事实,如重要的赞助商、历届的口碑与效果等。

4. 重点突出

对节事活动的策划程序要写清楚,并突出重点。

5. 注意包装

注意包装主要体现在两方面:一是策划书的文章结构与层次上,要清晰明朗、重点突出,让读者能抓住节事活动的亮点,并有一个清晰的头绪;二是在包装制作上,要装订整齐、制作精美,给人以赏心悦目的感觉。

三、编写策划书应注意的事项

编写节事活动为达到最佳效果,在编写中应坚持原则,注意一些问题。

(1) 在编写中要坚持实事求是的原则。

策划书既是一项创造性劳动,也是一项科学严谨的工作,一切从实际情况出发。

(2) 在编写中要为开展过程中的变化留一定的空间。

活动策划书类似于工作计划,虽然要求科学严谨,但是也要考虑到一些可能发生的突发事件,以及一些不可预见的因素,要在编制时为可能产生的变化留有一定空间,有时甚至要另有一套备用方案。

(3) 在编写活动策划书时,也应力求文字简洁生动、表达方式变化多样。

为更好地表达编写者意图,避免晦涩、枯燥,在表现方式上可以插入表格、图形(包括现场图、示意图等)、示例、影像资料(包括照片、录像),以及电脑特技。例如,通过电脑制作的大型节事活动,就可在策划书中实现展现现场效果。

总之,节事活动策划书,虽然不是新事物,但是由于没有一定的编写规范,还有待经验丰富的节事活动工作人员共同研究、探讨,为节事活动策划工作规范化、科学化做出新的尝试。

重庆市首届国际火锅文化节策划方案(摘录)

一、举办"火锅文化节"具备的"三性"(摘录)

1. 必要性

面对国内市场需求不旺的压力,面对从未有过的西部大开发战略实施的大好机遇,我们发现,重庆火锅近年来发展迅速,在形成系列化、规模化、产业化基础的同时,也处于一个发展的调整、提高和创新的关键时期,需要重庆市政府引导其产业向规范化、科学化、国际化方向发展。还可以此为契机来招商引资,实现"火锅搭台、经济唱戏"的目的。

2. 可行性

重庆是西部开发战略要地,以及中央对新直辖市的诸多优惠政策和新重庆特殊的地位(三峡移民重点)及地理位置,使其成为全国目前最火爆的城市,将使长江龙尾经济热点得以展现。因而,在政治上为新重庆的掘起,提供了很多有利条件。政府的决心、商家的呼声、群众的希望,充分体现了民情、民愿。因而由政府牵头,搞好这次国际火锅文化节,将在整个政治氛围上提供了可行性。

3. 紧迫性

尽管火锅本是属于重庆自己的东西,但如果我们不迅速将其精品化、集约化、一体化、规范化、科学化、国际化（简称"六化"），不迅速进行产业运作体系创新和火锅文化艺术创新，不迅速通过举办"火锅文化节"来启动"日不落"产业，那么将会被其他城市取而代之！

二、举办"火锅文化节"运作的程序及内容（摘录）

1. 发动阶段

（1）由重庆市政府牵头，对举办"中国·重庆首届国际火锅文化节"策划方案框架进行论证。让"火锅文化节"真正为推动重庆火锅文化产业服务。

（2）通过各种新闻媒介，向全市人民宣传火锅节的意义、目的；广泛征求、举办重庆国际火锅文化节的建议和意见；征集论文、挖掘火锅文化素材，启动"巴渝文化"宏伟战略工程。通过向全市人民广泛征求意见和建议，将会在社会上引起强烈反响。

2. 评选范围及评选内容

以火锅为竞赛主线，分别按规模、层次、类型等划分，再以此进行辐射。分两大类共八个评选项目，即火锅类及火锅配套类。

火锅类：

（1）火锅主类（分正宗类、旁系类）。

（2）火锅底料。

（3）火锅菜品（提倡绿色科技食品）。

3. 参与方式

商家：按经营规模的大小划分区域参展。

消费者：进门购 10 元门票（内有 10 张小票和一张选票），可在展区内随意品尝 10 家火锅味道。

4. 实施阶段

开幕式

开幕式的主题是"重庆直辖蓬勃生机，火锅点燃新的希望"（暂定）。开幕式上，市领导、海内外来宾和重庆火锅界代表讲话；主席台嘉宾亲手将准备好的点燃象征重庆新直辖新气象的大火锅炉火。

"狂欢之夜"活动（略）

闭幕式

闭幕式主题是"火锅给大家带来欢乐"。邀请重庆市文艺表演团体和中央文艺团体同台演出。

5. 举办"火锅文化节"之后的主要工作

（1）组织要落实。

成立"重庆火锅文化产业指导办公室"、"重庆火锅文化产业研究院"、"重庆火锅文化职业培训中心"、"重庆海外火锅文化传播中心"。

（2）管理要到位。

建立完整的火锅文化产业统计指标体系；制定火锅文化产业行业标准；规范火锅文化产业培训教材；进行授牌"星级"重庆火锅行业管理；创办火锅文化产业刊物；建立火锅文化产

业海外发展担保基金。

(3) 方向要明确。

重庆火锅文化产业的发展方向,应该是做好以下十个结合:经济与文化相结合;传统与现代相结合;国内与国外相结合;一业与一体相结合;产业与区域相结合;经营与科研相结合;品牌与网络相结合;眼前与长远相结合;自立与规范相结合;政府与民间相结合。

(作者:郑德奇)

本章小结

(1) 节事策划案是对节事活动的整体性和未来性策略进行的规划。它包括从构思、分析、归纳、判断,一直到拟定策略方案的实施、事后的追踪与评估过程。按策划案的内容覆盖面可以将节事策划案分为总体策划案和专项策划文案。

(2) 优秀的节事策划案应该发挥决策依据、指导执行、保障服务、促进交流以及参考借鉴的作用。

(3) 在编写节事策划案过程中,应该考虑到一些可能发生的突发事件,以及一些不可预见的因素,在编制时为可能产生的变化留有一定空间,有时甚至要另有一套备用方案。

核心关键词

event planning	节事活动策划
planning scheme	策划方案
theme design	主题设计
writing process	写作流程
document structure	文案结构

思考与练习

1. 简述节事策划案的类型与写作要求。
2. 试述节事策划案的撰写流程。
3. 试述节事策划案的基本内容。

案例分析

人民大众的节日——上海旅游节

案例背景

上海旅游节起源于上海黄浦旅游节,集观光、休闲、娱乐、文体、会展、美食、购物为一体的上海旅游节。目前,上海旅游节已经成为上海市一项固定的全市性大型节庆活动,具有相当的知名度和影响力,在海内外享有盛誉。是我国综合节庆活动的代表之一。

上海旅游节旨在综合展示旅游资源、旅游产业、文化产业、公共设施建设、商业配套产业的整体风貌,搭建商务平台,是旅游开发向产业化发展,同时不断挖掘潜在商机,为企业提供招商引资、技术交流和扩大企业品牌宣传的良好平台。综合性、群众性、参与性是历年上海旅游节的重要特点。

上海旅游节以"人民大众的节日"为定位,紧扣"走进美好与欢乐"的主题。上海旅游节每年都开发出不同特点的旅游产品和集中主题性活动项目,涉及方方面面的行业,举办规模宏大,形式新颖、品种多样,适合不同年龄层次人群的参与,贴近生活;以文化产业为龙头,汇聚海内外文化产品、人文、艺术、生活形态等内容,具有节目形式多样、规模宏大、内容丰富多彩、时间跨度大、参与人数多等特点。上海旅游节一般在上海气候最为宜人的秋天举行,在为期三周的时间内,将举办花车巡游、音乐烟花、世界美食、城市风情、都市游园、民俗休闲等七个系列近百项活动,为上海国庆旅游市场带来丰富的旅游产品和活力。

经典主线游

开幕大巡游中十多辆来自海内外的花车和几十支表演队伍沿着上海最繁荣的淮海路巡游表演,接受数十万市民游客的检阅,成为欢乐的海洋,而在南京路举办的一场露天大型"开幕联欢"活动,更是打造了一个激情澎湃的动感之夜。贯彻旅游节的花车巡游此次还将开赴江苏、浙江两省的部分城市,引领长三角市民共享欢乐。既然是节日,更不能少了历年经典的烟花表演——上海国际音乐烟花节、"欢天喜地"激光音乐烟花表演,让广大中外来宾体会不同国家文化的烟花组成的美妙梦境。旅游节中浦江彩船大巡游玫瑰婚典等更是旅游节的经典节目,上海的浪漫与丰富内涵尽在不言中。

缤纷都市游

缤纷多彩的都市游是上海旅游节特色项目之一。以都市游为窗口,展现作为国际大都市上海的多彩生活;通过都市游让游客了解上海、走近上海。旅游节主要从购物节、欢乐周、文化游等项目来体现都市游这一主题。购物节立足于上海多层次购物环境、高品位购物体验的特点,将分为若干主题板块;南京路欢乐周、梅川路休闲街欢乐游等活动每天定时、定点、定路线激情推出特色巡街表演。来自国内外的民族风情队伍边巡游边表演,与中外游客同欢乐,形成一道亮丽的旅游文化风景线。此外,值得一提的是扬子江德国啤酒节、都市咖啡文化节、国际爵士同乐音乐节等文化活动，将充分体现上海旅游节所蕴含的文化底蕴，给人以艺术的享受。

绿色休闲游

上海旅游节主要是从赏桂之旅、趣味游、田园农夫节、古镇旅游节以及森林旅游节等节目来充实绿色田园游的主题。长三角赏桂之旅，让人领略不同地域别样的桂花风情，在香气弥漫之间，感受自然的无穷魅力。嘉定欢乐周通过家庭垂钓比赛的方式，让一家人在野外感受DIY欢乐的同时增进彼此情感，促进和谐家庭的构建。除此之外，森林旅游节、田园农夫节等活动也用其独特的方式丰富着旅游节给人们的自然享受。

多彩民俗游

九子大赛作为传承上海坊间文化的载体，已是连续第三年在旅游节期间举办，伴随着奥运会的举办，这一简单易行的健身项目引领着新的参与热潮。枫泾水乡婚典自两年前首次推出便受到热捧，这一活动不但是新人们的一次与众不同的体验，更是观古镇、游水乡的好机会。唐韵中秋游园会则在中国传统的节日——中秋节上做足文章，融入时尚的旅游元素，让游客体验亦古亦今的美妙感觉。此外，朱家角古镇旅游节、"廊桥古韵"民俗风情系列活动等也都依托各自的旅游资源，为游客展现淳朴的民风乡情。

牵动"经济链"

加盟上海旅游节花车制作，沪上工艺美术设计企业找到了新的利润点：全国各地的花车、花船订单源源不断，2008年他们制作的花车首次开上法国街头，进军海外市场——上海旅游节牵动"经济链"，这仅仅是一个微小的缩影。

每年200万观众，大巡游凸显"展台"效应，被称为"流动的旅游博览会"。旅游商纷沓至来，2008年花车报名达到了60辆，从大江南北到世界各地，从观光游览到度假休闲，不一而足。与此同时，历年花车大巡游的盛况通过卫星传到世界各地，海内外旅游爱好者也加入到观众中来，2008年大巡游的可售门票竟有一半是被外国、外省市游客买走。上海人为看花车走出去，游客们为看花车走进来，拉动了住宿、餐饮、交通、购物——大巡游通过播撒旅游意识，托起了一个大格局的旅游经济。

上海旅游节的"玫瑰婚典"，每年都吸引着大批新人慕名参加，不少还是远道而来。一年一次不能满足需求，索性就成立一个常设性的"玫瑰婚典"办公室——初创者可能没有想到，一个短期的节庆活动经过6年培育，竟演变为一项四季皆宜的婚庆产品，而其更为显著的效应在于带动了一整条服务产业链。从市内游到国内游，从国内游到出境游，从东南亚到欧美，"玫瑰婚典"首先带动了旅行社，而衍生的婚庆服务更是把美发美容、摄影摄像、车辆租赁、婚礼礼仪、酒店餐饮、珠宝首饰、金融服务甚至婴幼儿服务等带动起来……越是想纵深开发，带动效应越强，粗粗估算，被"玫瑰婚典"带动的行业已达到了近百个。

上海旅游节的品牌效应，同样产生了良好的经济效益。崇明前卫村的"农家乐"是旅游节的传统品牌，如今名声已响彻大都市。游客一批一批慕名而来，为当地农民带来不少财富。

"农家乐"的品牌效应调整了当地农村产业结构,而浦东国际音乐烟花节的品牌效应则为国内烟花产业打开了国际市场。江西、湖南的烟火商最早与国际音乐烟花节合作,现为部分外国烟花专场供货,出口订单立刻源源不断而来,仅湖南浏阳东信烟花制造公司一家,每年产值就有30%的递增。

上海旅游节带动了一大串"经济链",带来不可估量的商机与活力。

丰富精彩的节目打造品牌魅力

经过多年的尝试,上海旅游节经济搭设了一个良好的平台:几十项各具特色的节庆项目在这一期间集中进行,涉及观光、休闲、娱乐、文体、会展、美食、购物等几个大类,任何国籍、任何年龄的游客都能在这一"节庆超市"中有所选、有所乐。多年来,旅游节在活动设计上坚持保留名品、创新精品。一些为群众所喜闻乐见的传统项目每年保质保量地与观众见面,而五六个新的项目又使旅游节始终保持着活力。

上海旅游节目前的基本模式为:以盛大的开幕大巡游和大狂欢拉开旅游节的大幕;以持续时间长、影响力广的花车巡游贯穿旅游节始终;以国际音乐烟花节作为旅游节闭幕大餐并将节日氛围推向新高潮。同时,全市各区县节庆项目全面铺开,显现出浓郁的节日气氛。

目前,上海旅游节已形成以如下活动为核心的节庆品牌。上海旅游节的开幕大巡游一直作为重要项目,打响旅游节的头炮。在全长2.2公里的巡游线路上,来自十余个国家和地区以及国内兄弟省市的花车和表演团体列队巡游表演,向广大市民游客展示了世界各地的异域文化和民族风情。浦江彩船大巡游活动有近20艘游船张灯结彩在黄浦江上编队巡游,同时在指定位置燃放烟火,形成两岸江景、彩船、焰火融为一体的绚丽景象。已举办数届的上海国际音乐烟花节正在逐渐成为上海旅游节的著名品牌之一,每年都在世纪公园上演。同时,浦西大宁灵石公园也将举行"欢天喜地"激光音乐焰火表演,由此形成了浦江两岸烟花连动的格局。

旅游节的品牌魅力将进一步在长三角地区绵延。旅游节花车首次分赴江苏苏州、浙江湖州巡游,使周边城市居民不出家门就能共同感受上海旅游节的欢乐氛围。

近年来,旅游节在项目确定上坚持去粗取精的原则,活动的参与性、可持续性都成为了重要的考量标准。2008年,继续"瘦身"的旅游节推出大小共30余项节目,力求给广大市民及游客呈现一份高品质的"菜单"。

本土和国际——相辅相成的定位

一个节庆活动要形成品牌效应,首先要立足于本地市场。旅游节多年来坚持本土化的定位,充分考虑到市民的需要,深挖都市旅游的现有资源,节庆在本地市民中引发关注热情。比如之前推出的上海传统民俗游戏大赛就重拾起昔日街头巷尾随处可见的滚铁环、打弹子等传统娱乐项目,让老上海们重忆往日岁月,同时又达到全民健身的目的。而"弄堂风情游"也是在怀旧建筑商做足文章,引导市民关注身边的一景一物,关注城市的精彩。上海十大休闲街评选活动,由上海旅游节组委会办公室与新民晚报合办,通过旅游节的影响力和新民晚报的辐射力,吸引群众的参与,有广大市民、游客从千余条大街小巷中选出10条融合观光娱乐、美食购物、休闲体验等综合要素的特色街道。上海最佳游设计大赛以市民的亲身体验为基础,具有较强的参与性。活动由市民游客亲自设计旅游线路,把上海市内及近郊的旅游景点重新组合,形成不同于以往的新线路,带给游客一个全新的选择。

与本土化定位相对应的,旅游节长期以来积极引入国际元素。近年来,参与上海旅游节开幕式的国外表演方队和花车逐年递增,异国风情深深地吸引着市民及游客;新引进的旅游节项目——立体花坛大赛则邀请到了来自国外的19个参展城市,他们将和国内设计师一起在世纪公园创作出一尊尊栩栩如生、惟妙惟肖的立体植物作品。同时,旅游节的国际化趋势还体现在宣传上,上海旅游节连续三次专程赴中国香港、澳门等地区进行促销,并在其他诸如法国、美国、俄罗斯、西班牙、加拿大、日本、韩国等境外促销活动中发放宣传资料,力求进一步打开国际市场。同时,每年的上海旅游节还吸引了美联社、路透社、法新社等数十家境外知名媒体记者的参与报道,力求通过种种策略打造出真正意义上的"世界的节日"。

区域连动,网络互动的营销网络

华东地区14个城市加盟上海游营销网络,通过市场化的运营方式,将"上海旅游节主题旅游线路"成功推向华东地区。

上海旅游节搭建沟通国内各大城市的"快速通道",南京、扬州、镇江、南通、常州、苏州、无锡、杭州、宁波、绍兴、嘉兴、温州、湖州、舟山14个市的36家旅行社都已加盟上海旅游节的市场营销网络,积极为这个国内最大的旅游节庆活动源源不断地输送各地客源。这36家旅行社还被授予印有"上海旅游节国内组团旅行社"字样的铜牌。上海的东方明珠、金茂大厦、海洋水族馆、野生动物园、上海科技馆、大观园、朱家角、东方绿舟、上海城展馆、银七星市内滑雪场、上海马戏城、上海旅游节票务中心12家著名景点与单位同到会的外省市旅行社代表进行了广泛的洽谈。

往年几届成功启用的旅游节票务中心现今继续运营,一站式的出票系统大大方便了游客参与到旅游节的各项活动中来。同时,上海旅游节的官网已经建立并投入使用。旅游节相关活动项目、背景资料、票务咨询等情况都将第一时间放在旅游节的官方网站上。

购物节的整合营销

上海旅游节的一个重要活动项目——"欢乐旅游节,购物天堂游"节庆商业营销活动是每届旅游节的重头戏。

活动主题为——"协会牵手企业、同倡节庆兴市"——以节兴旅、以旅兴商;诚信营销、和谐共赢。以节兴旅,以旅兴商的营销宣传,把购物消费作为旅游节吸引国内外游客的内容,通过依托旅游节形成综合消费,让更多的外国、外地及本地的客人在沪消费,进一步推进旅游节、国庆节、中秋节三大节日市场的消费,使"看上海美景,逛上海名店,购品牌商品"成为一种时尚,更好地展示上海大都市现代商业的魅力。不仅促进消费,增加商家的赢利,还能营造上海"购物天堂"的氛围。

购物节的活动是市商联会与百货、购物中心行业协会，黄浦、卢湾、静安区商联会，百联集团、新世界商城等商业企业在旅游节期间联合组办的。有40家多家企业，遍布室内外7000多家网点。参与活动的企业和商品具有一定的知名度和认知力，共同向广大消费者和游客呈上精彩丰富的商品、优质方便的服务以及富有个性的营销内容。商品让价幅度根据品种特性由企业自定。企业将体现诚信营销、货真价实，满足多元需求，让购物沉浸在欢乐之中。

依托上海旅游节组委会，进行资源整合，统一宣传，统一造势，统一运作。把旅游节期间各方的市场营销活动集中起来，变单个动作为整体行为，分散营销成为集中营销，形成既统一又互动的商品营销宣传气势，形成和名店、名品、名牌联动的氛围，以吸引更多的消费者。

"两节三赛"的打包营销

每年到秋天，上海市民就会切身感到身边的活动特别多。不论是赛事还是节日，都像扎堆似的来到，格外热闹。这就是这里所说的打包促销"两节三赛"（9月中旬开幕的"上海旅游节"、上海国际艺术节、国际田径黄金大奖赛、网球大师赛和F1大赛）。

目前上海旅游节已经成为上海市的一项重大节庆活动。据统计，每年的旅游节共吸引中外游客和当地市民达1000万人次。由旅游节带动的相关产业经济效益也相当可观：开幕一周，淮海路上各大商厦的营业额比前一周猛增15%，宾馆客房出租率达到70.1%，同比增长25.3%。

为了充分发挥上海旅游节的优势，上海市政府大胆创新整合节庆赛事市场，组委会积极向国内外旅行商进行促销。不过这个促销，不单单是旅游节的促销，而是"两节三赛"的联合促销。

通过精心策划，短期内就能吸引大量游客来到上海，由此带动上海旅游产业以及相关产业发展，形成"两节三赛"共同受益的局面。

讨论题：

上海旅游节经过近20年的发展塑造了一定的品牌形象，但是品牌的知名度、美誉度都有待提高，旅游节的品牌内涵不足。请你根据上述案例内容，策划一个旨在提升上海旅游节品牌形象知名度的活动，并撰写活动策划案。

活动管理篇
Activity Management

第十章

节事活动的组织结构策划

学习导引

任何类型的节事活动，不管是否有严密的可行性研究，是否拥有雄厚的资金保证或其他物质基础，最终都需要由具有主观能动性的人来组织实施。所以组建合理的组织结构是非常重要的。节事活动的组织结构策划是通过一定的组织结构，把节事活动组织中的资金、物资和信息转化为可供出售的活动产品，使计划由观念形态转化为现实形态的过程。

学习重点

通过本章学习，重点掌握以下知识要点：
1. 节事活动的组织结构设计；
2. 节事活动项目团队建设；
3. 节事活动组织的沟通和冲突管理。

第一节 节事活动的组织结构设计

任何项目都有两个基本的要素:一定的项目范围和合理的组织结构。节事活动项目自然也包括这两个要素:一个合理组织结构除了符合项目环境的结构类型外,还必须有人去承担结构上各个位置的角色。了解节事活动组织结构的类型,选择符合任务环境的组织结构,招聘活动项目所需的人才,将招聘来的人员整合成一个战斗的团队,对于节事活动的管理来说尤为重要。

一、组织与组织结构的概念

(一)组织

从广义上说,组织是指由诸多要素按照一定方式相互联系起来的系统。从狭义上说,组织就是指人们为实现一定的目标,互相协作结合而成的集体或团体,如党团组织、工会组织、企业、军事组织等等。狭义的组织专门就人群而言,运用于社会管理之中。在现代社会生活中,组织是人们按照一定的目的、任务和形式编制起来的社会集团,组织不仅是社会的细胞、社会的基本单元,而且可以说是社会的基础。

组织与一般团体是有区别的:

(1)组织有一个共同的目标,组织成员是为了这个共同的目标聚集在一起的。

(2)组织内部成员之间的关系是正式的、具有强制性。例如,节事活动项目总经理、部门经理与具体工作人员的关系是上下级关系,而非随意的,或者可有可无的。

组织又是管理的一项基本职能,即为了有限实现共同目标,合理地进行组织结构设计与职务设计,并配备人员,确定各自的职责与职权,以及组织内部成员之间的相互关系的过程。建立一个组织,其根本是为了能有效实现组织的目标,提高工作效率。现代管理理论奠基人巴纳德认为,组织是有意识地调整两人或多人的行为或各种力量的系统。组织的本质含义就是按照一定目的和程序所组成的一种权责角色结构。行为科学的奠基人梅奥认为,在正式组织的框架下,企业中的人是社会人,正式组织中存在着非正式组织,人的行为和人际关系影响组织效能和组织目标。

(二)节事活动的组织结构

1. 节事活动的组织结构的概念

节事活动的项目组织指为完成特定的项目任务而建立起来的,从事项目具体工作的组织。该组织是在项目生命周期内临时组建的,是暂时的,是为了完成特定的项目目标而组建的。节事活动与其他组织一样,要有良好的领导、计划战略、内外沟通、人员配备、激励机制以及积极向上的组织文化等。

组织结构是组织内部要素相互作用的联系方式或形式,是组织内的构成部分所规定的关系的形式。即系统内的组成部分及其相互之间的关系的框架,它是组织根据系统的目标、任务和规模采用的各种组织管理架构形式的统称。

2. 节事活动的组织结构的特征

1) 专业化

由于节事活动的运作和管理是一个复杂的过程,这就要求有一个专业的项目团队来完成。节事活动运作组织的各部门负责人和工作人员都应该具备相应的教育背景和从业经验。当然,并不是要求组织中每一个成员都是"万能手",至少在其负责的项目方面具有其他人不可替代的作用。节事活动专业化团队不仅可以提高节事活动运作的效率,最重要的是,可以实现活动效益的最大化。

2) 一次性

基于当前我国节事活动的发展阶段,很多节事活动组织是根据节事活动举办的需要建立的一个临时性结构。一般来说,一项节事活动项目完成以后,项目组织就解散了。

3) 灵活性

节事活动要具有适应环境变化的灵活组织形式和用人机制。由于节事活动组织具有较强的目的性和时间性,节事活动举办者在进行组织结构设计时,一切部门的设计和人员的安排都是按照"物尽其用"和"人尽其才"的原则进行的。特别是节事活动的许多工作人员并不是正式人员,在工作安排上,务必加强节事活动组织的灵活性。

4) 统一协调性

由于节事活动组织具有临时性特点,为了提高节事活动运作的效率,举办者在组建节事活动组织时必须按照统一协调性的原则进行,使组织形式简单、高效并且运转灵活。否则,不同工作人员和部门的矛盾会严重影响组织目标额的顺利实现。

3. 节事活动的组织结构的设计

组织结构的设计主要包含三个方面要素:

(1) 工作部门的设置。

根据组织目标和组织部门的任务合理设置。确定工作部门的同时需要确定这个部门的职权和职责,做到责任与权力相一致。

(2) 工作部门的等级。

在一个组织中,分权和集权是相对的,采取何种形式应根据组织的目标,领导的能力和精力、下属的工作能力、工作经验等综合考虑。

(3) 管理层次和管理幅度。

一般的组织管理层次分为决策层、管理层和执行层等。管理幅度又称管理跨度,主要取决于需要协调的工作量。管理层次和管理幅度取决于特定系统环境下的许多因素:

① 管理人员的工作能力、性格、个人经历、授权程度等;

② 工作的复杂性;

③ 信息传达速度的要求;

④ 下级的工作能力;

⑤ 工作地点的远近。

二、节事活动的组织结构类型

一个系统采用何种组织结构形式需要根据项目的具体情况而定。不同的组织结构形式对活动项目产生的影响各不相同。

(一) 节事活动企业常用的组织结构

1. 策划部

策划部是节事活动项目组织的主要基础部门,它的主要工作是策划,包括对整个节事活动的策划、组织的包装等。

2. 业务部

业务部是节事活动项目组织的重要部门之一,举办单位赢利与否直接取决于业务部的招商业绩。业务部主要是招来和联系参展商,有些组织又称业务部为招商部。其主要工作职责是招展宣传、选择参展商等,另外还负责节事活动展品运输、展台设计和施工等工作。

3. 市场部

市场部主要负责新闻宣传、广告策划实施,协调与各社会团体或政府的关系等。

宣传工作是节事活动项目成功与否的基础保证,其手段主要是广告语联络。具体工作内容包括:根据市场变化对价格政策的制定和修正提出建议并报请领导批准后执行;执行合同收款负责有关节事活动项目的报批手续等。

4. 信息部

信息部负责节事活动的通信、网络数据的租赁业务,以及节事活动举办单位信息系统的规划、建设与维护,应用软件及办公电脑、耗材的采购与管理,同时还负责组织内部通信系统及网络的建设与保障工作等。

5. 人力资源部

人力资源部负责节事活动项目所需人员的、培训、考核奖罚等工作,保证项目所需的人力资源。

6. 工程部

工程部负责节事活动项目组织的各项基建工作,以及节事活动期间建筑物装饰装修建设和设备设施的维修与养护。

7. 财务部

财务部的主要工作是负责编制节事活动项目预算,控制项目费用,筹集和运用好资金,使举办单位获得最佳收益。

8. 保安部

保安部的主要职责是维护节事活动现场的良好秩序,确保节事活动环境安全。

节事活动策划公司的组织结构因其规模、定位、发展状况等情况的不同而有所不同,图10-1、图10-2、图10-3给出了3种规模不同的节事活动策划公司的组织结构范本。

(二) 节事活动项目组织结构类型

组织结构类型是一个组织结构特点的明显标志,也决定了这一个组织在管理上的特点,对提高组织的工作效率具有十分重要的意义。节事活动项目组织管理过程中,常用的组织结构类型有以下几种。(见表10-1)

1. 职能组织型

该结构呈金字塔形,采用职能组织型,将节事活动项目放在节庆公司或政府机构某个职

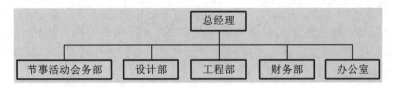

图 10-1　小型节事活动公司组织结构范本

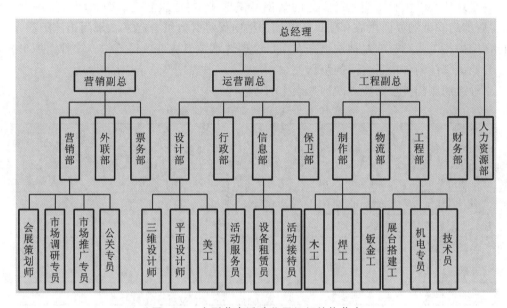

图 10-2　中型节事活动公司组织结构范本

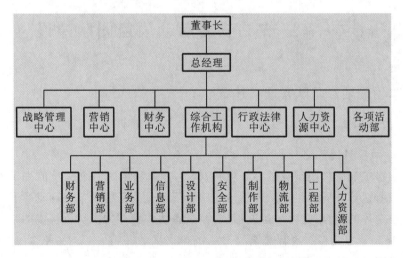

图 10-3　大型节事活动公司组织结构范本

能部门中运行,这个部门是对项目的实施最有帮助或最有可能是项目成功的部门,必要时,其他职能部门提供协助。这种组织形式适合于规模较小、单一专业领域的项目。

2. 项目组织型

项目组织型是一种独立于其他职能部门之外的、自成体系的项目机构。这种组织形式适合于大型会展项目,如奥运会。在这种组织形式中,几乎所有的项目成员都是全职的,各职能部门不直接参与项目工作。

3. 矩阵组织型

这是现代大型项目中应用最广泛的新型组织形式,它是职能组织型和项目组织型的结合,将职能组织型的纵向优势和项目组织型的横向优势有效结合起来。采用矩阵组织型,各职能部门中相关人员被临时抽调出来在项目经理的领导下从事项目工作。这种组织形式加强了各职能部门同各项目之间的协作关系。

三种组织结构类型的特点归纳如表10-1所示。

表10-1　三类组织结构类型的特点

组织特征	职能组织型	矩阵组织型			项目组织型
		弱	中	强	
项目经理权限	很少或没有	有限	小到中等	中到大等	很高甚至全权
全职人员比例	几乎没有	0～25%	15%～60%	50%～95%	85%～100%
项目经理任务	兼职	兼职	全职	全职	全职
项目经理常用头衔	项目协调员	项目协调员	项目经理	项目经理	项目经理
项目经理行政人员	兼职	兼职	全职/兼职	全职	全职
项目组织的独立性	完全没有	没有	有限	独立	完全独立

第二节　节事活动项目团队建设

一、节事活动项目团队管理概述

(一)节事活动项目团队的含义

1. 节事活动项目团队的概念

团队是由员工和管理层组成的一个共同体,它合理利用每一个成员的知识和技能协同工作,解决问题,达到共同的目标。节事活动项目团队是为了实现节事活动项目的目标而协同工作的一组个体的集合,是一个迅速形成的、具备协作精神的成员所构成的临时性组织。

2. 节事活动项目团队包含的要素

节事活动项目团队的概念包含以下要素:

1)共同的目标

每一个组织都有自己的目标,项目团队也不例外,正是在这一目标的感召下,项目队员凝集在一起并为之共同奋斗。对于一个节事活动项目,为使项目团队工作有成效,就必须在项目开始前明确目的和目标。

2) 合理分工与协作

在目标明确之后,每个成员都应该明确自己的角色、权利、任务和职责,明确各个成员之间的相互关系,在节事活动项目的实施过程中,每个人的行动都会影响到其他人的工作,因此团队成员都需要了解为实现项目目标而必须做的工作及其相互间的关系。

3) 高度的凝聚力

凝聚力指成员在项目内的团结与吸引力、向心力。凝聚力越强,团队对成员的吸引力越强,队员坚守规范的可能性越大。一个有成效的项目团队,必定是有高度凝聚力的团队,它能使团队成员积极热情地为项目的成功付出必要的时间和努力。

4) 团队成员相互信任

团队的另一重要特征就是信任,即成员之间相互关心,相互信任,承认彼此存在的差异,但能够自由表达,通过交流,达到最终的理解与支持。

5) 有效的沟通

团队还应具有高效沟通的能力,项目团队应具备硬件装备,具有全方位的信息沟通渠道,保证沟通直接、高效。另外,团队成员还应具备一定的沟通能力,能交流、倾听、接纳其他队员的意见,并能经常得到有效的信息反馈。

(二) 节事活动项目团队的目的和特征

1. 节事活动项目团队的目的

节事活动团队建设的目的在于创造团队活力,提高团队的工作效率,完成节事活动项目目标。

2. 节事活动项目团队的特征

节事活动项目团队成员来源广泛,通常情况下是由一些从未在一起工作过的人员组成,与传统的团队相比,具有以下特征:

1) 成员来源的广泛性

节事活动项目团队成员,来源比较广泛,特别是大型节事活动项目需要多个部门和成员的参与。

2) 成员工作的双重性

节事活动项目团队多为兼职者,除兼职节事活动项目的工作外,还有自己本身的工作。例如,大型体育赛事活动有非常多的志愿者参与,包括医生、科技人员、大学生等。

3) 成员工作的变动性

节事活动项目团队成员在节事活动项目周期所处的各个不同阶段变动较大。

4) 经理权力的有限性

节事活动项目经理对团队成员没有足够的正式行政权力,有些项目团队成员的级别比项目经理高。

5) 团队的临时性

节事活动项目团队是临时性的,多数随着节事活动项目的完成而解散。

(三) 节事活动项目团队建设的注意事项

节事活动项目团队建设的注意事项有以下几个方面:

(1) 如果没有有效的团队建设,不可能有来源多样化的团队成员短时间内融合并形成

一个整体。

(2) 项目经理对多样性的团队成员和行政级别高于自身的成员的管理难度增加。

(3) 临时性项目的团队中成员变动大，兼职人员多在项目结束时面临团队成员解散的问题，这些都会对团队成员的士气有所影响。

二、节事活动项目团队组织管理

(一) 节事活动项目团队的发展阶段与领导方式

项目团队从组建到解散，是一个不断成长和变化的过程，一般可以分为五个阶段。在项目团队的各阶段，其团队特征也各不相同，项目经理要根据不同阶段的特点对项目成员进行管理。

1. 组建阶段

在这一阶段，项目组成员刚刚开始在一起工作，总体上有积极的愿望，急于开始工作，但对自己的职责及其他成员的角色都不是很了解，他们会有很多的疑问，并不断摸索以确定何种行为能够被接受。

在这一阶段，项目经理需要进行团队的指导和构建工作：应向项目成员宣传项目目标，并为他们描绘未来的美好前景及项目成功所带来的效益，公布项目的工作范围、质量标准、预算和进度计划的标准和限制，使每个成员对项目目标有全面深入的了解，建立起共同的愿望；明确每个项目团队成员的角色、主要任务和要求，帮助他们更好地理解所承担的任务；与项目团队成员共同讨论项目团队的组成、工作方式、管理方式、一些方针政策，以便取得一致意见，保证今后工作的顺利开展。

2. 震荡阶段

这是团队内激烈冲突的阶段。随着工作的开展，各方面问题会逐渐暴露。成员们可能会发现，现实与理想不一致，任务繁重而困难重重，成本或进度限制太过紧张，工作中可能与某个成员合作不愉快。这些都会导致冲突产生、士气低落。

在这一阶段，项目经理需要创造一个理解和支持的环境：

(1) 允许成员表达不满意或反映他们所关注的问题，接受及容忍成员的不满。

(2) 做好导向工作，努力解决问题和矛盾。

(3) 依靠团队成员共同解决问题，共同决策。

3. 规范阶段

在这一阶段，团队将逐渐趋于规范。团队成员经过震荡阶段逐渐冷静下来，开始表现出相互之间的理解、关爱，亲密的团队关系开始形成，团队开始表现出凝聚力。另外，团队成员通过一段时间的工作，开始熟悉工作程序和标准操作方法，对新制度也开始逐步熟悉和适应，新的行为规范得到确立并为团队成员所遵守。

在这一阶段，项目经理应做到以下几点：

(1) 尽量减少指导性工作，给予团队成员更多的支持和帮助。

(2) 在确立团队规范的同时，要鼓励成员的个性发展。

(3) 培育团队文化，注重培育成员对团队的认同感、归属感，努力营造出相互协作、互相帮助、互相关爱、努力奉献的精神氛围。

4. 成效阶段

在这一阶段,团队的结构完全功能化并得到认可。团队成员一方面积极工作,为实现项目目标而努力;另一方面成员之间能够开放、坦诚地进行沟通,互相帮助,共同解决工作在遇到的困难和问题,创造出高的工作效率和满意度。

在这一阶段,项目经理工作的重点是:

(1) 授予团队成员更大的权力,尽量发挥成员的潜力。

(2) 帮助团队执行项目计划,集中精力了解掌握有关成本、进度等的具体完成情况,以保证项目目标得以实现。

(3) 做好对团队成员的培训的工作,帮助他们获得职业上的成长和发展。

(4) 对团队成员的工作绩效做出客观评价,并采取适当的方式给予激励。

5. 解散阶段

随着节事活动项目的临近结束,多数项目团队面临解散,这时团队成员出现不稳定因素,大家都在考虑自己的未来。这时,必须要改变工作方式才能完成最后各种具体任务,项目负责人要告诉各成员还有哪些工作需要完成。

在解散阶段,项目负责人最好采取措施收拢人心,稳住队伍,同时也要考虑成员以后如何安排的问题,甚至给成员推荐新的工作。

在实际工作中,由于节事活动项目的特点,通常并没有很长时间经历团队的"形成"和"震荡",需要团队一成立就高效、规范地开展工作,这就要两方面来保证:

一是在项目负责人和成员的选拔上,要考虑各自的从业背景、工作经验、教育背景、年龄、性格等,对有项目管理教育背景和工作经验的人优先考虑。

二是通过灵活、高效的项目团队启动会议,尽快使项目团队进入规范化阶段。

以上五个阶段的特征归纳如表 10-2 所示。

表 10-2　项目管理各阶段特征

组建阶段	磨合阶段	规范阶段	成效阶段	解散阶段
团队成员试图确定自己在团队内部的角色	成员之间关系紧张 出现内部斗争 谋取权力控制 向领导者挑战	项目团队接受了工作环境 项目规程得以改进和规范化 凝聚力开始形成	相互理解 高效沟通 充分授权 密切配合 高团队绩效	项目目标基本完成 团队成员准备离开

(二) 节事活动项目团队工作环境与氛围建设

节事活动项目团队的工作环境和氛围对于是否能高效地完成项目非常重要。为形成良好氛围,要增强团队的凝聚力、提高团队成员的士气和解决好工作中的冲突。

1. 形成团队凝聚力

团队凝聚力是指团队对成员的吸引力、成员对团队的向心力,以及团队成员之间的相互吸引。团队凝聚力不仅是维持团队存在的必要条件,而且对团队潜能的发挥有很重要的作用。一个团队如果失去了凝聚力,就不可能完成组织赋予的任务,本身就失去了存在的条件。团队凝聚力的产生有内外两方面的因素:内在因素来自成员与团队本身(领导方式、团队目标、奖励方式等),外在因素来自环境的压力。

2. 提升团队士气

团队士气,就是团队精神,团队精神能够使团队成员齐心协力、拧成一股绳,朝着一个目标努力。对团队的个人来说,团队要达到的目标即是自己必须努力的方向,从而使团队的整体目标分解成各个小目标,在每个队员身上都得到落实。

3. 化解团队冲突

在节事活动项目团队在发展过程中,由于社会环境复杂,工作压力大,成员性格、经历等因素,团队工作中的冲突在所难免。冲突有利于暴露项目中存在的问题,经过激烈讨论,能有效寻求解决的方案,但如果不能及时处理冲突,就会破坏团结,使团队士气不足,使项目经理的威信受损,甚至导致项目工作无法开展。

三、节事活动项目管理策略

(一)团队管理

团队管理包括以下几个方面:

1. 角色界定

团队角色界定是深受团队建设者喜爱的一种方法。贝尔宾1981年提出了一组八个重要角色(见表10-3),后来他把"主席"换成了"协调者",把"公司工人"换成了"实施者",但是这些角色本身的意义没有改变。贝尔宾是通过一系列模拟练习得出角色定位的。贝尔宾证明说,成功的团队是通过不同性格的人结合在一起的方式组成的,另外,成功的团队中必须包括担任不同角色的人。

表10-3 团队角色分工详情表

角 色	行 动	特 征
主席	阐明目标和目的,帮助分配责任和义务,为群众做总结	稳重,智力水平中等,信任别人,公正,自律,积极思考,自信
左右大局者	寻求群体讨论的模式,促成群体达成一致,并做出决策	有较高的成就感,极易激动,敏感,无耐心,好交际,喜欢辩论,具有煽动性,精力旺盛
内线人	提出建议和新观点,为行动过程提出新视角	个人主义,慎重,知识渊博,非正统,聪明
检测/评估者	分析问题和复杂事件,评估其他人的成就	冷静,聪明,言行谨慎,公平客观,理智
公司工人	把谈话和观念变成实际行动	吃苦耐劳,实际,宽容
团队工人	为别人提供支持和帮助	喜欢社交,敏感,以团队为导向,不具有决定作用
资源调查者	介绍外部信息,与外部人谈判	有求知欲,多才多艺,喜欢交际,直言不讳,具有创新精神
实施者	强调完成既定程序和目标的必要性,并且完成任务	力求完美,坚持不懈,勤劳,注重细节,充满希望

2. 构建统一的价值观

团队建设的核心是在团队成员之间就共同价值观和某些原则达成共识,因此,建设团队的主要任务是建立团队共识。魏斯特提出了达成团队共识的五个方面,并以此作为指导团队建设的原则。

(1) 明确。

必须明确建立团队的目标、价值观及指导方针,而且经过多次讨论。

(2) 鼓动性价值观。

这些观点必须是团队成员相信并且愿意努力工作去实现的。

(3) 力所能及。

团队共识必须是团队确实能够实现的——确定不现实或无法达到的目标是没有用的,因为这只会使人更想放弃。

(4) 共识。

所有团队成员都支持这一观点是至关重要的,否则他们可能发现各自的目标彼此相反或无法调和根本冲突。

(5) 未来潜力。

团队共识必须具有在未来进一步发展的潜力;拥有固定的、无法改变的团队共识是没有意义的,因为人员在变、组织在变,工作性质也在变,需要经常重新审视团队共识,以确保他们仍然能够适应新的情况和新的环境。

3. 任务导向法

以任务为导向的方法,强调团队要完成的任务。按照这一途径,团队必须清楚地认识到某项任务的挑战,然后在已有的团队基础上研究完成此项任务所需要的技能,并发展成具体的目标和工作程序,以保证任务的完成。

卡特森伯奇及史密斯强调,在表现出色的团队中,这一途径尤显重要。为此他们在现实组织环境中找出了建设高效团队的八条基本原则。

(1) 确定事情的轻重缓急,并确定指导方针。

(2) 按照技能和技能潜力,而不是个人性格选拔团队成员。

(3) 对第一次集会和行动予以特别关注。

(4) 确立一些明确的行为准则。

(5) 确定并且把握几次紧急的、以任务为导向的目标。

(6) 定期用一些新的事实和信息对团队成员加以考查研究。

(7) 尽可能多地共度时光。

(8) 利用积极的反馈、承认和奖励所带来的力量。

4. 人际关系法

该方法是通过在成员间形成较高程度的理解与尊重,来推动团队的工作。

(二) 团队激励

激励是指驱使一个人做某件事的内在动力。节事活动项目团队成员做出的成绩的多少,既取决于他们的能力,也取决于他们对工作的投入程度,而对工作的投入需要通过有效的激励。激励理论两个代表性的观点如下：

1. 马斯洛的需求层次论

马斯洛将人的需求分为五个层次，从低到高分别是生理需求、安全需求、社交需求、尊重需求、自我实现需求，只有较低层次的需求满足后，才会产生更高一层的需求。

2. 赫茨伯格的双因素理论

双因素理论把工作因素分为两大类：

1) 保健因素

保健因素是让人灰心的因素，如工作环境、工资、安全等。这些因素对激励来说是中性的，但若得不到满足，就变成负激励。

2) 激励因素

激励因素是激发团队成员工作满足的积极因素，如成就感、被认可、使命感等。根据这一理论，在节事活动项目团队建设中，要充分利用激励因素，如给员工创造较好发展空间的机会，以此激励员工的积极性。

（三）团队绩效考核

节事活动项目的成功，是靠团体整体的工作来保证的，是每个团队成员创造的，但若不对个体进行考核，会造成团队成员心理的不平衡，影响大家的积极性，严重的会导致团队的瘫痪。

1. 建立团队绩效评估体系

团队绩效评估体系包括团队成员个人工作表现考评、对团队工作的考评、团队在整个组织中的贡献考评。

2. 绩效考核的方法

绩效考核的方法主要包括：

（1）业绩考核表，它是根据所限定的因素来对成员进行考核。

（2）目标管理，它是一种潜在有效地考评员工业绩的方法。

（3）360°评价法，即在团队中实施全方位、全过程的评价，调度团队所有成员以及各个方面积极参与。

第三节　节事活动组织沟通和冲突管理

良好的项目沟通和有效的冲突管理对于项目的成功至关重要。

一、项目沟通管理概述

沟通是人与人之间传递和交换信息的过程。在项目组织内，沟通是正式的、非正式的领导与被领导者之间的自上而下或自下而上的交换信息的过程。在项目管理中，沟通管理是进行项目各方面管理的纽带，是在人、思想和信息之间建立的联系，它对于项目取得成功是必不可少的。

无论何种规模及类型的项目都有其特定的周期。项目周期的每一个阶段都是重要的。显而易见，为做好每个阶段的工作，以达到预期标准和效果，必须在项目部门内、部门与部门之间以及项目与外界之间建立沟通渠道，快速、准确地传递和沟通信息，以便项目内各部门达成协调一致，使项目成员明确其工作职责，了解其工作对实现整个组织目标的贡献。通过大量的信息沟通，找出项目管理的问题，制定政策并控制评价结果。如果缺乏良好的沟通，就不能做好人力资源管理工作，更不可能较好地实习项目目标。

(一) 项目沟通管理的含义

项目沟通管理的含义有如下几个方面：

(1) 项目管理是确保项目信息合理收集、传输和处理所需而实施的一系列进程。

(2) 项目管理是信息的交换、传送信息的行为或实例、口头或书面消息、有效地表达想法的技术、在个人之间通过一般的符号系统交换意见的过程。

(3) 适当的沟通对于项目的成功是极其重要的。沟通就是信息交换的过程，沟通的形式有书面正式的、书面非正式的、口头正式的和口头非正式的（由项目经理提出的）。

口头沟通带来高度的弹性。口头沟通以个人间的接触、小组会议或电话为媒介。书面沟通则比较准确，通常以通信（记录、信件、备忘录、报告）、电子邮件和项目管理信息系统为媒介。一些人把非口头的、视觉的沟通，也作为可接受的形式。

(二) 项目沟通管理的特征

1. 复杂性

每一个项目的建立都与大量的公司、企业居民、政府机构等密切相关。另外，大部分项目都是由特意为其建立的项目班子实施的，具有临时性。因此，项目沟通管理必须协调各部门以及部门与部门之间的关系，以确保项目的顺利实施。

2. 系统性

项目是开发复杂的系统。项目的确立将全部或局部地设计社会政治、经济、文化等诸多方面，对环境、能源产生或大或小的影响，这就决定了项目沟通管理应从整体利益出发，运用系统的思想和分析方法，全过程、全方位进行有效的管理。

(三) 沟通的方式

1. 正式沟通与非正式沟通

正式沟通是组织内部明确的规章制度所规定的沟通方式。它和组织的结构息息相关，主要包括按正式系统发布的命令、指示、文件，组织召开的正式会议、组织正式颁布的法令规章、手册、简报、通知、公告，组织内部上下级之间和同事之间因工作需要而进行的正式接触。正式沟通的优点是沟通效果好，比较严肃而且约束力强，易于保密，可以使信息沟通保持权威性。缺点是沟通速度慢。

非正式沟通指在正式沟通渠道之外进行的信息传递和交流，如员工之间的私下交谈、小道消息等，是一种形式及内容等各方面都未经计划的沟通方式。非正式组织是由组织成员感情和动机上的需要形成的，其沟通渠道是通过组织内的各种社会关系，这种社会关系超越了部门、单位等。这种沟通的优点是沟通方便、速度快且能提供一些正式沟通中难以获得的信息。缺点是信息容易失真。

在很多情况下来自非正式沟通的信息反而易于获得接收者的重视。因为,这种沟通一般是采取口头方式、不留证据、不负责任,有许多在正式沟通中不便于传递的信息可以在非正式的沟通中透露出来。

非正式沟通往往具有如下一些特征:非正式沟通的信息是不完整的,有些是牵强附会的,因此无规律可循;虽然有些也和工作有关,但常常会带感情色彩。表现形式具有多边形和动态性,因此它传递的信息不但随个体的差异而变化,而且随环境的变化而变化。不需要遵循组织结构原则,因此传递时效快,而且一旦这种信息与其本人或亲朋好友有关,则传递得更快。大多数在无意中进行,其传递信息的内容也无限定,在任何时间和任何地点都可发生。

2. 上行沟通、下行沟通和平行沟通

上行沟通是指下级的意见向上级反映,即自上而下的沟通。项目经理应采取某些措施鼓励向上沟通,例如态度调查、征求意见座谈会、意见箱等。只有上行沟通渠道畅通,项目经理才能全面掌握情况,做出符合实际的决策。

上行沟通有两种形式:一是层层传递,即依据一定的组织原则和组织程序主机向上反映;二是越级反映,它指的是减少中间层次,让项目最高决策者与一般员工直接沟通,信息技术的发展为越级反映提供了条件。

下行沟通是指领导者对员工进行的自上而下的信息沟通。一般以命令方式传达上级组织或上级所决定的政策、计划等信息。例如,生产副总经理指示车间经理加紧制造一种新产品,依次地,车间经理向主管发出详细指示,主管以此为根据指示生产工人。下行沟通是领导者对被领导者发布命令和指示的过程。

下行沟通方式的目的包括:明确项目目标,传达工作方面的指示,提供项目进展情况,回馈自身工作绩效。

平行沟通是指组织中和平行部门之间的信息交流,这种沟通跨越了不同部门,脱离了正式的指挥系统,但只要在进行沟通前先得到直接领导的允许,并在沟通后及时向直接领导汇报,这种沟通就是值得提倡的。

3. 单向沟通与双向沟通

单向沟通是指发送者和接收者之间的地位不变(单向传递),一方只发送信息,另一方只接受信息。双方无论是在感情上还是在语言上都不需要获取反馈意见的机会,这种沟通方式不能产生平等感和参与感,不利于增加接收者的自信心和责任心,不利于建立双方的感情。

双向沟通与单向沟通相对应,在双向沟通中,发送者和接收者两者之间的位置不断交换,且发送者是以协商和讨论的姿态面对接收者,信息发出以后还需及时听取反馈意见,必要时双方可进行多次重复商谈,直到双方共同明确和满意为止。如交谈、谈判等。双向沟通的优点是沟通信息准确性较高,容易产生参与感,增加自信心和责任心,有利于建立双方的感情。但是,沟通的速度较慢。

4. 书面沟通和口头沟通

书面沟通是指用通知、文件、报刊、备忘录等书面形式所进行的信息传递的交流。其优点是可以作为资料长期保存,反复查阅,沟通显得正式和严肃。

口头沟通就是运用口头表达,如谈话、游说、演讲等进行信息交流活动。其优点是传送信息较为准确,沟通比较灵活,速度快,双方可以自由交换意见。

5. 言语沟通和体语沟通

言语沟通是利用语言、文字、图画、表格等形式进行的。体语沟通是利用动作、表情和姿态等非语言方式(形体)进行的,一个动作、一个表情、一个姿势都可以给对方发送某种信息。不同形式的丰富复杂的身体语言在一定程度上也起着沟通的作用。

(四)沟通渠道

沟通渠道分为正式与非正式两种,都是在项目组织内部和内外部之间进行信息交流和发送活动的渠道。当项目成员在明确规定的组织系统内为解决某个问题进行沟通协调工作时,会选择和组建项目组织内部不同的信息沟通渠道,即信息网络。沟通主体可以根据沟通的需要选择不同的渠道。

1. 正式沟通渠道

在大多数沟通中,信息发送者并非直接把信息传给接收者,中间要经过某些人的转换,产生不同的沟通渠道。

2. 非正式沟通渠道

在一个组织中,除了正式沟通渠道,还存在着非正式的沟通渠道,有些消息往往是通过非正式渠道传播的,其中包括小道消息的传播。

二、项目冲突管理

项目的冲突即项目中产生的矛盾,冲突是项目结构的必然产物,项目经理常被描述成一个冲突经理。解决冲突是需要对冲突的发生原因有所了解的。

(一)冲突的来源

项目实施过程中,冲突可能来源于不同的方面。它可能来源于项目内部,也有可能来源于组织内的其他项目。常见的冲突来源可归纳如下:

1. 管理程序的冲突

管理程序定义不清楚,如职责定义、工作范围、界面关系等,会导致许多冲突的发生。

2. 技术意见和性能权衡的冲突

在面向技术的项目中,如技术问题、性能问题、技术权衡和实现性能的手段上都可能产生冲突。

3. 资源分配冲突

可能会在决定由谁(项目成员)来承担某项目具体任务以及分配具体任务的资源数量等方面产生冲突,因为项目团队成员有很多是来自其他职能部门或者支持部门,这些人需要接受本部门的调度,而这些部门很有可能为多个项目提供资源支持。因此,在资源的调配和任务的分配上会出现冲突。

4. 进度计划冲突

进度计划冲突可能会来源于对完成工作的次序及完成工作所需时间长短的意见不一。

进度冲突往往与支持部门有关,项目经理对这些部门只有有限的权力和控制力,但是他们对工作优先权的考虑存在着差异。

5. 费用的冲突

项目实施进程中,经常会因为工作所需费用的多少而产生冲突。

6. 项目优先权的冲突

当人员被同时分配到几个不同的项目组织工作时,可能会产生冲突,项目成员常常会对实现项目目标应该完成的工作或任务的先后次序有不同的看法。优先权冲突不仅发生在项目团队和其他支持团队之间,在项目团队的内部也会发生。这种冲突的发生往往是因为项目团队没有做过当前项目的类似经验。项目优先权在项目执行过程中与原来的设想发生了很大的变化。需要对关键资源进行重新安排,进度也会因此受到很大影响。

7. 个性冲突

项目团队成员在个人价值观及态度上的差异导致在他们之间容易产生冲突。

有时冲突是有意义的,能够产生有益的结果,就应允许其继续。如两个技术专家为谁的办法能更好地解决某个问题而争论,他们都试图为各自的假设找到更多的支持资料,这是有益冲突的一个例子。

冲突因组织结构而异:

在传统的组织结构中,冲突可以避免;在项目结构中,冲突是变更的组成部分,因此不可避免。

在传统结构中,冲突因惹是生非者和自私自利者而起;在项目结构中,冲突决定于系统结构和组成部分之间的关系。

在传统结构中,冲突是有害的;在项目结构中,冲突可以是有益的。

(二)冲突因素具体分析

项目中的人是最重要的因素,也是冲突的主要因素。下面通过分析项目中人的利益、价值观、信息、权力、态度和动机来了解冲突的来源。

在考虑人的因素时,以下问题可以帮助更好地思考。

1. 利益团体与个人

(1)谁是主要的利益团体?

(2)这些团体中哪些已进入冲突中?

(3)为什么他们被包含在内?

(4)其他还有哪些主要团体有利可得?

(5)在某个问题上哪些团体有次要的利害关系?

(6)谁是主要团体中的主要发言人?

(7)在这些团体中,代表人是什么地位?

(8)其他还有哪些个人已经公然的认同争论点?

(9)谁是提出意见的人?

2. 价值观

(1)支撑每位关系人争论点的主要价值标准是什么?

(2) 有主要的意识形态的、文化的、宗教方面的不同吗?
(3) 有个人或团体的价值或意识形态的特定争论点吗?

3. 信息
(1) 什么是关系人的咨询来源?
(2) 这些信息是相同的还是矛盾的?
(3) 哪些咨询来源是所有关系人重视的?

4. 权力
分析某关系人的权力来源于以下哪个因素:权威、人力资源、技能和知识、无形的因素或物理资源。

5. 态度
(1) 对于争论点,什么是当事人一般的态度?
(2) 对其他关系人有敌意吗?
(3) 对于争论点,他们的期望是什么?
(4) 对于其他的关系人,他们的期望是什么?
(5) 对于解决问题,他们的期望是什么?
(6) 对于争论点和关系人,还有什么其他的态度出现?
(7) 对于谈判,关系人的态度是什么?

6. 动机
(1) 关系人的动机是什么?
(2) 关系人是受现实或非现实的标的及期望激发吗?
(3) 过去的抱怨起了什么作用?
(4) 冲突是由复仇所激发的吗?
(5) 关系人害怕扮演什么角色(改变者、新来者、失去个人地位者、失去物资财物者)?
(6) 物欲或贪心如何影响关系人的行为?
(7) 欲望如何使团体与个人卷入冲突中?

(三) 同阶段项目冲突的强度比较

项目冲突的平均强度比较是项目进度冲突强度最大,项目优先权冲突占据第二位,人力资源是第三位的冲突源,第四位的冲突源是技术冲突,管理程序冲突列在第五位,队员的个性冲突通常被项目经理认为是较低强度的冲突,成本费用是强度最低的一种冲突源。(见图10-4)

根据调查研究,以上这七种冲突在项目生命周期的不同阶段其强度也不尽相同。如果项目经理了解项目冲突的来源和项目不同阶段冲突的主要原因,就很可能避免或者减少冲突潜在的有害方面。

(四) 冲突处理

项目通常处于冲突的环境中。如果处理得当,它能极大地促进项目工作的完成。冲突能将问题及早地暴露出来并引起团队成员的注意;冲突促进项目团队寻找新的解决办法,培养队员的积极性和创造性,从而实现项目创新;它还能引发队员的讨论,形成一种民主氛围,

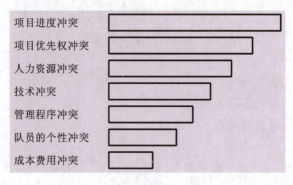

图 10-4 项目冲突的平均强度图

从而促进项目团队的建设。

1. 解决冲突的常见方式

虽然导致冲突的因素多种多样,且同一因素在不同的项目环境及同一项目的不同阶段可能会呈现不同的性质,但是,解决各式各样的冲突,还是有一些常用的方法和基本的策略(见表 10-4)。虽然企业的每个项目可能有内在的不同,但可以用同样的方式去解决冲突。下面是四种最普通的方式。

(1) 在企业范围内建设冲突解决政策和程序。

(2) 在早期计划活动中建立项目冲突解决程序。

(3) 利用上级。

(4) 需要直接接触。

表 10-4 不同项目周期的冲突来源及建议

项目周期阶段	冲突来源	建 议
项目形成阶段	优先权	制定清楚的规划,与相关各方共同做出决策
	管理程序	建立执行项目的详细管理程序,并确保得到关键管理者的批准认可;制定项目宪章或者明确的说明文档资料
	进度	制订进度计划,预测各部门的优先权考虑,评估对项目进度的影响
项目早期阶段	优先权	通过项目状态评估会议,向支持部门提供预计的项目计划和支持需求
	进度	与职能部门一起将工作分解,对结构中的各个工作包安排进度
	管理程序	针对关键管理问题制订应急计划
项目主体阶段	进度	连续不断地监督工作进度;向项目参与方通报信息和工作结果;对问题进行预测并考虑替代方案
	技术	尽早解决技术问题;与技术人员沟通,介绍项目进度和成本的限制条件;强调尽早进行充分的技术测试;尽早促成对最终设计方案的统一认识
	人力资源	人力资源及早就需求进行预测和沟通;与职能部门和人事部门共同确定人力资源需求和优先权

续表

项目周期阶段	冲突来源	建 议
项目收尾阶段	进度	项目进度监控收尾;考虑重新安排人员到一些关键项目活动上;加快解决技术问题,防止影响项目进度
	个性和人力资源	为项目结束后人力资源再次分配做出计划;保持与项目团队和支持部门的友好合作关系;活跃项目中紧张的工作气氛

2. 解决冲突的基本策略

1) 回避或撤出

回避或撤出是指卷入冲突的人们从这一情况中撤出来,避免发生实际的争端。但这种方法有时并不是一种积极的解决途径,它可能会使冲突积累起来,而在后来逐步升级。回避常常被当做一种临时解决问题的方法,问题及其引发的冲突还会接连不断地产生。

回避的方法应当用于以下情况:

(1) 当你无法获胜的时候。

(2) 当利害关系不明显的时候。

(3) 当利害关系很明显,但你尚未做好准备的时候。

(4) 为了赢得时间。

(5) 为了消磨对手的意志。

(6) 为了保持中立或者保持名声。

(7) 当你认为问题会自行解决的时候。

(8) 当你认为通过拖延能够获胜的时候。

2) 竞争或强制

这种方法是指一方竭力将自己的方案强加于另一方。当一项决议能在最低的水平上达成时,强制的方法最能奏效。冲突越厉害,采取强制的方式就越容易解决,其结果就是一种赢—输局面,一方的获胜以另一方的失败为代价。

强制的方法应当用于以下情况:

(1) 当你是正确的时候。

(2) 正处于一种生死存亡的局面。

(3) 当利害关系很明显的时候。

(4) 当基本原则受到威胁的时候。

(5) 当你占上风的时候(绝不要在不能够获胜的情况下挑起争端)。

(6) 为了获得某个位置或某项权力。

(7) 短期的一次性交易。

(8) 当关系并不重要时。

(9) 当明白这是在进行比赛的时候。

(10) 当需要尽快做出一项决策的时候。

这一策略的实质是非赢即输,它认为在冲突中,获胜要比"勉强"保持人际关系更为重要。这是一种积极解决冲突的方式。

3) 缓和或调停

这种方法是指努力排除冲突中的不良情绪,它要通过强调意见一致的方面,谈话意见不同的方面才能实现。缓和的一个例子是告诉他人:"五点意见之中的三点我们已经取得了共识,为什么剩下的两点不能达成一致呢?"缓和并不足以解决冲突,却能够说服双方继续留在谈判桌上,因为还存在解决问题的可能。在缓和的过程中,一方可能会牺牲自己的目标以满足另一方的要求。

缓和的方法应当用于以下情况:

(1) 为了达到一个全局目标。

(2) 为以后的折中先尽义务。

(3) 当利害关系不明显的时候。

(4) 当责任有限的时候。

(5) 为了保持融洽。

(6) 当任何方案都足以解决问题的时候。

(7) 为了表示友好。

(8) 无论如何你都会失败的时候。

(9) 为了赢得时间。

"求同存异"是折中策略的实质,即尽量在冲突中强调意见一致的方面,最大可能地忽视差异。尽管这种方式能缓和冲突,避免一些矛盾,但它并不利于问题的彻底解决。

4) 妥协

妥协是为了做交易,或者说是为了寻求一种解决方案,使得各方在离开的时候都能够得到一定程度的满足。妥协常常是面对面协商的最终结果。有些人认为妥协是一种"平等交换"的方式,能够导致"双赢"结果的产生。另一些人认为妥协是一种"双败"的结果,因为任何一方都没有得到自己所希望的全部结果。

妥协的方法应当用于以下情况:

(1) 当冲突各方都希望成为赢家的时候。

(2) 当你无法取胜的时候。

(3) 当其他人的力量与你相当的时候。

(4) 为了保持与竞争对手的联系。

(5) 当你对自己是否正确没有把握的时候。

(6) 如果你不这么做就什么也得不到的时候。

(7) 当利害关系一般的时候。

(8) 为了避免给人一种"好斗"的印象。

协商并寻求争论双方在一定程度上都满意的方法是这一策略的实质。这一种冲突解决方法的主要特征要寻求一种折中方案。尤其在两个方案势均力敌、难分优劣时,妥协也许是较为妥当的解决方式。

5）正视

折中解决问题的方法是，冲突的各方面对面的会晤，尽力解决争端。此项方法应当侧重于解决问题，而不是变得好斗。这是协作与协同的方法，因为都需要获得成功。

这一方法应当用于以下情况：

(1) 当你和冲突的一方都至少能够得到所需要的。

(2) 为了降低成本时。

(3) 为了建立共同的权力基础时。

(4) 为了攻击共同的对手时。

(5) 当技术较为复杂时。

(6) 当时间足够时。

(7) 有信任时。

(8) 当你相信他人的能力时。

(9) 最终目标还有待于被认识时。

直接面对冲突是克服分歧、解决冲突的有效途径。通过这种方法，团队成员直接正视问题、正视冲突，要求得到一种明确的结局。这种方法是一个积极的冲突解决途径，它既正视问题的结局，也重视团队成员之间的关系。

以诚待人、形成民主的氛围是这种方法的关键。它要求成员花更多的时间去理解和把握其他成员的观点和方案，善于处理而不是压制自己的情绪和想法。

 本章小结

(1) 节事活动的项目组织是指为完成特定的项目任务而建立起来的，包含工作部门的设置、等级以及管理层次和管理幅度等要素。不同的组织结构形式对活动项目产生的影响各不相同。一个系统采用何种组织结构形式需要根据项目的具体情况而定。

(2) 节事活动项目团队是为了实现节事活动项目的目标而协同工作的一组个体的集合。优秀的项目团队应该具备：共同的目标、合理分工与协作、高度的凝聚力、团队成员相互信任以及有效的沟通等条件。

(3) 在项目管理中，沟通管理是进行项目各方面管理的纽带，是在人、思想和信息之间建立的联系，它对于项目取得成功是必不可少的。沟通方式分为正式沟通与非正式沟通。

(4) 项目的冲突即项目中产生的矛盾，解决冲突时需要对发生冲突的原因有所了解。我们可以通过分析项目中人的利益、价值观、信息、权力、态度和动机来了解冲突的来源并有针对性的解决冲突。

核心关键词

organization structure	组织结构
project team	项目团队
communication	沟通
conflict management	冲突管理
management strategy	管理策略

思考与练习

1. 简述节事活动项目管理中团队管理策略。
2. 试述哪些因素会导致项目冲突出现。
3. 试述解决项目冲突的常用方式。

案例分析

第二届中国(宁海)徐霞客开游节组织机构及工作职责

一、组织委员会

(一)组成人员(名单略)

主任、副主任、组委会其他成员(县委、县人大、县政府、县政协有关工作部门、有关镇乡、街道主要负责人组成)。

(二)主要职责

主持开游节全面工作;研究决定开游节各类重大事项;检查督促开游节各项工作。

二、组委会办公室

(一)组成人员(略)

主任、常务副主任、副主任、其他工作人员在县级机关有关单位抽调或聘用。

(二)主要职责

在组委会的领导下,负责开游节各项活动的协调、检查、监督等工作。

制订组委会工作计划,负责组委会日常工作;制定和完善开游节总体方案、组织机构及工作职责方案;负责开游节主要活动经费预算编制及使用的审核;检查各项活动落实情况;综合协调各工作机构有关事项;协同有关单位,做好开幕式、闭幕式、大型演唱会等活动的策划和组织;会同行政接待部做好国内外重要来宾邀请;掌握并提供开游节各类动态信息;准备开游节有关资料、邀请函、证件、礼品等;完成组委会交办的其他任务。

三、综合工作机构

（一）新闻宣传部

1. 组成人员（略）

部长、副部长、其他成员（由县委宣传部及有关单位人员组成）。

2. 主要职责

编制开游节宣传报道的工作方案；负责组织开游节对外宣传报道工作；负责新闻发布会、领导专访、现场采访、电视专题节目录制等各类宣传活动的策划、组织、负责搜集、制作有关宣传资料、标语口号；落实有关重要活动的现场直播或录播；负责邀请并接待参加开游节活动的新闻记者；在节庆活动期间，做好县内外新闻记者的管理服务工作；做好开游节期间其他有关工作。

（二）行政接待部

1. 组成人员（略）

部长、副部长、其他成员由有关单位人员组成。

2. 主要职责

编制开游节行政接待工作方案；会同组委会做好国内外重要来宾邀请；做好重要来宾接待服务及迎送工作；指导协调县级机关部门来宾的对口接待；掌握宾客动态，做好信息沟通工作；负责安排好重要来宾的活动及有关事宜；配合会议工作部，做好领导参与各项活动的安排和服务；负责开游节工作用车、重要来宾接待用车安排和调度；做好各项活动场地及重要来宾驻地的现场救护工作；配合各工作部做好外请演艺人员的接待工作；做好开游节期间的其他有关工作。

（三）安全保卫部

1. 组成人员（略）

部长、副部长、成员由县人武部、县安全办、跃龙街道有关人员、县公安局指挥中心、治安大队、交巡警大队、有关派出所等单位负责人组成。

2. 主要职责

编制开游节及开游节各项活动的安全保卫工作方案及紧急情况预案；负责重要来宾驻地的安全保卫，节前对主要宾馆的治安、消防、电梯等进行检查，确保安全；负责各项活动安全保卫，确保开幕式、民族风情大巡游、文艺晚会、大力士精英赛、焰火晚会等各项活动安全、有序进行；负责交通安全保卫，确保活动车辆进出有序，道路畅通；负责中央领导等重要来宾的安全保卫；结合社会治安综合治理，开展清盲、反扒、扫黄、打假等行动，注意社会动态，确保社会稳定；做好开游节的其他有关工作。

（四）环境管理部

1. 组成人员（略）

部长、副部长、成员由县建设局、县规划局、县国土资源局、市工商局宁海分局、县旅游局、县交通局、县交巡警大队、县环保局、县供电局、县卫生局、县科技工业园区管理处、县文明办、跃龙街道、桃源街道、海林街道、前童镇、岔路镇、深甽镇、黄坛镇等

有关单位的人员组成。

2. 主要职责

编制开游节环境管理工作方案并组织实施；完善开游节广场功能、配合会议工作部、大型演出工作部完成场地搭建等工作；完成活动场地相关的市政道路及绿化工程建设；加强"门前三包"责任制的监督管理，全面清理城区主要道路环境卫生；做好亮灯工程；整治出租车车容、车貌；加强市政道路维护；重点做好有关活动区域的绿化、美化工作；加强交通窗口环境管理；强化建筑工地施工秩序和环境管理；做好通景区道路的环境整治和美化工作；做好开游节的其他有关工作。

（五）广告票务部

1. 组成人员（略）

部长、副部长、其他成员由县建设局、工商局等有关单位人员组成。

2. 主要职责

制定广告票务工作方案和实施方案；完成广告招商工作；制定并实施环境广告宣传方案并组织实施；负责开幕式、演唱会入场券、节目单等票务的制作、管理及商业运作；负责开幕式、大型演唱会、闭幕式等活动场地的场景布置。

四、各活动项目工作机构

（一）文具会展工作部

1. 组成人员（略）

部长、副部长、其他成员由县外经贸局、宁波贸促会及有关单位人员组成。

2. 主要职责

负责首届中国（宁海）国际文具产业博览会的活动方案制定、会展组织、客商邀请接待等各项工作。

（二）会议工作部

1. 组成人员（略）

部长、副部长、其他成员由县委办公室、县政府办公室、组委会办公室等有关单位人员组成。

2. 主要职责

制定开幕式、闭幕式等重要会议实施方案并组织实施；负责领导及重要来宾讲话稿准备；会同行政接待部，负责领导参加各项活动的安排和服务；指导其他活动项目中有关会议的相关的工作。

（三）民族风情大巡游工作部

1. 组成人员（略）

部长、副部长、其他成员由县公安局、县经贸局、县文广局、县教育局、县建设局、县体育局、县文联及有关街道人员组成。

2. 主要职责

负责"万里霞客路"民族风情大巡游的花车、演出队伍的组织；巡游演出内容、路线、地点的确定并负责现场指挥；在行政接待部的配合下，做好外请演出人员的接待的服务。

(四) 大型演唱会工作部

1. 组成人员(略)

部长、副部长、其他成员(由县文广局、县公安局等单位有关人员组成)。

2. 主要职责

负责大型演唱会的方案制定以及演唱会组织、实施工作；演出人员的接待服务。

(五) 全国大力士精英赛工作部

1. 组成人员(略)

部长、副部长。

2. 主要职责

负责全国大力士精英赛活动方案制定及组织实施；负责参赛队伍的接待服务等工作。

(六) "十里红妆"开馆、中国旅游日研讨会工作部

1. 组成人员(略)

部长、副部长、其他成员(由县旅游局及有关景点人员组成)。

2. 主要职责

负责徐霞客与中国旅游日研讨会、"十里红妆"开馆仪式等活动的方案制定、活动组织等工作。

(七) "十城百车"开游仪式华东地区越野车挑战赛工作部

1. 组成人员(略)

部长、副部长、其他成员由旅游局、公安局、岔路镇、前童镇、白溪水库、天河景区等有关单位人员组成。

2. 主要职责

负责"十城百车"开游仪式、华东越野车挑战赛活动的方案制定、活动组织、人员接待等工作。

(八) 焰火晚会工作部

1. 组成人员(略)

部长、副部长、其他成员(由县公安局、县科技工业园区管理处、跃龙街道、桃源街道等有关单位人员组成)。

2. 主要职责

负责闭幕式后焰火晚会活动方案的制定；焰火采购、保管；施放场地落实、现场施救、解说及晚会现场管理等工作。

中国(宁海)徐霞客开游节组委会

(资料来源 http://www.nhnews.com.cn 宁海新闻网 2004 年 4 月 26 日)

讨论题：

结合本章所学知识，谈谈以上案例中的节事活动在组织结构设计上有哪些特点。为提高项目团队的管理效率，我们可以对其组织结构进行哪些改进，请说明理由。

第十一章

节事旅游的项目进度管理与时间节点控制

学习导引

节事活动是一个十分庞大的系统,在活动开始之前就需要制订好详细可行的执行计划分解工作流程,同时,利用项目进度管理检查和监督各部门各工作人员的工作,确保会展项目在预定事件得以顺利圆满地完成,达到预期的项目目标。

节事项目计划是节事活动项目未来行动过程的预定路线,即根据项目策划所选定的节事活动项目主题,确定节事活动项目所要完成的目标,并依次制定实现这些目标的资源、进度、成本等的安排。在节事活动旅游中,哪些是项目进度管理和时间节点控制需要注意的重点?哪些是重要的知识点及原则?通过本章的学习,我们可以掌握节事旅游的项目进度管理与时间节点控制,并掌握节事旅游中的时间管理。

学习重点

通过本章学习,重点掌握以下知识要点:
1. 节事活动的项目进度管理;
2. 项目管理的基本内容;
3. WBS 及其在项目管理中的应用;
4. 时间节点控制的工具和方法。

第一节　节事旅游的项目进度管理

一、进度管理相关概念

(一)项目管理

1. 项目管理的概念

美国项目管理专家约翰·宾将项目定义为"在一定时间里,在预算规定范围内需达到预定质量水平的一项一次性任务"。项目管理是把知识、技术和方法应用于项目中,优化资源配置,以达到项目目标所进行的计划、组织、控制、激励和领导的全过程。通俗来讲,项目管理内容可分为范围管理、进度管理、费用管理、质量管理、人力资源管理、沟通管理、风险管理等。

项目管理是管理学的一个分支学科,对项目管理的定义是在项目活动中运用专门的知识、技能、工具和方法,使项目能够在有限资源限定条件下,实现或超过设定的需求和期望的过程。项目管理是对一些与成功地达成一系列目标相关的活动(譬如任务)的整体监测和管控。这包括策划、进度计划和维护组成项目的活动的进展。

项目管理是运用管理的知识、工具和技术于项目活动上,来达成解决项目的问题或达成项目的需求。所谓管理,包含领导(leading)、组织(organizing)、用人(staffing)、计划(planning)、控制(controlling)等五项主要工作。

2. 项目管理发展历史

项目管理是第二次世界大战后期发展起来的重大新管理技术之一,最早起源于美国。有代表性的项目管理技术比如关键性途径方法(CPM)和计划评审技术(PERT),甘特图的提出,它们是两种分别独立发展起来的技术。

甘特图又叫横道图、条状图。它是在第一次世界大战时期发明的,以甘特的名字命名,他制定了一个完整的用条形图表表示进度的标志系统。

CPM 是美国杜邦公司和兰德公司于 1957 年联合研究提出,它假设每项活动的作业时间是确定值,重点在于费用和成本的控制。

PERT 出现是在 1958 年,由美国海军特种计划局和洛克希德航空公司在规划和研究在核潜艇上发射"北极星"导弹的计划中首先提出。PERT 中作业时间是不确定的,是用概率的方法进行估计的估算值,另外它也并不十分关心项目费用和成本,重点在于时间控制,被主要应用于含有大量不确定因素的大规模开发研究项目。

随后两者有发展一致的趋势,常常被结合使用,以求得时间和费用的最佳控制。

20 世纪 60 年代,项目管理的应用范围也还只是局限于建筑、国防和航天等少数领域,但因为项目管理在美国的阿波罗登月项目中取得巨大成功,由此风靡全球。国际上许多人开始对项目管理产生浓厚的兴趣,并逐渐形成了两大项目管理的研究体系:其一是以欧洲为首的体系——国际项目管理协会(IPMA);另外是以美国为首的体系——美国项目管理协会

(PMI)。在过去的几十年中,他们的工作卓有成效,为推动国际项目管理现代化发挥了积极作用。

3. 项目管理具有以下特征

1) 一次性

一次性是项目与其他重复性运行或操作工作最大的区别。项目有明确的起点和终点,没有可以完全照搬的先例,也不会有完全相同的复制。项目的其他属性也是从这一主要的特征衍生出来的。

2) 独特性

每个项目都是独特的。或者其提供的产品或服务有自身的特点;或者其提供的产品或服务与其他项目类似,然而其时间和地点、内部和外部的环境、自然和社会条件都有别于其他项目,因此项目的过程总是独一无二的。

3) 目标的确定性

其一为时间性目标,如在规定的时段内或规定的时间之前完成;

其二为成果性目标,如提供某种规定的产品或服务;

其三为约束性目标,如不超过规定的资源限制;

其四为其他需满足的要求,包括必须满足的要求和尽量满足的要求。

最后目标的确定性允许有一个变动的幅度,也就是可以修改。不过一旦项目目标发生实质性变化,它就不再是原来的项目了,而将产生一个新的项目。

4) 活动的整体性

项目中的一切活动都是相关联的,构成一个整体。多余的活动是不必要的,缺少某些活动必将损害项目目标的实现。

5) 组织的临时性和开放性

项目班子在项目的全过程中,其人数、成员、职责是在不断变化的。某些项目班子的成员是借调来的,项目终结时班子要解散,人员要转移。参与项目的组织往往有多个,多数为矩阵组织。他们通过协议或合同以及其他的社会关系组织到一起,在项目的不同时段不同程度地介入项目活动。可以说,项目组织没有严格的边界,是临时性的、开放性的。这一点与一般企事业单位和政府机构组织很不一样。

6) 成果的不可挽回性

项目的一次性属性决定了项目不同于其他事情可以试做,做坏了可以重来;也不同于生产批量产品,合格率达99.99%是很好的了。项目在一定条件下启动,一旦失败就永远失去了重新进行原项目的机会。项目相对于运作有较大的不确定性和风险。

(二) 节事项目进度管理

1. 项目进度管理内涵

项目进度管理是指在规定的时间内,拟定出合理且经济的进度计划(包括多级管理的子计划),在执行该计划的过程中,经常要检查实际进度是否按计划要求进行,若出现偏差,便要及时找出原因,采取必要的补救措施或调整、修改原计划,直至项目完成。其目的是保证项目能在满足其时间约束条件的前提下实现其总体目标。

项目进度管理是根据工程项目的进度目标,编制经济合理的进度计划,并据以检查工程项目进度计划的执行情况,若发现实际执行情况与计划进度不一致,就及时分析原因,并采取必要的措施对原工程进度计划进行调整或修正。工程项目进度管理的目的就是为了实现最优工期,多快好省地完成任务。项目进度管理是项目管理的一个重要方面,它与项目投资管理、项目质量管理等同为项目管理的重要组成部分。它是保证项目如期完成或合理安排资源供应、节约成本的重要措施之一。

2. 编制项目进度计划的相关人员

编制项目进度计划的相关人员包括:

(1) 项目经理。

(2) 职能部门。

(3) 技术人员。

(4) 项目管理专家。

(5) 参与项目工作的其他人员。

3. 项目进度的指标

项目进度的指标包括:

(1) 持续时间。

(2) 完成的实物量。

(3) 已完项目的价值量。

(4) 资源消耗指标。

4. 项目进度管理与时间管理的区别

项目时间管理又称作项目工期管理,进度和工期是两个既有联系又有区别的概念。项目进度管理的总目标与工期管理的是一致的,但在控制过程中它不仅追求时间上的吻合,同时还追求劳动效率(消耗和劳动成比)的一致性。

二、项目进度管理的过程

项目进度管理包括为确保项目按时完成所要求的各项过程,其主要过程包括活动定义、活动排序、活动资源估算、活动持续时间估算、制定进度表和进度控制。

(一) 活动定义

活动定义是指为了完成在工作分解结构中规定的可交付物而必须进行的具体活动,并将其形成文档的过程,如图11-1所示。

1. 活动定义的依据

活动定义的依据包括事业环境因素、组织过程资产、项目范围说明书、工作分解结构、工作分解结构词汇表和项目管理计划。

2. 活动定义的工具与手段

活动定义的工具与手段包括分解、样板、滚动式规则、专家判断和规划组成部分。

3. 活动定义的成果

活动定义的成果包括活动清单、活动属性、里程碑清单和工作分解结构的更新。

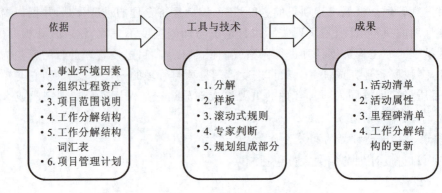

图 11-1　活动定义图

(二) 活动排序

活动排序既识别与记载计划活动之间的逻辑关系,如图 11-2 所示。

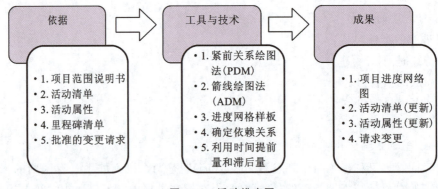

图 11-2　活动排序图

1. 活动排序的依据

活动排序的依据包括项目范围说明书、活动清单、活动属性、里程碑清单、批准的变更请求。

2. 活动排序的工具与技术

活动排序的工具与技术包括紧前关系绘图法(PDM)、箭线绘图法(ADM)、进度网络样板、确定依赖关系,以及利用时间提前量和滞后量。

1) 紧前关系绘图法

紧前关系绘图法,英文缩写 PDM(precedence diagramming method),也叫活动节点表示法或单代号网络图,是一种用方格或矩形(叫做节点)表示活动,并用表示依赖关系的箭线连节点,构成项目进度网络图的绘制法。

PDM 包括四种依赖关系:

(1) FS(finish-to-start):后继活动的开始要等到先行活动的完成。

(2) FF(finish-to-finish):后继活动的完成要等到先行活动的完成。

(3) SS(start-to-start):后继活动的开始要等到先行活动的开始。

(4) SF(start-to-finish):后继活动的完成要等到先行活动的开始。

最常见的一种是完成对开始,它意味着后继活动 B 的开始要等到先行活动 A 的完成;第二种紧前关系是开始对开始。这意味着后继活动 B 的开始要等到先行活动 A 的开始;第三种完成对完成意味着后继活动 B 的完成要等到先行活动 A 的完成。例如,书稿(后继活动)的完成要等到章节架构(先行活动)的完成;第四种开始对完成关系很少用,它意味着一个活动 A 的完成要在后继活动 B 开始之后。

2) 箭线绘图法

箭前绘图法(ADM),也称活动箭线表示法或双代号网络图,是一种利用箭线表示活动,并在节点处将其连接起来以表示其依赖关系的一种项目进度网络图的绘制法。

它是计划评审法在质量管理中的具体运用,使质量管理的计划安排具有时间进度内容的一种方法。它有利于从全局出发、统筹安排、抓住关键线路,集中力量,按时和提前完成计划,是网络图在质量管理中的应用。

箭头的头部表示活动的开始,而箭头的末尾表示活动的结束。

箭线绘图法用节点表示依赖关系,且只支持完成对开始关系。

箭线绘图法使用虚箭线表示的虚活动,代表逻辑关系。例如,如果我们想在浇水前施肥,就要增加施肥这个活动。因为是完成对开始的关系,所以我们要用虚活动来表示。由于虚活动没有真实的工作内容,他们的持续时间是 0。

3) 进度网络样板

借鉴或修改经典进度网络样板及成功节事活动或项目管理的进度网络样板。

4) 确定依赖关系

在确定活动之间的先后顺序时有三种依赖关系。

(1) 强制性依赖关系。

项目管理团队在确定活动先后顺序的过程中,要明确哪些依赖关系属于强制性的。强制性依赖关系指工作性质所固有的依赖关系。它们往往涉及一些实际的限制。例如,在施工项目中,只有在基础完成之后,才能开始上部结构的施工,在电子项目中,必须先制作原型机,然后才能进行测试。强制性依赖关系又称硬逻辑关系。

(2) 可斟酌处理的依赖关系。

可斟酌处理的依赖关系要有完整的文字记载,因为它们会造成总时差不确定、失去控制并限制今后进度安排方案的选择。可斟酌处理的依赖关系有时叫做优先选用逻辑关系、优先逻辑关系或者软逻辑关系。可斟酌处理的依赖关系通常根据对具体应用领域内部最好做法,或者项目某些非寻常方面的了解而确定。项目的这些非寻常方面造成即使有其他顺序可以采纳,但也希望按照某种特殊的顺序安排。根据某些可斟酌处理的依赖关系,包括根据以前完成同类型工作的成功项目所取得的经验,选定计划活动顺序。

(3) 外部依赖关系。

外部依赖关系指涉及项目活动和非项目活动之间关系的依赖关系。例如,软件项目测试活动的进度可能取决于来自外部的硬件是否到货;节事活动场所的建设,可能要在环境听证会之后才能动工。活动排序的这种依据可能要依靠以前性质类似的项目历史信息,或者合同和建议。

项目管理团队在活动排序的过程中应识别外部依赖关系。与活动定义的情况一样,项目关系人一起讨论并定义项目中的活动依赖关系是非常重要的。一些组织根据类似项目的活动依赖关系，制定了一些指导原则；有的组织则依靠项目中工作的有专门技术的人才以及他们与该领域其他员工和同事的联系；有的管理者喜欢将每一个活动名称写在一张即时贴或其他一些纸上，来确定依赖关系或排序；还有一些人直接用项目管理软件来建立关系。如果不定义活动顺序的话，就无法制订进度计划。

5）利用时间提前量与滞后量

提前量是指以紧前活动的完成或开始时间为基点，紧后活动的开始或完成可以提前的时间量。利用时间提前量，可以提前开始紧后活动。例如，在节事活动室外彩灯综合布线项目中，机房工程可以在室外布线结束前两周开始。这就是带两周时间提前量的FS关系。滞后量是指以紧前活动的完成或开始时间为基点，紧后活动的开始或完成必须推迟的时间量。利用时间滞后量，可以推迟开始紧后活动。项目管理团队应该明确哪些依赖关系中需要加入时间提前量或滞后量。

3. 活动排序的成果

活动排序的成果包括项目进度网络图、活动清单（更新）、活动属性（更新）和请求变更。

（三）活动资源估算

计划活动资源估算是指确定在实施项目活动时要使用资源的类型（人员、设备或物资等），每一种使用的数量，以及何时用于项目计划活动，如图11-3所示。

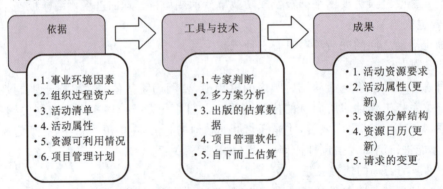

图11-3　活动资源估算：依据、工具与技术和成果

1. 活动资源估算的依据

活动资源估算的依据包括事业环境因素、组织过程资产、活动清单、活动属性、资源可利用情况和项目管理计划。

2. 活动资源估算的工具与技术

活动资源估算的工具与技术包括专家判断、多方案分析、出版的估算数据、项目管理软件和自下而上估算。

3. 活动资源估算的成果

活动资源估算的成果包括活动资源要求、活动属性、资源分解结构、资源日历（更新）和请求的变更。

在排完顺序之后，需要知道完成每项活动大致需要多少的人、财、物。同样以活动清单、活动属性、资源日历、事业环境、政策及其他因素作为参考依据,使用的数据可以是二手数据或者专家或本公司的员工估算出的数据。此外,为了优化资源使用、控制成本,应当考虑各种不同的备选方案,从而选择最有利的资源计划,或者使用项目管理软件进行资源使用的优化,经过优化,再进行估算。

（四）活动持续时间估算

活动持续时间估算是根据关于项目范围与资源的信息估算所需时间,将其作为制定进度所需投入的过程,如图11-4所示。

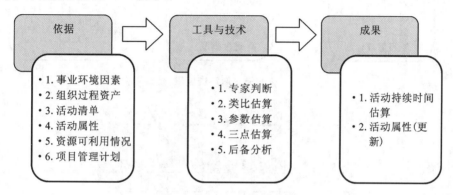

图 11-4　活动持续时间估算

估算活动持续时间是根据资源估算的结果,估算完成单项活动需要的工作时间的过程。进行活动持续时间估算需要依据活动工作范围、所需资源类型以及资源日历等,进行活动持续时间估算。这些资料由项目中最熟悉具体活动的工人或小组来提供。对持续时间估算的准确程度取决于输入数据的数量和质量,因此,随着项目的推进,数据越来越详细,故其对持续时间估算将会越来越准确。

估算活动持续时间使用的方法与估算成本方法类似,同样可以使用专家判断、类比估算、参数估算（建立数学模型）、三点估算、后备分析五种方法。其中时间估算中的三点估算与成本中的三点估算略有不同。成本估算中直接将最乐观成本、最悲观成本与最可能成本加权平均,而时间估算中的三点估算公式为:

$$估算时间 = (最悲观时间 + 最乐观时间 + 最可能时间)/6$$

（五）制定进度表

制定项目进度表是一个反复多次的过程,这一过程确定项目活动计划的开始与完成日期,其过程如图11-5所示。

这一部分为时间管理部分的重点,而前四部分都是为了这一部分做准备。制订进度计划是分析活动顺序、持续时间、资源需求和进度约束,编制项目进度计划的过程。编制进度计划过程中可能需要对前几步估算的结果进行审查和修正,确保制订的计划是有效的,并且制订进度计划的过程是一个反复进行的过程。在制订详细的计划时,一般使用三种方法:网络图、甘特图和里程碑图。

1. 项目进度网络图

项目进度网络图如图11-6所示。

图 11-5 制定进度表

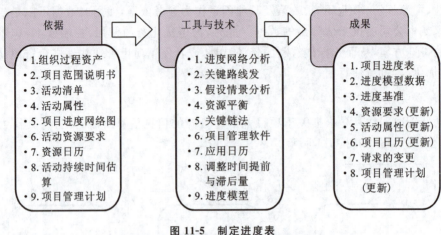

图 11-6 时标进度网络图

网络图分为箭线图和前导图。

箭线图的核心是箭线网络,箭线图没有时标,每个箭线网络都尽可能清楚地表现出各个任务之间的关联性。

前导图独立地表明了活动的开始和结束时间,而不与其相邻活动的起始时间产生混淆,从前导图中可以看出哪些活动是可以同时进行的,而哪些是有时间间隔的。前导图有顺推时间和逆推时间两种,从网络图中,总时差为零的路径为关键路径,通过对关键路径上的活动进行监控可以有效控制项目的时间和进度,这就是关键路径法。

2. 甘特图

甘特图也叫横道图。甘特图以美国工程师亨利·甘特命名,是一张时间线形图,以纵轴表示各个项目工作单元——任务;横轴表示时间单位划分,直观易懂,特别适合简单的资源进度计划。甘特图的缺点是没有明显地表示出工作单元之间的相互关系,不能揭示当一项工作单元落后于进度时对其他的工作单元的影响,且当工作单元过多时,项目甘特图会变得很复杂难懂。(见图 11-7)

3. 里程碑图

里程碑图仅标出主要可交付成果和关键外部接口的计划开始与完成的日期。在图上标注主要的事件,项目什么时候该完成工作 1、什么时候该完成工作 2,以此来判断工程的进度是否达到预定速度,方便进行进度控制。(见图 11-8)

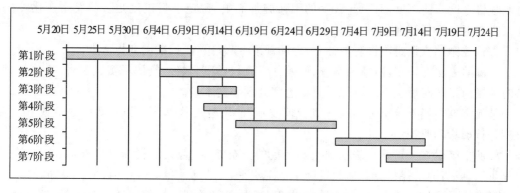

5月20日 5月25日 5月30日 6月4日 6月9日 6月14日 6月19日 6月24日 6月29日 7月4日 7月9日 7月14日 7月19日 7月24日
第1阶段
第2阶段
第3阶段
第4阶段
第5阶段
第6阶段
第7阶段

图 11-7　某项目的简单甘特图

事件	一月	二月	三月	四月	五月	六月	七月	八月
签订分包合同			▲					
技术要求说明书				△				
系统审查					△			
子系统测试						△		
第一单元支付							△	
计划完成								△

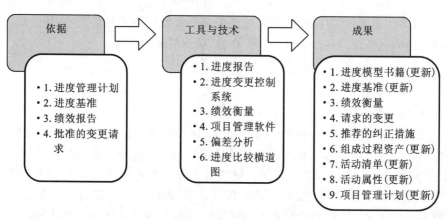

图 11-8　某企业执行分包合同的里程碑图

（六）进度控制

在计划执行过程中，要随时掌握项目实施动态，检查计划的执行情况，对计划进行调整，保证计划目标的顺利实现，如图 11-9 所示。

依据
• 1. 进度管理计划
• 2. 进度基准
• 3. 绩效报告
• 4. 批准的变更请求
工具与技术
• 1. 进度报告
• 2. 进度变更控制系统
• 3. 绩效衡量
• 4. 项目管理软件
• 5. 偏差分析
• 6. 进度比较横道图
成果
• 1. 进度模型书籍（更新）
• 2. 进度基准（更新）
• 3. 绩效衡量
• 4. 请求的变更
• 5. 推荐的纠正措施
• 6. 组成过程资产（更新）
• 7. 活动清单（更新）
• 8. 活动属性（更新）
• 9. 项目管理计划（更新）

图 11-9　进度控制

控制进度是监督项目状态以更新项目进展，管理进度基准变更的过程，进度控制需要，判断项目进度当前态度,对引起改变的因素施加影响,确定项目进度是否已发生变化,对实际发生变更的进行管理。

进行控制的依据是项目管理计划、进度基准、绩效报告、批准的变更请求。

控制的方法有很多种:绩效审查、偏差分析、项目管理软件、资源平衡、假设情景分析、调整时间提前量与滞后量、进度压缩、更新进度计划编制工具。

绩效审查与偏差分析是利用挣值管理技术,使用进度偏差 SV 和进度绩效指数 SPI 对进度进行衡量和监控。

资源平衡是在关键路径法基础上的使用的分析技术,若关键资源数量有限或只有持续时间可用,或者为了保持资源使用量处于恒定水平,要进行平衡,往往会改变关键路径。

假设情景分析就是对"如果情景 X 出现,情况会怎样?"这样的问题进行分析,即基于已有的进度计划,考虑各种各样的情景,例如,推迟某主要部件的交货日期,延长某设计工作的时间,或加入外部因素(如罢工或许可证申请流程变化等)。可以根据假设情景分析的结果,来评估项目进度计划在不利条件下的可行性,以及为克服或减轻意外情况的影响而编制应急和应对计划。可以基于多种不同的活动假设,用模拟方法计算出多种项目工期。最常用的模拟技术是蒙特卡洛分析。它首先确定每个活动的可能持续时间概率分布,然后据此计算出整个项目的可能工期概率分布。

进度压缩是指在不改变项目范围的前提下,缩短项目的进度时间,以满足进度制约因素、强制日期或其他进度目标。进度压缩技术包括:赶工和快速跟进。通过权衡成本与进度,确定如何以最小的成本来最大限度地压缩进度。

赶工的例子包括:批准加班、增加额外资源或支付额外费用,从而加快关键路径上的活动。赶工只适用于那些通过增加资源就能缩短持续时间的活动。但是通常情况下,赶工可能导致风险或成本的增加。

快速跟进则是把正常情况下按顺序执行的活动或阶段并行执行。例如,在大型会展活动的场地设计未全部完成前就开始建地基。快速跟进可能造成返工和风险增加。它只适用于能够通过并行活动来缩短工期的情况。并且,快速跟进可能导致质量上的瑕疵,因此要谨慎应用。

通过上述方法得到的工作绩效结果,需要记录并传授给相关关系人,另外更新可能需要更新的各种文件,包括偏差的原因以及纠正措施、项目管理文件等。

三、WBS 及其在项目管理中的应用

(一) WBS 的概念

WBS(工作分解结构)是 work breakdown structure 的英文缩写,是项目管理重要的专业术语之一。WBS 的基本定义是以可交付成果为导向对项目要素进行的分组,它归纳和定义了项目的整个工作范围每下降一层代表对项目工作的更详细定义。WBS 处于计划过程的中心,也是制定进度计划、资源需求、成本预算、风险管理计划和采购计划等的重要基础。WBS 同时也是控制项目变更的重要基础。项目范围是由 WBS 定义的,所以 WBS 也是一个项目的综合工具。(见图 11-10)

WBS 有相应的构成因子与其对应:

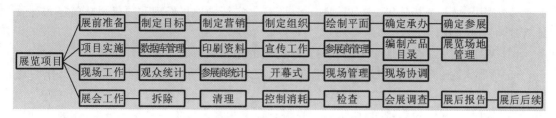

图 11-10　某节事会展项目的 WBS

1. 结构化编码

编码是最显著和最关键的 WBS 构成因子,首先编码用于将 WBS 彻底的结构化。通过编码体系,我们可以很容易识别 WBS 元素的层级关系、分组类别和特性。并且由于近代计算机技术的发展,编码实际上使 WBS 信息与组织结构信息、成本数据、进度数据、合同信息、产品数据、报告信息等紧密地联系起来。

2. 工作包

工作包(work package)是 WBS 的最底层元素,一般的工作包是最小的"可交付成果",这些可交付成果很容易识别出完成它的活动、成本和组织以及资源信息。例如:管道安装工作包可能含有管道支架制作和安装、管道连接与安装、严密性检验等几项活动;包含运输/焊接/管道制作人工费用、管道/金属附件材料费等成本;包含过程中产生报告/检验结果等文档,以及被分配的工班组等责任包干信息等。正是上述这些组织/成本/进度/绩效信息使工作包乃至 WBS 成为了项目管理的基础。基于上述观点,一个用于项目管理的 WBS 必须被分解到工作包层次才能够使其成为一个有效的管理工具。

3. WBS 元素

WBS 元素实际上就是 WBS 结构上的一个个节点,通俗的理解就是"组织机构图"上的一个个方框,这些方框代表了独立的、具有隶属关系/汇总关系的"可交付成果"。经过数十年的总结,大多数组织都倾向于 WBS 结构必须与项目目标有关,必须面向最终产品或可交付成果的,因此 WBS 元素更适于描述输出产品的名词组成。其中的道理很明显,不同组织、文化等为完成同一工作所使用的方法、程序和资源不同,但是他们的结果必须相同,必须满足规定的要求。只有抓住最核心的可交付结果才能最有效地控制和管理项目;另一方面,只有识别出可交付结果才能识别内部/外部组织完成此工作所使用的方法、程序和资源。

4. WBS 字典

管理的规范化、标准化一直是众多公司追求的目标,WBS 字典就是这样一种工具。它用于描述和定义 WBS 元素中工作的文档。字典相当于对某一 WBS 元素的规范,即 WBS 元素必须完成的工作以及对工作的详细描述、工作成果的描述和相应规范标准、元素上下级关系以及元素成果输入输出关系等。同时 WBS 字典对于清晰地定义项目范围也有着巨大的规范作用,它使 WBS 易于理解和被组织以外的参与者(如承包商)接受。在建筑业,工程量清单规范就是典型的工作包级别的 WBS 字典。

(二)WBS 的主要用途

WBS 的主要用途有以下几个方面。

(1) WBS 是一个描述思路的规划和设计工具。它帮助项目经理和项目团队确定和有效地管理项目的工作。

(2) WBS 是一个清晰地表示各项目工作之间的相互联系的结构设计工具。

(3) WBS 是一个展现项目全貌,并详细说明完成整个项目所必须完成的各项工作的计划工具。

(4) WBS 定义了里程碑事件,可以向高级管理层和客户报告项目完成情况,作为项目状况的报告工具。

(5) WBS 防止遗漏项目的可交付成果。

(6) WBS 帮助项目经理关注项目目标和澄清职责。

(7) WBS 建立可视化的项目可交付成果,以便估算工作量和分配工作。

(8) WBS 帮助改进时间、成本和资源估计的准确度。

(9) WBS 帮助项目团队的建立和获得项目人员的承诺。

(10) WBS 为绩效测量和项目控制定义一个基准。

(11) WBS 辅助沟通清晰的工作责任。

(12) WBS 为其他项目计划的制订建立框架。

(13) WBS 帮助分析项目的最初风险。

(三) WBS 的创建方法

创建 WBS 是指将复杂的项目分解为一系列明确定义的项目工作并作为随后计划活动的指导文档。WBS 的创建方法主要有以下几种:

1. 类比方法

参考类似项目的 WBS 创建新项目的 WBS。

2. 自上而下法

从项目的目标开始,逐级分解项目工作,直到参与者满意地认为项目工作已经充分得到定义。该方法由于可以将项目工作定义在适当的细节水平,对于项目工期、成本和资源需求的估计可以比较准确。

3. 自下而上法

自下而上法,是要让项目团队成员从一开始就尽可能地确定与项目有关的各项具体任务,然后将各项具体任务进行整合,并归总到一个整体活动或 WBS 的上一级内容当中去。自下而上法一般都很费时,但这种方法对于 WBS 的创建来说,效果特别好。项目经理经常对那些全新系统或方法的项目采用这种方法,或者用该法来促进全员参与或项目团队的协作。

4. 发散归纳法

如果系统思考有困难,不如先想到什么就记下来,然后再不断补充、不断归纳。如果是一个团队,可以让成员一开始尽可能地确定各项具体任务,然后将各项具体任务进行整合,有了这些零散的思路,再归纳就相对容易了。一般对那些全新系统或方法的项目采用这种方法,或者用该法来促进全员参与或项目团队的协作。

5. 使用指导方针

如果存在 WBS 的指导方针,那就必须遵循这些方针。许多 DOD(国防部)项目都要求承包商按照国防部提供的 WBS 模板提交他们的项目建议书。这些建议书必须包括针对 WBS 中每一项任务的成本估算,既有明细估算项也有归总估算项。项目整体的成本估算必须是通过归总 WBS 底层各项任务成本而得到的。当国防部有关人员对成本计划进行评审时,他们必须将承包商的成本估算与国防部的成本估算进行对比,如果某项 WBS 任务成本估算有很大的出入,那一般就意味着对要做的工作任务还没搞清楚。

（四）创建 WBS 的基本要求

创建 WBS 时需要满足以下几点基本要求：
（1）某项任务应该在 WBS 中的一个地方且只应该在 WBS 中的一个地方出现。
（2）WBS 中某项任务的内容是其下所有 WBS 项的总和。
（3）一个 WBS 项只能由一个人负责,即使许多人都可能在其上工作,也只能由一个人负责,其他人只能是参与者。
（4）WBS 必须与实际工作中的执行方式一致。
（5）应让项目团队成员积极参与创建 WBS,以确保 WBS 的一致性。
（6）每个 WBS 项都必须文档化,以确保准确理解已包括和未包括的工作范围。
（7）WBS 必须在根据范围说明书正常地维护项目工作内容的同时,也能适应无法避免的变更。
（8）WBS 的工作包的定义不超过 40 小时,建议在 4—8 小时。
（9）WBS 的层次不超过 10 层,建议在 4—6 层。

（五）WBS 的表示方式

WBS 可以由树形的层次结构图或者行首缩进的表格表示。在实际应用中,表格形式的 WBS 应用比较普遍,特别是在项目管理软件中,具体的模版样式可参见 WBS 模版样式。

（六）WBS 的分解方式

WBS 的分解可以采用以下三种方式进行,按产品的物理结构分解;按产品或项目的功能分解;按照实施过程分解。

（七）项目组内创建 WBS 的过程

项目组内创建 WBS 的过程非常重要,因为在项目分解过程中,项目经理、项目成员和所有参与项目的部门主任都必须考虑该项目的各个方面。
（1）得到范围说明书或工作说明书。
（2）召集有关人员,集体讨论所有主要项目工作,确定项目工作分解的方式。
（3）分解项目工作。如果有现成的模板,应该尽量利用。
（4）画出 WBS 的层次结构图。WBS 较高层次上的一些工作可以定义为子项目或子生命周期阶段。
（5）将主要项目可交付成果细分为更小的、易于管理的组分或工作包。工作包必须详细到可以对该工作包进行估算（成本和历时）、安排进度、做出预算、分配负责人员或组织单位。
（6）验证上述分解的正确性。如果发现较低层次的项没有必要,则修改组成成分。
（7）建立一个编号系统。

(8) 随着其他计划活动的进行，不断地对 WBS 进行更新或修正，直到覆盖所有工作。

（八）WBS 的检验标准

检验 WBS 是否定义完全、项目的所有任务是否都被完全分解，主要依据以下标准：

(1) 每个任务的状态和完成情况是否可以量化。

(2) 是否明确定义了每个任务的开始和结束。

(3) 每个任务是否都有一个可交付成果。

(4) 工期是否易于估算且在可接受期限内。

(5) 是否容易估算成本。

(6) 各项任务是否是独立的。

在 WBS 的应用中，各个子系统都利用它收集数据，这些系统都是在与 WBS 有直接联系的代码字典和编码结构的共同基础上来接受信息的。由于 WBS 代码的应用使所有进入到系统的信息都是通过一个统一的定义方法做出来的，这样就能确保所有收集到的数据能与同一基准相比较，并使项目工程师、会计师以及其他项目管理人员都参照有同样意义的同种信息，这对于项目控制的意义是显而易见的。例如许多项目中的典型问题之一是会计系统和进度控制系统不是采用完全相同的分类或编码，但在一个有组织的共同基础之上对成本和进度做出统一、恰当的解释、分析和预测对于项目的有效管理是非常重要的。此外，各个子系统之间在 WBS 基础上的共同联系越多，对项目控制就越有益，因为这样可以减少或消除分析中的系统差异。

第二节　节事项目活动的时间节点控制

一、时间节点概念

时间节点是一个很抽象和应用很广泛的概念，通俗地说就是某个大环境中的一个点或者一段，好比公交车线路中的一个站台。在工期计划或者工作计划里面体现较多。以工期计划为例，时间节点可以代表工程的某个阶段或者某个里程碑的点，而此阶段或这个里程碑之前的工作需要在某个时间之前完成，这就是工程中经常提到的时间节点。其他行业也是一样的，譬如某软件的开发工作需要在某时完成，调试工作某时完成，销售推广某时完成等，这些都是时间节点。

二、时间节点基本术语

时间节点基本术语如下。

(1) 工作：一个消耗时间或消耗资源的子项目或子任务。

(2) 内向箭线：以节点而言，箭头指向该节点的箭线。

(3) 外向箭线：以节点而言，箭头背向该节点的箭线。

(4) 紧前工作：紧排在本工作之前的工作。

(5) 紧后工作：紧排在本工作之后的工作。

（6）先行工作：自起点节点至本工作之前各条线路上的所有工作。

（7）后续工作：本工作之后至终点节点各条线路上的所有工作。

（8）平行工作：可与本工作同时进行的工作。

（9）线路：网络图中从起点开始，沿箭线方向连续通过一系列箭线与节点，最后到达终点节点所经过的通路。

（10）线路段：网络图中线路的一部分。

（11）虚工作：虚拟的、实际并不存在的工作，它不占用时间，也不消耗资源，是双代号网络图中为了正确表示各工作间逻辑关系的需要而人为设置的，以虚箭线表示。

（12）逻辑关系（工艺关系和组织关系）。

三、时间节点控制的工具和方法

（一）双代号网络图（ADM）

1. 双代号网络图概念及构成符号

双代号网络图又称箭线法，即以箭线或其两端节点的编号表示工作的网络图。（见图11-11）

图 11-11 双代号网络图画法

2. 双代号网络图的绘图规则

（1）网络图的节点应用圆圈表示。

（2）网络图必须按照已定的逻辑关系绘制。

（3）网络图中一对节点编号只能表示一项工作。

（4）网络图中严禁出现从一个节点出发，顺箭线方向又回到原出发点的循环回路。

（5）网络图中严禁出现双向箭头和无箭头的连线。

（6）严禁在网络中出现没有箭尾节点的箭线和没有箭头节点的箭线。

（7）严禁在箭线上引入或引出箭线，但当网络图的起点节点有多条外向箭线，或终点节点有多条内向箭线时，为使图形简洁，可用母线法绘图：使多条箭线经一条共用的竖向母线段从起点节点引出，或使多条箭线经一条共用的竖向母线段引入终点节点。

（8）绘制网络图时，宜避免箭线交叉，当交叉不可避免时，可用过桥法或指向法表示，如图11-12所示。

（9）网络图应只有一个起点节点和一个终点节点（多目标网络计划除外）。除网络计划终点和起点节点外，不允许出现没有内向箭线的节点和没有外向箭线的节点。（见图11-13）

（二）单代号网络图（PDM）

1. 单代号网络图的概念及构成符号

单代号网络图又称前导图，即由表示工作的节点和表示衔接关系的箭线构成。

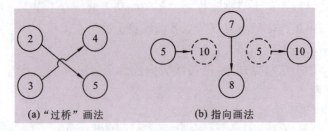

图 11-12　过桥及指向画法

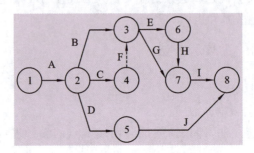

图 11-13　包含虚节点的网络图

2. 单代号网络图绘制规则

在单代号网络图中表达逻辑关系时并不需要使用虚箭线，但可能会引进虚工作。这是由于单代号网络图也必须只有一个原始节点和一个结束节点，而当几个工作同时开始或同时结束时，就必须引入虚工作（节点）。（见图 11-14、图 11-15）

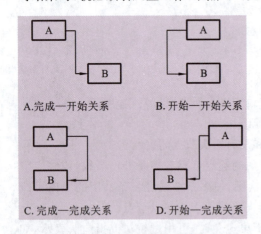

图 11-14　单代号网络图逻辑关系

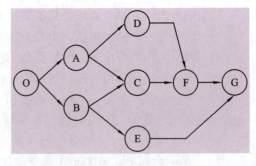

图 11-15　单代号网络图

四、节事活动时间进度管理的技术运用

（一）甘特图

例：某市节庆活动项目定于 2016 年 6 月 1 日开始，由 A、B、C、D、E、F、G、H、I 9 项活动构成，活动历时、所需劳动资源状况和工作之间的逻辑关系见表 11-1，请绘出该项目的甘特

图和关联横道图。

表 11-1 某项目工作清单表

编号	工作名称	工期(天)	劳动力人数	紧前工作	紧后工作
1	A	4	5		B,C
2	B	6	5	A	D
3	C	6	3	A	D
4	D	2	4	B,C	E,F
5	E	4	2	D	
6	F	5	2	D	G
7	G	3	3	F	H
8	H	4	6	G	I
9	I	3	3	H	

根据项目的计划要求,绘制的甘特图如图 11-16 所示。

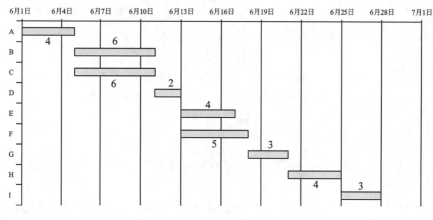

图 11-16 甘特图

绘制的关联横道图如图 11-17 所示。

(二)关键路径法

关键路径法 CPM(critical path method)是项目管理中最基本也是非常关键的一个概念,它上连着 WBS(工作分解结构),下连着执行进度控制与监督。关键路径是项目计划中最长的路线。它决定了项目的总实耗时间。所以在进行项目操作的时候确定关键路径并进行有效的管理是至关重要的。

1. 节点时间参数的计算

(1)节点最早时间(TE,Earliest Time)的计算。

起始节点的最早时间 $TE_i=0$

网络中任意节点 j 的开始时间等于该节点每个紧前工序的开始节点 i 的最早开始时间

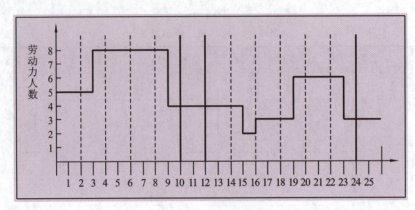

图 11-17 关联横道图

与该工序作业时间之和中取最大值,即

$$TE_j = MAX(TE_i + D_{i-j})$$

(2) 节点最迟时间(TL,Latest Time)的计算。

当某一网络计划有指定完工时间 Tr 时,显然终止节点 n 的最迟时间 TL_n 应为:

$$TL_n = 指定工期(Tr) \quad 或 \quad 合同工期$$

因为制订任何工程计划,总希望计划能够尽早实现,当无指定工期要求时,一般都是终止节点的最迟时间等于其最早时间,即

$$TL_n = TE_n$$

那么,相对于终止节点最迟时间,每个节点都有一个最迟时间,它等于该节点每个紧后工序的结束节点 j 的最迟时间与该工序作业时间之差中取最小值,即

$$TL_i = \min(TL_j - D_{i-j})$$

2. 关键路径特点

其一,关键路径上的活动持续时间决定了项目的工期,关键路径上所有活动的持续时间总和就是项目的工期。

其二,关键路径上的任何一个活动都是关键活动,其中任何一个活动的延迟都会导致整个项目完工时间的延迟。

其三,关键路径上的耗时是可以完工的最短时间量,若缩短关键路径的总耗时,会缩短项目工期;反之,则会延长整个项目的总工期。但是如果缩短非关键路径上的各个活动所需要的时间,也不至于影响工程的完工时间。

其四,关键路径上活动是总时差最小的活动,改变其中某个活动的耗时,可能使关键路径发生变化。

其五,可以存在多条关键路径,它们各自的时间总量肯定相等,即可完工的总工期。

3. 利用关键路径缩短项目工程的完工时间

其一,采取先进技术的措施如引入新的生产机器等方式,缩短关键活动的作业时间。

其二,利用快速跟进法,找出关键路径上的哪些活动可以并行。

其三,采取组织措施,充分利用非关键活动的总时差,利用加班、延长工作时间、倒班

制和增加其他资源等方式合理调配技术力量及人、财、物等资源,缩短关键活动的作业时间。

4. 利用关键路径对时间—资源进行优化

其一,优先安排关键活动所需要的资源。

其二,利用非关键活动的总时差,错开各活动的开始时间,拉平资源所需要的高峰,即人们常说的"削峰填谷"。

其三,在确实受到资源限制,或者在考虑综合经济效益的条件下,也可以适当地推迟工程时间。

本章小结

(1)项目管理是运用管理的知识、工具和技术于项目活动上,来达成解决项目的问题或达成项目的需求。所谓管理包含领导(leading)、组织(organizing)、用人(staffing)、计划(planning)、控制(controlling)等五项主要工作。

(2)项目进度管理包括为确保项目按时完成所要求的各项过程,其主要过程包括:活动定义、活动排序、活动资源估算、活动持续时间估算、制定进度计划和进度控制。

(3)WBS是以可交付成果为导向对项目要素进行的分组,它归纳和定义了项目的整个工作范围每下降一层代表对项目工作的更详细定义。WBS处于计划过程的中心,也是制定进度计划、资源需求、成本预算、风险管理计划和采购计划等的重要基础。WBS同时也是控制项目变更的重要基础。项目范围是由WBS定义的,所以WBS也是一个项目的综合工具。WBS是由三个关键元素构成的名词:工作(work)——可以产生有形结果的工作任务;分解(breakdown)——是一种逐步细分和分类的层级结构;结构(structure)——按照一定的模式组织各部分。

(4)时间节点基本术语有工作、内向箭线、外向箭线、紧前工作、紧后工作、先行工作、后续工作、平行工作、线路、线路段、虚工作逻辑关系。

核心关键词

project management   项目管理
project progress management   项目进度管理
work breakdown structure   工作分解结构 WBS
time nodes control   时间节点控制
critical path method   关键路径法 CPM

 思考与练习

1. 试述项目进度管理的主要过程及内容。
2. 试述项目进度活动排序的工具与技术。
3. 试述酒店集团扩张管理的模式。
4. 结合实例,以 WBS 为某次节事活动分解项目活动及绘制网络图。

 案例分析

第五届××博览会项目工作进度计划

（一）2015 年工作进度安排

11 月中旬　召开第五届××博览会组委会秘书处第一次工作会议,印发第五届××博览会方案(讨论稿),全面启动第五届××博览会筹备工作。

11 月下旬　召开第五届××博览会筹备工作动员大会,对参与筹备的单位和部门做出安排和部署,动员各涉会单位全力以赴做好筹备、准备工作。全面启动招商、邀商和项目对接及招展、组展工作。

12 月中旬　召开第五届××博览会组委会工作会议及组委会秘书处第二次工作会议,听取前期筹备情况汇报,研究部署下一步筹备工作。

（二）2016 年工作进度安排

1 月中旬　召开第五届××博览会深圳新闻发布会。

2 月上旬　召开第五届××博览会博览会组委会秘书处第三次工作会议和组委会第一次工作会议,通报筹备工作进展情况,研究确定各项活动方案,明确工作任务和需要解决的问题,安排部署下一步筹备工作;召开第五届××博览会上海新闻发布会。

3 月上旬　召开第五届××博览会组委会秘书处第四次工作会议,通报前期筹备情况,安排部署下一步筹备工作;召开第五届××博览会北京新闻发布会。

4 月上旬　召开第五届××博览会组委会秘书处第五次工作会议,全面听取各项重大活动筹备安排情况,统筹安排部署大会期间各项工作。

4 月 23 日　召开第五届××博览会上海第二次新闻发布会。

4 月 27 日　组委会、筹委会领导检查市容市貌、宣传广告、营造氛围情况,检查主要涉外宾馆大会接待情况。

4 月 28 日　组委会领导检查文艺晚会、开幕式等重大活动现场准备情况。

4 月 29 日　召开第五届××博览会组委会第二次工作会议,全面检查筹备工作落实情况;预展(组委会领导检查会展中心布展情况)。

5 月 2 日　会议报到,欢迎晚宴、领导巡馆。

5月3—5日 开幕式、文艺晚会、高峰论坛、投资贸易展览、专项洽谈、项目签约、成果发布等活动。

问题：
1. 绘制第五届××博览会项目甘特图。
2. 绘制第五届××博览会里程碑图。
3. 找出第五届××博览会项目的关键路径。

【知识点补充】

确定了会展项目工作分解结构、活动排序以及时间估算后，就需要开始制订会展项目的具体的进度计划了，以便对会展项目的实施控制，保证项目在规定的时间内能够完成。会展项目进度计划是在工作分解结构的基础上，对项目活动进行一系列的时间安排，它要对项目活动进行排序，明确项目活动必须何时开始以及完成项目活动所需要的时间。

第十二章

节事活动的财务管理与成本控制

学习导引

建立健全节事活动内部的财务管理制度,做好财务管理基础工作,如实反映节事活动财务状况,依法计算和缴纳国家税收,保证投资者利益不受侵犯,这是节事活动的财务管理与成本控制的方向,而节事活动的财务成本控制又是实现节事活动财务管理目标的根本保障。本章从节事活动中的展会、会议、宴会、赞助四个方面,说明了财务成本控制的过程。最后,从节事活动营运资金管理、节事活动利润分配管理、节事活动财务管理分析和工具、节事活动财务报表与分析、节事活动财务风险五个方面,概要说明了节事活动的财务评估的内涵。

学习重点

通过本章学习,重点掌握以下知识要点:
1. 节事活动财务管理的内涵;
2. 节事活动的财务成本控制;
3. 节事活动的财务评估。

第一节 节事活动的财务管理概述

一、节事活动财务管理的内涵

1. 节事活动财务管理概念

节事活动组织方遵循客观经济规律,根据国家计划和政策,通过对节事活动资金的筹集、运用和分配的管理,利用货币价值形式对节事活动的经营活动进行综合性管理。

建立健全节事活动内部的财务管理制度,做好财务管理基础工作,如实反映节事活动财务状况,依法计算和缴纳国家税收,保证投资者利益不受侵犯。

2. 节事活动财务管理的整体目标

节事活动财务管理的整体目标经历了三个不同表现形式:总产值最大化目标、利润最大化目标、财富最大化目标。财富最大化目标指企业采用了最优的财务政策,在考虑了货币的时间价值和风险报酬的情况下不断增加企业财富,使企业总价值达到最大。

3. 节事活动财务管理的分部目标

(1) 筹资管理目标。

在满足生产经营需要的情况下,不断降低资金成本和财务风险。

(2) 投资管理目标。

认真进行投资项目的可行性研究,力求提高投资回报,降低投资风险。

(3) 运营管理目标。

合理利用资金,加速资金周转,不断提高资金的利用效果。

(4) 利润管理目标。

举办方显性利润、未来的潜在收益(引资状况、赞助商长期投资)。

4. 节事活动预算的作用及局限性

使经营活动具有可比较性,为协调和控制企业活动提供依据,方便绩效衡量,为纠正偏差奠定基础。

二、节事活动财务管理的原则

1. 节事活动财务管理的原则

企业财务管理的原则是企业财务管理工作必须遵循的准则,是从企业理财实践中抽象出来的并在实践中证明是正确的行为规范。

(1) 系统原则。

资金筹集、资金投放、资金耗费、资金回收和资金分配几个部分相互联系,是一个整体。

(2) 平衡原则。

力求使资金的收支在数量上和时间上达到动态的协调平衡。

（3）弹性原则。

在财务管理实践中,对现金、存货留有一定的保险储备,在编制财务计划时留有余地。

（4）比例原则。

通过对各因素之间的比例关系来发现管理中存在的问题,采取相应的措施,使有关比例趋于合理化。

（5）优化原则。

多方案的最优选择、最优总量、最优比例关系。

2. 节事活动财务管理的原则的应用

（1）系统原则和平衡原则的应用。

系统原则和平衡原则的应用包括分级分口管理、目标利润管理、投资项目的可行性分析和现金的收支计划、企业筹资数量决策等。

（2）弹性原则的应用。

节事活动有许多的新事件、新情况产生,有些是不可预知的,必须留有一定余地。

（3）优化原则的应用。

在节事活动财务管理过程中,只有各个环节都保持优化,都保持一个动态的优化过程,才可以保障节事活动的整体效果优化、整体效益优化。

三、节事活动筹资管理

1. 节事活动财务预测与财务预算

（1）财务预测。

财务预测的内容取决于财务预测的对象,资金运动的范围和内容,通常包括销售预测、资金需求预测和利润预测。

（2）财务预算。

节事活动组织方对未来某一段时间内各种资源的来源和使用做出详细计划,它以数字形式对节事活动未来一段时间的经营进行概括性的表达。

（3）内容。

分项目预算、现金预算、成本费用预计。

2. 节事活动筹资渠道和方式

（1）筹资渠道。

国家财政资金、企业内部资金、金融机构资金、其他单位资金、职工和民间资金、国外资金。

（2）筹资方式。

吸收直接资金、金融机构贷款、股票、债券、租赁、留存利益和商业信用。

3. 计算投资回报

评估投资回报的方法有以下几个方面：

（1）评估人们对赞助商产品和服务的认知程度及态度的转变。

（2）评估赞助商产品和服务销售的增长。

（3）比较覆盖范围相似的媒体做广告的价格或成本。

第二节 节事活动的财务成本控制

一、展会财务成本控制

1. 制定财务成本的目标
（1）获利。
（2）获得商誉或宣传本公司。
2. 制定预算

1970年的大阪世博会总投资约为1万亿日元，约合人民币805亿元，其中配套基建投资额为6500亿日元，占65%。

1992年的塞维利亚世博会，总投资100亿美元，约合人民币700亿元，配套基建投资额6亿美元，占86%。

2000年的汉诺威世博会，总投资额102亿马克，约合人民币526亿元，配套基建投资额70亿马克，占70%。

2005年的爱知世博会总投资1万亿日元，约合人民币805亿元，配套基建投资额8100亿日元，占81%。

预算的过程是个系统过程，需要大量的相关数据和表格进行支撑和逻辑推导。

上海世博会，原先的财政预算只覆盖了世博会园区内部分的5.28平方公里，总投资额仅30亿美元。上海世博会的资金总预算为286亿元人民币，部分由国家投资，部分通过市场开发筹措。上海世博会的建设资金总预算为180亿元人民币，运营资金总预算为106亿元人民币。

上海世博会资金分为建设资金和运营资金两部分，其中建设资金180亿元人民币，来自国家投资和发行债券；运营资金106元，主要通过市场开发筹措，包括票务收入、企业赞助和特许产品授权经营等。建设资金中，发改委批准发行总规模80亿元的世博建设债券。新预算方案则分为园区内和园区外两部分。总预算高达3000亿元至4000亿元人民币，其中三分之一将通过资本市场来募集。

预算的编制程序见图12-1。

3. 预算编制考虑因素
（1）财务历史数据。
（2）宏观经济环境。

宏观经济环境需考虑失业率、通货膨胀、消费者物价指数、新增产业指数、政府投资指数。

（3）收益。

收入构成有广告、优惠销售、捐款、柜台租金、投资利息、商业销售、注册费、赞助费、经营商佣金。

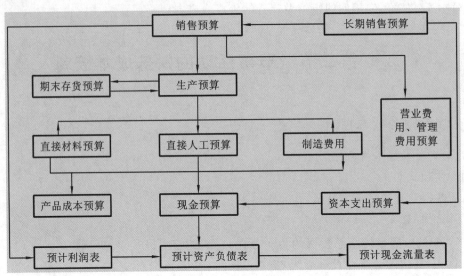

图 12-1　预算编制程序

上海世博会的收入主要有三个渠道：一是售价为 20 美元的门票，主办方希望能吸引七千万的观众，这样门票收入将可达到 14 亿美元；二是上海世博会的品牌赞助计划和授权许可；三是世博会场馆的后续利用。据统计，当年 5 月 1 日至 10 月 31 日，进入世博园区参观人数达 7308 万人次，其中，境外观博游客约占入园总人数的 5.8%。据中国旅游研究院初步测算，世博会带来直接旅游收入超过 800 亿元人民币，对长三角地区旅游及相关产业拉动作用尤为明显，世博期间苏浙皖三地旅游收入同比增长 20% 以上，同时也带动了公路、铁路、航空客运量、住宿和餐饮业等旅游相关产业 20% 以上的增长。

（4）费用。

费用需考虑展台空间、建造和拆除、特别的广告赠品、运输费用、视听器材、电力开支、电话服务、附属材料、人员费、广告、机票和酒店住宿费。具体可概括为以下几类：

① 行政管理费。

② 固定费用。不随活动的参加人数而变动，即使实际收益少于预期收益固定费用也不变，如项目的市场营销费。

③ 可变费用。餐饮费用等，根据出席人数或其他因素变动而变动。

④ 展览费用分类。具体有四类：设计施工费、展品运输费、宣传公关费、行政后勤类费用。

4．预算的执行与控制

（1）记账方法。①现金制；②权责发生制/应收应付制。

（2）会展期间的预算执行。控制成本（可变成本）。

（3）削减成本。削减展会成本。

削减展会预算是一件两难的事情，可从以下几个方面控制：

① 尽量减少赠品的费用。

② 降低展位清洁服务的费用。

③ 不租植物,省去眼花缭乱的盆景。
④ 展位上少装电话。
⑤ 殷勤招待客户的费用不可少,重点产品的展示推广费用不可少,高水准的销售团队聚会不可少。

(4) 确保现金流。付款方式、条件。

(5) 外汇汇率。美元结算。

二、会议财务成本控制

1. 会议资金的筹集、运用和分配

(1) 筹备初期。筹措资金(会议启动资金);渠道(来源)事业单位拆借资金、专业会议组织机构垫支资金、企业赞助资金。

(2) 启动期间。启动资金消耗-会议的筹备成本。

(3) 举行前期。会议的主要资金收入(注册费、赞助费)。

(4) 举行期间。资金的支出。

(5) 结束之后。剩余资金的分配。

2. 会议财务成本预测的主要内容

会议财务成本预测的主要内容有以下几个方面:

(1) 会议规模、参加人数。

(2) 会议固定支出的预测。筹备时的印刷、邮寄费。

(3) 保本人数的预测。

$$保本人数 = 会议固定支出/(注册费 - 每位的可变支出)$$

(4) 会议收入、注册费。旅游收入、赞助、其他。

(5) 宏观经济环境的预测。

3. 编制会议预算

(1) 会议预算的组成:收入、支出(变动、固定)。

(2) 编制方法:预算列表。

(3) 编制程序:①固定支出,②可变支出,③收入,④总结。

(4) 会议固定支出:初期申办费用,市场宣传费用,考察活动相关费用,会场、设备的租金,基本办公费,人工费,参会费等。

(5) 会议可变支出:餐饮费、印刷费、邮寄费、代表用品费、移动式同声翻译接收设备费(按天)、支付的服务费等。

(6) 会议收入:①会议注册费,包括代表、会员、特邀报告人、学生、陪同人员、国内代表的注册费;②赞助费:企业、基金、政府、个人等的赞助费;③宾馆的优惠;④旅游收入;⑤展览收入。

(7) 预算总结。

(8) 预算调整:①调整的情况;②调整的时机。

4. 会议预算的具体内容

会议预算的具体内容主要包括:交通费用、会议室/厅费用、住宿费用、餐饮费用、视听设备、其他杂费。

会议费用预算明细则包括：

(1) 酒店费用：房费、餐费、会议室、布标、会议茶歇、其他。

(2) 会务费用：接站费用、送站费用、资料袋、签字笔、笔记本、集体照、资料复印、礼品、水果、鲜花、盆栽费用及其他费用。

(3) 考察费用：门票、风味餐饮、市内交通、矿泉水和其他费用。

(4) VIP 接待：房费、车费、餐费、考察费。

5. 会议资金管理

会议资金包括：会议启动资金、收入。

1) 筹集会议启动资金

(1) 筹集原则：①满足筹备工作的需要、时间、数款；②选择成本低的渠道；③合法。

(2) 渠道：①行政事业费；②专业会议管理机构垫支；③企业的自留资金：客户联谊会费、产品介绍费、技术座谈费、表彰奖励。

2) 收入

(1) 收入的构成：①注册费；②赞助费；③其他收入（如旅游收入、展览收入等）。

(2) 收入的管理：①确认收入的原则为权责发生制；②异常情况的处理。

 先进设计与制造工程国际学术会议会议注册费

中方参会者：

全费：2100 元人民币

学生：1500 元人民币（在交注册费时需提交学生身份证明）

注册费包括下述费用：1 本论文集、会议午餐、会议宴会、参观冰雪大世界门票，不包括住宿。

多篇投稿的作者，其第一篇文章的会议论文集版面费包括在注册费内，其余每篇文章需再交 500 元版面费。如论文经会议推荐后，被相应的期刊录用，版面费由作者自负。

6. 会议成本控制

1) 会议成本内容

① 活动费用包括筹备期间的征集论文和代表注册费用，会议举行期间的开幕式费用、招待费、宴会等会务活动等学术报告费用；

② 折旧费用包括计算机、传真机、复印机等的固定资产折旧；

③ 人工费用包括兼职人员的会议补贴；

④ 办公费用包括会议费、交通费、通信费、购买办公用品的费用等。

2) 控制方法

① 制定标准(定额法);

② 建立成本控制信息系统;

③ 实行责任成本制;

④ 监督与检查。

3) 控制内容

在筹备期间主要集中于固定费用的控制,在举行期间主要集中于可变费用的控制。其主要内容包括:

(1) 餐饮费,如招待会、闭幕宴会、茶点、午餐等方面费用。

(2) 会场与设备费用。

(3) 工作人员费用。

(4) 会议剩余资金分配。

三、宴会财务成本控制

1. 宴会成本控制

经营宴会厅时,为避免增加成本,必须尽量减少浪费并将其他可能的损失减至最低,然而在控制成本之余,更应确保食物的质量与数量不受影响。由于食物成本在宴会厅经营成本中占既定比例,适时更换固定标准菜单中因时节替换而导致材料价格上涨的菜品,才能有效降低食物成本并提高宴会部门营利能力。

除此之外,宴会厅尚需注意各项人力费用、事务费用、水、电、天然气的费用及器皿的损耗等成本。

2. 宴会成本控制的目标

(1) 减少浪费,以降低食物成本,并且提供最佳食物质量与数量。

(2) 在成本范围之内,设计出最受欢迎的菜单。

(3) 雇用临时工,将人力成本减至最低程度以增加营业利润。

(4) 节约能源以使营业费用降至最低。

(5) 完善培训员工制度。

3. 宴会财务成本预算程序

宴会厅营业额预算程序和一般餐厅具有若干差异,在估计每餐座位人数、周转率以及每餐每人平均饮品和食物的消费价格之余,还要考虑场地和器材的租金收入,然后将各项收入加总。

宴会厅营业净利分析:

(1) 人力成本:以工读生代替正职员工。

(2) 降低固定成本。

4. 宴会厅支出项目

宴会厅支出项目包括:营业成本的支出、薪资及人士费用的支出、消耗性用品的支出、重置费用支出、水电燃料费用支出、修缮费用支出、部门费用支出、一般费用支出、分摊费用支

出等。

四、赞助

1. 赞助主体

赞助主体包括企业、基金和个人等。

2. 赞助的主要来源

赞助费已经成为节事活动的主要经济来源。节事活动可以获得如下几个方面的赞助：

（1）企业赞助。

节事活动的赞助主要来自企业，特别是那些实用性比较强的科技类国际会议，有的企业赞助甚至成为节事活动主要经费来源。

（2）基金赞助。

基金会也会对重大节事活动提供赞助。

（3）政府赞助。

在我国举办的大型节事活动有时也可以获得政府机构的赞助，如科技部、卫生部和中国科协等。各级地方政府为了活跃地区的国际交流活动，有时也会对节事活动提供赞助。

（4）国际组织赞助。

许多国际组织也会对节事活动提供赞助，如联合国的工发组织、粮农组织、教科文组织等。会议组织者需要尽早联系这些潜在的赞助机构，并按要求向相关部门提供申请材料。

（5）个人赞助。

个人也可以赞助节事活动，如著名的数学家陈省身教授就曾经对国际数学家大会提供30万元的个人赞助费。

3. 赞助种类

1）经费赞助

企业赞助会议一般并不指明费用的用途，可由节事活动组织者全权支配。

节事活动组织者确定赞助经费的金额，有时还设置不同金额的赞助标准，分别命名为金牌、银牌和铜牌赞助。作为对赞助商的回报，节事活动组织者也要在节事活动的筹备和举办期间，宣传他们的产品，扩大企业的影响。

2）专项赞助

专项赞助即赞助企业对节事活动的某项活动或某项用品提供的赞助。赞助的节事活动可以包括开幕式、招待会、文艺演出以及宴会等主要活动，赞助金额既可以是该活动的全部费用，也可以是部分费用。所赞助的活动可以以赞助企业的名称命名。赞助节事活动某项用品可以是节事活动的资料包、会议论文集、参会指南等。总之，不管企业采用哪种形式赞助，都可将自己企业的名称印在上面，宣传和扩大企业的影响。

3）义卖

义卖即拍卖某件物品，或某时段出售产品收入，捐赠给节事方。

4）义工

员工到节事方义务劳动，或到其他场所劳动的收入捐给节事举办方。

产业数据表明：47%的赞助是以现金方式由赞助商交给所有者的，28%是实物作价，

25%是以上两种方式的结合。在国外,赞助费用不但都能打入成本、税前开支,而且由于赞助的对象都是社会公益事业,因此还具有公益性的一面,一些国家还特意通过优惠政策予以提倡和鼓励。有的在减免税的同时还给予重要赞助商崇高的社会荣誉。例如,韩国规定,所有单项运动协会的会长全都由承担体育赞助最多的企业家担任。在我国,大型节事活动开始多半是政府出资,有一些节事活动也开始了比较成功的市场化筹资尝试。我国目前大型活动赞助,主要集中在体育赛事、文化演出等方面。

知识活页 "2008年上海市学生运动会高校组冬季长跑比赛"赞助商选择——多威体育

1. 赛事描述

赛事名称:2008年上海市学生运动会高校组冬季长跑比赛
主办单位:上海市教育局、上海市体育局
比赛时间:2008年11月22日
比赛地点:上海第二工业大学
参赛队伍:上海市普通高等院校(公办、民办)
比赛分组:非专业组(甲组)、专业组(乙组)
比赛线路:男子6公里;女子4公里(见图)
竞赛规程:(略)。

2. 背景分析

多威体育用品有限公司是中国目前民族企业中规模最大、最有特色的体育运动专用鞋生产企业,其产品尤其是跑步鞋在体育专业领域内独树一帜,品牌认知度颇高,达到80%以上,市场渠道较为成熟。

调查显示,目前,学生群体(以大学生为调查对象)对多威品牌认知度较低,在5%以下,打开学生市场需以提高品牌认知度为首要任务。2007年4月29日,教育部、国家体育总局、共青团中央牵手,启动"全国亿万学生阳光体育运动"工程。2008年10月,教育部、国家体育总局、共青团中央发出通知,2008年10月26日至2009年4月30日开展第二届全国亿万学生阳光体育冬季长跑活动,冬季长跑人均总里程以60公里为基数。

3. 赞助回报

企业荣誉回报:(无形回报)。
独家冠名:2008年上海市学生运动会"多威杯"高校组冬季长跑比赛邀请多威体育用品有限公司负责人为赛事组委会名誉主任等职务。
媒体宣传回报:新闻媒体报道。
赛事广告回报:(有形回报)。
主席台:主背景板(多威杯、多威logo)。
场地布置:大型广告横幅4条(多威杯、产品宣传)规格:20 m×1 m。
起、终点:充气彩虹门广告2座(多威logo)。

折返点:现场广告牌 4 块,规格:2 m×1 m。
秩序册:封面(多威杯);封底(产品宣传),共 150 本。
运动员号码布:1500 条(多威 logo)。
工作人员、志愿者服装:赛事冠名、多威广告。

4. 现金赞助预算

项 目	单价/元	数量	总价/元	备 注
主席台搭建				
主背景板				
秩序册				精装彩印
成绩册				精装彩印
饮用水				每人 1 瓶+200 瓶
宣传条幅				20 m×1 m
宣传板				2 m×1 m
彩虹门				租用
号码布				彩色贴纸
赛事协调费				
媒体费用				
合计				

第三节　节事活动的财务评估

一、节事活动营运资金管理

1. 节事活动营运资金的概念和特点

1) 概念

营运资金是指流动资产减去流动负债后的余额。流动资产包括现金、有价证券、应收账款和存货等。流动负债包括短期借款、应付账款、应付票据和应付费用等。

2) 特点及原因

节事活动的营运资金管理一般仅涉及现金管理。

知识关联

营运资金指的是流动资产减去流动负债。

(1) 节事活动的营运资金投入时间相对集中(天、周、月)。

(2) 节事活动的营运资金投入数额相对较少。

(3) 节事活动的营运资金投入的形式比较简单,现金形式投入是最适合的方式。

2. 节事活动现金管理

对节事活动来说,同样具有持有现金成本的问题,因此需要考虑最佳现金持有量。现金收支的管理包括对现金收支项目、收支数量、收支比例等的管理。

二、节事活动利润分配管理

1. 利润及构成

$$收入-支出=利润$$

2. 节事活动利润的形成

节事活动利润主要包括节事活动赞助资金、门票销售收入、节事活动产品销售及服务收入、工作人员费用、节事活动日常开支费用、推广费用等。

3. 节事活动收益分配原则

节事活动收益分配原则主要有依法分配、兼顾各方和谁投资谁受益等。

三、节事活动财务管理分析和工具

1. 节事活动财务分析

财务分析以会计核算和报表资料及其他相关资料为依据,对企业过去和现在有关筹资活动、投资活动、经营活动的偿债能力、营利能力和营运能力状况进行分析与评价,也对企业的投资者、债券者、经营者及其他相关者做出正确评价。

2. 节事活动财务管理工具

节事活动财务管理主要包括制度管理、报表管理、指标分析管理、资金结构管理、财务分析和预测等。

四、节事活动财务报表与分析

财务报表是反映财务状况和经营成果的总结性书面材料。赚多少、赔多少、多少自己的,多少别人的,我们要看两张报表,即利润表和资产负债表。

(一) 利润表

利润表又称损益表,是反映企业在一定会计期间的经营成果的会计报表。因其所记载的乃是期间数据,故有教科书称其为动态报表。

费用应当按照功能分类,分为从事经营业务发生的成本、管理费用、销售费用和财务费用等(见表12-1)。

表 12-1 利润表

利润表			
编制单位： 年 月			单位:元
项 目	行次	本月数	本年累计数
一、营业收入	1		
减：营业成本	2		
营业税金及附加	3		
销售费用	4		
管理费用	7		
财务费用	9		
资产减值损失	10		
加：公允价值变动损益	11		
投资收益	14		
二、营业利润	15		
营业外收入	17		
减：营业外支出	18		
三、利润总额	20		
减：所得税费用	25		
四、净利润	26		
五、每股收益	30		
单位负责人：	财务负责人：	复核：	制表：

现行企业会计准则所规定的利润表格式逐步列示了"营业利润"、"利润总额"和"净利润",这种格式的利润表被称作"多步式利润表"。与此相对的概念是单步式利润表,顾名思义,就是指用全部收入减去全部费用,从而一步得出净利润数字的利润表格。

利润表的作用主要表现在以下方面：
(1) 反映企业一定期间经营成果的好坏(经营业绩)、投资成果。
(2) 考核企业管理水平(管理业绩、赢利能力)。
(3) 考核企业各项计划完成情况的重要依据。
(4) 进行获利能力分析及预测、决策的重要依据。

（二）资产负债表

资产负债表是反映企业在某一特定日期的财务状况的会计报表,也称财务状况表。因其所列报者乃时点数据,故有教科书称其为静态报表。(见表 12-2)

表 12-2　资产负债表

编制单位：　　　　　　　　200×年×月×日　　　　　　　　　　　　　单位：元

资　产	行次	年初数	期末数	负债及所有者权益	行次	年初数	期末数
流动资产：				流动负债：			
货币资金	1			短期借款	51		
交易性金融资产	2			应付票据	52		
应收票据	3			应付账款	53		
应收账款	4			预收账款	54		
减：坏账准备	5			其他应付款	55		
应收账款净额	6			应付工资	56		
预付账款	7			应付福利费	57		
其他应收款	8			未交税金	58		
存货	9			未付利润	59		
其中：在建开发产品	10			其他未交款	60		
待摊费用	11			预提费用	61		
待处理流动资产净损失	12			一年内到期的长期负债	62		
一年内到期的长期债券投资	13			其他流动负债	63		
其他流动资产	14			流动负债合计	70		
流动资产合计	20			长期负债：			
长期投资：				长期借款	71		
长期投资	21			应付债券	72		
固定资产：				长期应付款	73		
固定资产原价	24			递延出租收入	81		
减：累计折旧	25			其他长期负债	82		
固定资产净值	26			其中：住房周转金	83		
固定资产清理	27			长期负债合计	87		
固定资产购建支出	28			递延税项：			
待处理固定资产净损失	29			递延税款贷项	88		
固定资产合计	35			负债合计	90		
无形资产及递延资产				所有者权益：			
无形资产	36			实收资本	91		
递延资产	37			资本公积	92		

续表

资　产	行次	年初数	期末数	负债及所有者权益	行次	年初数	期末数
无形资产及递延资产合计	40			盈余公积	93		
其他长期资产:				其中:公益金	94		
其他长期资产	41			未分配利润	95		
递延税项:							
递延税款借项	42			所有者权益合计	99		
资产总计	50			负债所有者权益总计	100		

五、节事活动财务风险

1. 节事活动财务风险的含义

狭义的节事活动财务风险指举债筹资风险,即节事活动方由于举债而给企业财务成果带来的不确定性。举债筹资一方面为满足投资需要,扩大规模,提高收益提供了前提条件;另一方面增加了按期还本付息的财务负担。

广义的节事活动财务风险指节事活动方在各项财务活动中,由于内外各种环境及各种难以预计或无法控制的因素影响,在一定时期内企业的实际财务收益与预期财务收益发生偏离,从而蒙受损失的可能性。

2. 节事活动财务风险的成因

节事活动财务外部环境复杂多变,主要是自然环境的不确定性、政治环境的不确定性、经济环境的不确定性、节事活动财务主体的局限性。

3. 节事活动财务风险管理的目标

节事活动财务风险管理的目标有以下几个方面:

(1) 了解风险的来源和特征。

(2) 正确预测、衡量财务风险。

(3) 进行适当的控制和防范。

(4) 健全风险管理机制。

(5) 将损失降至最低程度。

(6) 为会展企业创造最大的收益。

4. 节事活动财务风险的分类及处理方法

节事活动财务风险包括以下两种:

1) 自留风险

自留风险是指节事活动企业或经济单位、个人自己承担部分或全部后果的风险财务处理方法。

自留风险包括两个方面的内容:自保风险和承担风险。自保风险是企业本身通过预测其拥有的风险损失发生的概率与程度,并根据企业自身的财务能力预先提取基金以弥补风险所致损失的积极性自我承担。承担风险是指某种风险不可避免或该风险的存在可能获得较大利润或较少支出时,企业本身将风险承担下来,自身承受风险所造成的损失。

计划性风险自留应预先制订损失支付计划,常见的损失支付方式有以下几种:
(1) 将损失摊入经营成本。
(2) 建立意外损失基金。以年为单位,每年以营业费用的形式建立基金,发生损失后以该基金抵补。将损失在一个以上的会计年度进行分摊。
(3) 借款。
(4) 专业自保公司。

2) 转移风险

转移风险是将可能再现的经济损失后果转嫁出去。这种以转嫁损失后果为特征的风险转移包括保险转移与非保险转移。

非保险类转移风险又称为合同转移,是指通过各类经济合同将可能产生的潜在损失后果转移给商家或第三方的方法。节事活动风险非保险转移最常见的情况:
(1) 项目主办方将合同责任和风险转移给对方当事人。
(2) 承包商进行合同转让或工程分包。
(3) 第三方担保。

本章小结

(1) 本章首先阐述说明了节事活动财务管理的内涵、节事活动财务管理的原则及节事活动筹资管理。
(2) 从会财务成本控制、会议财务成本控制、宴会财务成本控制、赞助四个层面讲解说明了节事活动的财务成本控制展过程和方法。
(3) 本章从节事活动营运资金管理、节事活动利润分配管理、节事活动财务管理分析和工具、节事活动财务报表与分析、节事活动财务风险几个层面讲解了节事活动的财务评估的过程和方法。

核心关键词

exhibition financial cost control	展会财务成本控制
conference financial cost control	会议财务成本控制
banquet financial cost control	宴会财务成本控制
sponsor	赞助
financial evaluation of events	节事活动的财务评估

思考与练习

1. 节事活动财务管理的内涵是什么?
2. 节事活动财务管理的原则是什么?
3. 简述宴会财务成本控制流程。
4. 如何针对资产负债表进行分析。
5. 查阅资料,试以世界某一节事活动为例,谈谈节事活动财务风险的控制。

桂林市高星级酒店宴会成本控制分析

1. 调查样本的选择

桂林市现共有五星级酒店 4 家,四星级酒店 7 家。调查样本选择了五星级酒店 3 家,四星级酒店 3 家,分别是:桂林大宇大饭店、桂林漓江大瀑布酒店、桂林帝苑酒店、桂林榕湖饭店、桂林桂湖饭店、桂林桂山大酒店,其中桂林大宇大饭店是桂林市唯一一家国际酒店管理集团(喜来登)管理的酒店,桂林榕湖饭店是桂林市的国宾馆,桂林桂湖饭店是国际金钥匙组织成员酒店,桂林帝苑酒店是中旅集团的下属酒店,桂林桂山大酒店是中国香港(嘉柏)酒店管理集团管理的酒店,桂林漓江大瀑布酒店是桂林国有酒店改制后新建的酒店,这些酒店大多数都见证了桂林旅游事业的发展历程,同时也为桂林的旅游发展做出了巨大贡献,在旅游和市场经济蓬勃发展的今天他们仍然以其独特的魅力、优质的服务以及完善的设施继续为桂林的各项事业服务。

2. 桂林市高星级酒店宴会成本控制现状

宴会生产经营的目的是满足顾客的需求,同时获取一定的利润。调查显示,桂林市高星级酒店在旺季时宴会销售收入占到酒店餐饮收入的 60%~80% 不等。目前多数宴会管理人员把大部分的精力用于宴会经营方面,整日忙于食品生产、开宴、服务,而对于食品生产销售的成本控制较少关注,并且认为只要把客人迎进来送出去,在服务上比社会餐馆好一些就可以了,甚至自以为是,沾沾自喜,十分自满。时而有这样的情形,有些闻名遐迩的酒店一向以良好的设施、风格和服务获得佳誉,然而深入其中,却出乎意料,这些酒店尽管有好的名声,但食品及饮料成本却极高,宴会利润收益较低。根本原因是酒店在宴会成本控制方面措施不力,致使其收益大大低于应有的标准。虽然,桂林市高星级酒店在节假日或旺季时各种宴会爆满、宾客盈门,但由于疏于成本管理和控制,造成宴会食品的大量浪费,生产效率很低。因此,只重视经营,忽视控制是不完整的管理,宴会成本是酒店成本控制的重要内容,它直接影响到酒店成本的形成和酒店的利益。为了更直观、更好地了解桂林市高星级酒店宴会成本控制的情况,用下表来表示桂林市高星级酒店宴会成本控制的现状。

酒店名称 项目类别	桂林大宇大饭店	桂林漓江大瀑布酒店	桂林帝苑酒店	桂林榕湖饭店	桂林桂湖酒店	桂林桂山大酒店
食品的采购环节（方式）	供货商供货	供货商供货	供货商供货	供货商供货	供货商供货	供货商供货
食品的验收环节（验收内容）	温度和农药测试	"三证"日期	"三证"日期	"三证"日期	"三证"日期	"三证"日期
食品的仓储环节	先进先出、标签	先进先出	先进先出	先进先出	先进先出	先进先出
食品的领发环节	严格手续按单配制	按宴会单配制	自由领取	自由领取	自由领取	自由领取
人工成本占当月收入比例	8%~12%	5%~8%	1%~5%	12%~15%	1%~5%	1%~5%
燃料、水电占当月收入比例	2%~5%	5%~8%	3.5%~6.5%	9%~11%	4%~6%	4%~10%
易耗物品占当月收入比例	2%~5%	5%~8%	5%~8%	2%~5%	2%~5%	5%~8%
食品原料成本占当月收入比例	40%~45%	30%~40%	35%~40%	40%~45%	35%~40%	30%~40%

根据调查的数据显示，在桂林榕湖饭店宴会经营中，其人工、水电、燃料、食品原材料等项目的成本明显要比其他酒店的成本高，其原因是桂林榕湖饭店作为桂林市政府唯一的一家国宾馆，承接了政府大量高规格的政府接待宴会，既有中外领导们的政治会见、招待晚宴，又有大量的政府会议在饭店中召开，饭店为此成立了单独的宴会部门，并划分有专门举办国宴的宴会厅和正常经营中的普通宴会厅，有专用的宴会厨房和宴会工作人员，其饭店宴会的侧重点在于政治接待，而其他酒店的宴会经营则注重经济效益。宴会客人的组成、接待的档次、要求的规格以及饭店的性质等这些因素决定了桂林榕湖饭店的宴会成本要比其他酒店高。

3. 桂林市高星级酒店宴会成本控制调查结果分析

在桂林市高星级酒店宴会成本控制调查显示，宴会经营的主要成本是食品原料成本，占当月宴会销售收入的30%以上，食品原料成本随着营业收入的变化而变化。营业收入增加，食品原料成本也随之增加，营业收入降低，食品原料成本也随之减少。在全面控制宴会成本的同时应抓住主要成本因素，即食品原料成本。桂林市高星级酒店在宴会经营成本控制方面，主要从食品采购、验收、仓储、领发，以及燃料、人工和生产等成本环节入手，根据分析回收回来的问卷调查表显示：

(1) 没有设立独立的宴会部。

根据调查发现，在桂林市高星级酒店中，除桂林榕湖饭店外其他的83.3%酒店都没有单独设立宴会部门,酒店宴会基本由中餐厅完成和管理。如果到了宴会旺季,酒店的中餐厅既要负责客人的零点用餐服务,又要分出一部分人手服务宴会客人,这样容易造成服务质量的下降且令员工产生抵触情绪,影响宴会的整体质量。

(2) 采购环节的成本控制。

酒店在进行原材料的采购时,83.3%的酒店采取直接由厨师长或餐饮部的负责人填制采购单然后报送采购部门进行采购,其中包括桂林漓江大瀑布酒店、桂林桂山大酒店、桂林帝苑酒店、桂林桂湖饭店和桂林大宇大饭店五家酒店;在调查样本中只有16.7%的酒店,即榕湖饭店,是建立有原材料采购计划和严格的审批流程。采购的方式全部采取的是由供货商供货的方式。

(3) 验收环节的成本控制。

在食品的验收上,各酒店都建立有严格的验货制度。当原料采购到达酒店后,有库存管理员、厨师以及财务部门的员工三方一起对采购回来的原料进行验收。在实际执行过程中对原料的品种、数量、质量、规格、日期以及国家规定的食品原料的"三证"等严格的验收制度进行把关。在调查中发现桂林大宇大饭店在此环节还要求供货商在运输途中对一些原料如青菜等进行保鲜处理,对采购回来的原料要进行温度和农药测试,检测结果一旦发现有超出酒店规定或对于一些不需要的超量进货,质量低劣、规格不符及未经批准采购的物品予以拒收,对于价格和数量与采购单上不一致的及时进行纠正;验货结束后库管员要填制验收凭证,验收合格的货物,按采购部提供单价,活鲜品种入海鲜池,由海鲜池人员二次验货,并做记录。对于外地或当地供货商所供的活鲜品种,当夜死亡或过夜(第一夜)死损,事先与供货商制定好退货或活转死折价收购协议,并由库管及海鲜池双方签字确认并报财务部。

(4) 仓储环节的成本控制。

食品原料在经过酒店验收后一般就由使用部门领走,放到自己部门内部的冷藏室或冷冻室内保存。通过调查发现,桂林大宇大饭店在原料储藏上根据原料的存放特殊性、进货的时间和原料的类别在每种原料上都贴有其相关信息的标签,原料实行"先进先出,后进后出"的使用原则;对于储藏原料的冰箱设有严格的温度控制(实行二、四法则),一旦发现冰箱不是在指定温度立刻报工程部进行维修。在控制原材料的库存量上,根据调查显示酒店会根据各自酒店宴会的经营情况设置库存量的上下限,但只有33.3%的酒店,即桂林大宇大饭店和桂林漓江大瀑布酒店两家酒店,在合理设置库存量的同时会对一些滞销菜品及时减少库存量。调查发现,桂林榕湖饭店对于食品原料采取的是宴会当天使用当天采购的原则,在食品库存上除了酒水、干货设有二级仓库外,其他的原料没有二级仓库。

(5) 原料领发料环节的成本控制。

在宴会当天的原料领用制度上,有66.7%的酒店是由当天宴会负责人根据实际情况自由领取,即桂林帝苑酒店、桂林榕湖饭店、桂林桂湖饭店和桂林桂山大酒店;有33.3%的酒店在建有严格的出库制度,统一由部门按宴会单进行配制,即桂林大宇大饭店和桂林漓江大瀑布酒店。

(6) 易损物品的成本控制。

酒店对布草、器皿以及会议用品等易耗物品有较严格的控制力度,酒店会根据当月的宴会经营情况制定出合理的餐具报损率,每个月都会对宴会用的餐具和布草进行盘点。调查中发现除了桂林榕湖饭店外的其他五家酒店宴会用的布草、器皿等易损物品的损耗率占了当月宴会收入的2%~5%,占整个调查的83.3%,另外16.7%的酒店更是占到当月宴会收入的5%~8%。

另外,各酒店还建立了严格的原材料报损报丢制度,并制定了合理的报损率。对原材料、烟酒的变质、损坏、丢失都制定了严格的报损报丢制度,并制定合理的报损率,报损由部门主管上报财务库管,按品名、规格、称斤两填写报损单,报损品种需由采购部经理鉴定分析后,签字报损。报损单汇总每天报总经理。对于超过规定报损率的要说明原因。

(7) 宴会成本核查分析。

桂林市各高星级酒店的宴会管理部门大多没有定期举行宴会成本分析会的习惯。调查显示有66.3%的酒店只有在财务核算宴会成本发现过高时,部门才会召开成本分析会;有16.7%的酒店虽然每月都举行成本分析会但这都是例行公事,宴会成本并没有得到降低;只有大约16.7%的酒店定期举行成本分析会,将总成本与实际的收入进行对比,对成本率高的项目进行统计分析,并编成成本日报表和成本分析报告书,有效地控制成本,提高经济效益。

(8) 科学定编,动态用人。

由于宴会具有淡旺季的差异以及生意量不固定的特点,所以酒店在正式员工的聘用人数上都有严格的控制。目前,桂林市高星级酒店宴会经营中除了桂林榕湖饭店有专属的宴会服务人员外,其他的83.3%的酒店都是与餐饮部的员工一起使用,并没有固定的宴会工作人员。每当遇到大型的宴会或会议时便从其他部门抽调员工或同桂林各大旅游高校进行合作,聘用学生进行服务。在人力资源成本上,酒店实行按小时补给员工加班费或按小时进行补假的形式。酒店采取的是科学合理地定制定编定岗,并合理使用各类型的人员,根据经营季节,动态使用人员,合理控制了人力成本。

(9) 水电、燃料费用的控制。

宴会规模通常较为宏大,其所使用的灯光、空调等设施都属于大耗电量的设备,其间各种成本费用的发生,也就是必然的。由这些必然发生的水电费、燃料费等费用,可知宴会厅的营业费用支出十分庞大。调查发现,桂林市各高星级酒店近年来在酒店使用的水、电、燃料上都下了工夫,纷纷开展节能降耗活动。

(资料来源 http://wenku.baidu.com/link?url=VFCs8A0I_wSdVeisZXrVNJG1MfhnhaG2yXV0xnCsuM1shHq0ULozslVdBjsP359JQ1v1pHq6sLxjaVKks5fseHpBuDDOyDGV0I-DDwqORF3)

问题:

1. 试分析桂林市高星级酒店中宴会成本控制存在的问题。
2. 试针对上面问题提出解决问题的对策。

活动管理篇
Activity Management

第十三章

西方传统节事活动

学习导引

节事旅游目前已成为西方旅游研究的热点之一,在此章节,将会介绍西方主要的节事活动,包括传统的、宗教的、文艺复兴前后的,以及近代的一些节事活动。同样,我们也会向大家介绍这些活动的历史背景、节日习俗及具体安排。我们即将开启西方文化之旅,出发!

学习重点

通过本章学习,重点掌握以下知识要点:
1. 西方传统节事活动;
2. 近代节事活动;
3. 涉外节事活动常用语。

第一节　西方传统节事活动

随着旅游业的发展，旅游逐渐成为人们生活不可缺少的一部分。西方各国包括节日、会展、体育、休闲在内的各类事件日益发展，因此对于西方节事旅游的研究成为了重点。受文化的影响，西方的传统节事活动具有宗教性和传统性，表13-1列举了西方传统节事活动的这两大性质。

表13-1　西方传统节事活动列举

宗 教 性				传 统 性			
节日	时间	起源	设定时期	节日	时间	起源	设定时期
圣诞节（Christmas）	12月25日	基督教	公元336年	情人节（St. Valentine's Day）	2月14日	原始崇拜	公元270年的2月14日
复活节（Easter）	春分月圆后的第一个星期天	基督教	公元325年	狂欢节（Dionysia）	2月中下旬	欧洲	中世纪
万圣节（Halloween）	11月1日	基督教	2000多年前	愚人节（April Fool's Day）	4月1日	多个源头	公元1564年
感恩节（Thanksgiving Day）	11月的第四个星期四	基督教		母亲节（Mother's Day）	5月第二个星期天	古希腊，现代起源于美国	
主显节（Epiphany）	1月6日	基督教		父亲节（Father's Day）	6月第三个星期天		
耶稣受难日（Good Friday）	复活节前三天	基督教	公元4世纪				
逾越节（Passover）	圣历正月十四日黄昏	犹太教	公元前1498年				
耶稣升天节（Ascension Day）	复活节星期日40天后的星期四	基督教	公元400年				
圣灵降临日（Pentecost）	复活节后第50天	基督教					
圣母升天节（Assumption Day）		天主教、东正教	公元1568年				

一、宗教性节事活动

(一) 受基督教影响的节事活动

宗教是人类社会发展到一定历史阶段出现的一种文化现象。在西方传统中,人们习惯称西方文化为"基督教文化"或"基督教文明",由此看出,基督教在西方文化中起着举足轻重的作用。而节日是一个民族文化的印迹,西方节事活动受历史文化的影响,大都带有浓浓的宗教色彩,即受基督教的影响,比如圣诞节、复活节、万圣节、感恩节等。

1. 圣诞节(Christmas)

圣诞节(12月25日)在西方社会是最盛大的宗教性节日,庆祝基督教的创始人耶稣基督的诞辰日。这是一个充满热情、欢乐和美好祝愿的日子。每一年,当圣诞节来临的时候,人们通过音乐、灯光、圣诞大餐、诗歌、庆典和馈赠来庆祝,宛如人们的心灵得到了新的洗礼,基督精神在人们心中又获得了新生。圣诞节成为一个光明和礼物的节日,代表神圣的光和爱在这个世界诞生了。

在西方国家,无论是生活在喧闹的城市还是宁静的村庄,圣诞庆祝活动几乎完全一样。城市和村庄用铃铛、冬青树、花环和绚丽夺目的装饰装扮着整个街道。房屋前的树上和灌木丛上挂着闪烁的彩灯,每家每户的门前都挂着红红绿绿的圣诞节吉祥物——碧绿的冬青与鲜红的花朵编织的花环。装扮圣诞树是圣诞节庆祝中最有名的传统之一。通常人们在圣诞前后把一颗常绿植物如松树放在屋里或者在户外,用圣诞灯和彩色的装饰物装饰,并把一个天使或一颗星星的装饰品放在树的顶上。在美国,大约在圣诞节的前两周,一颗完美巨大、枝繁叶茂的圆锥形云杉、枫树或松树被选出来放在白宫与华盛顿纪念碑之间的阅兵场上,上面点缀着数以千计的彩灯。然后在圣诞节前几天的一个黄昏,伴随身着红色服装的海军乐队的演奏和儿童合唱队的颂歌,美国总统按下点亮圣诞树的按钮。这是点亮全国圣诞树的信号。

圣诞老人(Santa Claus)也是圣诞节的传统之一。他是一位专门为好孩子在圣诞前夜(Christmas Eve)送上礼物的神秘人物。传说每到12月24日晚上,有个神秘人头戴红色的圣诞帽子,白色的大胡子,一身红色棉衣,脚穿红色靴子,驾乘着由9只驯鹿拉的雪橇,挨家挨户地从烟囱爬进屋里,然后偷偷把礼物放在好孩子床头的袜子里,或者堆在壁炉旁的圣诞树下。

圣诞大餐正像中国人过春节吃年夜饭一样,西方人过圣诞节也很注重全家团聚,围坐在圣诞树下,共进节日美餐。圣诞大餐吃火鸡的习俗始于1620年。火鸡烤制工艺复杂,味道鲜美持久,这种风俗兴盛于美国。而在英国,圣诞大餐则是烤鹅,而非火鸡。按照习俗,吃圣诞餐的时候,往往要多设一个座位,多放一份餐具,据说这是为了"主的使者"预备的,也有的说是为了一个需要帮助的过路人而准备的。

在圣诞夜(24日晚至25日晨)基督教徒们组织歌咏队到各教徒家中去唱圣诞颂歌(Christmas Carol),传报佳音。据说,这是模范天使在基督降生的那天夜里,在伯利恒郊外向牧羊人报告基督降生的喜讯。颂歌很多,比如《平安夜》《铃儿响叮当》《小伯利恒》《东方三贤士》等,内容大多与耶稣的诞生有关。

节日期间,到处都可以看见人们——无论是富有还是贫穷的,无论是年幼还是年长的,无论是居住在城市还是乡村,都在以自己的方式表达着圣诞精神。植根于基督教传统的圣诞节已经成为一个仁慈友爱、为他人着想、狂欢喜庆的节日。

2. 主显节(Epiphany)

对西方国家的基督教徒来说,1月6日是一个隆重的日子。它的宗教名称是"主显节",意思是"上帝一致的显示",因为上帝在这一天让世上有学问的人和统治者们知道:上帝恩赐耶稣降生于世。

知识活页　　主显节的传说

主显节是基督教教会最古老的三个主要节日之一(其他两个分别是复活节和圣诞节)。传统上,主显节标志着东方三个国王即三博士到达了耶稣的出生地。据《圣经》记载,耶稣在伯利恒降生时,上帝在东方的天际放置了一颗异常明亮的星。东方三博士即三国王看到这颗心,一路追随来到耶路撒冷。博士们告诉希律国王,他们要去看一个刚出生的孩子——耶稣基督,这孩子会成为犹太国王,他们要去朝拜他。拜别国王后,三博士继续上路,他们看到那颗东方之星仍在前面给他们指路。最后,明星在孩子降生地的上空停了下来。他们看看头顶的那颗星,兴奋不已。他们一进屋,就看到了孩子和他的母亲玛利亚。三博士对孩子鞠躬朝拜。然后,他们打开珠宝匣,向孩子献上金子之类的昂贵礼物。

关于主显节最早的记载,可以回溯到3世纪。当时有些诺斯底派的人在1月6日庆祝"耶稣受洗节",并主张耶稣在受洗时才真的诞生为天主。埃及亚历山大城的Clemens为了保护教会信仰,驳斥诺斯底派的这个错误教导,呼吁教会一起庆祝主显节,因而在东方教会形成庆祝耶稣诞生的节日。至于教会选定1月6日庆祝这个节日的原因,则可能是由于当时的外教人在这一天庆祝"时间之神"的生日;以一个教会的节日来取代在教外流行的民俗或宗教节庆,是古老教会中常见的现象,也是最早期的"本位化"的尝试。这个原本是东方教会庆祝"耶稣诞生"的节日,很早便和"耶稣受洗"联结在一起,后来又融入耶稣在加纳"变水为酒"的纪念。由4世纪开始,罗马天主教会便固定在12月25日庆祝耶稣诞辰,并在1月6日庆祝主显节,纪念耶稣把自己显示给世人的三个核心事件:贤士来朝、耶稣受洗、变水为酒。主显节也被称为"小圣诞节",因为它标志着圣诞节的结束。

3. 复活节(Easter)

复活节,基督教世界最神圣的节日之一,纪念耶稣基督被钉死在十字架上,从躺了三天的坟墓中复活。耶稣三天后复活是要实现他复活的诺言:证明生命的永恒。"复活节"名称本身源于古斯堪的那维亚节日"春天的太阳",庆祝新生命的苏醒和冬日的逝去。因此,在每年的春分月圆之后(3月或4月)的第一个星期天庆祝,象征着重生和希望。

在西方国家,复活节一般要举行盛大的宗教游行。人们身穿长袍,手持十字架,赤足前进。他们打扮成基督教历史人物,唱着颂歌欢庆耶稣复活。一些国家还有自己的特色,比如,在美国,游行队伍中有身穿牛仔服踩高跷的小丑,也有活泼可爱的卡通人物米老鼠等;在英国,游行多以介绍当地的历史和风土人情为主,游行者化装成苏格兰风笛乐队以及皇宫卫士,吸引了众多的游客。复活节的到来还使人们纷纷换上新衣。过去基督教教徒会在节前去教堂行洗礼,然后穿上自己的新袍,庆祝基督的新生。穿戴一新的习俗保留至今,因此人们认为节日里不穿新衣是要倒霉的。在复活节期间,人们还喜欢彻底打扫自己的住处,表示新生活开始。

复活节彩蛋是复活节的一大传统。它是为了给人们带来欢乐。这些彩蛋精美漂亮、富有装饰性(见图13-1),它们代表着人们的美好心愿,并分享着季节更替的喜悦。节日期间,人们按照传统,把鸡蛋煮熟后涂上红色,代表天鹅泣血,也表示生命女神降生后的快乐;然后把彩蛋放在地上滚,最后破裂者即为获胜。在美国,一年一度的美国白宫滚彩蛋活动经常被电视台实况转播。人们相信,彩蛋在地上来回滚可以使恶魔不断惊颤、备受煎熬。这种风俗历史悠久,鸡蛋是复活节的象征,因为它预示着新生命的降临,相信新的生命一定会从中冲脱出世。在德国莱茵河中游和黑森林东部的一些城镇,至今保留"彩蛋树"这一古老习俗。人们把成百的蛋壳涂上彩画,串成蛋链,在复活节这天挂在松树上,装扮成彩蛋树,大人小孩围着彩蛋树唱歌、跳舞、庆祝复活节。在阿尔卑斯山上的姑娘们,则通过赠送红鸡蛋来传递自己的爱情。在复活节这天,姑娘如果向小伙子赠送三个红鸡蛋,表示姑娘向小伙子求爱。

复活节的另一象征是小兔子,主要是因为它有超强的繁殖能力,人们视它为新生命的创造者。复活节,小兔和彩蛋成为最抢手的商品。商场出售各式各样的小兔和彩蛋状商品,食品店和糖果店摆满了巧克力制成的小兔和彩蛋,吸引小朋友。

图 13-1　复活节彩蛋

复活节这一天,人们在教堂前点烛以示圣化,将圣烛迎进千家万户。这一天,孩子们最快乐的事情就是把在教堂前用圣火点燃的树枝送到每家每户去。在德国巴伐利亚地区,每年的复活节居民们都要举行火炬赛跑,庆祝耶稣的再生。在北莱茵-威斯特法伦州的复活节滚火轮是远近闻名。六个巨型大木轮被点燃滚下山谷,就像六个火球从天而降,漆黑的山谷被大火轮照得通明,它与五彩缤纷的焰火交相辉映,再次显示了火给人类带来了新生。

4. 万圣节(Halloween)

当收获季节的明月在10月31日升起的时候,淘气的小精灵、奇异的鬼怪、恐怖的女巫和小妖精就会前去恐吓他们的朋友和邻居,所有人的世界都变成纯幻觉的世界。万圣节前夜是传统的基督教节日。2000多年前,欧洲的基督教会把11月1日定为"天下圣徒之日"(All Hallows Day)。Hallow即圣徒之意。传说自公元前500年,居住在爱尔兰、苏格兰等地的凯尔特人把节日往前移了一天,即10月31日,他们认为这是夏天结束、迎接秋天到来的日子,一个赞美秋天、祭祀亡魂、祈福平安的节日,所以也称为"西洋鬼节"。

万圣节前夜是年轻人的世界,特别是孩子们。节日到来前夕,超市都会摆出一些与节日相关的小玩具,吸引孩子们的目光;家家户户的墙上悬挂着用纸糊的巫婆、黑猫、鬼怪和尸骨,门口和窗前都挂着龇牙咧嘴或面目可憎的南瓜灯;社区里会为年轻人举办化装舞会,在整个舞会中,孩子是主角,他们的父母和其他成年人是配角;孩子们早在万圣节前几周就开始准备万圣节的服饰和装饰品。节日到来,孩子们会提着南瓜灯,穿着各式各样、稀奇古怪的衣服,挨家挨户地索要糖果,不停地说:trick or treat(给不给,不给就捣蛋)。万圣节前夜对于孩子还有一项最流行的游戏就是"咬苹果"。游戏时,人们让苹果漂浮在装满水的盆里,然后让孩子们在不用手的情况下用嘴去咬苹果,谁先咬到,谁就是优胜者。

在一些西方国家,还会在节日当天举行游行活动。比如在纽约,在节日晚上举行巡游,让一群吸血鬼、僵尸、女巫、科学怪人等齐齐现身,参与者不分年龄、性别,不分阶级、国籍。

知识活页　　　　南瓜派的制作

南瓜派是万圣节前夜的节庆食品,特别是在美国。
主要原料:
派皮:低筋面粉 100 g,黄油 40 g,细砂糖 10 g,水 33 g。
派馅:南瓜 150 g,低筋面粉 6 g,肉桂粉 1/4 小勺,姜粉 1/4 小勺,红糖 50 g,鸡蛋 40 g,牛奶 150 mL,蜂蜜 15 g。
和面:
黄油软化后,倒入低筋面粉和细砂糖,用手将黄油和面粉不断揉搓,直到搓匀。在面粉里加水,揉成面团后,放在案板上松弛 15 分钟。
制作派皮:
把松弛好的面团擀成薄片。擀好的面皮盖在派盘上。
制作派馅:
南瓜去皮去瓤后切成小块,蒸 20 分钟,把包含南瓜在内的制作派馅的所有材料一起放入料理机,搅拌均匀,使其成为糊状。馅料静置半个小时。
放馅:
把静置好的馅料倒入预先准备好的派皮里。
烘焙:
放入烤箱,先 200 ℃烤 15 分钟,再将温度降为 175 ℃,烤 20~25 分钟,直到派馅凝固即可取出。

5. 感恩节(Thanksgiving Day)

感恩节是美国人民独创的一个古老的节日,也是美国人合家欢乐的节日。是美国人感谢上帝赐予他们幸福,同时也在分享恩赐中的满足。初时,感恩节没有固定的日期,由美国各州临时决定。直到美国独立后的1863年,林肯总统宣布感恩节为全国性节日。1941年美国国会正式将每年11月的第四个星期四定为感恩节。

每逢感恩节,美国举国上下热闹非凡,人们会按传统习俗到教堂做祈祷,不论城乡到处都举行化装游行、戏剧表演和体育比赛,学校和商店也都按规定放假休息。孩子们还模拟当年印第安人的模样穿上离奇古怪的服装,带上脸谱或戴上面具到街上唱歌、吹喇叭。旅居在外的人也会回家与家人团聚。

部分好客的美国人还会邀请好友、单身汉或远离家乡的人共同庆祝。从18世纪起,美国就开始有在这天给贫穷人家送食物的风俗。当时有一群妇女认为感恩节这天非常适合做善事,所以她们在感恩节把一篮食物送到穷人家里。后来有许多人学着她们的样子做起来。

感恩节的晚宴是美国人很重视的一餐。美国感恩节的食品富有传统特色,火鸡是感恩节的传统主菜,此外感恩节的传统食品还有甜山芋、玉蜀黍、南瓜饼、自己烘烤的面包及各种蔬菜和水果等。

饭后,经常做些传统游戏,比如跳舞和各种比赛娱乐活动。有种游戏叫蔓越橘竞赛,是把一个装有蔓越橘的大碗放在地上,4～10名竞赛者围坐在周围,每人发针线一份,谁串得最长,谁就得奖。

玉米游戏也是一个很古老的游戏。先把5个玉米藏在屋里,由大家分头去找,找到玉米的5个人参加比赛,其他人在旁观看。

几百年来,感恩节的庆祝活动没有任何变化,如同第一批清教徒举办的感恩庆典,它是一个家族团聚的日子,对一年的赐福表示感谢、享受丰收的果实,与不幸的人共同分享自己所有的东西。

(二)受其他宗教影响的节事活动

1. 开斋节(Eidal-Fitr,Lesser Bairam)

开斋节是传统的伊斯兰教三大节日之一。从拂晓开始,家家户户都早早起来,打扫室内室外的卫生,给人以清新、舒适、愉快的感觉。成年穆斯林都要沐浴净身,男女老少都要换上自己喜爱的衣服,头发梳得光光亮亮。穆斯林群众聚会的场所是清真寺,节日前要修葺一新,打扫得干干净净。大约早晨8点以后,穆斯林群众携带小毯子,从东南西北四面八方汇集到清真寺。

开斋节期间,穆斯林家家户户都要炸油香、撒子、烹调佳肴、宴请宾客等。伊斯兰教认为斋月是真主安拉将古兰经降给穆罕默德圣人的月份,是一年中最吉祥、最高贵的月份。斋戒是伊斯兰教念、拜、课、斋、朝五项基本功课之一。

2. 古尔班节(Eid Adha)

古尔班节,意为"牺牲,献牲",所以又把这个节日称为"牺牲节"或"宰牲节",它是伊斯兰三大重要节日之一。

古尔班节的主要内容有:

(1)会礼。穆斯林们聚集在大清真寺或公共场所,举行盛大的仪式和庆祝活动。

(2)宰牲。穆斯林在节日之前准备好到时要宰杀的牲口,牲口必须健康,分骆驼、牛、羊三种。宰杀后肉要分成三份,分别留作自用、赠送亲友以及施舍给穷人。

3. 圣纪节

相传,穆罕默德的诞辰和逝世都在伊斯兰历 3 月 12 日,穆斯林为纪念先知穆罕默德复兴伊斯兰教,遂在他诞辰和逝世的这天举行宗教集会,后逐渐演变成伊斯兰三大宗教节日之一。届时,穆斯林们沐浴、更衣、穿戴整齐,到清真寺礼拜,听阿訇念诵"古兰"启示,讲述伊斯兰历史和穆罕默德复兴伊斯兰教的丰功伟绩。

二、传统性节事活动

西方节事文化作为西方文化的一个重要组成部分,在很大程度上体现了西方国家、民族的历史及其文化渊源,并且节日在每一个民族发展的历史进程中又形成了各自不同的风俗习惯。透过西方的节事文化及其习俗,可以更充分了解西方各民族的历史文化和传统,有助于我们和西方各国各民族交流。

1. 情人节(圣瓦伦丁节,St. Valentine's Day)

谈到圣瓦伦丁节,大家很陌生,但是说到情人节,话题就来了。每年的 2 月 14 日,是相爱的人的节日。这一天,陷入爱河的人用花、巧克力、贺卡等来表达爱意,是西方的传统节日之一。

不同时代,过情人节的习俗也不同。1837—1901 年英国维多利亚女王时期的情人节习俗最为独特:2 月 14 日,一对对情人,将一株生有两朵含苞待放花蕾的春枝移植在特制的盆内。花名的第一个字母必须与这对情人中一人的姓名的第一个字母吻合。几天后,如果这春枝上的花蕾怒放、交相辉映,便预示这对情人白首偕老;如果双蕾各分东西,相背吐蕊,预示着这对情人终将劳燕分飞;如果花开得硕大、灿烂,表示以后子孙满堂,合家欢乐;倘若一花枯萎凋谢,则预示着情人中的一人有早夭之险。在白金汉郡还曾盛行在情人节之夜祈祷的风气:点燃一支蜡烛,插入两枚细针,从烛底插到烛芯,默念自己的爱人名字,祈祷相爱始终,待蜡烛燃至针尖,据说所爱之人便会及时叩扉而至。

在现代西方国家,人们通常给自己心爱的人寄去充满浪漫情趣的卡片。情人卡色彩鲜艳,常用心状物品、花或鸟来装饰,里面还印有幽默或柔情蜜意的诗句。卡片上通常还印有爱神丘比特。

社区俱乐部常常举办情人节招待舞会。舞会的装饰、茶点饮料和娱乐都围绕传统的象征——心和佩带弓箭的丘比特的画像。在舞会上,相爱的人用甜蜜的方式互诉衷肠,表达爱意。

爱的信息可以用内装巧克力的心型盒子,也可以用扎着红色丝带的一束鲜花来传递,无论用什么方式,都是表达满满的爱意。

2. 愚人节(April Fool's Day)

愚人节也称万愚节、幽默节,是 4 月的第一天,起源于法国。节日的娱乐就是对家人、同事和朋友开一些愚弄人但毫无伤害的玩笑。这些恶作剧的受害者被称为"四月的傻瓜"。如果你成功地捉弄了某人,你就会大笑着说:"愚人。"而后,被捉弄的人通常也会开怀大笑。

黄水仙是愚人节的象征。愚人节时,人们常常组织家庭聚会,用黄水仙和雏菊把房间装饰一新。典型的传统做法是布置假环境,可以把房间布置得像过圣诞节一样,也可以布置得像过新年一样,待客人来时,则祝贺他们"圣诞快乐"或"新年快乐",令人感到别致有趣。

愚人节还有一个习俗就是"鱼宴"。参加鱼宴的请帖,通常是用纸板做成彩色小鱼,餐桌用绿、白两色装饰起来,中间放上鱼缸和小巧玲珑的钓鱼竿,每个钓竿上系一条绿色飘带,挂着送给客人的礼物。不言而喻,鱼宴上所有的菜都是鱼做成的。

不过愚人节最典型的活动还是大家相互开玩笑,用假话捉弄对方,大家以轻松欢乐为目的,尽情享受捉弄和被捉弄的喜悦。

3．母亲节(Mother's Day)

母亲节是一个感谢母亲的节日,最早出现在古希腊,而现代母亲节起源于美国。1914年美国国会通过决议,伍德罗·威尔逊总统正式签署文件,指定每年5月的第二个星期日为母亲节。从那时起,母亲节庆典便受到大众的广泛欢迎,并传到其他国家。

母亲节这一天,母亲通常会收到礼物,康乃馨被视为献给母亲的花;除此之外,孩子们要帮母亲做各种事,使母亲开心;带母亲外出吃饭或把早餐端到母亲床头已成为母亲节的传统款待。孩子们,特别是学生们,在母亲节到来之前常常在学校举行别开生面的活动,有些学校邀请母亲们来学校喝咖啡、吃蛋糕,孩子们也可就此机会献上他们在学校特别制作的礼物。庆祝母亲节是让儿女们意识到母亲多年来为他们所做的一切、耗费的精力和奉献的所有心血。

4．父亲节(Father's Day)

世界上第一个父亲节于1910年诞生于美国,是由住在美国华盛顿州斯波坎的布鲁斯多德夫人倡导的。父亲节这天,人们选择特定的鲜花来表达对父亲的敬意和思念,人们佩戴红玫瑰向健在的父亲表示爱戴,佩戴白玫瑰表达对亡父的悼念,这种习俗一直流传至今。

在美国,父亲节当天的早餐一般由子女来做,父母可以继续睡觉,不必早起。由子女做好早餐拿到床前给父母食用。此外,在美国,儿女也会给父亲寄贺卡,买领带、袜子之类的小礼物,表达对父亲的敬重。

日本的洗浴文化历史久远,泡澡对日本人来说是一种享受。因此在日本的父亲节,儿女们要亲手给泡澡的父亲搓搓背,也是给父亲最大的温暖。

第二节　近代节事活动

随着社会的不断进步,社会经济的不断发展和人民生活水平的不断提高,人们对精神文化生活的需求也不断提升,近代节事活动的内容也变得丰富多彩,形式更加多元化。近代西方节事活动的特色也不仅仅局限于宗教性和传统性,出现了各式各样的形式,也出现了新的划分。

一、传统的文化庆典(Cultural Celebration)

1．新年(New Year's Day)

新年是世界上历史悠久的庆祝日。人们聚集在教堂、街头或广场,唱诗、祈祷、祝福、忏悔,并一同迎接辞旧迎新的那一刻。

在美国,最受欢迎的迎新年的方式是举办大型聚会。最大最热闹的新年聚会在纽约的

时代广场举行。广场挤满了人,一部分人敲钟或放鞭炮,一部分人吹哨子或按汽车喇叭。午夜 12 点,当一栋大楼顶上亮起一个红苹果状的电光招牌时,人群便随之欢呼雀跃。

2. 威尼斯狂欢节(Carnival of Venice)

威尼斯狂欢节是当今世界上历史最悠久、规模最大的狂欢节之一,据说起源于神龙节,于每年的 2 月初到 3 月初之间到来的四旬斋的前一天开始,延续大约两周时间,人们聚集在一起,载歌载舞,欢庆新的一年的农事活动开始。

威尼斯狂欢节的起源要追溯至 1268 年,到 18 世纪狂欢活动盛极一时,欧洲各国的王公大臣、绅士淑女都赶到威尼斯,观看精彩的室内音乐和戏剧演出,参与街头和广场上的民众狂欢。威尼斯遂赢得"狂欢节之城"的称号。

威尼斯狂欢节最大的特点就是它的面具,其次是它的华丽服饰。这一传统可追溯到 1700 年前,权贵和穷人可以通过面具融合在一起。在面具的后面,社会差异暂时被消除,富人变成了穷人,而穷人成了富人,他们都互相尊敬地打招呼。

二、政治节日(Political Events)

1. 荣军纪念日(Remembrance Day)

1918 年,第一次世界大战结束。经过四年的战争,850 万士兵牺牲。法国和比利时的战火在 1918 年 11 月 11 日 11 时结束。就在这一天——11 月 11 日,在英国,为了纪念那些在第一次世界大战中或在其他战争中为保卫国家牺牲的士兵,将这一天定为荣军纪念日,也叫阵亡将士纪念日。11 时,整个国家的学校、工厂进行 2 分钟的默默哀悼,上至王室、政治领袖,下至平民都将佩戴纸质的罂粟花以表哀悼。

2. 美国独立日(Independence Day)

7 月 4 日是美国的国庆节。当代表 13 个殖民地的勇敢的爱国者们于 1776 年在大陆会议上通过《独立宣言》,建立起美利坚合众国之日起,这一天便永垂史册。

美国人民以各种方式来表示庆祝。美国人庆祝国庆的一大特点就是民众自发参与程度很高。每个都市和城镇都举办自己的庆祝活动——游行、政府官员演说、历史遗迹导游、露天舞台表演、划船比赛、晚间烟火观赏。家庭、市民组织和娱乐部门举行全天野餐活动。

3. 女王诞辰日(Queen's Birthday)

在君主立宪制国家英国,按历史惯例,国王的诞辰日就是英国的国庆日。现伊丽莎白二世的生日为 4 月 21 日,但伦敦的 4 月天气欠佳,因此将每年的 6 月的第二个或第三个星期六定为"女王官方诞辰日"。

在这一天,女王乘坐马车参观皇家军队阅兵仪式(见图 13-2)。当皇家骑兵阅兵场敲响上午 11 点的钟声,皇家护卫队鱼贯而出,向女王敬礼致敬。女王阅兵后前往白金汉宫的大游行中,有超过 1400 名士兵、200 匹马和 400 多名乐手参与其中。随后女王会出现在白金汉宫的阳台上,伴随着伦敦塔的礼炮声,观赏皇家空军的飞行表演。

4. 美国选举日(Election Day)

11 月的第一个星期的星期二是美国的选举日。美国选举日是国会 1845 年确立的。美国人民每四年选举一次总统和副总统,其场面可谓震撼人心、最恢弘壮观。选举日不仅仅只

图 13-2　女王诞辰日活动

是选出国家领导人,美国 50 个州的选民在这一天各自在本州选举他们的州长、副州长和州参议员和众议员。

选举日这一天,人们还可投票决定重大问题。

美国选举日与其他节日不同,它赋予美国公民重要的政治责任,而非娱乐消遣。

三、文艺/娱乐事件(Art/Entertainment Events)

1. 爱丁堡音乐节(Edinburgh Festival)

每年 8 月,爱丁堡会成为举世瞩目的焦点,因为年度艺术节盛事的开锣。该音乐节于 1947 年由美国歌剧团鲁道夫·宾协助爱丁堡节日协会创立,由市长担任主席。几十年来,已经有超过 30 多个国家和地区的军乐团体在爱丁堡献艺。每年慕名而来的观众超过 2 万人,其中 35% 来自英国以外,而 30 多个国家的上亿观众则有机会通过电视欣赏这一独具特色的表演。

艺术节期间,扑面而来都是各式各样的外围艺术表演。剧场、影院、大小广场、街头、餐馆,甚至洗衣店、电梯间、汽车里,只要自己能找到演出场地,都可前来参与竞争。表演从前卫艺术到传统杂耍甚至另类的内容,应有尽有。这种特殊的艺术氛围,每年吸引世界各地 25000 多名表演者自费前来,在整个艺术节期间的近 2000 场演出中,外围表演占大多数。许多年轻人就是从这里获奖而进军演艺圈的。

2. 戛纳电影节(Cannes International Film Festival)

戛纳电影节,创立于 1939 年,是当今世界最具影响力、最顶尖的国际电影节之一,与威尼斯国际电影节和柏林国际电影节并称为欧洲三大国际电影节,最高奖是金棕榈奖。当前戛纳电影节定于每年 5 月中旬举办,为期 12 天左右。期间除影片竞赛外,市场展亦同时进行。电影节分为六个单元:正式竞赛、导演双周、一种注视、影评人周、法国电影新貌和会外市场展。在电影节期间,会评出各类竞赛影片奖项包括金棕榈奖、评审团大奖、最佳导演奖、最佳剧本奖、最佳男/女演员奖、一种注目奖、电影基金会奖等。

戛纳电影节,除了电影和颁奖典礼,就是各路明星在红毯上的闪亮出场。自 1946 年第一届戛纳电影节开始,走红毯就占据了其中的一部分。走红毯绝对也是一场无与伦比的视觉盛宴。

3. 格莱美奖（Grammy Awards）

格莱美奖，是美国年度大型音乐大奖，由美国国家与科学学会举办，是美国录音界与世界音乐最重要的奖项之一，由录音学院（Recording Academy）负责颁发。学院由录音业的专业人士组成。格莱美奖是美国四大主要音乐奖之一，相当于电影界的奥斯卡奖，于每年的2月颁发。

"格莱美"（GRAMMY）是英文 Gramophone（留声机）的变异谐音。以它命名的音乐奖迄今已有50年的历史，其奖杯状如一架老式的留声机。

4. 奥斯卡金像奖（The Oscars）

奥斯卡金像奖，又称奥斯卡奖或奥斯卡。1928年设立，每年一次，在美国洛杉矶好莱坞举行，半个多世纪一直享有盛誉。

奥斯卡金像奖从1929年开始每年评选颁发一次，从未间断。凡上年1月1日至12月31日上演的影片均可参加评选。金像奖的评选经过两轮投票：第一轮是提名投票，先由学院下属各部门负责提名（采用记名方式），获得提名的影片，将在学院本部轮流放映，观后，学院的所有会员再进行第二轮投票（采用不记名方式），最后以票的多少决定影片是否获奖。

奥斯卡金像奖奖杯的主体为一座镀金男像，由美国雕塑家乔治·斯坦利设计。奥斯卡金像奖不仅反映美国电影艺术的发展进程和成就，而且对世界许多国家的电影艺术有着不可忽视的影响。

四、体育事件（Sports Competition）

1. 环法自行车赛（Le Tour de France）

环法自行车赛是知名的年度多阶段公路自行车运动赛事，主要在法国举办，但也经常出入周边国家（如英国、比利时，还有比邻的西班牙比利斯山中）。自从1903年开始以来，每年于夏季举行，每次赛期23天，平均赛程超过3500公里。完整赛程每年不一，但大都环绕法国一周。近年来，比赛结束前总是会穿越巴黎市中心的香榭丽舍大道。冠军为各段用时累计最少者。在每日赛事结束时，领先者将穿上黄色领骑衫；最佳冲刺者将被赠与一件绿色车衣；山间赛事中之最佳骑士将会得到一件波尔卡点衬衣，其有时被称作"山巅之王"。

环法赛事期间，聚集了各个俱乐部的自行车爱好者，还有来自各个地方的自行车迷。观众可以跟随车手穿过乡村田野，翻山越岭，领略法国的美景。

2. 世界业余高尔夫锦标赛（World Golfers Championship）

世界业余高尔夫锦标赛（WGC）创立于1995年，至今已有20多年历史，被誉为"高尔夫爱好者的世界杯"，创始人是已故的瑞典体育传奇巨星斯温汤伯。赛事以"体育促进友谊和商机"为宗旨，每年举办一届，至今已有40多个国家参加过此赛事。

五、会展（Trade event）

1. 慕尼黑啤酒节（The Munich Oktoberfest）

慕尼黑啤酒节与英国伦敦啤酒节、美国丹佛啤酒节并称世界最具盛名的三大啤酒节。它又称"十月节"，起源于1810年10月12日，在这个节日里主要的饮料是啤酒，所以人们习惯称其为啤酒节。

每逢啤酒节开幕那天,要举行盛大的开幕式和由各大啤酒厂商组织的五彩缤纷的游行。开幕式在一个临时搭起的大帐篷里举行,由慕尼黑市长主持。中午 12 时,在 12 响礼炮声和音乐声中,市长用一柄木槌把黄铜龙头敲进一个大啤酒桶内,然后拧开龙头,把啤酒放出来,盛在特制的大啤酒杯中;市长饮下第一杯,著名的啤酒节便正式开始了。

每年啤酒节的第一个周末,来自全德国各个州的人们穿上富有特色的民族服装,演奏音乐,浩浩荡荡地穿过慕尼黑市中心,最后来到啤酒节的现场。许多人把自己打扮成古代衣着考究的贵族公爵、身披绫罗绸缎的王公贵族,驾着鲜花装扮的古典马车;也有不少人很朴实地穿着农民过节穿的衣服。

逛啤酒节不需要买门票,但是,每个游乐节目都要买入场券,而且啤酒价格逐年上涨,游客的数量也逐年增加。啤酒节为慕尼黑带来了丰厚可观的收益。

2. 米兰时装周(Milan Fashion Week)

米兰时装周是国际著名时装周之一。与其他时装周相比,米兰时装周崛起得最晚,但如今已独占鳌头,聚集了众多时尚顶尖人物、上千万专业买手及来自世界各地的专业媒体和风格潮流,这些精华元素所带来的世界性的传播远非其他商业模式可以比拟的。作为世界四大时装周之一,意大利米兰时装周一直被认为是世界时装设计和消费的"晴雨表"。

第三节 涉外节事活动常用语

一、常见节日名称和习俗

常见节日名称和习俗见表 13-2。

表 13-2 节日名称

Christmas Day	圣诞节
Christmas Tree	圣诞树
Christmas Eve	圣诞前夜
Christmas Carol	圣诞颂歌
Christmas stocking	圣诞袜
Santa Claus	圣诞老人
Easter	复活节
Easter eggs	复活彩蛋
Easter Bunny	复活兔
Halloween	万圣节
pumpkin	南瓜
witch	女巫

续表

ghost	鬼怪
Jack-o'-lantern	南瓜灯
Thanksgiving Day	感恩节
St. Valentine's Day	情人节
date	约会
puppy/first love	初恋
cute meet	浪漫邂逅
love at the first sight	一见钟情
forget-me-not	勿忘我
propose	求婚
candle light dinner	烛光晚餐
April Fool's Day	愚人节
Mother's Day	母亲节
Father's Day	父亲节

二、常用祝福语和表达

常用祝福语和表达见表13-3。

表13-3　节日祝福

Merry Christmas!	圣诞快乐!
Happy New Year!	新年快乐!
Best wishes on this holiday season!	献上最诚挚的节日祝福!
Wish you a happy holiday season!	节日愉快!
Happy holidays!	节日快乐!
Best wishes!	美好祝福!
Goodluck in the year ahead!	吉星高照!
May you a good fortune!	恭喜发财!
Safe trip whenever you go!	一帆风顺!
Wish you everything goes well!	万事如意!
Peace all year round!	岁岁平安!
Wishing you every success, promoting to a high position!	事业有成,更上一层楼!
May joy and health be with you always!	祝您永远健康快乐!
Wishing you and yours a happy happy new year!	万事如意,阖家平安!

续表

A cherry New Year holds lots of happiness for you!	给你特别的祝福,愿新年带给你无边的幸福、如意!
May you have a best New Year ever!	愿你度过最美好的新年!
May the beauty and joy of new year remain with you throughout the new year!	愿新春美景和欢乐常伴随你!
Warm greetings and best wishes for happiness and good luck in the coming year!	衷心祝福你来年快乐、幸运!
May the moment be a time of laughter and real enjoyment for you. Best wishes!	愿此时不仅是你欢笑的时刻,更是你欢喜的日子!祝福你!
Hope all your new year dreams come true!	愿你所有的新年梦想都成真!

本章小结

(1) 受文化的影响,西方传统节事活动有宗教性和传统性两大性质。宗教性主要是受到基督教的影响,例如圣诞节,万圣节前夜等传统的宗教性节事活动,传统性透露出来则是西方的历史文化和传统习俗。

(2) 近代西方节事活动不再仅仅受宗教和传统文化的影响,还受到政治、经济和现代文化的影响,特点更具多元化。

核心关键词

western event activities	西方节事活动
religious event activities	宗教性节事活动
traditional event activities	传统型节事活动
the modern event activities	近代节事活动
cultural celebration	文化庆典

思考与练习

1. "七月半"是中国的鬼节,"万圣节前夜"是西方的鬼节,试列举出它们的不同点。

2. 试比较西方情人节和传统的中国七夕节。

案例分析

"中国式圣诞节"

圣诞节,在西方人眼中是个阖家团圆的节日,就像中国传统的节日——春节,如今在中国却演变成"数万人齐聚闹市的狂欢节"。

多年前,"中国式圣诞节"在昆明落地生根,每年圣诞节前夕,沿街的商户都会精心布置店面,圣诞树、圣诞老人、雪花贴图,并循环播放着和圣诞有关的乐曲招揽顾客,营造着一种洋节的气氛。

平安夜,大家齐聚闹市,数以万计的人在街道、广场,手拿"飞雪"、彩带喷雾剂,互相"招呼"、"问候",一直狂欢到凌晨。而狂欢之后,地面上一片狼藉。有数据显示:在2012年的平安夜,昆明娱乐场所较为集中的西山区、五华区、盘龙区的环卫部门统计,当晚产生的垃圾多达58吨,如此可见"中国式圣诞节"的热闹和狂欢。

在采访很多外国人对贴有"中国 style"标签的圣诞节的看法时,他们都认为,比起在自己家乡度过的平安祥和的圣诞节,"中国式圣诞节"虽然不纯正但氛围浓厚,能让他们感到格外亲切,也能勾起他们浓浓的思乡之情。

问题:

1. 试分析传统的西方节日圣诞节为什么能风靡中国。
2. 举例说明"中国式圣诞节"的节庆特点,并分析中国传统节事活动在西方是否也同样具有吸引力。

第十四章

中国传统节事活动

学习导引

对中国由古至今节事活动的发展演变有一个概括性的了解;掌握中国岁时节事的主要内容、特点及其反映的社会观念;理解传统节事对于社会整合的重要意义;了解明清时期庙会活动兴起的历史背景及其在现代社会的价值;掌握现代中国保留的传统节事的基本内容及其主要特征。

学习重点

通过本章学习,重点掌握以下知识要点:
1. 传统节事的演变;
2. 传统节事的主要内容;
3. 传统节事的主要特征。

第一节 中国古代节俗活动

一、古代节俗活动的起源与发展

节事活动的起源与发展是人类社会"逐渐形成,逐渐完善的文化过程",是由猿到人类,文明进化发展的产物。从古至今,节事活动承载了诸如神话传说、天文、地理、术数、历法等众多人文与自然文化内容,因此,节事活动也是中华民族悠久的历史文化的一个重要的组成。

(一) 岁时节日与节日萌芽

关于古代节事活动的起源,研究者并无太多分歧,一般认为,农事节气等原是信仰表达行为(祭祀)、生老病死的仪式,在先民的生产及生活中逐渐成为特定时间才专门从事的活动,有时还会与举行这些活动的地点联系起来(常建华)。

中国古代的大部分节日在遥远的先秦时期就已初露端倪。由于当时较为低下的生产力的限制,人类的生存在很大程度上依赖于自然的馈赠。在那个"靠天吃饭"的时期,自然时节的有序交替决定了人们的生活节奏与内容,季节观念决定了人们生产生活的观念。而以农耕为主的生产生活方式,使我们的先民对自然季节的变化倍加关注,在与自然磨合中逐渐形成的经验使他们总结出四季更替的自然规律,并指引他们在不同的季节从事不同的活动。这些与天时、物候的周期性转换相适应,并在人们的社会生活中约定俗称的具有某种风俗活动内容的特定时日被称作岁时节日。不同的节日,有不同的民俗活动,并且以年度为周期,循环往复,周而复始。

岁时节日的形成,有两项不可缺少的要素:一是相对固定的时期,二是特定的民俗活动。而我们的祖先对岁时节日时间的选择,则是以天文气象、历法知识为基础的。在上古时代,人们还没有完善的历法与计时工具,只能依靠对天象、气象和物象的观察来决定农时、指导生产、安排生活,即所谓"观象授时"。对天象的观测及记录,使人们对天象周期性变化的规律有了认识。日月运行的规律形成了人们对年、月、日等计时单位的确定。为了更精确地反映四季、气温、降雨、物候等方面的变化,一直到农业生产,古人又根据太阳在黄道的不同位置制定了二十四节气。节气虽然并不等于节日,但节气使一批"常日"被特别地突出出来,为节日的产生准备了条件。最早与节日有关的文献记载——《夏小正》、《尚书》很好地佐证了这一点,而到战国时期,二十四节气的划分基本确立下来,人们在不同的节气总有不同的农耕活动,这些都是后世中国节事活动的雏形。

传统的节俗活动五彩缤纷,虽然在它的历史发展过程中,有许多后续的内涵融入期间,然而,深究各种节俗活动产生的最初根源,却不难发现一个简单而又永恒的推动力:人们祈望五谷丰登、人畜两旺、岁岁平安。虽然节气为节日的产生提供了前提条件,但是早期的季节仪式的风俗活动与原始崇拜、生活禁忌密不可分。当时人们面对自然界的未知与险恶,把生存和生息更多地寄托于自然的偶然性或生命的神秘性,从而演化为自然崇拜或灵魂崇拜,人们敬畏自然,敬畏生命消亡后的存在,并希冀通过对这些未知事物的膜拜尊崇而得到庇佑,以期农事的顺利,生存得以保障,后代得以繁衍,家族得以生息。另外,早期的节日习俗还与当时人们的一些生活禁忌、巫术观念等密切相关。

虽然先秦的季节仪式属于集团型的宗教政治活动,但其关心的问题也是后世人们同样关心的问题。因此,秦汉时期开始形成的岁时节日中传承了这一季节仪式的特定观念。汉魏时期是中国文化传统奠基的时代,为适应新的社会性质而创建岁时文化体系,既要突破前代的岁时观念,又要以前代的思想为基础,中国文化的进步从来就是这样一个新旧相续的过程,先秦岁时观念在汉魏时期仍然具有很大的影响。

（二）古代节事活动的定型

秦汉时期,其节事文化尚未形成,如果说先秦时期是我国众多流传至今的节日的萌芽期,那么节日的时间和相关节俗的整合和大体定型就要属汉魏时期了。汉魏时期上承春秋战国秦朝,下启六朝隋唐,在中国历史上是社会转型的关键时期,在这一时期中国本土文化逐渐成形,与异域文化开始交融,中国传统文化精神、社会制度样式大多发端于该时期,而民众岁时节俗文化也在这一时期定型。

到汉代,中国主要的传统节日都已经定型,人们常说这些节日起源于汉代,汉代是中国统一后第一个大发展时期,政治经济稳定,科学文化有了很大发展,这对节日的最后形成提供了良好的社会条件。这个时期,随着国家的统一,郡县制的确立,土地所有权的变化,人们的思想意识逐渐趋于平民化。另外,物质生产条件有了很大的改变,农作物与其他经济作物品种日益丰富,种植范围也得以扩大,小农经济有了一定的发展。生产技术的进步意味着人们生产生活条件的改善和生存能力的提高,与此同时人与自然的关系从被动无助向主动自主转变,人们不再被动地依赖自然时序,统治者依靠一套系统成熟的政治权利机构实现统治。为了政治统治的需要,天命、天道等宗教思想繁荣,上古岁时逐渐失去其作为宇宙律令的宗教指导意义。因此,传统的时政意义的岁时也向平民化、世俗化的岁时节日发展,岁时文化的意义开始主要体现于农事生产、家族维系及乡里社会生活和活动中。

汉中以后,随着社会、政治、经济和文化条件的变化,传统的岁时月令体制逐渐向世俗的岁时节日体系过渡,到东汉魏晋时期,影响中国两千年的岁时节日体制基本形成。

（三）古代节俗活动的发展成熟期

节日发展到隋唐时期,日趋成熟,并从原始祭拜、禁忌神秘的气氛中解放出来。传统的岁时节日民俗逐渐转为娱乐礼仪型,成为真正的佳节良辰。从此,节日变得欢快喜庆,丰富多彩,许多体育等方面的活动内容出现,并很快成为一种时尚流行开来。

到了宋代,岁时节日的名称多由前代沿袭而来,且名目繁多,内容丰富。两宋时期的岁时节日相较前世有了很多新鲜的内容,形式多样化,这受惠于当时生产力的进步与社会经济的繁荣发展。另外,佛教与道教的盛行也对节日产生了深厚的影响,宗教性质的节日逐渐增多,这些宗教性质的节日作为

知识关联

岁时节日是民俗学中一个重要的概念。岁时节日,主要指与天时、物候的周期性转换相适应,在人们的社会生活中约定俗成的、具有某种风俗活动内容的特定时日。

众多节庆的一部分,融入了当时人们的日常生活。宗教性质的节日不仅满足了人们对信仰方面的需求,也是民间娱乐的一大方面,起到了为百姓抒发抑郁情绪的社会"安全阀"的功能。

明清时期是我国统一多民族国家的巩固和封建制度渐趋衰落的时期,社会经济文化活动出现了诸多前所未有的变化,这一变化尤其体现在明朝中后期以后,另外,从时间传承上看,辽、金、元时期的外族入侵再到清朝满族的入主中原,大规模的民族融合也使汉族固有的岁时节日文化受到影响。在这种情形下,明清岁时节日习俗虽然仍然保持着传统的时间节律结构,在节日序列环节上少有增减,但其节日体系结构中出现了重大调整,在节俗内容上有显著的扩充(萧放等)。

二、中国古代节俗活动的内容及特点

(一) 先秦汉魏时期的岁时节日民俗

知识活页　　　　古代祭祀礼俗

1.【封禅】古代帝王祭天地的仪式,封为祭天,禅为祭地。据《史记·封禅书》载,早在伏羲氏以前的无怀氏就曾封泰山,而先秦封禅者据说多达七十二家。

2.【社稷祭】社是土神,稷是谷神。古代以农为本,因此与农业紧密联系的祭祀社稷活动,便很受重视。

3.【宗庙祭】先秦的宗庙祭祀活动很多。有每月初一举行的"月祭",因这是用新鲜五谷或季节性时新食物奉祀祖先,故又称"荐新";有分春、夏、秋、冬的"四时之祭",供品为三牲及黍稷等,又叫"时享";还有每三年和五年举行一次的袷(xiá)祭与禘(dì)祭。袷祭和禘祭都是汇合祭祀宗庙中全部祖先神主的大祭,只限于天子和诸侯的宗庙才有权举行这样隆重的祭礼。这些祭祀活动都有一整套烦琐的仪式,一般要由精通礼仪的"相"来担任赞礼和司仪工作。

4.【祓禊(fú xì)祭】早在周代,人们每逢上巳日便成群结队去水边祭祀,并用浸泡过药草的水沐浴,认为这样做可祓除疾病和不祥。史书称这种祭仪为祓禊。

5.【腊祭】腊祭中的"腊"在先秦本称为"蜡",是古代十二月举行的一种庆祝农业丰收的盛大典礼。每当农业生产获得收成时,人们便认为这是年初祈年祭的结果,是跟天地万物之神的助佑分不开的,所以在旧年将尽,新春将来的十二月,人们就要对天地万物之神进行一次总的报谢大祭典,同时也为次年的农业生产祈祷求福。

6.【灶祭】早期的"灶神"产生于人们对火的自然崇拜。在原始人氏族群居的生活中,一堆堆不熄灭的火便是他们的灶,因而火神与灶神是一致的。到了夏商时期,灶神逐渐与火神分离,成为民间单独尊奉的一位大神。

先秦时期,岁时节日的基本内容是时令性的宗教祭祀活动。汉魏以后,岁时节日的主题转变为民众季节性生活民俗的享受与展示,祭祀活动也逐渐脱离了帝王的控制成为普及到社会的活动,在祈神的节日中,人们从日常生活中得以短暂的脱离,因祭祀活动而斋戒、静处。如果说帝王的时令祭祀是利用人们对上天的崇拜,以"天命转移"来解释从别人手中夺取天下的合理性,从而安定民心、巩固统治地位的话,百姓的节日祭祀则服务于民众日常生活的需要,人们在岁时节日中以祭祀的方式向"老天爷"祈福,与"老祖宗"沟通,以求得庇护,并借此机会与家人团聚、休憩调整。

在我国传统节日风俗中,饮食占有重要的地位,自上古四时起出现的"荐新"与"筵席宴飨"礼俗充分验证了这一点。

荐新礼俗是先人以初熟的五谷或时令果物祭献天地神明和祖先的祭祀。"荐"是指进献,"新"是指新得的食物,包括新鲜的蔬菜、新摘的果子、新打的猎物、新收获的粮食。进献的对象是神灵与祖先。当然这是指西周时的事情,实际上西周之前漫长的农耕文化孕育时期,人们还没将众多粮食与蔬菜由野生培植为家生之前,是以能吃的野菜荐新的。时至今日,荐新礼俗在各地方仍以不同的形式遗存。在荐新礼俗中,时令谷物鲜果或用来祭祀神明、祖先,或赠送亲友,食物被赋予了敬谢天地、报答先祖、凝聚亲情的功能。

汉魏起,一些禁忌日逐渐转变为民俗良日。这是汉魏岁时节俗的根本变化,这种时间意识的变化具有划时代的意义,直接促成了节庆民俗的产生。汉魏时期,中国经济社会有了巨大的进步,稳定的农耕生活为人们提供了可靠的保障,对生存及生活的忧虑明显减弱,人们的岁时观念也随之发生了较大的变化,岁时节日不再单纯作为"常日"里的中断,即突破生存焦虑与恐惧的关口,而逐渐转变为休息与娱乐相结合的休息良日,以祭祀为主的宗教禁忌色彩逐渐淡去,从而逐渐演变为祭祀与娱乐并重的节日。

节日的纪念意义在汉魏时期初步形成,节日的纪念意义是指通过对过去的一种追忆从而引发对未来的向往。它源于人们对历史时间与历史人物的记忆与怀念。汉魏时期随着岁时节日向适应社会的世俗化发展,岁时时间出现了一定程度的改变,同时儒家文化的发展为传统岁时内容提供了新的思想基础,人神共乐成为节日祭祀的主干,有关节日的神话传说兴起并发展流传,节日的纪念性得以形成。具体说来,节日的纪念性在汉魏时期主要体现在对历史人物的纪念及和对社会历史生活的记忆上。

(二)唐宋节日民俗活动内容及特点

1. 唐朝的节日民俗活动及特点

唐朝全盛时在文化、政治、经济、外交等方面都取得了很大的成就,是中国历史上的盛世之一,在此背景之下,唐朝的岁时节日趋向成熟,节日的娱乐性、世俗性及广泛性增强。诞节,简单说就是过生日。隋唐以前,很少有庆贺生日的活动。唐玄宗的生辰为开元十七年(729)八月五日,他正式设立诞节——千秋节,也称天长节。全国在诞节时休假一天到三天,盛宴以庆祝,大赦天下,赋诗作乐,大赐臣僚。各地贡献贡品以为祝贺。诞日之时,也广度僧道,暂停屠宰等,以示皇恩浩荡。唐代佛道盛行,"佛诞"和"老子诞"也被作为节日,四月八日为官方佛诞节日,二月十五日为官方老子诞节日。另外,唐朝除官方性的节日外,民间节俗也呈现多样化发展,如正月初一、上元节、中和节、寒食节、上巳节、中元节、重阳节等。

2. 宋朝的民俗活动及特点

两宋时期的节日与佛教、道教等盛行息息相关,宗教节日与世俗岁时节日一起构成了丰富多彩的节日民俗,一些流传至今的节日习俗始于宋朝,如吃汤圆、吃斋、开荤、节日送礼等。

宋代节日民俗在前代的传承上进一步发展,具有以下四个特征(游彪等,2008)。

1)普遍的个性化

宋代几乎每个节日都有着与其他节日完全不同的寓意。对大多数人来说,民俗节日更多地体现为一种精神寄托,因此无论是节日的形式还是内容,都能展示社会各阶层人士的心态。两宋时期的岁时民俗都有一些独特的外在表现形式,反映出不同的价值取向和人文理念。

2)不同的节日有相通的习惯

宋代有几个节日存在饮食习惯雷同的现象,例如,社日、端午、重阳等节日都有吃糕的习惯,宋代妇女在寒食、冬至、元旦三大节的晚上都有在饭馆饮食的习惯。

3)世俗节日与宗教节日的日渐融合

虽然佛教、道教的节日大多是宗教性的,而且僧人、道士也未必特别在意世俗节日,但实际上,每到冬至、元旦等节日,寺庙就会举办大型的斋会。虽然斋会没有贺年的仪式,但举办斋会这件事情本身就表明僧人也是要过节的,只不过形式不同而已。与此同时,世俗之人同样非常重视佛教、道教的节日。农历七月十五是宋代民间祭奠先人的重要日子,也是佛教的解制日和道教的中元节,三个重要的节日同在一天,恐怕不是巧合,而是人为的安排,这一节日自唐宋以后才逐渐重要起来,大体上可以推定是受到佛教的影响所致。

4)全国各地的随时民俗存在巨大的地域差异

宋代节日众多,普通百姓未必对所有的节日都重视。更重要的是,各地对各种节日的看法及重视程度并不完全一致,如在河东地区,寒食节格外隆重;而在苏州,冬至在人们心中的分量远远超过正月初一,这与其他地方存在差异。

(三)明清时期的节日民俗活动

明清时期是我国传统节事活动中"庙会"的定型及完善时期。

庙会,又称"庙市"或"节场"。庙会在寺庙节日或规定日期举行,一般设在寺庙内或其附近。后来也有把神像抬出庙外巡行,谓之迎神赛会,是人们敬祀神灵、愉悦身心的产物。随着经济的发展和人们交流的需要,庙会就在保持祭祀活动的同时,逐渐融入到集市交易活动,这时的庙会又得名为"庙市",成为中国市集的一种重要形式。庙会和集市交易融为一体,成为人们敬祀神灵、交流感情和进行贸易往来的综合性社会活动。随着人们的需求的多样化,庙会上又增加了娱乐性活动。

到了清代,庙会出现了迎神赛会与多内涵庙会的区分。这个时期庙会的一个重要特点,就是"行会"(也称会馆、公所)的大量兴起,这使庙会更加秩序化,如山西、陕西两省工商业人士在全国各地所建的山、陕会馆。

庙会文化是我国民族大众文化的一部分,它是一种极其复杂、古老而又新鲜的社会文化现象,它既是宗教的又是世俗的,充分反映了农民群众长期积淀形成的思想意识、价值观念、行为方式和心理态势。它世代延续、传承和发展,历久不衰。随着改革开放和民族宗教政策

的落实,城乡各地庙会兴起,规模可观,值得研究。《庙会的历史渊源与文化内涵》

另外,明清时期的节俗变得更加讲究礼仪性和应酬性,如逢年过节,人们出于礼尚往来而互相拜访送礼。其次,明代资本主义萌芽出现以后,一些以小农经济为基础的节日风俗逐渐被人们所冷淡,如祭土地神习俗已不像先前那样受到重视。另外,游乐性继续发展,如元宵节观灯,昼市夜灯,热闹异常。清入关以后,又增加了舞狮、舞龙、旱船、高跷、秧歌、腰鼓等"百戏"活动。

第二节 中国近现代节事活动

一、近现代节事活动的传承与变革

中华民国存在的时间虽然短暂,却是中国历史上一个重要的承上启下时期,民国时期,中国的经济、政治、社会和思想文化出现了全面的新旧大交替,发生了中华文明五千年来从未有过的巨大变革。在这样的历史背景下,民国风俗同样呈现出强劲的改良和变革的姿态。民国的历史尽管短暂,民俗的特色却十分明显(万建中等,2008)。

19世纪末年,由于清王朝的腐败不堪和资本主义列强侵略的深入,尤其是中日甲午战争的失败,近代的中国从一个完全封建体制的封闭性国家走向被迫开放的半封建国家,使中国陷入了严重的民族危机。进步的国人纷纷探求救亡图存的办法。随着资本主义经济在中国的发展和西方政治思想学说的传播,中国的经济、政治、社会及文化领域发生了翻天覆地的变革,人们的思想观念也发生了巨大的变化。在新旧文化相互碰撞冲突的背景之下,民众生活的方式和风俗依不同地域、不同阶层、不同文化观念而呈现出复杂性与多样性。传统的节俗习惯与现代文明相互影响,对传统的节日习俗既有继承亦有变革,这也决定了新旧习俗有一个长期并存、相互融合、取而代之的过程。

近代的岁时令节从总体上仍然沿袭自古以来的民间形成的节庆习俗,如元宵节、端午节、中秋节、腊八节等,但这些节日是依据传统历法而来,属于封建农业文明的产物,且多有传统民间信仰色彩,因此,它不适应近代工业社会的落后性也是非常明显的。清末已有改历的呼吁,梁启超于1910年就撰写《改用太阳历法议》一文,主张采用太阳历代替阴历。民国政府成立后,断然于1912年1月2日宣布全国改用阳历,以求与国际上通行历法相一致。改历后,必然引起岁时节日习惯的变化。首先就是一些有意义的新式节日、纪念日相继出现在人们的政治生活和日常生活之中。民国初年的新纪念日除了民国成立日(元月1日)和国庆(10月10日)纪念以外,还有革命先烈纪念日(3月29日)、国耻日(5月9日)等,二三十年代又有了国际妇女节(3月8日)、国际劳动节、学生运动纪念节(5月4日)、教师节(8月27日)等等。特别是受西俗影响,圣诞节、情人节等也在城市中普及。这些都为中国的节日时令习俗增添了异彩。

中华人民共和国成立以后,民国时期一些重要的变革成果得到了继承,同时也有局部的改动。如国庆、儿童节的名称基本沿用下来,而具体时间不同。

二、近现代传统节事活动的分类及内容

中国的传统节事活动,从古代岁时风俗的萌芽、发展、演变至今,有不少留存下来并形成新的民俗风尚。这些传统节日和传统习俗作为中华传统文化中的重要组成部分和表现形态,千百年来经久不衰、历久弥新。它以一种潜移默化、寓教于乐的形式,来展示中华民族的精神世界,表达着对美好的理想、智慧与伦理道德的追求和向往,是弘扬中华民族优秀传统文化和传承中华传统美德的重要载体。

改革开放以后,随着思想的解放,传统民间节俗的宗教祭祀、纪念、喜庆、社交娱乐等功能逐渐得到恢复,而一些地方政府也看到了很多节庆活动所带来的经济效益,成为大力恢复节庆活动、开发节庆旅游的主导者。同时,国家也对传统节庆活动进行了系统的整理和宣传,将其列入民俗类遗产,使各民族的优秀文化传统得以保存。然而,相较于西方在节日里充满热情的狂欢气氛;中国的岁时节日则表现了东方人较为平和、含蓄的东方精神。由于这种较为平和和委婉的传统性格,作为节事旅游产品所面对的潜在客源,国人或许并不能完全理解并接纳节事产品通常所提供的颇具现代感的、创造性的节事体验设计,这可能成为将中国传统节庆打造成为真正意义上的节事旅游产品时遭遇的主要障碍。

近现代存留的传统节事活动从内容和功能的角度来看,可分为生产类节庆、宗教信仰类节庆、纪念类节庆、喜庆类节庆及社交娱乐类节庆等多种类型,但由于节事活动的多元化特征及发展过程中的不断演变,许多节事活动不能单纯以一种类型来界定。因此,本书仅就近现代几个具有代表性的节事活动进行解释说明。

(一)冬至

冬至,是中国农历中一个重要的节气,也是中华民族的一个传统节日,冬至俗称冬节、长至节、亚岁等。早在两千五百多年前的春秋时代,中国就已经用土圭观测太阳,测定出了冬至,它是二十四节气中最早制定出的一个,时间在每年的公历12月21日至23日之间。

冬至是二十四节气之一,是中国的一个传统节日,曾有"冬至大如年"的说法,宫廷和民间历来十分重视,从周代起就有祭祀活动,目的在于祈求与消除国中的疫疾,减少荒年与人民的饥饿和死亡。

在近现代,一些地方还把冬至作为一个节日来过。北方地区有冬至宰羊,吃饺子、吃馄饨的习俗,南方地区在这一天则有吃冬至米团、冬至长线面的习惯。各个地区在冬至这一天还有祭天祭祖的习俗。

另外,冬至经过数千年发展,形成了独特的饮食文化。诸如馄饨、饺子、汤圆、赤豆粥、黍米糕等都可作为年节食品。曾较为时兴的"冬至亚岁宴"的名目也很多,如吃冬至肉、献冬至盘、供冬至团、馄饨拜冬等。在我国台湾地区还保存着冬至用九层糕祭祖的传统,用糯米粉捏成鸡、鸭、龟、猪、牛、羊等象征吉祥中意福禄寿的动物,然后用蒸笼分层蒸成,用以祭祖,以示不忘老祖宗。

(二)清明节

清明节又叫踏青节,在仲春与暮春之交,也就是冬至后的第108天。是中国传统节日,也是最重要的祭祀节日之一,是祭祖和扫墓的日子。中国汉族传统的清明节大约始于周代,距今已有两千五百多年的历史。受汉族文化的影响,中国的满族、赫哲族、壮族、鄂伦春族、侗族、土家族、苗族、瑶族、黎族、水族、京族、羌族等二十四个少数民族,也都有过清明节的习俗。扫墓祭祖、踏青郊游是基本主题。

清明最早只是一种节气的名称,其变成纪念祖先的节日与寒食节有关。晋文公把寒食节的后一天定为清明节。在山西大部分地区是在清明节前一天过寒食节;有些地方则是在清明节前两天过寒食节。清明一到,气温升高,正是春耕的大好时节,故有"清明前后,种瓜点豆"之说。

(三) 端午节

端午节,为每年农历五月初五,又称端阳节、午日节、五月节、龙舟节、浴兰节等。是流行于中国以及汉字文化圈诸国的传统文化节日,"端"字有"初始"的意思,因此"端五"就是"初五"。而按照历法五月正是"午"月,因此"端五"也就渐渐演变成了"端午"。

端午节最初为祛病防疫的节日,吴越之地春秋之前有在农历五月初五以龙舟竞渡形式举行部落图腾祭祀的习俗(见图 14-1)。后因诗人屈原抱石自投汨罗江身死,又成为华人纪念屈原的传统节日;部分地区也有纪念伍子胥、曹娥等说法。

图 14-1 端午节赛龙舟

过端午节,是中国人两千多年来的传统习惯,到近现代由于地域广大,民族众多,加上许多故事传说,于是不仅产生了众多相异的节名,而且各地也有着不尽相同的习俗。其内容主要有女儿回娘家,挂钟馗像,迎鬼船、躲午,帖午叶符,悬挂菖蒲、艾草(见图 14-2),游百病,佩香囊,赛龙舟,比武,击球,荡秋千,给小孩涂雄黄,饮用雄黄酒、菖蒲酒,吃五毒饼、咸蛋、粽子和时令鲜果等。

2006年5月20日,端午节民俗经国务院批准列入第一批国家级非物质文化遗产名录。2007年12月7日国务院第198次常务会议通过了《国务院关于修改〈全国年节及纪念日放假办法〉的决定》,正式将端午节列为国家法定假日,规定农历端午当日放假1天。

2009年9月30日在联合国教科文组织保护非物质文化遗产政府间委员会第四次会议9月30日在阿联酋阿布扎比审议并批准了列入《人类非物质文化遗产代表作名录》的76个

图 14-2　端午节悬挂菖蒲艾叶以防瘟避灾

项目,中国"端午节"名列其中。这是中国首个入选世界非遗的节日。

(四) 春节

春节,从农历正月初一开始,又叫阴历年,俗称"过年"。这是我国民间最隆重、最热闹的一个传统节日。春节的历史很悠久,它起源于殷商时期年头岁尾的祭神祭祖活动。按照我国农历,正月初一古称元日、元辰、元正、元朔、元旦等,俗称年初一,到了民国时期,改用公历,公历的一月一日称为元旦,把农历的一月一日叫春节。

春节是指汉字文化圈传统上的农历新年,传统名称为新年、大年、新岁,但口头上又称度岁、庆新岁、过年。古时春节曾专指节气中的立春,也被视为一年的开始,后来改为农历正月初一开始为新年,一般认为至少要到正月十五(上元节)新年才结束。

春节期间,家家贴红对联、燃放爆竹;户户烛火通明、守更待岁,吃饺子,看春晚。初一一大早,还要走亲串友道喜问好。春节虽是汉族最重要的节日,但是满族、蒙古族、瑶族、壮族、白族、高山族、赫哲族、哈尼族、达斡尔族、侗族、黎族等十几个少数民族也有过春节的习俗,只是过节的形式更有自己的民族特色。

(五) 庙会

庙会,是汉族民间宗教及岁时风俗,一般在春节、元宵节等节日举行,也是我国集市贸易形式之一,在寺庙的节日或规定的日期举行,多设在庙内及其附近,进行祭神、娱乐和购物等活动。

庙会的源泉在于远古时期的宗庙社郊制度——祭祀。在远古时期,祭祀是人们生活中一件经常而又具有重大意义的事情,所以《左传·成公十三年》中说,"国之大事,在祀与戎",意思是说祭祀和战争一样,都是国家生活中的头等大事。早期的祭祀主要是祭祀祖先神和自然神。在祭祀祖先神和自然神的过程中,人们聚集在一起,集体开展一些活动,如进献供品、演奏音乐、举行仪式等,这种为祭祀神灵而产生的集会可以看做后世民间庙会的雏形。实际上,从"庙会"两个汉字本身也可以看出这点,"庙"最初就是指供奉神灵尤其是祖先神灵的建筑。庙会起源于寺庙周围,所以叫"庙";又由于小商小贩们看到烧香拜佛者多,在庙外摆起各式小摊赚钱,渐渐地成为定期活动,所以叫"会"。久而久之,"庙会"演变成了如今人们节日期间,特别是春节期间的娱乐活动。

古代,"日中为市",进行集市贸易。至南北朝时,统治者信仰佛教,大造寺庙,菩萨诞辰、佛像开光之类盛会乃应运而生,商贩为供应游人信徒,百货云集,遂成庙市。北宋时开封大相国寺庙会极有名,有"千古第一才女"之称的女词人李清照曾与其夫赵明诚相偕至庙会。

庙会有的是一年一度,有的一个月内就有数天,会期除固定的,还有不定天数的。各类庙会几乎天天有,有时一天还不只一处,所以说北京又是庙会的天下,想把所有的庙会详尽地统计起来实在是不太容易。(见图14-3)

图14-3 北京地坛庙会

庙会的主要内容是大量的各色小吃、各种小商品和游乐项目。庙会在中国北方保留的较为完好,在南方则在1949年后逐渐消逝,似乎仅南昌、苏州、武汉、成都等地尚存。以北京为例,庙会中有典型的小吃、商品以及娱乐,如糖葫芦、爆肚、风车、兔爷、套圈和射击等。后来,随着经济的发展,来自全国各地的小吃也都融入庙会,如羊肉串和牛丸等小吃也十分受欢迎。表演则为旱船、秧歌、舞龙舞狮。部分庙会还有与其相关的表演,如北京地坛庙会上会有皇帝祭地的演出,北京大观园庙会会有元春省亲的表演。

2008年6月14日,北京市门头沟区、朝阳区,山西省太原市晋源区,上海市徐汇区,浙江省磐安县,山东省泰安市,湖北省十堰市,湖南省长沙市,广东省佛山市,陕西省铜川市申报的庙会(妙峰山庙会、东岳庙庙会、晋祠庙会、上海龙华庙会、赶茶场、泰山东岳庙会、武当山庙会、火宫殿庙会、佛山祖庙庙会、药王山庙会)经国务院批准列入第二批国家级非物质文化遗产名录。

 本章小结

本章就中国传统节事活动从上古时代的发生定型到古代的发展成熟,再到近现代的改革沿袭做了介绍、梳理及探讨。节事活动以及现在正在兴起的节事产业,是一个内容丰富多样、充满活力的领域,这要求节事活动的策划者或管理者具有发散性的思维、创造性的头脑,广泛地了解各国各民族的主要节庆、节日及习俗的来龙去脉,掌握其历史来源及发展。希望通过本章,读者能从中领略到古今中国许多重要的节事活动的起源和发展状况,了解这些节事活动在现代社会的表达形式及其社会价值、文化价值、经济价值,并能激发未来相关领域工作者的灵感,为现代社会的节事活动注入新的元素。

核心关键词

traditional festival activities	传统节事活动
season's greeting	岁时节日
festival customs	节日习俗
the 24 solar terms	二十四节气
the ancient sacrificial rites	古代祭祀礼俗

思考与练习

1. 思考我国古代岁时节日产生的背景。
2. 目前仍然保留的传统节庆活动,从内容和功能的角度来看如何分类?

案例分析

白云山庙会

白云山庙,在中国西北最大道教圣地——佳县城南5公里的白云山上,创建于明朝万历三十三年(1615),是陕北最壮丽的古建筑群。

历代每逢农历四月初一至初八日,举行庙会。

在此期间,蒙、汉人民来此朝山贸易者络绎不绝,盛极一时。

新中国成立后,白云山庙会的规模进一步扩大,每逢会期,来自陕西、山西、内蒙古、宁夏、甘肃的成千上万游客云集于此,一边朝山观景,一边交流物资。

1984年,佳县人民政府将古会改为物资交流大会。

大坟滩庙会——会址在榆林城东北50公里处的金鸡滩乡大坟滩村。这里无庙,只有一座金刚宝座式砖塔,内葬成吉思汗的后裔小彻辰萨囊台吉。

此人是清朝乾隆年间内蒙古鄂尔多斯右翼前旗(今乌审旗)蒙古部落的一个王子。他著的《蒙古源流》一书,有蒙、满、汉三种版本,与《元朝秘史》《蒙古黄金史》并称为有关蒙古民族的三大历史著作。每年农历五月十三日在此举行庙会。值得注意的是,这个日子与内蒙古自治区伊金霍洛旗成吉思汗陵的庙会日期相同。每年庙会期间,乌审旗的蒙古族同胞骑马而来,拜扫墓塔,并举行赛马大会。

来自榆林、神木和内蒙古的商贩,纷纷携带各种各样的货物,来此摆摊销售。

这一庙会,是蒙、汉两族人民同游同乐的盛会,也是两族之间的物资交流大会。

根据以上引例,试分析庙会作为一种地方性的节庆活动具有哪些社会价值、文化价值和经济价值?

附

中国传统节日一览表

名称	时间	活动内容
春节	正月初一	贴春联、放爆竹、发红包、穿新衣、吃饺子、守岁等
冬至节	12月22日前后	祭天祭祖、吃饺子、吃冬至线团
元宵节	正月十五	吃元宵、赏花灯、舞龙舞狮等
上巳节	三月初三	沐浴、踏青、互赠香草等
寒食节	清明节前一天	禁火冷食、上坟、郊游、斗鸡子、荡秋千、拔河等
清明节	4月5日前后	扫墓、踏青等
端午节	五月初五	女儿回娘家,悬挂菖蒲、艾草,游百病,赛龙舟等
七夕节	七月初七	穿针乞巧、喜蛛应巧、投针验巧、种生求子等
中元节	七月十五	祭祖、烧街衣、烧纸、放河灯、放天灯等
中秋节	八月十五	赏月、祭月、吃月饼、家人团圆等
重阳节	九月初九	出游赏景、登高远眺、观赏菊花、遍插茱萸、吃重阳糕等
寒衣节	十月初一	烧寒衣、上坟
下元节	十月十五	享祭祖先、吃时令食物等
腊八节	腊月初八	喝腊八粥等
祭灶节	腊月廿三或廿四	祭灶、扫尘等
除夕	腊月廿九或三十	除尘、守岁、贴门神、贴春联、贴年画、挂灯笼

第十五章

现代节事活动

学习导引

了解现代节事活动的多样化特征,了解现代各类节事活动的兴起背景及发展历程,及其反映的文化变迁以及现代节事活动的社会价值。

学习重点

通过本章学习,重点掌握以下知识要点:
1. 现代节事活动分类及特征;
2. 现代节事活动的兴起背景及发展历程(现代奥运会及世博会);
3. 现代节事活动的社会价值。

第十五章 现代节事活动

第一节 体育类节事活动

体育类节事活动主要是指体育赛事,包括职业比赛、业余比赛及商业性体育活动等等。随着旅游业的发展,体育节事活动已成为国家或地区旅游竞争的重要指标。

一、现代奥运会

(一)现代奥运会的兴起及发展

现代奥运会是以"恢复古代奥运会"为名义而构建的一个现代社会文化现象,它沿用了"奥林匹克运动会"的名称,继承了"奥林匹亚德"每4年一个周期的传统,借用和发展了某些仪式,吸收了公平竞争、奋勇拼搏、身心和谐发展的古代传统思想。但现代奥运会并不是古代奥运会的延续和翻版,它是在新背景下产生的新的社会文化现象,它们之间有本质的区别。1896年,第一届奥运会在希腊雅典正式举行。(见图15-1)

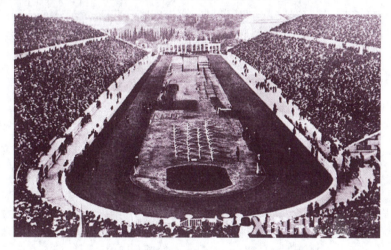

图15-1 1896年第一届现代奥林匹克运动会

15世纪的文艺复兴使得许多欧洲人开始重新赞扬奥林匹克精神。意大利的马泰奥·帕尔米里亚在1450年提出要提倡奥运会的和平与友谊的精神;德国人库齐乌斯花了多年时间挖掘古希腊的奥林匹亚村,1852年1月他在柏林宣读了考察报告,并建议恢复奥运会。被尊称为"现代奥林匹克之父"的法国教育家皮埃尔·德·顾拜旦于1892年首次公开提出恢复奥运会,并把范围扩大到全世界。1893年,顾拜旦致函各国体育组织,邀请它们参加在巴黎举行的国际体育大会。同年6月16日,12国的代表在巴黎举行了恢复奥林匹克运动大会,会议决议每4年举行一次全球范围的奥林匹克运动会。1894年1月,顾拜旦草拟了复兴奥运会的具体步骤和需要探讨的10个问题,致函各国体育组织和团体。6月16日,"国际体育运动代表大会"在巴黎索邦神学院开幕,到会代表79人,代表12个国家的49个体育组织,有2000人参加了开幕式。大会通过了《复兴奥林匹克运动》的决议。6月23日成立了国际奥林匹克委员会,希腊人维凯拉斯出任主席,顾拜旦任秘书长,并亲自设计了奥运会的会徽、会旗。会议还通过了奥林匹克宪章。国际奥林匹克委员会的成立,标志着奥林匹克运动的诞生。1896年,第一届现代奥林匹克运动会终于在希腊雅典正式举行。并决定此后每4年举行一次,会期不超过16天。历届奥运会时间表见表15-1。

表15-1 历届奥运会时间表

届数	地点	开幕时间	参加国家/地区数量/个	运动员数量/人
1	希腊雅典	1896年4月6日	13	311
2	法国巴黎	1900年5月14日	21	1330
3	美国圣路易斯	1904年7月1日	12	625
4	英国伦敦	1908年4月27日	22	2034
5	瑞典斯德哥尔摩	1912年5月5日	28	2547
6	柏林(因一战停办)			
7	比利时安特卫普	1920年4月20日	29	2607
8	法国巴黎	1924年5月4日	44	3092
9	荷兰阿姆斯特丹	1928年5月17日	46	3014
10	美国洛杉矶	1932年7月30日	37	1048
11	德国柏林	1936年8月1日	49	4066
12	先东京,后赫尔辛基(因二战停办)			
13	伦敦(因二战停办)			
14	英国伦敦	1948年7月29日	59	4099
15	芬兰赫尔辛基	1952年7月19日	69	4952
16	澳大利亚墨尔本	1956年11月22日	67	3184
17	意大利罗马	1960年8月25日	84	5348
18	日本东京	1964年10月10日	94	5140
19	墨西哥城	1968年10月12日	112	5531
20	德国慕尼黑	1972年8月26日	121	7147
21	加拿大蒙特利尔	1976年7月17日	88	6189
22	苏联莫斯科	1980年7月19日	81	5872
23	美国洛杉矶	1984年7月28日	140	7616
24	韩国汉城(现首尔)	1988年9月17日	160	8465
25	西班牙巴塞罗那	1992年7月25日	172	10632
26	美国亚特兰大	1996年7月19日	197	10749
27	澳大利亚悉尼	2000年7月19日	200	11000
28	希腊雅典	2004年8月13日	202	10600
29	中国北京	2008年8月8日	204	11438

续表

届数	地 点	开幕时间	参加国家/地区数量/个	运动员数量/人
30	英国伦敦	2012年7月27日	229	10500
31	巴西里约热内卢	2016年8月5日	207	10500

（二）引例：2008年北京奥运会

第二十九届奥林匹克运动会，又称为北京奥运会，于2008年8月8日至24日在中华人民共和国首都北京举行。此届奥运会是中国首次举办夏季奥运会，亦是继1964年东京奥运会和1988年汉城奥运会后，夏季奥运会第三次在亚洲国家举行。本届北京奥运会共打破43项新世界纪录及132项新奥运纪录，共有87个国家在赛事中取得奖牌，主办国中国以51枚金牌居奖牌榜首名。（见图15-2、图15-3）

图15-2　2008年北京奥运会开幕式盛况（一）

图15-3　2008年北京奥运会开幕式盛况（二）

1. 收入与支出情况统计

审计署公告显示，北京奥组委收支结余将超过10亿元。

在国际奥委会市场开发计划的分成和电视转播权收入方面，北京奥运会举办周期内，国际奥委会的顶级合作伙伴达到了11家，可口可乐、麦当劳等众多世界顶级企业在北京奥运周期内与国际奥委会续签赞助协议，中国的联想集团也在这一周期内成为中国第一家国际奥委会的全球合作伙伴，因此，国际奥委会在这一周期内收入状况良好。

北京奥运会期间，全球累计广播电视观众达40亿人次，创下历届奥运会之最，与此相关的电视转播权的销售也令人满意。

按照惯例，仅这两项，北京奥组委从国际奥委会拿到的分成就超过10亿美元，占组委收入总额的40%。

北京奥组委根据主办城市合同，在国际奥委会授权下实施了市场开发计划，奥运商机使得国内外众多企业加盟，成为北京奥运会合作伙伴、赞助商、供应商，市场开发的收入结果和加盟企业的数量都创下历史之最。

此外，门票、住宿、收费卡、利息、资产处置等其他收入也为北京奥组委换来了可观的收益。其中，虽然实行了低票价政策，但庞大的消费人群依然为北京奥运会贡献了十几亿元的收入。

2. 意义

1）奥运会的成功举办生动体现了中国日益增长的综合国力

经济快速发展，GDP 年均增长超过 10%，政治稳定，人民安居乐业，这些都为奥运会的成功举办奠定了坚实基础。奥运会向世界展示了中国的繁荣富强、人民团结友爱的国家形象，大大提升了中国的国际威望。

2）奥运会对中国经济快速发展起着推动作用

奥运会的各种硬件和软件建设有力地带动了工程建筑业、信息科技产业、服务业等社会各种产业的蓬勃发展。奥运会其间强大的商机，给中国企业带来了前所未有的机遇和发展空间，直接拉动了各奥运赞助商的股票价格，对各企业提高品牌的知名度、可信度起到了关键作用。

3）推动了体育事业的蓬勃发展

北京奥运会的成功举办，唤起了全国各族人民对体育运动的热情和爱好，促进了社区体育活动的开展，从而促进我国体育事业的发展。体育健儿在赛场上竞技，代表的是国家体育运动的情况。全民参加体育锻炼、全民参与奥运，才是我国体育事业发展的最终目的。

（三）奥运会商业化运作带来的利弊分析

1. 积极影响分析

奥运会作为当今规模和影响最大的全球性体育盛会，其对举办国旅游业的影响是其他任何活动都无法匹敌的。在一个特定时间段内，主办地将成为世界瞩目的中心舞台，吸引全球人民的目光，并向成千上万的潜在旅游者展示其风采。

从国际经验来看，奥运会为举办城市所建设和保留下的或多或少的"遗产"，增强了该地开展国内外旅游、会展和体育赛事等服务的输出能力，为日后进出口贸易的发展奠定了坚实的基础。

另外，与之相伴的旅游消费收入也相当可观。例如 2008 年北京奥运会期间，入境国际游客无论是住宿、交通、餐饮、通信、观看比赛，还是旅游购物时的消费水平，都比平时高出一倍或数倍。

从旅游收入构成来看，奥运会的举办，必定为酒店业、餐饮业以及与旅游相关的产业带来巨大的收入。

首先，有效地促进了入境游客的持续巨量增长。奥运会作为超大型"人文旅游品牌"，其对国际游客的吸引力几乎超过了当今世界其他超大型活动，其地位无可替代。

其次，大幅度增加了旅游业的外汇收入。奥运会期间，入境国际游客无论是住宿、交通、通信、餐饮、观看比赛，还是吉祥物、纪念品等旅游购物的消费水平，都比平时超出一倍或数倍，集中消费程度高，举办国外汇收入增量巨大。

最后，迅速提升了举办国的旅游品牌形象。在奥运会举办期间，举办地成为全世界瞩目的焦点，巨大的聚焦效应成为举办国政治、经济、文化发展的巨大、最佳传播载体。

奥运会使举办城市甚至举办国家具有空前的机会将自己展示给全球众多的观众，由此而诞生的奥运经济将对举办城市的经济和社会发展产生举足轻重的影响。

2. 消极影响分析

1) 大量游客涌入使交通压力增大

赛事期间,由于大量游客涌入,城市交通运输压力大大增加,在交通方面将会给当地居民的正常生活带来负面影响。如2000年悉尼奥运会期间首次出现"反旅游"现象,即一些居民为躲避大规模人流,纷纷逃离自己所居住的城市。

2) 造成物价上涨,使游客和居民的经济负担加重

由于游客的骤增,对城市居民的正常生活产生了不利的影响。房租、餐饮、交通价格等明显上涨,经济负担加重。城市的旅游资源易遭到破坏,在噪音、废气物等方面也会对当地居民的生活造成负面影响。

3) 大型赛事后,场馆、设施的利用率不高

一方面,体育场馆建设需占用大量的耕地;另一方面,体育场馆赛后运营是个国际性难题。现代体育场馆投资巨大,回收周期长,回报率低。目前国内大多数体育场馆经营不佳,高度依赖政府财政拨款。

4) 担负亏损的风险

大型赛事的举办若运营不力,将会出现产出低于整体投入的现象。事实上,奥运会真正成功的商业化运作是在1984年美国洛杉矶奥运会之后。在此之前,举办奥运会的国家都要赔钱。其中1976年加拿大承办的第21届蒙特利尔奥运会是历史上亏空最严重的一届,欠下了上十亿美元的债款。以致在20年后,蒙特利尔市民还要为当年的奥运会交税。当然,这种亏损并非直接来自旅游业本身,而是高昂的配套设施建设费用,尤其是比赛场馆、住宿及餐饮设施等。这些亏损将影响到举办城市的后续发展,进而波及旅游业,不利于旅游业的后续发展。

二、其他体育节事活动

(一) 世界杯足球赛

2006年世界杯,东道主德国至少获得200亿美元的直接经济效益。德国人为世界杯慷慨投下的70亿欧元的巨资得到了世界杯毫不吝啬的回报。与东道国一道成为世界杯进账大户的还有国际足联。作为主要收入来源的官方赞助费在德国世界杯中达到3700万美元。除此之外,世界杯的转播权、门票收入都为国际足联带来财富。

(二) F1(一级方程式赛车)

F1是世界公认的商业运作最成功的赛事之一,从竞技体育的角度来看,昂贵的F1赛事是一项无法普及的体育运动,它只是依附在商业操作下的一个产品,是各大汽车生产商展示各自实力的平台。F1经济已经不可避免地形成全球化趋势,那些没有涉及F1的国家都在琢磨着将赛车事业引进来,希望可以从F1中分得一杯羹!(见图15-4、图15-5)

三、我国体育类节事活动的未来发展

(一) 长期培育,市场化运作

体育旅游节事要产生综合效益并不是一朝一夕的事情,而是要对体育节事活动进行长期培育。这种长期的培育不仅包括政府政策的长期性、当地市场培育的长期性,还包括经营

图15-4 F1比赛现场

图15-5 F1颁奖现场

行为的长期性、节事主题行为的长期性等。政企分开、产业市场化是体育旅游节庆发展的必由之路。因此,政府职能应以宏观调控为主,调动企业的积极性,吸引企业参与,特别是品牌企业积极参与,建立多元的筹资机制,加强体育旅游节事市场功能的开发,这是国际许多成功旅游节的做法。

因此,体育旅游节事要形成专门的管理机构,通过市场机制管理体育节事活动,使之成为大众满意、商家受益、社会支持的旅游活动。

(二)加大宣传力度,提高体育旅游节庆的知名度

发展体育旅游节事活动,首先必须要让外人了解、认识要举办的体育旅游节事。如西班牙举办奔牛节之前,政府会印制大量的日程表和节目单,便于国际游客挑选自己喜爱的项目;日本交通公社等大型旅行社于5年前就会把之后国内的节庆计划公布于众,做了超前的宣传促销。

因此,要提高体育旅游节庆的知名度,必须靠宣传促销。

体育节庆活动的举办者除向新闻媒介发布信息外,还可以利用影视、歌曲、小册子、招贴画等多种宣传促销形式提高宣传促销的影响力、覆盖面和科技含量,增强旅游宣传实效。此外,还应积极参加国内外旅游交易会及各种旅游宣传促销活动等。

(三)培养体育节庆管理专业人才

要培育体育旅游节事产业,就必须重视体育节事专业的人才培养,可以通过派专业人员出国学习国外先进的节庆策划经验或聘请国际专业人才直接参与体育旅游节庆的策划管理工作两种形式,加快体育旅游节跨入国际旅游节行列的步伐。

(四)抓好体育节庆旅游商品开发

旅游商品是旅游过程的延伸,是旅游印象的物化,也是旅游业不可缺少的重要组成部分。体育旅游节庆商品的构思与造型,应该提高旅游商品的文化内涵,把传统文化、艺术内涵和商品本身结构、造型结合起来,把精心设计和精心制作结合起来,推出紧扣节庆主题的旅游商品。

第二节　艺术类节事活动

艺术类节事活动是在某一特定时间举办的文化艺术活动的统称。一般由政府或相关学术机构、协会、国际组织和机构主办或承办,也有民间组织、社会团体、公司或私人等承办或协办的。

艺术类节事的内容包括音乐、戏剧、戏曲、舞蹈、杂技及其综合艺术晚会等的文艺演出,还包括各种美术展览、艺术品博览会及拍卖会等专项文化活动、各种艺术交流活动和学术活动等等。

节日期间除了举办文艺演出和展览,也举办各种学术活动和艺术品交易、拍卖等商业活动,时间由数日到数月不等。有的地方会设置一些艺术节常设机构,负责艺术节的筹办和组织工作。

艺术节是具有全国性、群众性的重要国家文化艺术节日。

一、艺术节

(一) 起源

1. 古代艺术节

艺术节的历史至少可以追溯到古希腊时期。众所周知,古希腊戏剧节曾经如同奥运会一样盛况空前,影响广泛。不同的是,奥运会四年一次,戏剧节则每年一次。

公元前6世纪,雅典工商业繁荣,对外贸易日趋扩大,农业生产技术出现了明显进步。原本流行于乡村的庆祝丰收、祭祀酒神和农神的节日歌舞及仪式表演,出于宗教认同、文化娱乐和公民教育的需求,被有意识地引入了雅典城邦,逐渐演变为全国性的节日庆典。这类庆典表演之最盛大者,是每年三四月间,在新酿的葡萄酒上市时所举行的"酒神大节"。

酒神节上最重要的内容,是以戏剧竞赛的形式出现的戏剧节。古希腊戏剧节的成功,在于城邦当局自觉主动地把艺术节当作公共服务加以长期支持,而艺术节则在百多年的繁荣过程中,通过长期大量的、周而复始的现场集聚、戏剧演出、情感交融和人格陶冶,牢固确立了英雄主义的戏剧主题,充分激励起城邦公民的爱国热情和民主意识,直接服务于反侵略战争和民主制斗争,从而在既缺乏交通工具又缺乏传播媒体的古代世界里,难能可贵地把高度分散、彼此存在利益冲突的164个希腊城邦团结起来,有效维护了民族独立领土完整,创造了古代史上以少胜多、以弱胜强的伟大奇迹。甚至在古希腊被罗马人征服之后,仍然以其高度发展的文化成就,征服了征服者,充实了古罗马文明。

艺术节的生命有赖于公民与城邦的可持续沟通。

2. 现代艺术节

现代意义上的艺术节最早出现在近代欧洲的城市,其创办动机如同缪斯女神那样婀娜多姿。概括而言,主要包括九大使命:艺术庆典,娱乐需求,商业目的,专业平台,创新实验场所,观众培养,社区亮点,政治或社会传播,刺激经济。这中间,"为艺术而艺术"和"为人生而艺术"的内在动机相互交织,然而主线始终是艺术与人生两者间的制约依存关系。

3. 我国艺术节

在我国,艺术节的兴起或可追溯到抗战全面爆发之际,起因是救亡图存。目前,中国资格较老又颇具规模且至今仍在运营的是香港艺术节和哈尔滨冰雪艺术节。

(二) 引例:奥地利布雷根茨艺术节

一年一度的布雷根茨艺术节是奥地利最负盛名的艺术节之一,它始于1946年,也是世界上最重要的歌剧节之一。布雷根茨艺术节始于第二次世界大战结束之时。当时,经历了战火的布雷根茨损毁严重,人口锐减,一群人大胆地提出了举办艺术节的想法。当时的布雷根茨是一个连剧院都没有的小城,这些人提出了水上舞台的构想,而这一创意造就了布雷根茨艺术节。

1946年,莫扎特的歌剧《巴斯蒂安与巴斯蒂安娜》成为布雷根茨艺术节第一场水上舞台演出剧目并大获成功。

经过多年打造,布雷根茨艺术节已成为欧洲艺术活动的品牌之一,并以其华丽的舞台设计闻名于世。它不仅吸引着越来越多的观众,代表世界艺术最高成就的作品也越来越多地出现在这个艺术节上。每年为期一个月的布雷根茨艺术节也为当地迎来一个旅游高峰期。

布雷根茨艺术节堪称视听盛会,其最大看点是水上舞台的歌剧演出。每年艺术节期间,水上舞台都会根据上演的重点剧目搭建大型布景,并成为布雷根茨艺术节的形象标志,也是吸引游客的一大亮点。(见图15-6、图15-7)

图15-6 1991/1992《卡门》巨型骷髅巨型书
(这是世界最大的露天舞台,它被固定在离岸25米的博登湖中,观众坐在岸边的陆地上)

(三) 艺术节的意义及价值

艺术节是一个城市定期举办的综合性节庆活动,体现这个城市的国际形象、文明程度、跨文化交流与国际合作能力,其短期效果虽不及奥运、世博等大型活动,但从可持续发展角度看,其为城市所专有、公众认同、资源整合、国际传播、文化特色、长时段周期性持续效应等

图 15-7　2013/2014《魔笛》
（该剧的舞台设计具有童话色彩,三只巨龙和一只庞大的绿色海龟构成舞台主要结构,
设计新颖、色彩绚丽的舞台配以灯光、烟火等特效,营造出了一种梦幻般的故事场景）

特点,决定了它在全球化城市竞争与合作中,特别是资源市场和品牌创新领域,具有不可替代的作用。

城市艺术节的深层意义,在于为主办城市的全球化资源整合创造机遇。在当代产能过剩的条件下,资源整合的实质是需求交换。这就对特色化自主研发和国际化品牌传播提出了迫切要求。特色化与国际化双向互动由此成为文化城市建设的基本路径、艺术节沟通的主要依据与追求。

当前,艺术节有必要立足于城市特色化建设实践,从内容到形式追求个性化发展,克服同质化倾向,在特色化与国际化双向互动过程中,切实形成资源个性的不可替代性,进而与城市一起走向世界。

二、音乐节

(一)起源

在英国,世俗音乐的音乐节始于 18 世纪。通常是在特定的地方用统一的内容,例如民族音乐、现代音乐或发扬某一杰出作曲家的作品,举行连续性的演出。音乐节意指持续数天和数周的、一种或几种艺术的庆祝聚会。有的音乐节主要为了纪念某位音乐家而举办,如巴赫音乐节;有的音乐节专为当代音乐作品举行,如多瑙厄申根音乐节;有的音乐节包括多种艺术项目,如萨尔茨堡音乐节。

现在国际上有许多音乐节的动机已不完全是从纯音乐的角度出发,而是结合旅游与经济效益等方面综合考虑,力求精神与物质双丰收。

(二)引例:格拉斯顿伯里音乐节

1970 年,农场主 Michael Eavis 正式举办第一届格拉斯顿伯里音乐节,如今它已成为每届都会吸引十几万歌迷的全球最大的音乐节。

已经走过了 40 多个年头的格拉斯顿伯里音乐节,中间因为农场主与歌迷的冲突、洪水、休息等各种原因停办过十几次,但最终还是坚持了下来。

自从伍德斯托克音乐节随同20世纪60年代理想主义的泡沫一起破灭后,格拉斯顿伯里音乐节就被称为了"英国的伍德斯托克"。而和伍德斯托克不同的是,它一直保留着自己英国式的严谨作风,管理得井井有条。

格拉斯顿伯里音乐节每年都由多个舞台组成,除了包括"金字塔舞台"在内的三个舞台外,还有舞曲/电子音乐舞台、爵士舞台和音响舞台等。另外,在绵延五英里的铁栏围起的区域内还有戏剧表演、影片放映、马戏表演、游乐园、儿童游戏区、市场和绿色和平区等。

1. 特点

格拉斯顿伯里音乐节是目前世界上最大的户外草地音乐节。每年一至炎热夏季,五颜六色的车辆便塞满了通往农场的羊肠小道,人们背着沉重的行李走入会场,在草地上独力搭起帐篷。若是天气闷热便脱去上身衣物,即便赤身裸体亦无妨,无人会为之大惊小怪,因为会场中多的是各式奇异装扮。

2. 历程

全球最大的露天音乐节——格拉斯顿伯里音乐节诞生于1970年,由一位热爱摇滚乐的英国农场主 Michael Eavis 发起并借出场地。Michael 自从在巴斯参加了一场布鲁斯音乐节后,激动之情常常萦绕心间,借着自己有个农场的地盘优势,便萌发了自办音乐节的想法。首次格拉斯顿伯里音乐节请来了 T. Rex 的 Marc Bolan、民谣摇滚乐手 Al Stewart、Quintessence 等六组音乐人,吸引了1500人到场观看。(见图15-8,图15-9)

图15-8　1970年格拉斯顿伯里音乐节海报
(由农场主迈克尔·伊维斯自制的格拉斯顿伯里音乐节海报)

图15-9　1970年格拉斯顿伯里音乐节

一年之后,格拉斯顿伯里音乐节再次举行,迈入了正轨,Andrew Kerr 和 Arabella Churchill 成为音乐节经理人,负责活动统筹和商业策划。因为拉来了不错的赞助,那一年的表演向观众免费开放,大批乐迷和文青涌入格拉斯顿伯里音乐节,大约有一万两千人,将现场变成摇滚乐、诗歌、舞蹈、戏剧的实验场。也是这一届,格拉斯顿伯里音乐节发明了它的标志性建筑——金字塔形的主舞台。

进入21世纪,格拉斯顿伯里音乐节的入场人数轻松破十万。(见图15-10、图15-11)

图15-10　2011年格拉斯顿伯里音乐节游戏活动

图15-11　2014年格拉斯顿伯里音乐节现场

第三节　展览类节事活动

展览类节事活动主要是指会展及商贸活动,如会议、展览会、博览会、广告促销、商品交易、募捐、筹资等活动。

一、世界博览会

(一)起源

世界博览会(World Expo)是一项由主办国政府组织或政府委托有关部门举办的有较大影响和悠久历史的国际性博览活动。它已经历了百余年的历史,最初以美术品和传统工艺品的展示为主,后来逐渐变为荟萃科学技术与产业技术的展览,成为培育产业人才和一般市民的不可多得的启蒙教育场所。

世界展览会的会场不单是展示技术和商品,而且伴以异彩纷呈的表演、富有魅力的壮观景色,设置成日常生活中无法体验的、充满节日气氛的空间,这些使它成为一般市民娱乐和消费的理想场所。

世界博览会作为国际性大型展示会,其特点是举办时间长、展出规模大、参展国家多、影响深远。

现代意义的世博会发源于19世纪中叶工业革命萌芽之际,至今已经先后举办过40多届,经历了百余年的历史。

主要展现了人类在社会、经济、文化和科技领域取得的成绩。(见图15-12、图15-13、图15-14)

世博会按照性质、规模、展期的不同,可分为两大类。

一类是注册类世博会,也称综合类世博会,其特

图15-12　1851年英国伦敦万国工业
　　　　　产品展会展出的机器设备

图 15-13　1889 年法国巴黎世博会建造中的埃菲尔铁塔

图 15-14　1958 年战后第一届布鲁塞尔世博会

点是拥有综合性主题,展出内容较为丰富,展期通常为 6 个月,每 5 年举办一次。

另一类是认可类世博会,也称为专业性世博会,展出主题的专业性较强,展期通常为 3 个月,在两届注册类世博会之间举办一次。

2010 年上海世博会属于国际展览局注册类世博会。

(二) 引例:中国 2010 年上海世界博览会

2010 年 5 月 1 日至 10 月 31 日,世界博览会在中国上海市举行(见图 15-15)。长达半年的展览时间为世界各地的参观者选择不同机会、不同时间前来观展提供了便利。

在申办和筹办过程中,中国确定了上海世博会的举办目标,即汇聚 200 个国家和国际组织参展,吸引 7000 万人次的海内外参观者,为世界呈现一届"成功、精彩、难忘"的世博会。

图 15-15　2010 年上海世界博览会开幕式现场

1. 主题

上海世博会主题是"城市,让生活更美好",主题下设有 5 个副主题,分别是"城市多元文化的融合"、"城市经济的繁荣"、"城市科技的创新"、"城市社区的重塑"和"城市和乡村的互动"。上海世博会的主题体现了全人类对于未来城市环境中美好生活的共同向往,反映了国际社会对于城市化浪潮、未来城市战略和可持续发展的高度重视。在上海世博会184天的展期里,世界各参展国家和国际组织、城市、企业等,围绕主题,充分展示城市文明成果、交流城市发展经验、传播先进城市理念,从而为新世纪人类的居住、生活和工作探索崭新的模式,为生态和谐社会的缔造和人类的可持续发展提供生动的例证。

2. 会徽与吉祥物

上海世博会会徽是通过全球征集、专家评审而产生的。会徽图案形似汉字"世",并与数字"2010"巧妙组合,相得益彰,表达了中国人民举办一届属于世界的、多元文化融合的博览盛会的强烈愿望。

会徽图案从形象上看犹如一个三口之家相拥而乐,表现了家庭的和睦。在广义上又可代表包含"你、我、他"的全人类,表达了世博会"理解、沟通、欢聚、合作"的理念。

会徽以绿色为主色调,富有生命活力,增添了向上、升腾、明快的动感和意蕴,抒发了中国人民面向未来、追求可持续发展的创造激情。

上海世博会吉祥物名为"海宝"(HAIBAO),意即"四海之宝"。"海宝"的名字朗朗上口,符合中国民俗的吉祥称谓原则。"海宝"的形象则以汉字的"人"作为核心创意,既反映了中国文化的特色,又呼应了上海世博会会徽的设计理念。

3. 展馆设置

上海世博会中国馆位于世博会规划核心区,处于世博园区浦东区域主入口的突出位置。中国馆极富中国建筑文化特色。

"斗冠"造型以及外立面覆以"叠篆文字"的构思,将无数中国人对世博会的憧憬和梦想寄托在了独特的建筑语言之中。

中国馆建筑外观以"东方之冠"为构思主题,表达中国文化的精神与气质,其设计理念可以概括为:"东方之冠,鼎盛中华,天下粮仓,富庶百姓。"

4. 外国国家馆和国际组织馆

作为上海世博会的官方参展者,来自全世界的国家和国际组织的展馆基本按照其所在大洲的地理位置或性质来分布,相关展馆共分为三类。

第一类称为自建馆,是指由官方参展者在世博会组织者提供的地块上自行设计和建造的展馆。

第二类称为租赁馆,是指世博会组织者建造并租赁给官方参展者的独立展馆。

第三类展馆是指由世博会组织者建造、免费向发展中国家提供的联合展馆内的展示空间。原则上,组织者仅向发展中国家免费提供一个展示单元,在特别情况下,一个发展中国家最多可以免费使用两个展示单元。

这三类展馆均属临时性建筑,但在消防、无障碍服务、环境卫生、安全防范、公共服务等方面都有较为齐全的配套。

5. 主题馆

上海世博会"城市,让生活更美好"的主题涉及人、城市、地球、足迹、梦想五个概念领域。

围绕这五个领域,上海世博会设立了五个主题馆。

主题馆造型围绕上海特色建筑"里弄"、"老虎窗"的构思,运用"折纸"的手法,形成二维平面到三维空间的立体建构。屋顶模仿了上海石库门"老虎窗"正面开、背面斜坡的建筑特点。这一设计方案突出反映了上海城市的特征、城市生活的记忆空间和令人陶醉的城市意象,屋面单元的重复对应着里弄的韵律,而三角形的连续构架令人联想到风筝、纸飞机、飞鸟,象征对自由生活的美好期望。

浦东主题馆群凸现大功能、大绿色、大降耗的特点。大功能主要表现在展示空间大,可以进行充分的主题演绎。超过3万平方米的广场绿化充分体现了大绿色,利用屋面雨水收集系统灌溉近万平方米的垂直绿化,在体现节能的同时,又极大丰富了世博园区的自然景观。展馆还将充分利用自然采光和自然通风降低能源消耗,以体现大降耗。

6. 企业馆

自1851年在英国伦敦举办第一届世博会以来,企业始终活跃在世博会的舞台上,对人类社会进步和科技创新作出了巨大贡献,而世博会也为企业扩大影响力、提升品牌价值提供了平台。在1933年芝加哥世博会上,企业首次获准建立独立展馆。从此,参展企业得以在更广泛的领域,运用更为灵活的手段,围绕一届世博会主题,向世界展示企业的科技水平和独特文化。

7. 节庆与活动

精彩丰富的各类活动是上海世博会的主要内容之一。

整个世博园区内用于文化演艺活动的场地共有30余个,总面积约占世博园区总面积的十分之一。

在上海世博会举办期间,世博园区内上演了2万余场各类演出活动,其中既有主办方组织的活动,如高科技主题秀、原创舞台剧和主题文化巡演等,也有来自各个参展国和国际组织的活动,如专场文艺演出、小型广场音乐会、街头舞蹈和民俗表演等。

多姿多彩的文化演艺娱乐活动,吸引了无数的参加者。

组织者主办的活动包括开幕式、闭幕式、中国馆日等重要活动。

除了上述重要活动外,世博会组织者还举办了精彩纷呈的文艺娱乐活动,如每天举行开闭园的演出和活动;设计了融音乐、舞蹈、杂技、魔术及多媒体于一体的高科技主题秀,作为园区内每日的保留节目。此外,还编排了融东方传统文化元素、表现世界和谐主题的舞台剧,在世博会上首演。

除了组织者主办的活动外,由众多参展者提供或参与的活动,体现出了多元文明和谐共融的世博特色。参展者组织的活动,包括国家馆日、特别日活动以及作为非官方参展者参展的城市和企业在园区内组织的各类日常活动。

8. 相关数据统计

184天——上海世博会会期,184天里,世博会平稳运行,未发生重大责任事故和食品安全事故。

7308.44万人次——截至2010年10月31日21时(停止入园),上海世博会累计入园参观者人次,184天平均每天约39.7万人次。

103.28万人次——单日最大客流,出现在2010年10月16日。

5.8%——境外参观者占入园参观者的比例,此外,上海本地参观者比例为27.3%,来自江苏省和浙江省的参观者比例分别为13.2%和12.2%。

246个——上海世博会参展国家与国际组织数量。

928.25万人次——中国国家馆累计接待参观者数量。

22900场——世博园区共上演各类文化演出活动数量。超过1200个中外演出团体来园演出,节目总数超过1100个,累计吸引观众逾3400万人次。

18.6万人次——新闻中心共接待了的中外记者数量,还为近400名参展方新闻联络官、288场重要官方活动、198个媒体参访团提供了服务。

8234万人次——网上世博会累计入"园"参观者数量。

1亿份——世博组织者为游客发放世博导览图数量,其中8000万份为园区导览图,2000万份为园外导览图。

1.83亿人次——园区内交通累计运送游客数量。

79965名——园区志愿者数量,其中包括1266名国内其他省区市志愿者和204名境外志愿者,这些志愿者分13批次,为游客提供了129万班次、1000万小时约4.6亿人次的服务。

3万吨——世博园区共清运生活垃圾的数量。每天近2000名环卫工人和200多辆环卫作业车辆在园区内清扫、收集、运送垃圾。

1800万把——高温天气,组织者向游客发放清凉扇的数量。

1854个——饮水点直饮龙头数量,共117处。其他公共服务设施包括园内设休息座凳11万个座位,固定喷雾256台机组4.2万个喷头,设置1.1万个厕位。排队休息长凳1.15万米。

9. 意义及价值

上海世博会不仅有利于上海经济持续快速增长,同时也成为推动中国经济增长的重要"引擎"。举办世博会,不仅给参展国家带来发展的机遇,扩大国际交流和合作,促进经济的发展,而且给举办国家创造巨大的经济效益和社会效益,宣传和扩大举办国家的知名度和声誉,促进社会繁荣和进步。

具体体现在上海举办世博会有效地拉动了固定资产投资增长,扩大了国内消费需求,带动了中国经济贸易发展。

一是上海举办世博会给国内外投资者提供了巨大商业机会,因此将吸引大量的国内外资金流入上海。

二是上海举办世博会有效地扩大了中国的消费需求,特别是旅游消费成为了热点,吸引了众多的国外客人来中国参观上海举办的世博会。

三是对长江三角洲经济区产生拉动效应。长江三角洲是中国经济最发达地区,而上海又是长江三角洲的龙头。上海在长江三角洲及华东地区的领头羊地位对周边地区经济的拉动作用是显而易见的。世博会不仅对上海来说是一个难得的发展机遇,对长江三角洲影响也很巨大。

四是后续效益无法估量。除了直接、间接收益外,世博会后续的"黄金效应"更是无法估量的。

总之，可以看出，上海举办 2010 世博会提高了中国的国际地位，改善了中国的投资环境，促进了消费需求，还带来了额外的税收等。2010 年上海世博会，与 2008 年北京奥运会一起，成为新世纪之初推动中国发展进步的"双引擎"。飞转的"引擎"，大大提高了上海的开放程度，使之更好地与世界融合，同时带动了中国经济发展更上一层楼。

二、其他具有代表性的展览类节事活动

（一）大连国际服装节

大连国际服装节是由大连市人民政府发起并会同中国国际贸易促进委员会、中国人民对外友好协会、国家旅游局、人民日报社、经济日报社、香港贸易发展局、华润（集团）有限公司、中央电视台、中华工商时报社、凤凰卫视有限公司、中国服装集团公司、中国服装协会、中国百货纺织品公司、中国纺织品进出口商会、文化部队社会文化司、外联局、中国公共关系协会等多家单位共同举办的集经贸、文化、旅游为一体的颇具规模的盛大城市节日。

1988 年举办了首届大连服装节，从 1991 年第三届服装节开始冠以"国际"两字，每年一届。每届服装节历时 7 至 10 天，多在 8 月下旬至 9 月中上旬举行。

服装节期间，除举行开幕式外，还举行国际服装博览会暨中国服装出口洽谈会、"大连杯"中国青年时装设计大赛、世界名师名牌时装展演等十余项活动。

为吸引市民参与，服装节开始的当天，还举行盛大的巡游表演——中国大连狂欢节活动以及为期 1 个月的游园会。大连国际服装节是集经贸、文化、旅游活动为一体的颇具规模的盛大节日，与香港时装节互结为姐妹节。

服装节的主要活动有气势恢弘的开幕式广场艺术晚会、欢快热烈的巡游表演、精品竞秀的服装博览会、商贸云集的服装出口洽谈会、争奇斗艳的服装设计大赛、光彩照人的世界名师时装展演会、热闹非凡的游园会以及新颖别致的闭幕式晚会等。每年都吸引成千上万的中外宾朋。

（二）中国进出口商品交易会

中国进出口商品交易会（Canton fair）即广州交易会，简称广交会。

创办于 1957 年春季，每年春秋两季在广州举办，是中国目前历史最长、层次最高、规模最大、商品种类最全、到会客商最多、成交效果最好的综合性国际贸易盛会。

自 2007 年 4 月第一百零一届起，广交会由中国出口商品交易会更名为中国进出口商品交易会，由单一出口平台变为进出口双向交易平台。中国进出口商品交易会贸易方式灵活多样，除传统的看样成交外，还举办网上交易会。广交会以出口贸易为主，也做进口生意，还可以开展多种形式的经济技术合作与交流，以及商检、保险、运输、广告、咨询等业务活动。来自世界各地的客商云集广州，互通商情，增进友谊。

第四节　民俗类节事活动

民俗又称民间文化，是指一个民族或一个社会群体在长期的生产实践和社会生活中逐

渐形成并世代相传、较为稳定的文化活动,可以简单概括为民间流行的风尚、习俗。民俗类节事活动就是以本国民族独特的民俗风情为主题,涉及民间流行的风尚、习俗的一系列节事活动的总称。

一、狂欢节

(一)起源

世界上不少国家都有狂欢节,它起源于欧洲的中世纪。古希腊和古罗马的木神节、酒神节都可以说是其前身,有些地区还把它称之为谢肉节或忏悔节。

狂欢节曾与复活节有密切关系,复活节前有一个为期40天的大斋期,即四旬斋。斋期里,人们禁止娱乐,禁食肉食,反省、忏悔以纪念复活节前三天遭难的耶稣,生活肃穆沉闷。于是在斋期开始的前三天里,人们会专门举行宴会、舞会、游行,纵情欢乐,故有"狂欢节"之说。

如今已没有多少人坚守大斋期之类的清规戒律,但传统的狂欢活动却保留了下来,成为人们抒发对幸福和自由向往的重要节日。欧洲和南美洲地区的人们都庆祝狂欢节。但各地庆祝节日的日期并不相同,一般来说大部分国家都在2月中下旬举行庆祝活动。各国的狂欢节都颇具特色,但总体来说,都是以毫无节制的纵酒饮乐著称。

(二)引例:意大利威尼斯狂欢节

意大利威尼斯狂欢节起源于欧洲古代的神农节,是当今世界上历时最久、规模最大的狂欢节之一。它与巴西嘉年华及法国尼斯嘉年华并列为世界三大嘉年华。

在这一年一度的嘉年华里,伯爵可以是乞丐,农夫可以是王子,在这时期不再有阶级与身份地位之分,平民与贵族,都可以尽情享乐,戴上面具,享受平等的欢愉,演出属于自己的人生大戏。

作为威尼斯狂欢节的首要组成部分,面具消除了贫富、年龄、性别、级别这一切屏障,将人们融合在一起,一起狂欢。

据说狂欢节的习俗最初起源于那些喜欢隐姓埋名到赌场赌钱的威尼斯贵族,后来演变成为欧洲最具有异国情调的多姿多彩的节日。而威尼斯狂欢节的起源则还有一说:公元12世纪,古老的威尼斯城邦共和国日渐强盛,它战胜了附近的封建城邦国,称霸一方。为庆祝这一胜利,威尼斯人走上街头高歌欢舞,一连数日不休。直到200多年后,这个尊崇天主教的城邦国根据宗教节日的安排,正式把一年一度的欢庆活动时间固定下来,即从四旬斋的前一天开始,延续大约两周时间。到18世纪,狂欢活动盛极一时,欧洲各国的王公大臣、绅士淑女都赶到威尼斯,观看精彩的室内音乐演出和戏剧演出,参与街头和广场上的民众狂欢。威尼斯遂赢得"狂欢节之城"的称号。19世纪之后,威尼斯共和国逐渐衰亡,狂欢节逐渐失去活力。直到近几十年,随着旅游事业的发展,威尼斯的狂欢活

知识关联

苏联思想家巴赫金提出了"狂欢化"这一文化美学及诗学命题,所谓狂欢化,是指一切狂欢节式的庆贺、仪式、形式在文学体裁中的转化与渗透。

动重新恢复,威尼斯狂欢节得以重放光彩。(见图 15-16、图 15-17)

图 15-16　2011 年意大利威尼斯狂欢节盛况(一)　　图 15-17　2011 年意大利威尼斯狂欢节盛况(二)

(三) 意义

"狂欢节"虽源于中世纪的欧洲,但一直到苏联思想家巴赫金那里才获得前所未有、非同寻常的文化意义。巴赫金的狂欢节理论,赋予民间文化、狂欢节广场、狂欢节式的笑以深刻的意指,进而在人们的现实世界之外建立起了"第二个世界和第二种生活"。如今的狂欢节虽已失去了巴赫金所理解的宗教神圣意味和意识形态颠覆功能,现代城市休闲广场的自觉有序也与当年民间广场的自发随意迥然有异,但巴赫金的狂欢节理论无疑为揭露现代城市休闲广场的文化意蕴提供了独特的视阈。紧张之余的心灵游憩、禁忌之外的主体自由、参与之中的自我确认,使城市休闲广场成为城市居民诗意栖居的一片审美天地;人与人之间的自由交往,参与者和参与者之间、民间话语和主流话语之间的平等对话,使城市休闲广场成为现代人交往对话的互动型空间;城市休闲广场所包含着的独特休闲价值、审美精神、传统底蕴和个性风格,又使其成为城市文化的彰显载体。

伴随全球化进程的不断加快和世界经济的飞速发展,"狂欢节"已成为世界性的城市文化景观,一些城市纷纷把举办狂欢节作为娱乐普通百姓、演绎地方风情、展现城市面貌的重要手段。比如,西班牙小镇布诺一年一度的西红柿狂欢节、带有水城特色的意大利威尼斯狂欢节、具有浓郁桑巴风情的巴西狂欢节、加拿大魁北克的冬季冰雪狂欢节、意大利锡耶纳坎波广场一年两次的"赛马节"等。

中国内地城市近年来也是"狂欢节"不断,比如昆明"国际文化旅游节昆明狂欢节"、"大连旅游狂欢节"、"啤酒美食狂欢节"、炎帝陵景区"炎帝火文化狂欢节"、萝北"中俄犹国际戏水狂欢节活动"等,但"狂欢节"已经具有了世界意义,城市休闲广场也因此被赋予全新的文化。

二、德国慕尼黑"啤酒节"

(一) 起源及发展现状

慕尼黑啤酒节,每年 9 月末到 10 月初在德国的慕尼黑举行,持续 2 周(大概 16 天),是慕尼黑一年中最盛大的活动。起源于 1810 年 10 月 12 日,为庆祝路德维希王子的婚礼所举办,因在这个节日期间主要的饮料是啤酒,所以人们习惯性地称其为啤酒节。慕尼黑啤酒节与英国伦敦啤酒节、美国丹佛啤酒节并称世界最具盛名的三大啤酒节。慕尼黑啤酒节在西部市郊的特雷西亚草坪举行,每年大约有 600 万人参与其中,在这里可畅饮啤酒并欣赏穿着巴伐利亚传统服饰的当地人的盛装展示。从 1810 年到 2014 年为止,慕尼黑啤酒节有 181 年的历史。其间因第一次世界大战停办 5 年,第二次世界大战停办 7 年。自 1946 年以来节日规模越办越大,并逐渐发展成为了一个世界知名的民俗节日。

尽管啤酒节不用买门票,但是,每个游乐节目都要买入场券,而啤酒价格逐年上涨,游客每年也在增加,给举办地带来的收益不可小觑。近些年来,啤酒节上新增了传统服饰游行,很多游客都穿上当地传统盛装加入到游行队伍。(见图 15-18、图 15-19)

图 15-18　慕尼黑啤酒节"啤酒棚"

图 15-19　着盛装的游客在 2015 啤酒节上豪饮

(二) 主要活动

1. 盛装游行

每年啤酒节的第一个周日,来自全德国各个州的人们穿上富有特色的民族服装,演奏音乐,浩浩荡荡地穿过慕尼黑的市中心,最后来到啤酒节的现场。人们把自己打扮成古代衣着考究的贵族公爵或者身披绫罗绸缎的王妃贵妇,驾着鲜花装扮的古典马车,风度翩翩地从观众的目光中走过,也有不少人很朴实地穿着农民过节穿的衣服,看上去也非常漂亮。

参加的人从老到少,各式各样。表演的人物也丰富多彩,从阿尔卑斯山下的牧童、莱茵河畔的磨房主到科隆教堂的修女、北德普鲁士的老翁。

2. 啤酒棚

在德语里,"Bierzelten"直译是"啤酒帐篷"的意思,小的可以坐下上千人,大的则可以容纳上万人。每一个啤酒棚一般都只提供一个酿酒厂的啤酒,为了突出自己的与众不同,每个啤酒厂都努力把自己的那个啤酒棚修建得富有特色而舒适气派。啤酒棚外部的装修标新立异,但内部大多都是一个格局,可以坐20人的长条木桌椅排排摆开,会场中心是被鲜花和灯光装扮一新的高高的表演舞台,棚顶装饰着巨幅的绸缎和编织的花环,有的啤酒棚还设两层,楼上设有雅座。热闹的时候,啤酒棚里挤得人山人海,中心舞台上演奏的音乐响彻全场,气氛热烈高涨。

3. 游乐场

游乐场里有很多适合家庭娱乐的项目,像大转轮、旋转木马、"云中翻"、亚洲恐怖宫等,游客还可逼真体验地震、火山、飓风。各种游乐设施之间还点缀了小马戏团、杂耍铺、魔术表演等等,无数各具特色的小店把整个游乐场装点得生动活泼,游客可在这里买到纪念品和巴伐利亚特色小点心,参与游戏的还可以赢得各种可爱的玩具。

第五节 其他节事活动

一、世界小姐选拔

"世界小姐"(Miss World)是一年一度的国际选美比赛,其评选活动已有半个世纪的悠久历史。该项活动于1951年为宣传英国而由爱瑞克·莫里在英国南岸创立,是当时英国新年庆典的一部分,最初称为"节日比基尼竞赛",后由英国新闻界将其冠名为"世界小姐"。该赛事原计划只举办一届,但1952年"环球小姐"活动正式启动后,组织者决定进行每年一度的评选活动,参赛者也不再只是身着比基尼出场表演,而在原有竞赛项目基础上增加了才智比赛等内容。从1951年至2010年,"世界小姐"评选活动先后在20多个国家成功举办了63届,已逐渐发展成为具有世界影响的年度时尚文化盛典,与美国"环球小姐"(Miss Universe)和日本"国际小姐"(Miss International)并称为全球三大国际性正规女性文化活动。(见图15-20)

(一) 活动的宗旨

"世界小姐"选美比赛是立志于为国际社会作贡献,是来自全世界的女性们,作为"美丽

图 15-20 2015 年世界小姐中国区比赛

的友好使者"每年一度的聚会。

现今的"世界小姐"评选活动内容积极健康，以促进世界和平、树立杰出妇女榜样、帮助饥饿残疾儿童为主要宗旨，即"有目的的美丽"。

"世界小姐"大赛选拔的优秀女性是才貌双全、充满爱心、积极向上的健康女性代表。主办方正是希望通过这种活动方式，使"世界小姐"大赛成为一种交流和传播的机制，将和平、友谊和爱通过各国选手和观众一年一年地传播并发扬光大。

历届"世界小姐"大赛的获奖者中，不乏后来积极从事慈善活动和公益活动的爱心使者，她们具有相当的说服力和号召力，为社会作出了积极的贡献。活动还通过为获胜者提供奖学金等方式，鼓励女性争取学习机会，掌握科学知识，为年青女性树立上进方向和榜样。

（二）赛事活动流程

"世界小姐"大赛主办者是"世界小姐"机构。参赛选手来自世界各国和地区，每年总部将大赛主办权授予一个国家或地区。由每一个国家推选其最美丽的小姐参赛，各国小姐将在五项比赛中展示最美的一面，最终由评委评出"世界小姐"。

（三）活动运作与意义

"世界小姐"组织机构本身拥有相对固定的赞助商群体，赛事的电视转播权和节目版权也为其带来巨大的经济收益，同时还要向年度评选活动的承办方收取数额不等的承办费。该组织一般会将本国家或地区的部分商业赞助权、广告电视转播权和门票经营权等交由举办地的组织机构行使，进行商业和市场运作，以弥补承办经费。如果运作得当，举办地的承办单位将会取得可观的经济收入，同时举办城市可借助这一知名的国际文化盛典，扩大自身的影响和知名度，促进当地旅游、经济、文化和社会的发展。

此外，"世界小姐"全球电视观众达 20 亿人，网上投票的网友过亿。"世界小姐"评选活动以独特的方式吸引着世界各地媒体和受众的注意，赛事创办 50 多年来，其影响力和知名度越来越大。

在某种意义上讲，传媒对一年一度"世界小姐"评选的狂热程度甚至超过了世界杯和奥运会。

二、文化节

与艺术节、音乐节给人的印象不同,文化节的概念更为宽泛,是对优秀文明的保存、继承、发扬、交流、传播从而达到共荣。各国多元文化的存在、不同文化的异同、文化背后的交际与摩擦,已经成为备受关注的焦点,这也是政府与非政府组织乐于利用的节事活动主题。与此同时,文化节以文化的体验及展示为手段,增进不同文化主体的相互理解,促进社会和谐的"多元文化节"也随之出现。2015年堪培拉"多元文化节"见图15-21、图15-22。

图15-21　2015年堪培拉"多元文化节"盛况(一)

图15-22　2015年堪培拉"多元文化节"盛况(二)

在我国,文化节多以旅游文化节的形式出现,也有以主题为中心开展的如"网络科技文化节"、"市内设计文化节"等。此外,还有以市民为中心开展的文化节,如"市民手工艺大赛"、"市民合唱大赛"等。这些文化节的开展往往是以政府或民间团体为主体策划及组织,其主要目的除了拉动旅游市场增长之外,更多的是宣传地方形象,丰富本地居民休闲的重要平台。不以直接获取经济利益作为目的是这一类节事活动的主要特征。

三、社区活动

社区是指聚居在一定地域范围内的人们所组成的社会生活共同体。社区文化是社会和谐文化的重要组成部分,是一项系统工程。社区文化活动,是丰富思想感情、陶冶道德情操、增强社区凝聚力的重要形式,充分利用重要节日、纪念日以及空闲时间组织开展健康有益、丰富多彩的文化、体育、娱乐活动,虽然这可能是收入几乎为零的节事活动,却可以达到通过活动吸引人、以服务凝聚人的目的。

(一)常见的社区活动——趣味运动会

"趣味运动会"是运动会的延伸,但传统的运动项目中,大多都以竞技为目的,对参与者的体能与技巧要求特别高,需要长时间的训练,才能掌握一定的技巧,这只适合少数从事体育运动的人,而不适合全民运动。而趣味运动会则是适合任何人群参与的一项健康运动,如社区的趣味运动会就有"猪八戒背媳妇"、"四人三足赛跑"、"运大彩球"、"弹跳投水球"等项目,这些项目弥补了传统运动会上只拼力量、速度的不足,对体能的要求不高,不论老少、男女均可共同参与体会。

另外,趣味运动项目对区域要求并不高,只需要不大的面积便可进行,观众与参赛者的距离很近,场内场外打成一片,整个活动的气氛都特别热烈;趣味运动会(见图 15-23)可以使参与者的兴趣得到充分的延续,从而达到锻炼身体以及团结合作活动的目的。

图 15-23 趣味运动会

(二)社区科普活动

科普教育是面向社会开展的科学知识、科学精神和科学技术成果的普及性教育活动,整个社会都应该十分重视科普教育,并充分发挥学校、家庭、社会三结合教育的整合育人优势,逐步向社区教育、成人教育和终身教育延伸,促进全民族素质的整体提高。在居民群众中宣传科普,最根本的目的是要居民在日常生活中活学活用科普知识。

开展社区科普集中活动是社区科普教育工作的活力和亮点,其质量和数量,是社区科普的关键。

1. 活动形式

活动形式包括时间长短不同的科普日、科普周、科普月活动和科技文化卫生进社区、青少年科技教育等大型集中活动;普及知识的科学性、知识性、趣味性、艺术性的科普教育活动,内容丰富多彩、图文并茂、形式多样而又有实际、实用、实效;有针对性的科普集中宣传,如科学养生、卫生健康、疾病预防、食品安全、崇尚科学、反对邪教、防灾减灾、节能环保、身体锻炼、防伪识假、旅游购物、休闲娱乐等方面的科普教育活动。

2. 作用

其作用是普及科学技术知识,展示科学成果,宣传科学精神。

社区科普教育工作的主要对象是城镇职工、居民群众、机关干部和青少年学生,他们是吸收、掌握、运用科普知识的主要载体,也是传播科学技术知识的有效途径。通过开展形式多样的社区科普教育活动,可以起到向广大群众普及科学技术、文明礼仪创建、和谐社会建设等科普知识,提高广大群众科技素养,促进社区科技进步的重要作用。同时,社区科普教育工作是纵横向联结社区与外界交流的有效载体,可以起到对公众获取和传播科技、经济、文化信息的主要渠道作用。还可以引导人们形成与新时代发展相适应的科学思维方式和正确的世界观、人生观、价值观,提高科学文化素质,促进精神文明建设。

最后,通过完善街镇社区科协组织、科普大学、科普服务站、科普志愿者队伍,建立科普活动室、科普图书室、科普画廊(专栏)、墙报(黑板报),举办全国科普日、科技活动周、科技进社区和科普讲座、科普培训、科普展览、知识竞赛、文艺演出等活动,来实现社区科普教育工作的价值和作用,让社区不同的公众从中吸取科学营养,掌握科学知识,加深感情。

四、AKC 犬赛节活动

AKC(American Kennel Club)是美国犬舍俱乐部和美国养犬俱乐部的简称。AKC 是致力于纯种犬事业的非营利组织,成立于 1884 年,由美国各地 530 多个独立的养犬俱乐部组成。此外,约有 3800 个附属俱乐部参与 AKC 的活动,使用 AKC 的章程来开展犬赛,执行有关事项、教育计划,举办培训班和健康诊所。(见图15-24)

犬节秀的理想就是提倡对狗的爱护,改良狗种,推动纯种狗的繁殖,提高养狗的水平。参赛能否获得优异成绩,固然很重要,但实际上,犬赛节的性质和奥运会一样,"参加"本身的意义最为重大。同时,参赛能使犬赛秀素昧平生的犬主,透过对犬

图 15-24　2015AKC 单犬种秀

只的共同喜好,以犬会友。此外,犬赛秀通过当地媒体广泛宣传,并作为当地旅游特色活动纳入行程,吸引了众多旅行者参加,并出售犬纪念品与犬合照,且有犬趣味表演等活动。AKC犬赛节已经成为一种节事活动,为当地创造出了巨大的经济价值。

本章小结

随着社会经济的发展及科技文化的进步,现代节事活动变得多种多样,呈现出一片欣欣向荣的景象。

本章主要按照现代节事活动的主题进行分类,从体育类节事活动、艺术类节事活动、展览类节事活动、民俗类节事活动及其他节事活动的角度出发,分门别类地介绍了公认的标志性活动及某个国家或地区新兴的特色节事,立足于世界范围,以中国为中心,多角度、全方位进行介绍。其他类节事活动中提到的如文化节或者社区活动等不直接以经济利益为目的的活动不一定具备成为旅游节事的潜力。应该强调的是,节事旅游跨专业性及综合性的特点,为节事旅游研究提供了丰富的素材及内容,它应该是外延扩展、包容、不断发展的。

思考与练习

1. 现代节事活动是如何分类的?
2. 试分析体育类节事活动的商业化运作的利弊。
3. 讨论非营利性节事活动是否不具备成为旅游节事的潜力?

案例分析

结合以下案例材料,收集有关资料,回答大连国际服装节属于哪一类现代节事活动?分析大连国际服装节的社会价值。

2014第25届大连国际服装节

2014大连国际服装节于9月20日—23日在大连举行。在中国服装行业面临快速转型升级发展的关键时期,2014大连国际服装节进一步突出国际化、高端化和品牌化特色,全面展现"大连姿态"及其时尚产业风貌。2014大连国际服装节通过开展品牌展售、时装发布、时尚庆典、高端论坛和商贸营销等一系列活动,构筑了一幅全新的大连时尚图景。来自国内外的近1000家企业、品牌,在这里展示了各类服装、面辅料、纺织机械及高科技创意成果,同时举办了10场高级品牌时装展演及流行趋势发

布会以及4场设计师大赛,并特邀日本两大动漫明星之一的Hello Kitty 40周年全球庆典活动来大连巡展。

系列活动:

1. 大连2014秋季时装周

为大力宣传和推广大连服装品牌,加大服装平台影响力和服务功能,"大连2014秋季时装周"以"中国梦"为主题,秉承打造东北亚"时尚之都"为宗旨,以"内需主导、国际合作、产业升级"为主线,把大连时装周打造成东北亚有影响力时装周。

2. "大连杯"青年服装设计大赛

为推动服装行业科技创新,发掘、培养创新型人才,为大连服装产业发展提供人才储备,促进产、学、研结合,推动服装设计成果产业化,继续举办"大连杯"青年服装设计师大赛决赛暨"大连杯"时装画大赛颁奖典礼。

3. 第二届大连市"十佳"服装设计师评选

为展示大连服装设计力量的整体水平,促进大连市服装行业的健康发展,举办第二届大连市"十佳"服装设计成就奖、"十佳"时装设计师评选活动。评选活动10年一届,本届以"霓裳之约"为主题,在大连2014秋季时装周期间举办"十佳"服装设计成就奖及"十佳"服装设计师评选,以评选出在近20年中为大连服装行业作出贡献的设计师及相关工作者。

4. 大连地工服装展

为推动本地服装企业发展和满足广大市民购物需求,继续举办大连地工服装展销。地工展举办的宗旨是充分利用服装节平台,帮助企业扩大销售市场,并为市民提供质优价廉的品牌服装。今年展会仍延续往年的"政府搭台、企业唱戏"做法,将会展中心东厅展位全部做成品牌展示区,扩大精装展区规模,吸引大量大连市服装品牌,更好地发挥了地工展的作用。

5. "古风华韵"中国历代服饰展

为进一步丰富服装节活动内容,增加民族元素,吸引群众参与,在会展中心展出辽宁师范大学影视艺术学院近几届毕业生制作的民族服装100套,按不同年代、不同场景进行动态、静态展示,作为继以往举办的中国古代民族服饰展、亚洲民族服饰展、世界民族服饰展的延续。

6. 服装服饰惠民促销活动

为扩大群众参与,拉动节日消费,满足广大市民和中外游客购物需求,举办大型服装服饰惠民促销活动,市内各大商业网点、品牌服装专卖店等开展服装服饰惠民促销系列活动,对参展的服装打折销售。

7. "五要"文化活动

中山区承办"华丽霓裳——我要美起来"大连市民服装模特大赛专场;西岗区承办"乐声悠扬——我要亮绝活"大连市民器乐大赛专场;沙河口区承办"跃动旋律——我要舞起来"大连市民舞蹈表演大赛专场;甘井子区承办"经典华章——我要唱起来"大连市民声乐大赛专场;市妇联承办"欢乐家庭——我要乐起来"大连市民家庭文化

展示活动。

8. 游园会

在劳动公园设主会场,在老虎滩海洋公园、森林动物园、燕窝岭婚庆公园、付家庄公园设分会场,举办丰富多彩的游园活动。

9. 爵士大连音乐节

为助推大连"夜经济"发展,丰富文化音乐市场,举办"爵士大连音乐节"。此次音乐节经费自筹,属公益性民间音乐盛会,同时包含服装服饰展销及美食、美酒、娱乐、体育和文化体验等内容。

10. 旅游惠民活动

节日期间,全市各大旅游景区、景点优惠向市民开放,举行各种娱乐活动,满足市民和游客休闲度假需要。

Reading Recommendation

1.《节事旅游概论》
戴光全、张骁鸣编著
该教材的基本内容包括节事旅游基本概念、中外节事活动发展简史、节事旅游管理运作基本原理、节事研究与发展等四个节事旅游教学和研究的基本部分。作为一本旅游管理专业本科生的教材主要目的在于为节事旅游的教学和研究建立一个简明的理论基础,并在此基础上介绍节事旅游的基本概念和基本原理。

2.《会展节事与城市旅游》
吴必虎、党宁等主编
该书为国际旅游学会第二届双年会论文集,为了充分探讨全球化背景下大型会展节事活动对旅游业以及经济、社会、文化等方面的影响,特别是对都市旅游发展的动态影响,促进节事旅游、都市旅游在中国乃至全世界的发展,该会议得以召开。该论文集不仅对世界及中国会展节事活动实践经验的提炼和理论研究水平的提高产生积极影响,而且也有利于促进都市旅游的健康持续发展。同时,通过国内外旅游及会展专业教学科研单位及个人的交流,将极大促进我国旅游与会展学科的国际化进程。

3.《公共关系学》(第4版)
李道平等著
这是一本面向高等教育推出的新一代公共关系学教材,内容包括公共关系基本理论、公共关系历史、公共关系组织与人员、公共关系工作对象、公共关系三大工作目标、社会组织形象塑造、公共关系沟通管理、公共关系协调等,对理解节事旅游策划有帮助意义。

4.《市场营销导论》(《Principles of Marketing》)
菲利普·科特勒(Philip kotler)著,俞利军译
《市场营销导论》阐述的重要原理和概念得到经济学、行为科学以及现代管理理论等学科研究和实证的支撑,采用的是注重实践的营销与管理结合的方式。各种概念在知名的及不知名的公司确定和解决所遇到的营销问题的无数实例中得到体现。对理解营销在节事活动策划中的理论依据有很大帮助作用。

5.《节事活动策划与管理》
张骁鸣、郑丹妮、林嘉怡著
本书面向本科生的三门专业课程,即"节事概论"、"节事理论与实践"、"国际节庆案例分

析"。该教材特别注重提供大量的真实案例,并有条理地分析每个案例的特点,从而尽量帮助初学者去积累更多的案例,或者至少是让他们懂得如何从策划和管理的实效角度去识别"好"的节事活动与"坏"的节事活动。

6.《现代节事活动策划理论研究与实践思考》

刘嘉龙著

该书结合世界休闲博览会和世界休闲大会申办筹办经历,以"国际"视野,对国际性会展活动国际申办和国内审批进行归纳和提炼,内容汇集了作者从事会展活动策划20年来的主要成果,对会展业、活动业、旅游业、休闲业同行开展现代节事活动策划具有一定借鉴意义。

7.《Festival and Events Management》

Ian Yeoman、Robertson Martin 等编

该书立足国际视野,从独特的角度分析和介绍了现代节事活动在文化、旅游及艺术产业中扮演的重要角色。

8.《财务管理》

斯科特·贝斯利、尤金 F.布里格姆著,罗菲等译

乐读系列教材,不枯燥、不乏味、不刻板的教材。

9.《会展文案写作与评改》

向国敏主编

该书对从会展项目的立项、决策、筹资、组织、营销、实施到实施后的评估和后续服务涉及的文案都有详细的介绍。不仅包括各种会展文案的含义、作用、与其他相关文种的区别、写作的内容与结构等基本知识,还围绕每一种文案的写作,进行实例分析和评改。能帮助读者提高分析、鉴赏和改错的能力,进而提高写作技能。特此推荐该书作为课外阅读参考。

10.《会展文案》

许传宏著

该书在编写上具有选题精准的亮点。教材围绕"大会展"的概念进行编写,提出了会展业在开展"大会展"活动中面临的一些焦点、热点和难点问题,并相应进行理论思考,因此具有选题精准、视野宽广、观点较新的显著特点。特此推荐该书作为课外阅读参考书。

References 主要参考文献

[1] 徐丽莎. 节事活动策划与管理[M]. 浙江:浙江大学出版社,2013.
[2] 黄翔. 旅游节庆与品牌建设:理论·案例[M]. 天津:南开大学出版社,2007.
[3] 卢晓. 节事活动策划与管理[M]. 上海:上海人民出版社,2009.
[4] 刘晓广. 会展概论[M]. 北京:化学工业出版社 2009.
[5] 来逢波. 会展概论[M]. 北京:北京大学出版社,2012.
[6] 陈秋华,张健华. 旅游规划教程[M]. 北京:中国科学技术出版社,2008.
[7] 肖星. 旅游策划教程[M]. 广州:华南理工大学出版社,2005.
[8] 许传宏. 会展策划[M]. 上海:复旦大学出版社,2005.
[9] 金辉. 会展概论[M]. 上海:上海人民出版社,2004.
[10] 史国祥. 会展导论[M]. 天津:南开大学出版社,2009.
[11] 钟颖,李小红,兰铁民. 会展理论与实务[M]. 大连:东北财经大学出版社,2014.
[12] 樊国敬. 会展旅游[M]. 武汉:华中科技大学出版社,2011.
[13] 刘嘉龙. 现代节事活动策划理论研究与实践思考[M]. 浙江:浙江大学出版社 2013.
[14] 陈扬乐. 旅游策划——原理、方法与实践[M]. 武汉:华中科技大学出版社,2009.
[15] 马骐. 会展策划与管理[M]. 北京:清华大学出版社,2011.
[16] Choong-Ki Lee,Tae-Hee Lee. World Culture Expo Segment Characteristics[J]. Annals of Tourism Research,2001,28(3):812-816.
[17] Nicholson R E,Pearce D G. Why do People Attend Events:a Comparative Analysis of Visitor Motivations at four South Island Events[J]. Journal of Travel Research,2001,39(4):449-460.
[18] Formica S,Uysal M. Market Segmentation of an International Cultural-historical Event in Italy[J]. Journal of Travel Research,1998,36(4):16-24.
[19] 贾晓龙. 会展旅游[M]. 北京:清华大学出版社,2011.
[20] 李萌. 都市节事型旅游者的行为特征[J]. 企业改革与管理,2007(1):50-51.
[21] 李文秀. 体育节事旅游研究[D]. 武汉:武汉大学,2005.
[22] 安百祥. 体验经济视角下青岛市节事旅游提升策略研究[D]. 青岛:中国海洋大学,2013.
[23] 余青,殷平,童碧沙,等. 中国城市节事活动的开发与管理[J]. 地理研究,2004,23(6).

[24] 王冬梅.我国城市节事活动未来发展策略探讨[J].产业与科技论坛,2008,7(9).

[25] 刘慧贞.节事旅游研究[D].广西:广西大学,2004.

[26] 聂鹏洁.节事消费下的顾客体验与顾客满意的关系探究[D].青岛:青岛理工大学,2013.

[27] 魏文娟.秦皇岛旅游产品开发研究[D].秦皇岛:燕山大学,2008.

[28] 卢晓.节事活动策划与管理[M].上海:上海人民出版社,2006.

[29] 戴光全,张骁鸣.节事旅游概论[M].北京:中国人民大学出版社,2011.

[30] 钟茗.中外节事旅游现状的比较研究[J].现代企业教育,2008.

[31] 王起静.会展活动策划与管理经典案例[M].天津:南开大学出版社,2012.

[32] 刘太萍,殷敏.中国节事旅游营销管理现状分析与对策研究[J].北京第二外国语学院学报,2004(5).

[33] 杨兴柱,陆林.大型节事旅游基本特征及发展对策的初步研究[J].人文地理,2005(2).

[34] 周玲强,冯晓虹.旅游节事经济效益形成的机理分析[J].商业经济与管理,2002(11).

[35] 戴光全,张骁鸣.关注大型节事活动对于节事学科与节事教育的影响[J].旅游学刊,2009(1).

[36] 王慧.试析我国乡村节事旅游的发展现状[J].商场现代化,2010(13).

[37] 赵国英.体验经济背景下的节事旅游发展研究[J].中国商贸,2010(2).

[38] 席宇斌,白秀峰,冯磊,刘倩倩,董芳.基于感知视角的旅游节事影响模糊综合评价——以恭城桃花节为例[J].科技情报开发与经济,2010(16).

[39] 刘敏,刘爱利.节事活动的影响效应与运营模式研究[J].中国市场,2008(48).

[40] 许春晓.大型节事研究:向广度和深度拓展[J].旅游学刊,2009(1).

[41] 王晨光.节事旅游发展亟待理念创新[J].旅游学刊,2009(1).

[42] 甄丽君,王严根.关于节事旅游的思考[J].华东经济管理,2005(3).

[43] 刘太萍,殷敏.中国节事旅游营销管理现状分析与对策研究[J].北京第二外国语学院学报,2004(5).

[44] 辜应康,楼嘉军,唐秀丽.节事旅游市场化运作研究——以上海旅游节为例[J].北京第二外国语学院学报,2005(3).

[45] 朱益芳,刘庆友.南京节事旅游开发探略[J].江苏商论,2007(11)

[46] 吴文智.我国城市节事旅游发展趋势及其管理模式研究[J].商业时代,2008(5).

[47] 钟茗.中外节事旅游现状的比较研究[J].现代企业教育,2008(24).

[48] 张培茵,张珂.节事旅游研究[J].黑龙江对外经贸,2010(7).

[49] 吕莉.关于节庆旅游发展策略的探讨[J].经济师,2007(4).

[50] 唐峰陵.我国旅游节庆发展问题解析[J].乐山师范学院学报,2011(4).

[51] 肖潇.城市节事活动的策划与效应分析——以沧州国际武术节为例[J].科技致富向导,2011(35).

教学支持说明

全国普通高等院校旅游管理专业类"十三五"规划教材系华中科技大学出版社"十三五"规划重点教材。

为了改善教学效果,提高教材的使用效率,满足高校授课教师的教学需求,本套教材备有与纸质教材配套的教学课件(PPT 电子教案)和拓展资源(案例库、习题库视频等)。

为保证本教学课件及相关教学资料仅为教材使用者所得,我们将向使用本套教材的高校授课教师和学生免费赠送教学课件或者相关教学资料,烦请授课教师和学生通过电话、邮件或加入旅游专家俱乐部 QQ 群等方式与我们联系,获取"教学课件资源申请表"文档并认真准确填写后发给我们,我们的联系方式如下:

地址:湖北省武汉市东湖新技术开发区华工科技园华工园六路

邮编:430223

电话:027-81381206

E-mail:lyzjjlb@163.com

旅游专家俱乐部 QQ 群号:306110199

旅游专家俱乐部 QQ 群二维码:

群名称:旅游专家俱乐部
群　号:306110199

旅游生态经济学公众号二维码

教学课件资源申请表

填表时间：_____ 年 ___ 月 ___ 日

1. 以下内容请教师按实际情况写，★为必填项。
2. 学生根据个人情况如实填写，相关内容可以酌情调整提交。

★姓名		★性别	□男 □女	出生年月		★职务	
						★职称	□教授 □副教授 □讲师 □助教

★学校		★院/系	
★教研室		★专业	
★办公电话		家庭电话		★移动电话	
★E-mail（请填写清晰）				★QQ号/微信号	
★联系地址				★邮编	

★现在主授课程情况	学生人数	教材所属出版社	教材满意度
课程一			□满意 □一般 □不满意
课程二			□满意 □一般 □不满意
课程三			□满意 □一般 □不满意
其 他			□满意 □一般 □不满意

教 材 出 版 信 息				
方向一	□准备写	□写作中	□已成稿	□已出版待修订 □有讲义
方向二	□准备写	□写作中	□已成稿	□已出版待修订 □有讲义
方向三	□准备写	□写作中	□已成稿	□已出版待修订 □有讲义

请教师认真填写表格下列内容，提供索取课件配套教材的相关信息，我社根据每位教师/学生填表信息的完整性、授课情况与索取课件的相关性，以及教材使用的情况赠送教材的配套课件及相关教学资源。

ISBN（书号）	书名	作者	索取课件简要说明	学生人数（如选作教材）
			□教学 □参考	
			□教学 □参考	

★您对与课件配套的纸质教材的意见和建议，希望提供哪些配套教学资源：